KB232340

입문 11강 무료제공
답안작성까지 한번에 해결!

▶ 유튜버 바른손사

신체손해사정사
의학이론 2차

▶ 동차반+정규반 빅데이터 적용한

통합이론서+12개년 기출문제집

PREFACE

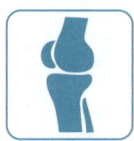

기본서는 덮어두십시오. 시험장에는 이 책 한 권만 들고 갑시다.

신체손해사정사 2차 시험, 그중에서도 의학이론은 합격의 당락을 좌우하는 가장 큰 산입니다. 방대한 양, 낯선 용어, 어디서부터 어떻게 공부해야 할지 막막함에 시작조차 하기 어려운 것이 현실입니다.

하지만 합격은 '모든 것'을 아는 사람이 아니라, '시험에 나오는 것'을 아는 사람이 하는 것입니다.

이 교재는 바로 그 한 가지 목표에만 집중했습니다. 지난 12개년(36회~47회)의 모든 기출문제를 한 줄 한 줄 분해하고, 철저하게 분석했습니다. 12년이라는 시간 동안 출제위원들이 어떤 개념을 중요하게 생각하고, 어떤 키워드를 반복적으로 출제하는지에 대한 모든 빅데이터가 이 한 권에 담겨 있습니다.

<의학이론 기출의 모든 것>은 이런 당신을 위한 가장 전략적인 선택입니다.

- 시간이 절대적으로 부족한 동차 준비생
- 기본 이론은 공부했지만, 무엇이 중요한지 갈피를 잡지 못하는 수험생
- 시험 직전, 흩어진 지식을 기출문제 중심으로 압축 정리하고 싶은 수험생

이 책은 뜬구름 잡는 이론의 나열을 과감히 버렸습니다. 대신, 모든 이론을 기출문제와 직접 연결하여 '왜 이 내용을 공부해야 하는지'를 명확히 보여줍니다. 각 이론 옆에 표시된 [OO회 기출] 표시는 여러분이 학습의 강약을 조절하고, 시험에 출제될 확률이 높은 핵심 내용에 집중할 수 있도록 돕는 가장 확실한 나침반이 될 것입니다.

자신감의 증거, [왕초보 입문 11강]을 무료로 제공합니다.

"정말 이 책 한 권으로 기초를 잡을 수 있을까?" 그 의심을 확신으로 바꿔드리기 위해, 의학의 'ㅇ' 자도 모르는 분들을 위한 [왕초보 입문 11강] 전체 강의를 조건 없이 무료로 제공합니다. 이 기초 강의는 여러분이 의학이론의 튼튼한 뼈대를 세우고, 본 교재의 내용을 200% 흡수할 수 있도록 이끌어 줄 것입니다.

무료 강의만으로도 의학이론의 전체적인 흐름을 잡을 수 있지만, 합격을 위한 더 깊이 있고 체계적인 학습을 원하신다면 [총정리 및 동차대비 강의]와 [기본이론 정규과정 강의], [파이널 모의고사 문제 풀이] 유료 강의가 여러분을 기다리고 있습니다.

저희는 비싼 수강료와 짧은 수강 기간으로 수험생을 불안하게 만들지 않습니다. 합리적인 가격에 배수와 기간 제한 없이, 여러분이 합격하는 그날까지 함께하겠습니다.
이제 막연한 불안감은 버리십시오. 12년의 기출 빅데이터가 증명하는 가장 확실한 길, 합격으로 가는 최단 경로를 이 책과 강의가 안내할 것입니다.

여러분의 합격을 진심으로 기원합니다.

(조윤)바른손사 올림

PREFACE

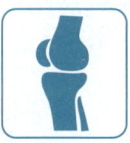

〔시험 안내 및 학습 방법〕

- 시험 경향 : 최근 의학이론 시험은 단순히 질병이나 상해의 이름을 암기하는 것을 넘어, 발생 원인, 진단 방법, 치료, 합병증, 관련 해부학적 구조 등 심도 있는 이해를 요구하는 방향으로 출제되고 있습니다. 특히, 여러 개념을 복합적으로 묻거나, 구체적인 증상과 검사 결과를 제시하고 진단을 추론하게 하는 사례형 문제의 비중이 높아지고 있습니다.

- 학습 전략 :
  1. 기출문제 우선 학습 : 본 교재에 표시된 [기출] 부분을 최우선으로 학습하여 시험의 출제 경향과 핵심 포인트를 파악해야 합니다. 기출문제는 반복 출제될 가능성이 높으므로, 관련 개념은 완벽히 숙지해야 합니다.

  2. 이해 기반의 암기 : 방대한 양을 무작정 암기하기보다는 각 상해와 질병의 원인(Why)과 과정(How)을 먼저 이해하려고 노력해야 합니다. 해부학적 구조를 바탕으로 상해의 기전을 이해하고, 병태생리를 바탕으로 질병의 증상과 합병증을 연결하면 기억에 오래 남습니다.

  3. 키워드 중심의 서술 연습 : 2차 시험은 서술형 시험입니다. 각 주제의 핵심 키워드를 중심으로 간결하고 명확하게 답안을 작성하는 연습을 꾸준히 해야 합니다. 예를 들어, '퇴행성 관절염의 방사선 소견 5가지'를 묻는다면, '관절 간격 협소', '골극 형성' 등 핵심 용어를 정확히 사용하여 서술할 수 있어야 합니다.

CONTENTS

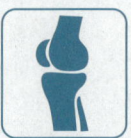

PART 01 심화편

CHAPTER 01 Ⅰ. 상해의학 - 합격의 80%를 결정하는 핵심 파트 ★★★★★

CONTENTS

CHAPTER 02   질병 (Disease)

MEMO

PART 1
심화편

I. 상해의학 – 합격의 80%를 결정하는 핵심 파트

1 상해 총론: 모든 상해의 기초

모든 건축물이 그렇듯, 튼튼한 기초 없이는 높은 건물을 세울 수 없습니다. 상해 총론은 우리가 앞으로 배울 모든 상해 지식을 담을 그릇을 만드는 과정입니다. 용어 하나하나, 개념 하나하나를 꼼꼼히 다져봅시다.

(가) 꼭 알아야 할 인체 기초

(1) 뼈(Bone)의 구조, 기능 및 성장 36회 기출

뼈는 우리 몸의 형태를 만드는 단단한 '철근 콘크리트'와 같습니다. 하지만 단순히 고정된 구조물이 아니라, 혈액을 만들고 영양분을 저장하며, 끊임없이 부서지고 새로 만들어지는 살아있는 조직입니다.

1) 뼈의 구조(장골의 구조)

대퇴골, 경골, 비골, 상완골, 척골, 요골, 지골 등

① 골간부: 치밀골과 골수강이 있다.

② 골단부: 장골 양끝으로 해면골로 되어있고 거은 치밀골로 싸여 있다.

③ 골막: 혈관이나 지각신경이 분포되어 있고, 뼈의 영양이나 감각을 관리한다.

· 골 외막: 골모세포와 혈관을 가지고 있어 뼈와 두께 성장과 재생에 기여한다.

· 골 내막: 골모세포로 분화될 수 있는 세포들로 구성

④ 골수강
  - **적색골수**: 조혈기능이 있으며 척추, 늑골, 흉골은 평생동안 적색골수로 남아있다.
  - **황색골수**: 적색골수의 조혈세포 감소로 지방세포가 증가하면서 황색으로 변한다.
⑤ 연골
  - **골단연골**: 뼈의 길이 성장에 관여한다.
  - **관절연골**: 탄력성이 있어서 관절을 보호한다.

2) 뼈의 5대 기능

① **지지 기능**: 우리 몸의 기둥이자 골격으로서, 몸의 형태를 유지하고 체중을 지탱합니다.

② **보호 기능**: 단단한 구조로 뇌(두개골), 심장과 폐(흉곽) 등 말랑하고 중요한 내부 장기를 외부 충격으로부터 보호합니다.

③ **운동 기능**: 뼈 자체는 움직일 수 없지만, 뼈에 근육과 힘줄이 붙어 이들을 지렛대 삼아 관절을 움직여 걷고, 뛰고, 물건을 잡는 등 모든 움직임을 가능하게 합니다.

④ **조혈 기능**: 뼈의 중심부인 **골수(Bone marrow)**에서는 혈액 세포, 즉 산소를 운반하는 적혈구, 감염과 싸우는 백혈구, 피를 멎게 하는 혈소판이 만들어집니다. 뼈는 우리 몸의 '피 생성 공장'인 셈이죠.

⑤ **저장 기능**: 뼈는 칼슘(Ca)과 인(P)의 거대한 '저장 창고'입니다. 우리 몸은 혈액 속 칼슘 농도를 일정하게 유지해야 하는데, 칼슘이 부족해지면 뼈에 저장해 둔 칼슘을 꺼내 쓰고, 남으면 다시 뼈에 저장합니다.

3) 뼈의 성장 과정 `34회 기출`

태아의 뼈는 처음부터 단단한 뼈가 아닙니다. 두 가지 방식으로 뼈가 만들어집니다.

① **막내골화 (Intramembranous ossification)**: 납작한 두개골이나 쇄골처럼, 질긴 막(결합조직)에서 뼈세포가 나타나 직접 뼈를 만드는 방식입니다.

② **연골내골화 (Enchondral ossification)**: 우리 몸 대부분의 긴 뼈(대퇴골, 상완골 등)가 만들어지는 방식입니다. 먼저 말랑말랑한 연골로 뼈의 모형을 만든 뒤, 이 연골의 중심부와 양 끝이 점차 단단한 뼈로 교체되는 방식입니다.

---

1. 막내골화 (Intramembranous Ossification) – '직접 시공' 방식

- **핵심 비유** : "빈 땅에 바로 콘크리트를 부어 건물을 짓는 방식"
- **설명** : 이 방식은 중간 단계 없이, 섬유질로 된 **얇은 막(membrane)**에서 뼈가 직접 만들어집니다.
  1. 먼저, 뼈가 될 자리에 질긴 막(결합조직 막)이 '설계도'처럼 펼쳐집니다.
  2. 그 막 안으로 '건설 인부'인 **조골세포(뼈를 만드는 세포)**들이 모여듭니다.
  3. 인부들이 그 자리에서 바로 '콘크리트'인 **골기질(뼈의 바탕질)**을 분비하며 쌓아 올립니다.
  4. 이 골기질이 단단하게 굳어지면서 바로 뼈가 완성됩니다.
     - **주요 생성 뼈** : 주로 **납작한 뼈(편평골)**들이 이 방식으로 만들어집니다.
     - **예시** : 두개골(머리뼈), 쇄골(빗장뼈), 하악골(아래턱뼈) 등
     - **요약** : 막내골화 = 막(설계도) → 뼈(완성)

2. 연골내골화 (Enchondral Ossification) – '모형 대체' 방식

- **핵심 비유** : "건물의 밀랍(wax) 모형을 먼저 만든 뒤, 그 모형을 녹여내고 그 자리에 콘크리트를 부어 실제 건물로 교체하는 방식"
- **설명** : 이 방식은 먼저 말랑말랑한 연골(cartilage)로 뼈의 모형을 만든 다음, 이 연골 모형을 점차 단단한 실제 뼈로 교체해 나가는 훨씬 복잡한 과정입니다.

  1. 먼저, 앞으로 만들어질 뼈와 똑같이 생긴 **'연골 모형'**을 만듭니다.
  2. 이 연골 모형의 중심부(골간)부터 혈관이 자라 들어오면서, 연골이 파괴되고 그 자리를 조골세포가 차지합니다.
  3. 조골세포들이 연골이 있던 자리에 실제 뼈를 만들기 시작합니다. (1차 골화 중심)
  4. 시간이 지나면 뼈의 양쪽 끝부분(골단)에도 똑같은 과정이 일어납니다. (2차 골화 중심)
  5. 이 과정이 끝나고, 골단과 골간 사이에 마지막까지 남아있는 연골 부분이 바로 아이들의 키를 크게 하는 **'성장판'**입니다.

    - **주요 생성 뼈** : 우리 몸 대부분의 뼈, 특히 **긴 뼈(장골)**와 짧은 뼈들이 이 방식으로 만들어집니다.
    - **예시** : 대퇴골(허벅지뼈), 상완골(팔뼈), 경골(정강이뼈) 등
    - **요약** : 연골내골화 = 연골(모형) → 뼈(교체/완성)

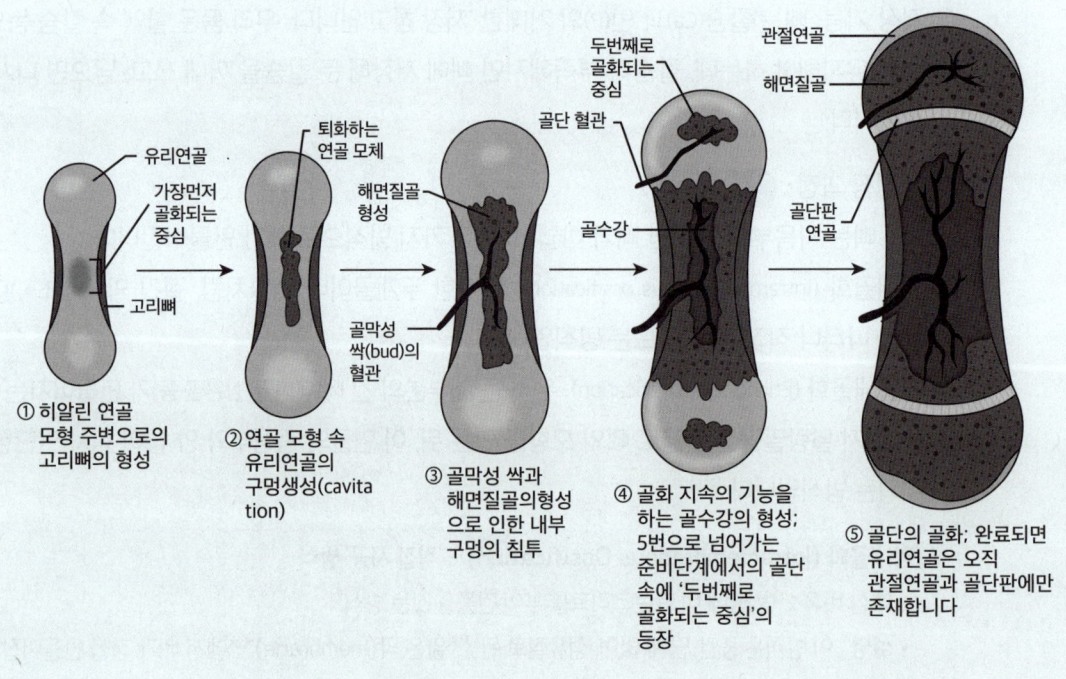

① 히알린 연골 모형 주변으로의 고리뼈의 형성

② 연골 모형 속 유리연골의 구멍생성(cavitation)

③ 골막성 싹과 해면질골의형성으로 인한 내부 구멍의 침투

④ 골화 지속의 기능을 하는 골수강의 형성; 5번으로 넘어가는 준비단계에서의 골단 속에 '두번째로 골화되는 중심'의 등장

⑤ 골단의 골화; 완료되면 유리연골은 오직 관절연골과 골단판에만 존재합니다

③ 그럼 키는 어떻게 클까요? 바로 이 연골내골화의 원리가 적용됩니다.

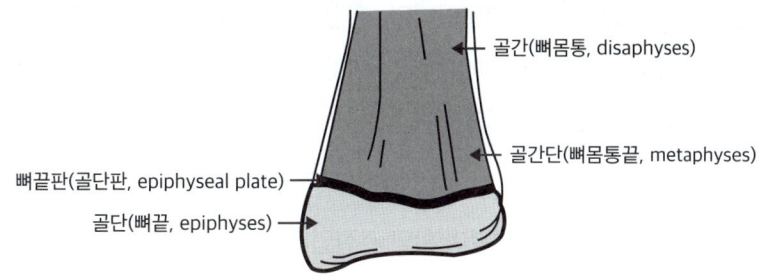

골간(뼈몸통, disaphyses)

골간단(뼈몸통끝, metaphyses)

뼈끝판(골단판, epiphyseal plate)

골단(뼈끝, epiphyses)

- 성장판 (Growth Plate / Epiphyseal Plate): 긴 뼈의 양 끝, 즉 골단과 골간 사이에 남아있는 연골 조직입니다. 이 성장판에서 연골 세포가 활발하게 분열하여 길이를 늘리면, 그 뒤를 따라 조골세포가 연골을 뼈로 바꾸면서 뼈 전체의 길이가 길어집니다. 즉, 키는 성장판에서 자라는 겁니다.
- 성장이 멈추는 시점은, 이 성장판 연골이 모두 뼈로 바뀌어 '성장선'이라는 흔적만 남고 닫힐 때입니다.

(2) 관절(Joint)의 종류와 구조

관절은 뼈와 뼈가 만나 부드러운 움직임을 가능하게 하는 연결 부위입니다.

1) 관절의 형태적 분류　34회, 35회, 36회 기출

움직임의 형태에 따라 다음과 같이 나뉩니다. 기출문제에서는 특정 관절의 종류를 묻곤 합니다.

평면관절	안장관절	경첩관절
Navicular / Second cuneiform	Radius / Ulna / Trapezium / Metacarpal of thumb / Blaxial	Humcrus / Ulna / Hinge joint
중쇠관절	타원관절	절구관절
요골두 Head of radius / 요골절흔 Radial notch / 머리띠인대 Annular ligament / Ulna 척골(자뼈) / 중쇠관절(pivot joint) / Radius 요골(노뼈)	중수골 / 지골	A / Pelvis 골반 / Femur 넙다리뼈 / B

① 경첩 관절 (Hinge Joint): 문에 달린 경첩처럼 한 방향으로만 굽혔다 폈다 할 수 있는 관절입니다.

예시　주관절(팔꿈치), 수지관절(손가락/발가락), 족관절(발목)

② **구상 관절** (절구관절, Ball and Socket Joint): 공(ball)이 소켓(socket)에 들어간 모양으로, 모든 방향으로 자유롭게 움직일 수 있는 관절입니다. 예시 견관절(어깨), 고관절(엉덩이)

③ **차축 관절** (중쇠관절, Pivot Joint): 바퀴 축처럼 한 뼈가 다른 뼈의 고리 안에서 회전하는 관절입니다. 예시 경추 1, 2번 관절(머리 돌리기), 요척관절(아래팔 돌리기)

2) **활막 관절(Synovial Joint)의 구조** 35회, 38회 기출

우리 몸의 움직이는 관절 대부분이 활막 관절입니다.

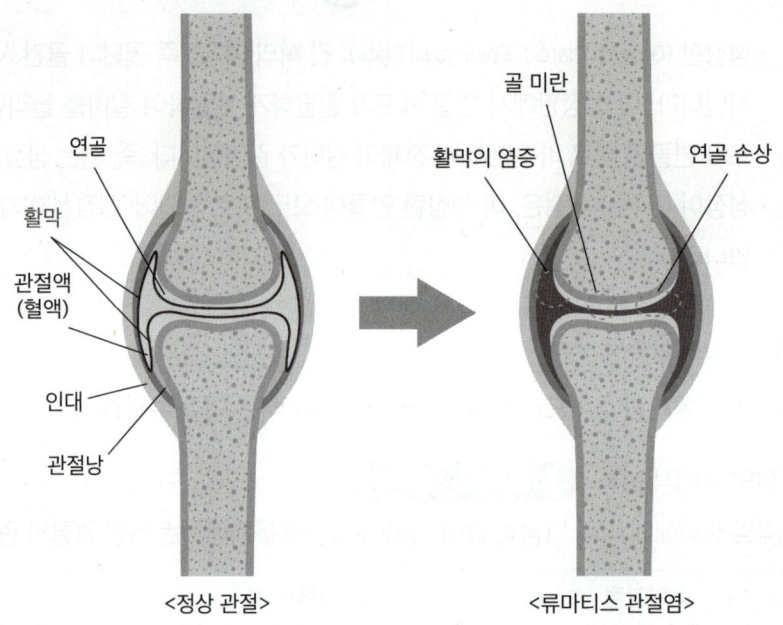

<정상 관절>   <류마티스 관절염>

류마티스 관절염의 개념

① **관절 연골** (Articular Cartilage): 뼈의 끝을 덮고 있는 매끄러운 쿠션입니다. 마찰을 줄이고 충격을 흡수합니다. 주로 **II형 교원질(Type II collagen)**로 구성되어 있습니다.

② **관절 주머니** (Joint Capsule): 관절을 전체적으로 감싸고 있는 주머니로, 관절의 안정성을 유지합니다.

③ **활막** (Synovial Membrane): 관절 주머니의 안쪽 면을 덮는 막으로, 관절의 윤활유 역할을 하는 **활액(synovial fluid)**을 분비합니다.

④ **활액** (Synovial Fluid): 관절낭 안에 차 있는 소량의 액체. 관절의 움직임을 부드럽게 하고, 혈관이 없는 관절 연골에 영양분을 공급하는 중요한 '윤활유'입니다.

⑤ **인대** (Ligament): 뼈와 뼈를 연결하여 관절의 안정성을 잡아주는 강력한 '밧줄'입니다.

(가) 파트 복습 문제

01   뼈의 5대 기능 중, 칼슘과 인 등 무기질의 저장고 역할을 하는 것은 무슨 기능인가?

02   소아의 긴 뼈가 길어지는 데 가장 중요한 역할을 하는 연골 조직으로, 손상 시 성장 장애를 유발할 수 있는 부위는 어디인가?

03   팔꿈치 관절처럼 한 방향으로만 굽히고 펴는 운동이 가능한 관절을 (   ) 관절이라고 한다.

04   활막 관절에서 관절의 움직임을 부드럽게 하는 윤활유 역할을 하는 활액(synovial fluid)을 분비하는 구조는 무엇인가?

05   관절 연골을 구성하는 가장 주된 교원질의 유형은 제 (   ) 형 교원질이다.

정답 및 해설

01

답 저장 기능

해 뼈는 우리 몸의 칼슘(99%)과 인(85%)을 저장하는 핵심적인 창고 역할을 합니다. 지지, 보호, 운동, 조혈 기능과 구분하여 암기해야 합니다.

02

답 성장판 (growth plate)

해 성장판은 뼈의 양쪽 끝에 위치한 연골 부위로, 세포 분열을 통해 뼈의 길이 성장을 담당합니다. 따라서 이곳이 손상되면 성장에 직접적인 문제가 발생할 수 있습니다.

03

답 경첩 (Hinge)

해 문의 경첩처럼 한 축으로만 움직이는 관절을 경첩 관절이라고 합니다. 구상 관절(어깨, 고관절)은 여러 방향으로 움직일 수 있어 차이가 있습니다.

04

답 활막 (Synovial Membrane)

해 활막은 관절 주머니의 내벽을 덮고 있으며, 관절 연골에 영양을 공급하고 움직임을 부드럽게 하는 활액을 생성 및 분비하는 중요한 역할을 합니다.

05 `35회 기출`

답 II (2)

해 관절 연골은 주로 II형 교원질로 이루어져 매끄럽고 탄력 있는 특성을 가집니다. 참고로 피부나 뼈의 기질은 주로 I형 교원질로 구성됩니다.

(나) 골절(Fracture)의 모든 것

골절은 손해사정 실무에서 가장 빈번하게 마주치는 상해입니다. 따라서 '뼈가 부러졌다'는 사실뿐만 아니라, '어떻게' 부러졌고 '어떤 위험'을 내포하고 있는지를 파악하는 것이 매우 중요합니다. 골절의 형태를 보면 사고의 종류나 외력의 크기를 유추할 수 있고, 이를 통해 치료 과정과 예상되는 후유증까지 예측할 수 있기 때문입니다.

(1) 골절의 정의, 분류 및 종류

1) 골절의 정의

골절(Fracture)이란, 외부의 힘에 의해 뼈의 연속성이 완전하게 또는 불완전하게 소실된 상태를 말합니다. 여기서 중요한 점은, 골절은 단순히 뼈만의 손상이 아니라 주변 근육, 혈관, 신경 등의 연부조직 손상을 필연적으로 동반하는 **'복합 손상'**으로 이해해야 한다는 것입니다.

2) 골절의 분류

골절을 여러 기준으로 나누는 이유는, 분류 자체가 치료 계획과 직결되기 때문입니다.

① 피부 손상 여부에 따른 분류 **기출**
  - 폐쇄성 골절 (Closed Fracture): 골절 부위의 피부가 온전하여 뼈가 외부와 차단된 상태입니다.
  - 개방성 골절 (Open Fracture): (응급!) 골절된 뼈가 피부를 뚫고 밖으로 노출된 상태입니다. 이는 단순한 골절을 넘어, 외부의 오염물질과 세균이 뼈에 직접 닿는다는 것을 의미합니다. 따라서 골수염(Osteomyelitis)이라는 치명적인 감염의 위험이 매우 높아, 응급 세척 및 수술이 필요합니다.

② 골절의 정도에 따른 분류 **34회, 35회 기출**
  - 완전 골절 (Complete Fracture): 뼈가 완전히 두 동강 이상으로 난 상태입니다.
  - 불완전 골절 (Incomplete Fracture): 뼈에 금만 가거나 일부만 부러져 뼈의 연결이 유지되는 상태입니다.
    - 녹색 줄기 골절 (Greenstick Fracture): 소아의 뼈는 성인보다 유연하고, 뼈를 감싸는 골막이 두껍고 튼튼합니다. 이 때문에 충격을 받으면 생나무 가지처럼 한쪽은 '똑' 부러지고 반대쪽은 휘어지기만 하는 독특한 형태를 보입니다. 소아 골절에서 특징적으로 관찰됩니다.

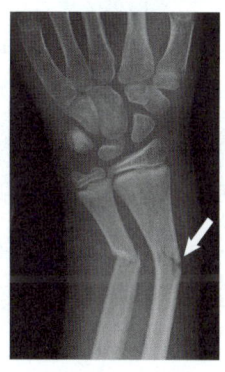

- 융기 골절 (Torus or Buckle Fracture): 뼈의 한쪽 피질이 압축되면서 살짝 부풀어 오르거나 찌그러진 골절로, 역시 소아에서 흔합니다.

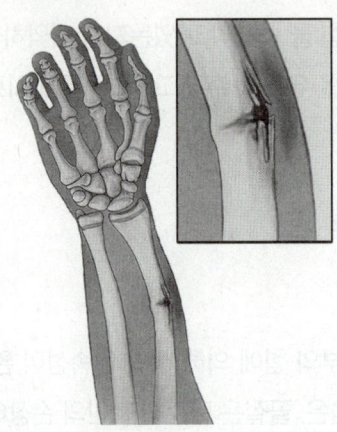

③ 골절선의 모양에 따른 분류 (외력의 종류를 추측하는 단서!)
- **횡상 골절** (Transverse Fx.): 뼈를 구부리는 힘(각형성력)에 의해 발생하며, 골절선이 뼈의 축과 수직을 이룹니다.
- **사골절** (Oblique): '비스듬하게' 어슷하게 부러진 골절.
- **나선상 골절** (Spiral Fx.): 발이 땅에 고정된 채 몸이 뒤틀리는 등의 회전력에 의해 발생하며, 골절선이 꽈배기처럼 나선형을 그립니다.
- **분쇄 골절** (Comminuted Fx.): 매우 큰 에너지의 충격(교통사고, 추락 등)으로 뼈가 여러 조각으로 박살 난 형태입니다. 뼈 조각으로 가는 혈액 공급이 불량해져 치유가 어렵고(불유합), 수술 또한 복잡합니다.

(2) **특수 골절** 기출

1) 피로 골절 (Fatigue or Stress Fracture) 35회, 37회 기출

마치 철사를 계속 구부렸다 폈다 하면 결국 끊어지는 것처럼, 뼈의 한 부위에 반복적인 스트레스가 쌓여 미세한 골절이 발생하는 것입니다. 마라톤 선수의 정강이뼈나 행군하는 군인의 발허리뼈(중족골)에서 흔하며, 초기에는 X-ray에서 잘 보이지 않아 진단이 늦어지는 경우가 많습니다.

2) 병적 골절 (Pathologic Fracture) 39회 기출

골다공증, 뼈의 종양, 감염 등으로 인해 뼈 자체가 이미 약해져 있는 상태에서 발생하는 골절입니다. 건강한 뼈라면 멀쩡했을 아주 가벼운 외상(넘어지기, 심지어 기침)에도 뼈가 부러질 수 있습니다.
① 원인
- **골다공증 호발부위**: 척추, 대퇴 경부/전자부, 요골 원위부, 상완골 등
- **국소적 골 질환**: 악성 및 양성 골종양, 골 감염, 방사선 조사
- **전신적 골 질환**: 골연화증, 골형성부전증, 골수염, 파젯병

② 치료
  - 경피적 척추성형술: 골시멘트를 이용한 경피적 척추성형술은 척추체의 악성종양, 골다공증으로 인한 압박골절에 사용된다. 척추체 약화로 인하여 초래된 통증에 대하여 척추체를 안정시켜 통증을 완화하는 효과가 있다.
  - 고관절 주위의 골절시: 고관절 주위의 골절 시에는 골절부위의 견고한 내고정, 인공관절치환술 등을 시행한다.

(3) 불안정성 골절 (Unstable Fracture) `42회 기출`

1) 정의: 골절된 이후, 깁스 같은 외부 고정만으로는 뼛조각들이 원래 위치를 유지하지 못하고 쉽게 어긋나거나 움직일 가능성이 높은 골절을 말합니다.
2) 종류: 사골절, 나선골절, 심한 분쇄골절 등이 대부분 불안정성 골절에 해당합니다.
3) 의미: 불안정성 골절은 뼈가 잘못 붙는 '부정유합'이나 아예 안 붙는 '불유합'의 위험이 높고, 주변 신경이나 혈관을 추가로 손상시킬 수 있습니다. 따라서 대부분 **수술적 치료(내고정술)**를 통해 뼈를 단단히 고정해야 합니다.

(4) 골절의 치유 과정 및 영향 인자 `34회, 35회 기출`

부러진 뼈가 다시 붙는 과정은 우리 몸의 놀라운 자가 복원 능력을 보여주는 과정이며, 시험에 매우 자주 출제됩니다.

1) 골절 치유의 3단계
  ① 염증기 (혈종 형성기): 골절 직후, 찢어진 혈관에서 혈액이 나와 골절 부위에 **혈종(피떡)**이 형성됩니다. 이 혈종을 중심으로 염증세포들이 모여들어 죽은 조직을 청소하고, 치유를 위한 기초 공사를 시작합니다.
  ② 복원기 (가골 형성기): 본격적인 '뼈 건설' 단계입니다. 혈종이 있던 자리에 섬유 연골 조직인 **가골 (Callus, 풋뼈)**이 생겨나 뼈의 파편들을 임시로 연결합니다. 처음엔 부드러웠던 가골이 점차 단단해지면서(경성 가골), 외부의 힘을 어느 정도 견딜 수 있게 됩니다.
  ③ 재형성기 (리모델링기): 울퉁불퉁하게 만들어진 가골이 원래의 매끈하고 튼튼한 뼈 모양으로 다듬어지는 단계입니다. 우리 몸의 '철거팀'인 **파골세포(Osteoclast)**가 불필요한 뼈를 깎아내고, '건설팀'인 조골세포가 필요한 부분을 채워 넣으며 뼈의 내부 구조를 원래대로 복원합니다. 이 재형성 (Remodeling) 과정은 '볼프의 법칙(Wolff's Law)'에 따라, 뼈에 가해지는 힘의 방향에 맞춰 가장 효율적인 구조로 최적화됩니다.

2) 골절 치유에 영향을 미치는 인자들

똑같이 다리가 부러져도, 아이와 노인의 치유 속도가 다른 이유는 무엇일까요? 바로 이 '영향 인자'들 때문입니다. 이 요인들은 크게 환자 몸 전체의 컨디션인 '전신적 인자'와 골절 부위 자체의 환경인 '국소적 인자'로 나눌 수 있습니다.

① 전신적 인자 (Systemic Factors)

- **나이 (Age):** 가장 중요한 요인입니다. 세포 분열이 활발한 소아는 성인보다 치유 속도가 2배 이상 빠릅니다.
- **영양 상태 (Nutrition):** 뼈의 재료인 단백질, 시멘트인 칼슘, 그리고 칼슘 흡수를 돕는 비타민 D가 부족하면 공사가 지연될 수밖에 없습니다.
- **호르몬 (Hormones):** 성장호르몬, 갑상선호르몬, 인슐린 등은 치유를 촉진하지만, 부신피질호르몬 (스테로이드)은 뼈 형성을 억제하여 치유를 방해합니다.
- **기저 질환 (Systemic Disease):** 당뇨병은 혈액순환과 세포 기능을 떨어뜨려 치유를 방해하며, 골다 공증은 애초에 뼈 자체가 약해 치유가 더딥니다.
- **흡연 및 음주 (Smoking &Alcohol):** 흡연은 말초 혈관을 수축시켜 골절 부위로 가는 혈액 공급을 막는 최악의 방해꾼입니다. 과도한 음주 역시 뼈의 대사를 방해합니다.

② 국소적 인자 (Local Factors)

- **혈액 공급 (Blood Supply):** 혈액 공급이 원활해야 산소와 영양분, 성장인자들이 공사 현장으로 잘 전달됩니다. 혈액순환이 나쁜 부위(예: 대퇴골두, 주상골)는 불유합이나 무혈성 괴사가 잘 생깁 니다.
- **골절의 심각도 (Severity of Fracture):** 뼈가 산산조각 난 분쇄 골절이나 뼈의 결손이 큰 경우, 연결 해야 할 거리가 멀어 치유가 어렵습니다.
- **연부조직 손상 정도:** 뼈를 감싸는 근육, 골막 등의 연부조직 손상이 심하면 혈액 공급이 함께 손상 되어 치유에 불리합니다.
- **감염 (Infection):** 개방성 골절에서 발생한 감염은 치유 과정을 중단시키고 뼈를 파괴하는 가장 심각한 국소적 방해 요인입니다.
- **고정의 안정성 (Stability of Fixation):** 부러진 뼈를 깁스나 수술로 단단하게 고정해야 합니다. 고정이 불안정하여 골절 부위가 계속 흔들리면, 애써 만든 가골이 계속 부서져 뼈가 붙지 않습니다.

(나) 파트 복습 문제

01 교통사고로 허벅지 뼈(대퇴골)가 여러 조각으로 부서지고, 뼈의 일부가 피부를 뚫고 밖으로 노출되었다. 이 골절을 가장 정확하게 설명하는 용어 2가지를 고르시오.

① 횡상 골절, 폐쇄성 골절 　　　　　　　② 나선상 골절, 불완전 골절

③ 분쇄 골절, 개방성 골절 　　　　　　　④ 피로 골절, 병적 골절

02 골절 치유 과정에서 부러진 뼈의 틈을 메우기 위해 임시로 형성되는 연골성 조직을 무엇이라고 하는가?

03 다음 중 골절 치유에 불리한 영향을 미치는 요인으로 가장 거리가 먼 것은?

① 고령 　　　　　　　　　　　　② 흡연

③ 안정적인 내고정술 　　　　　　④ 당뇨병

04 골다공증으로 약해진 뼈가 가벼운 엉덩방아에도 골절되는 것을 (　　　) 골절이라고 한다.

05 42회 기출

골절된 뼈를 제자리에 맞춰도 쉽게 다시 어긋나기 때문에 수술적 치료가 우선적으로 고려되는 골절을 무엇이라고 하는가?

정답 및 해설

01

답 ③ 분쇄 골절, 개방성 골절

해 '여러 조각으로 부서졌다'는 설명에서 분쇄 골절임을 알 수 있고, '피부를 뚫고 밖으로 노출되었다'는 설명에서 개방성 골절임을 알 수 있습니다. 개방성 분쇄 골절은 감염의 위험이 매우 높고 뼈가 잘 붙지 않을 가능성이 있어 예후가 좋지 않은 심각한 손상에 해당합니다.

02

답 가골 (Callus, 풋뼈)

해 가골은 골절 치유의 '복원기'에 나타나는 핵심 구조물입니다. 이 가골이 튼튼하게 형성되어야만 뼈가 안정적으로 붙을 수 있습니다. 만약 가골 형성이 부족하면 불유합으로 진행될 수 있습니다.

03

답 ③ 안정적인 내고정술

해 골절된 뼈가 흔들리지 않도록 단단히 고정하는 것은 골절 치유에 가장 중요한 유리한 요인 중 하나입니다. 고령, 흡연, 당뇨병은 모두 혈액 순환을 저해하거나 신체의 전반적인 치유 능력을 떨어뜨려 골절 치유에 불리한 요인으로 작용합니다.

04

답 병적 (Pathologic)

해 병적 골절은 뼈 자체의 질병으로 인해 뼈의 강도가 약해진 상태에서 발생하는 골절을 의미합니다. 골다공증이 가장 대표적인 원인 질환이며, 그 외에도 골종양, 골수염 등이 원인이 될 수 있습니다.

05

답 불안정성 골절 (Unstable Fracture)

해 불안정성 골절은 정복 후에도 안정성을 유지하지 못하고 다시 변형될 가능성이 높은 골절을 의미합니다. 따라서 수술을 통해 금속판이나 나사못 등으로 직접 고정하여 인위적인 안정성을 확보해 주어야만 원활한 골유합을 기대할 수 있습니다.

(다) 외상 환자의 기본 평가 및 처치

외상 환자가 병원에 도착하면, 의료진은 정해진 순서에 따라 체계적으로 환자를 평가하고 처치합니다. 이는 당장의 고통을 줄여줄 뿐만 아니라, 향후 발생할 수 있는 심각한 합병증을 예방하는 매우 중요한 과정입니다.

(1) 응급 처치의 원칙과 부목 고정의 장점　35회, 41회 기출

골절이 의심될 때 가장 먼저 해야 할 일은 손상 부위를 더 이상 움직이지 않게 고정하는 것입니다.

1) 부목 고정(Splinting)의 놀라운 효과

부목은 단순히 뼈를 고정하는 것을 넘어, 환자의 예후를 좌우하는 여러 중요한 장점을 가집니다.

① **통증 감소 (Pain Reduction)**: 골절된 뼈의 끝은 매우 날카롭습니다. 부목으로 고정하지 않으면 작은 움직임에도 이 날카로운 뼈끝이 주변 근육과 신경을 찔러 극심한 통증을 유발합니다. 부목은 이러한 움직임을 최소화하여 통증을 획기적으로 줄여줍니다.

② **추가 손상 방지 (Preventing Secondary Injury)**: 날카로운 뼈끝이 주변의 중요한 혈관이나 신경을 추가로 손상시키는 2차 손상을 막을 수 있습니다. 이는 영구적인 마비나 과다출혈 같은 심각한 합병증을 예방하는 데 결정적입니다.

③ **지방 색전증 빈도 감소 (Reducing Fat Embolism)**: (매우 중요!) 대퇴골이나 경골 같은 긴 뼈가 부러지면, 골수에서 나온 지방 덩어리가 혈관으로 들어가 온몸을 떠돌 수 있습니다. 이 지방 덩어리가 폐나 뇌혈관을 막는 치명적인 합병증이 바로 지방 색전증입니다. 골절부를 안정적으로 고정하면 이런 지방 덩어리가 혈관으로 유입될 가능성을 줄여줍니다.

④ **환자 이송 및 진단 용이**: 고정된 환자는 훨씬 안전하고 쉽게 이송할 수 있으며, X-ray 촬영 등 진단 과정도 수월해집니다.

(2) 개방성 골절의 치료 원칙　34회, 35회, 36회, 41회 기출

개방성 골절의 치료 목표는 단 하나, '감염과의 전쟁에서 승리하는 것' 입니다. 뼈가 외부에 노출된 순간부터 감염의 위험은 기하급수적으로 증가하기 때문에, 모든 처치가 신속하고 정확하게 이루어져야 합니다.

1) 치료의 3대 원칙

① **응급 항생제 투여**: 최대한 빨리 광범위 항생제를 정맥으로 투여하여 전신적인 감염에 대비합니다. 파상풍 예방 주사도 필수입니다.

② **응급 수술 (세척 및 변연절제술):**

• **세척 (Irrigation)**: 수술실에서 다량(수 리터 이상)의 생리식염수를 이용해 상처 부위를 기계적으로 씻어내는 과정입니다. 눈에 보이는 흙, 이물질, 세균을 물리적으로 제거하는 가장 중요한 감염 예방 조치입니다.

- 변연절제술 (Debridement): 오염되었거나 죽어서 회생 불가능한 조직(피부, 근육, 뼈 조각 등)을 외과용 칼이나 가위로 깨끗하게 잘라내는 과정입니다. 죽은 조직은 세균의 훌륭한 배양지가 되므로, 이를 철저히 제거하지 않으면 감염을 막을 수 없습니다.
- 안정적인 골절 고정: 초기에는 감염 위험 때문에 주로 외고정장치(External Fixator)를 이용하여 뼈를 고정합니다. 상처가 안정되고 감염의 위험이 줄어들면, 추후 내고정술로 전환하기도 합니다.

(3) 영상 진단의 종류와 특징　34회, 35회, 36회, 43회 기출

의사들은 다양한 '카메라'를 이용해 우리 몸속을 들여다봅니다. 각 영상 검사는 목적과 장단점이 명확하므로, 어떤 상황에서 어떤 검사를 사용하는지 이해해야 합니다.

1) 단순 방사선 촬영 (X-ray):
　① 목적: 골절 진단의 가장 기본이자 첫 번째 검사. 뼈의 전체적인 모양, 골절의 유무와 위치, 형태를 빠르고 저렴하게 확인합니다.
　② 한계: 인대, 연골, 디스크와 같은 연부조직은 거의 보이지 않습니다.

2) 컴퓨터 단층촬영 (CT, Computed Tomography):
　① 목적: X-ray를 3D로 본다고 생각하면 쉽습니다. 복잡한 골절의 양상을 입체적으로 파악하는 데 탁월합니다. 특히 관절면을 침범한 복잡한 골절에서, 수술 계획을 세우기 위해 필수적인 정보를 제공합니다.
　② 한계: X-ray보다 방사선 노출량이 많고, 연부조직 해상도는 MRI보다 떨어집니다.

3) 자기공명영상 (MRI, Magnetic Resonance Imaging):
　① 목적: 연부조직 손상 진단의 최강자. 인대 파열, 반월상 연골판 파열, 추간판 탈출증(디스크), 근육 파열, 신경 손상 등을 가장 정밀하게 볼 수 있습니다. 또한, 뼈의 괴사(무혈성 괴사)나 골수염 등을 진단하는 데도 매우 유용합니다.
　② 한계: 비용이 비싸고 검사 시간이 깁니다.

4) 골 주사 (Bone Scan, 골 신티그라피):
　① 목적: 뼈의 신진대사(metabolism)가 활발한 부위를 찾아내는 예민한 검사입니다. X-ray에 나타나지 않는 미세한 피로 골절, 숨어있는 신생 골절, 암의 뼈 전이, 원인 불명의 통증 등을 조기에 발견하는 데 매우 유용합니다.

01 등산 중 발목을 다친 환자에게 응급처치로 부목을 대어 고정했다. 이는 환자의 통증을 줄여주는 효과 외에, 골수에서 나온 지방 덩어리가 혈관을 막는 (①)의 발생 빈도를 감소시키는 중요한 예방 효과가 있다. (   ) 안에 들어갈 가장 적절한 합병증은?

02 개방성 골절의 응급 수술 시, 감염의 원인이 될 수 있는 죽거나 오염된 조직을 외과적으로 잘라내는 핵심적인 과정을 무엇이라고 하는가?

03 무릎을 다친 환자의 십자인대 파열이 강력히 의심될 때, 이를 확진하기 위해 가장 우선적으로 고려해야 할 영상 검사는 무엇인가?

04 복잡한 관절 내 분쇄 골절이 발생하여, 수술 계획을 위해 골절의 3차원적 구조를 정밀하게 파악하고자 한다. 이때 가장 적합한 영상 검사는 X-ray이다. (O / X)

05 다음 영상 검사에 대한 설명으로 가장 옳은 것은?

① MRI는 방사선을 이용하므로 임산부에게는 금기이다.
② 골 주사(Bone scan)는 골절 진단에 민감도가 낮아 잘 사용되지 않는다.
③ CT는 추간판 탈출증(디스크) 진단에 있어 MRI보다 더 정확하다.
④ X-ray는 골절 진단의 가장 기본적이고 우선적인 검사이다.

정답 및 해설

01

답 ① 지방 색전증 (Fat Embolism)

해 지방 색전증은 긴 뼈(대퇴골, 경골) 골절 시 발생하는 치명적인 합병증입니다. 부목으로 골절부를 안정시키면 뼈의 움직임이 줄어들어, 골수 내 지방이 혈관으로 유입될 가능성을 낮춰줍니다. 이는 부목 고정의 매우 중요한 목적 중 하나입니다.

02

답 변연절제술 (Debridement)

해 변연절제술은 개방성 골절 치료의 핵심입니다. 아무리 항생제를 많이 써도, 죽은 조직(세균의 먹이)을 남겨두면 감염을 막을 수 없습니다. 따라서 '충분한 세척'과 '철저한 변연절제술'은 감염 예방의 알파이자 오메가입니다.

03

답 자기공명영상 (MRI)

해 십자인대와 반월상 연골판은 연부조직입니다. X-ray나 CT로는 이들의 손상 여부를 제대로 평가할 수 없습니다. MRI는 연부조직에 대한 해상도가 압도적으로 뛰어나므로, 인대나 연골 손상이 의심될 때 가장 확실한 진단 방법입니다.

04

답 X

해 X-ray는 2차원적인 평면 영상이므로 복잡한 골절의 3차원 구조를 파악하는 데 한계가 있습니다. 이런 경우에는 **CT(컴퓨터 단층촬영)**를 통해 입체적인 영상을 얻어 골절의 양상을 정확히 평가하고 수술 계획을 세웁니다.

05

답 ④ X-ray는 골절 진단의 가장 기본적이고 우선적인 검사이다.

해 ① MRI는 자기장을 이용하므로 방사선 노출이 없습니다.

② 골 주사는 X-ray에서 보이지 않는 미세 골절 등을 찾는 데 매우 '민감한' 검사입니다.

③ 추간판(디스크) 역시 연부조직이므로, CT보다는 MRI가 진단에 훨씬 더 정확하고 유용합니다.

④ X-ray는 비용, 시간, 접근성 면에서 가장 효율적이므로 모든 골절이 의심되는 환자에게 가장 먼저 시행하는 기본 검사입니다.

(4) 신경학적 기본 평가 (GCS, MMT) `34회, 35회, 37회, 43회, 45회 기출`

외상 환자, 특히 머리나 척추를 다친 환자에게 신경학적 평가는 생명과 직결되는 예후를 판단하는 가장 중요한 과정입니다. 의무기록지에서 GCS와 MMT 점수는 환자의 상태를 파악하는 핵심 지표이므로, 각 점수의 의미를 정확히 알아야 합니다.

1) 글래스고우 혼수 척도 (GCS, Glasgow Coma Scale) `34회, 35회, 45회 기출`

GCS는 외상으로 인한 뇌손상 환자의 **'의식 수준'**을 객관적인 점수로 표현하여, 중증도를 평가하고 상태 변화를 파악하는 세계적인 표준 도구입니다. 개안 반응(Eye), 언어 반응(Verbal), 운동 반응(Motor) 세 가지 영역을 평가하여 점수를 합산합니다.

① 개안 반응 (Eye Opening - E): 4점 만점
- 4점: 자발적으로 눈을 뜸 (Spontaneous)
- 3점: 언어적 지시에 눈을 뜸 (To speech)
- 2점: 통증 자극에 눈을 뜸 (To pain)
- 1점: 반응 없음 (None)

② 언어 반응 (Verbal Response - V): 5점 만점
- 5점: 지남력 있음 (시간, 장소, 사람 인지) (Oriented)
- 4점: 혼란스러운 대화 (Confused)
- 3점: 부적절한 단어 (Inappropriate words)
- 2점: 이해할 수 없는 소리 (Incomprehensible sounds)
- 1점: 반응 없음 (None)

③ 운동 반응 (Motor Response - M): 6점 만점
- 6점: 지시에 따름 (Obeys commands)
- 5점: 통증 부위에 손을 가져감 (Localizes to pain)
- 4점: 통증 자극에 움츠림 (Withdraws from pain)
- 3점: 비정상적 굴곡 반응 (Abnormal flexion) - 대뇌피질 손상 시사
- 2점: 비정상적 신전 반응 (Abnormal extension) - 뇌간 손상 시사, 더 나쁜 예후
- 1점: 반응 없음 (None)

💡 *Key Point*

GCS 점수 해석 `35회, 45회 기출`

- **총점**: 15점 만점 (E+V+M). 최저 점수는 3점입니다. (각 영역별 최저점이 1점이므로.)
- **중증도 분류**: 보통 13~15점을 경증, 9~12점을 중등도, 8점 이하를 중증 뇌손상으로 분류하며, 중증 뇌손상 시에는 예후가 매우 불량한 경우가 많습니다.
- **기출 유형**: 시험에서는 특정 상황을 제시하고 GCS 총점을 계산하거나, 각 항목의 만점 또는 최저점을 묻는 문제가 자주 출제됩니다.

---

2) 도수 근력 평가 (MMT, Manual Muscle Testing) `37회, 43회 기출`

MMT는 특정 근육이나 근육 그룹의 힘(근력)을 평가하는 방법입니다. 척수 손상이나 말초신경 손상으로 인한 마비의 정도를 객관적인 등급으로 기록하기 위해 사용됩니다. 등급은 0에서 5까지 총 6단계로 나뉩니다.

등급 (Grade)	명칭 (Name)	설명 (Description)
5	Normal	**강한 저항(strong resistance)**에 대항하여 완전한 관절 운동이 가능함.
4	Good	**어느 정도의 저항(some resistance)**에 대항하여 완전한 관절 운동이 가능함.
3	Fair	중력(gravity)을 이기고 완전한 관절 운동이 가능하나, 저항을 주면 이기지 못함.
2	Poor	중력(gravity)을 제거한 상태에서만 완전한 관절 운동이 가능함. (예: 바닥에 팔을 대고 옆으로 끄는 움직임)
1	Trace	근육의 수축은 관찰되나, 실제 관절 운동은 일어나지 않음. (근육이 꿈틀거리기만 함)
0	Zero	근육의 수축이 전혀 없는 완전 마비 상태.

💡 Key Point

MMT 등급의 핵심 구분 기준 `43회 기출`

• Grade 3과 2의 차이: 중력(gravity)에 대항할 수 있는지가 핵심입니다.
• Grade 4와 3의 차이: 저항(resistance)에 대항할 수 있는지가 핵심입니다.

01 45회 기출 유형

외상성 뇌손상 환자를 평가한 결과, 통증 자극에만 눈을 뜨고(E), 상황에 맞지 않는 단어만 말하며(V), 통증 자극을 준 부위에 손을 가져다 대는(M) 반응을 보였다. 이 환자의 GCS 총점은 몇 점인가?

02 43회 기출 유형

도수 근력 평가(MMT)에서, '중력을 제거한 상태에서만 관절 운동이 가능한 상태'는 몇 등급(Grade)에 해당하는가?

03 다음 GCS 평가 요소 중, 5점 만점으로 평가하는 항목은 무엇인가?

① 개안 반응 (Eye Opening)   ② 언어 반응 (Verbal Response)
③ 운동 반응 (Motor Response)   ④ 동공 반응 (Pupil Response)

04 도수 근력 평가(MMT) Grade 3과 Grade 2를 구분하는 가장 중요한 기준은 무엇인가?

05 GCS 점수에 대한 설명으로 옳은 것을 고르시오.

① 최저 점수는 1점이다.
② 총점이 8점인 경우, 경증 뇌손상으로 판단한다.
③ 평가 항목에는 감각 반응이 포함된다.
④ 점수가 낮을수록 환자의 의식 상태가 나쁨을 의미한다.

정답 및 해설

01

답 11점

해 각 항목별 점수를 정확히 계산하는 것이 중요합니다.
- 개안 반응(E): 통증 자극에 눈을 떴으므로 2점.
- 언어 반응(V): 부적절한 단어를 사용했으므로 3점.
- 운동 반응(M): 통증 자극 부위에 손을 가져다 대는 반응(Localizes to pain)은 5점.

따라서 총점은 E(2) + V(3) + M(5) = 10점 입니다. 이 환자는 중등도(Moderate) 뇌손상으로 분류됩니다.(죄송합니다, 이전 답변의 계산 오류를 다시 정정합니다. 정확한 점수 계산이 중요함을 다시 한번 강조합니다. E(2점)+V(3점)+M(5점) = 10점입니다.)

02

답 Grade 2 (Poor, 나쁨)

해 MMT Grade 2의 정확한 정의는 '중력을 제거한 상태에서 완전한 관절 운동이 가능한 상태'입니다. 팔을 바닥에 대고 움직이는 것은 중력의 영향을 받지 않는 수평 운동이므로 Grade 2에 해당합니다. 만약 중력을 이기고 팔을 들어 올릴 수 있었다면 Grade 3 이상이 됩니다.

03

답 ② 언어 반응 (Verbal Response)

해 GCS의 각 항목별 만점은 개안 반응(E) 4점, 언어 반응(V) 5점, 운동 반응(M) 6점입니다. 동공 반응은 GCS 평가 항목이 아닙니다.

04

답 중력에 대항하는 능력 유무

해 Grade 3은 '중력을 이길 수 있지만 저항은 이기지 못하는 상태'이고, Grade 2는 '중력을 이기지 못하는 상태'입니다. 따라서 두 등급을 가르는 가장 핵심적인 기준은 '중력'입니다. 시험에 자주 출제되는 핵심 개념입니다.

05

답 ④ 점수가 낮을수록 환자의 의식 상태가 나쁨을 의미한다.

해 ① GCS의 최저 점수는 E(1)+V(1)+M(1)=3점입니다.
② 총점이 8점 이하인 경우 중증 뇌손상으로 판단합니다.
③ GCS의 평가 항목은 개안, 언어, 운동 반응이며, 감각 반응은 포함되지 않습니다.
④ GCS는 15점이 가장 좋은 상태(정상 의식)이고, 점수가 낮아질수록 의식 저하가 심각함을 의미합니다.

(가) 두부 및 척추 손상 (중추신경계 외상)

(1) 외상성 뇌손상 (TBI, Traumatic Brain Injury)과 두개골 골절 `36회, 45회 기출`

외상성 뇌손상은 교통사고, 추락, 폭행 등으로 인해 발생하는 뇌의 손상으로, 가장 심각한 후유증을 남길 수 있는 상해입니다. 뇌를 보호하는 두개골의 골절부터, 뇌 자체의 손상까지 다양한 형태로 나타납니다.

1) **두개골 골절 (Skull Fracture) 종류 및 특징:** 두개골 골절 자체보다, 골절로 인해 뇌나 혈관 등 내부 구조물이 얼마나 손상되었는지가 더 중요합니다.

① **선상 골절 (Linear Fracture):** 계란 껍데기에 금이 간 것처럼, 선 모양으로 금이 간 골절입니다. 골절 자체보다 골절선이 중요한 혈관 위를 지나가 뇌출혈을 일으키는 것이 더 문제입니다.

② **함몰 골절 (Depressed Fracture):** 망치로 맞은 것처럼, 뼛조각이 안으로 '함몰'되어 뇌를 직접 압박하는 상태입니다. 응급 수술이 필요한 경우가 많습니다.

③ **두개저 골절 (Basilar Skull Fracture)** `36회, 45회 기출`

두개골의 바닥 부분에 골절이 생긴 것으로, 매우 특징적인 징후를 보입니다. 의무기록지에서 다음 징후들이 언급된다면 두개저 골절을 강력하게 의심할 수 있습니다.

- **너구리 눈 (Raccoon eyes):** 특별히 눈 주위를 맞지 않았는데도 양쪽 눈 주위가 너구리처럼 검붉게 멍이 드는 현상.
- **배틀 징후 (Battle's sign):** 귀 뒤쪽의 단단한 뼈(유양돌기) 주변 피부에 멍이 드는 현상.
- **뇌척수액 누출:** 코(비루)나 귀(이루)로 맑은 액체(뇌척수액, CSF)가 새어 나오는 현상. 뇌를 감싸는 경막이 찢어졌다는 위험한 신호입니다.

2) **외상성 뇌손상 (Traumatic Brain Injury, TBI)**

① **뇌진탕(Concussion) vs 뇌좌상(Contusion)** `기출`

두 용어는 자주 혼용되지만 의학적으로는 명백히 다릅니다.

- **뇌진탕:** 뇌의 구조적 파괴 없이, 일시적으로 신경 기능에 장애가 생긴 상태입니다. 단기 기억상실이나 잠시 의식을 잃을 수는 있지만, CT나 MRI에서는 정상이 나오며 대부분 후유증 없이 회복됩니다. 구토, 안면창백, 체온하강, 분뇨실금 등이 있다. 호흡이 느리거나 때때로 심호흡을 한다. 미주신경의 이상으로 맥박이 약하고 느리며 불규칙해진다.
- **뇌좌상:** 뇌에 직접적인 타박상을 입어 뇌 실질 조직이 파괴되고 출혈이 동반된, 즉 뇌에 구조적인 손상이 발생한 상태입니다. 영구적인 후유증을 남길 가능성이 높습니다. 절대적 안정이 필요하며 특히 환자를 운반할 때 세심한 주의가 필요하다. 뇌출혈이 심하고 두 개강 내압이 높을 경우 즉시 수술한다.

② 외상성 두개강내 혈종 (Traumatic Intracranial Hematoma)

외상으로 인해 머릿속에 피가 고이는 상태로, 고인 피(혈종)가 뇌를 압박하여 심각한 문제를 일으킵니다. 혈종의 위치에 따라 다음과 같이 분류합니다.

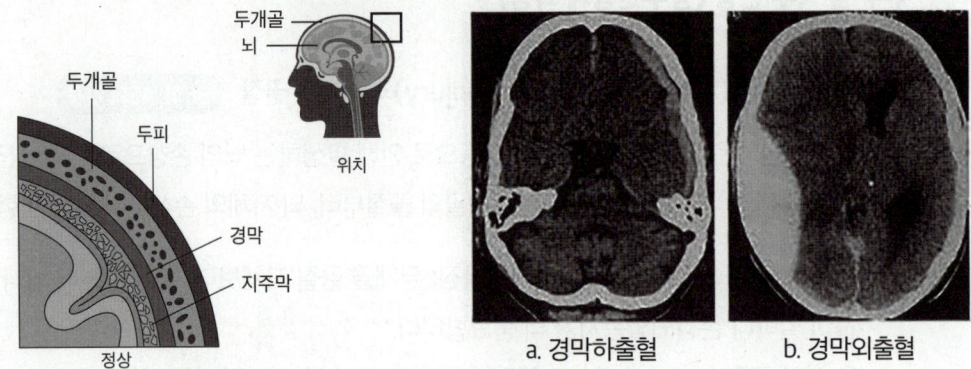

a. 경막하출혈   b. 경막외출혈

- **경막외 혈종** (Epidural Hematoma, EDH):
  - 원인: 두개골과 뇌를 감싸는 가장 바깥쪽 막인 '경막'의 바깥쪽에 피가 고인 겁니다. 주로 동맥 출혈이라 매우 응급합니다.
  - 특징: 사고 직후 잠시 의식을 잃었다가, 다시 깨어나 멀쩡하게 대화하는 **'의식 명료기(lucid interval)'**가 특징적입니다. 하지만 이는 폭풍전야와 같으며, 수 시간 내에 혈종이 커져 뇌를 압박하면 갑자기 의식이 악화되어 사망에 이를 수 있어 매우 위험합니다. CT에서는 볼록렌즈 모양의 혈종으로 보입니다.
- **경막하 혈종** (Subdural Hematoma, SDH):
  - 원인: 경막과 그 아래의 지주막(arachnoid) 사이에 정맥 출혈로 피가 고인 상태입니다.
  - 특징: 급성, 아급성, 만성으로 나뉩니다. 특히 노인이나 알코올 중독 환자는 뇌가 위축되어 있어 아주 가벼운 외상으로도 만성 경막하 혈종이 잘 발생합니다. CT에서는 초승달 모양의 혈종으로 보입니다.
- **지주막하출혈** (Subarachnoid Hemorrhage, SAH):
  지주막과 뇌 사이의 공간에 피가 퍼진 상태입니다.

(가) 파트 복습 문제

01 36회, 45회 기출 유형

교통사고 후 환자의 귀 뒤쪽 피부에서 멍(Battle's sign)이 발견되었고, 코에서 맑은 액체가 흘러나왔다. 가장 강력하게 의심해야 할 손상은 무엇인가?

02 기출 유형

머리를 다친 후 잠시 의식을 잃었다가 깨어나 "괜찮다"고 말하던 환자가, 몇 시간 후 갑자기 의식이 악화되었다. 이러한 '의식 명료기(lucid interval)'가 특징적으로 나타나는 외상성 뇌출혈은 무엇인가?

03 뇌에 구조적인 손상 없이 일시적인 기능 장애만 나타나는 뇌손상을 무엇이라 하는가?

04 CT 영상에서 '초승달 모양'의 혈종이 관찰될 때, 가장 가능성이 높은 진단은 경막외 혈종(EDH)이다.

(O / X)

05 경막외 혈종(EDH)을 유발하는 가장 흔한 원인 혈관은 중간뇌막동맥(middle meningeal artery)이다.

(O / X)

정답 및 해설

01

답 두개저 골절 (Basilar Skull Fracture)

해 배틀 징후(귀 뒤쪽 멍)와 뇌척수액 비루(코에서 맑은 액체 누출)는 두개골의 바닥 부분에 골절이 생겼음을 시사하는 매우 특징적인 징후들입니다. 이 두 가지 징후가 함께 관찰된다면 다른 진단을 생각하기 어려울 정도로 두개저 골절을 강력하게 시사합니다.

02

답 경막외 혈종 (Epidural Hematoma, EDH)

해 의식 명료기는 경막외 혈종의 가장 유명한 특징입니다. 동맥 출혈이 서서히 고여 뇌를 압박하기까지 시간이 걸리기 때문에 나타나는 현상입니다. 이 '속임수' 같은 증상 때문에 괜찮은 줄 알고 방치하다가 치명적인 결과로 이어질 수 있어, 두부 외상 환자는 반드시 병원에서 경과를 관찰해야 합니다.

03

답 뇌진탕 (Concussion)

해 뇌진탕과 뇌좌상의 핵심 차이는 '구조적 손상 유무'입니다. [629] 뇌진탕은 뇌의 하드웨어(구조)는 멀쩡한데 소프트웨어(기능)만 일시적으로 오류가 난 상태라고 생각하면 쉽습니다. 반면 뇌좌상은 하드웨어 자체가 손상된 것입니다.

04

답 X

해 '초승달 모양' 혈종은 **경막하 혈종(SDH)**의 특징적인 CT 소견입니다. 경막외 혈종(EDH)은 뼈와 경막 사이에 피가 고여 뼈의 형태를 따라 밀어내므로 **'볼록렌즈 모양'**으로 보입니다. 이 두 가지 모양의 차이는 시험에 자주 출제되는 핵심 암기 사항입니다.

05

답 O

해 경막외 혈종은 두개골과 경막 사이에 위치한 중간뇌막동맥의 파열로 인해 발생하는 경우가 가장 흔합니다. 특히 얇은 측두골(관자놀이 부위) 골절 시 이 동맥이 함께 손상되기 쉽습니다.

(2) 척추 골절 및 탈구(압박골절, 경추손상) `35회, 36회, 43회 기출`

1) 압박 골절 (Compression Fracture)

① **정의**: 척추뼈의 몸통 부분인 **추체(vertebral body)**가, 위아래로 가해지는 강력한 수직 압박력에 의해 찌그러지듯이 주저앉는 형태의 골절입니다. 마치 텅 빈 알루미늄 캔을 발로 밟았을 때 납작해지는 모습을 상상하면 쉽습니다.

② **주요 원인**

- **골다공증 (Osteoporosis)**: 가장 흔한 원인입니다. 뼈가 약해진 노인 환자가 가볍게 엉덩방아를 찧거나, 심지어 버스에서 덜컹거리는 충격만으로도 발생할 수 있습니다.
- **외상 (Trauma)**: 높은 곳에서의 추락이나 교통사고 등 강력한 외력에 의해 발생합니다.
- **병적 골절**: 암이 척추뼈로 전이되어 뼈가 약해진 경우에도 발생할 수 있습니다.

③ **호발 부위 (가장 잘 생기는 곳)**

척추의 움직임이 많은 부위, 즉 힘이 집중되는 곳에 잘 발생합니다. 가장 흔한 부위는 **흉요추 이행부 (Thoracolumbar junction, 제12 흉추 ~ 제2 요추 사이)**입니다. 등(흉추)의 비교적 뻣뻣한 부분과 허리(요추)의 유연한 부분이 만나는 지점이라 스트레스가 집중되기 때문입니다.

2) 방출성 골절 (Burst Fracture)

압박 골절보다 훨씬 심한 손상으로, 추체가 단순히 주저앉는 것을 넘어 폭발하듯이 여러 조각으로 부서지는(burst) 골절입니다. 이때 부서진 뼈 조각이 척수 신경이 지나가는 통로인 척추관(spinal canal) 안으로 밀려 들어가 척수를 직접 압박하거나 손상시킬 수 있습니다. 따라서 신경학적 손상(하지 마비 등)을 동반할 위험이 매우 높은 불안정성 골절입니다.

3) 경추 손상 (Cervical Spine Injuries)

목뼈(경추)는 척추 중에서 가장 운동 범위가 크고 머리의 무게를 지탱해야 하므로 손상에 매우 취약합니다.

① **교수형 골절 (Hangman's Fracture)** `36회 기출`

정식 명칭은 외상성 C2 척추분리증 (Traumatic Spondylolysis of C2)입니다. **제2 경추(C2, 축추)**의 특정 부위(양측 관절간부)가 골절되면서, 제2 경추체가 제3 경추체에 비해 앞으로 미끄러져 나가는 손상입니다. 주로 자동차 사고 시 턱이 계기판에 부딪히거나, 다이빙 사고처럼 머리에 과도한 신전(젖힘) 손상을 입었을 때 발생합니다.

4) 척추 탈구 (Spinal Dislocation)

척추뼈 마디가 단순히 금이 가거나 주저앉는 것을 넘어, 위아래 뼈의 연결이 완전히 끊어져 어긋나 버리는 손상입니다. 척추를 지지하는 인대들이 모두 파열되어야 발생할 수 있는 극심한 손상으로, 척수 손상을 거의 필연적으로 동반하는 매우 위험하고 불안정한 손상입니다.

01 `43회 기출 유형`
척추 압박 골절이 가장 흔하게 발생하는 부위는 다음 중 어디인가?

① 경추-흉추 이행부   ② 흉추 중앙부

③ 흉추-요추 이행부   ④ 요추-천추 이행부

02 추체가 으스러지면서 뼈 조각이 척추관 안으로 밀려 들어가 신경 마비를 유발할 위험이 매우 높은 골절은 무엇인가?

03 `36회 기출`
교통사고 시 과신전 손상으로 인해 제2 경추(C2)의 관절간부가 골절되는 특징적인 손상의 명칭은 무엇인가?

04 골다공증이 심한 노인이 기침을 하다가 등 통증이 발생하여 병원에 갔더니 척추 골절 진단을 받았다. 이는 어떤 종류의 골절에 해당하는가?

05 척추 압박 골절에 대한 설명으로 틀린 것은?

① 추체가 수직 압박력에 의해 찌그러지는 골절이다.

② 골다공증이 가장 흔한 원인이다.

③ 방출성 골절보다 신경 손상 위험이 더 높다.

④ 흉요추 이행부에서 호발한다.

정답 및 해설

01

답 ③ 흉추-요추 이행부

해 흉추-요추 이행부(T12-L1)는 등뼈의 비교적 고정된 부분과 허리뼈의 유연한 부분이 만나는 지점으로, 역학적으로 스트레스가 가장 집중되는 부위입니다. 따라서 압박 골절이 가장 빈번하게 발생합니다.

02

답 방출성 골절 (Burst Fracture)

해 방출성 골절의 가장 큰 위험성은 '터져 나간 뼈 조각'입니다. 이 뼈 조각이 척수 신경을 직접적으로 압박하거나 손상시켜 하지 마비, 대소변 장애 등 심각한 신경학적 후유증을 남길 수 있기 때문에 압박 골절보다 훨씬 위중한 손상으로 취급됩니다.

03

답 항문 골절 (Hangman's Fracture)

해 교수형을 당한 사람에게서 발견된다 하여 붙여진 이름으로, 제2 경추의 특징적인 손상을 지칭하는 고유 명사입니다. [260] 과신전 손상이 주된 기전입니다.

04

답 병적 골절 (Pathologic Fracture)

해 병적 골절이란 뼈 자체에 질병(골다공증, 종양 등)이 있어 약해진 상태에서, 정상적인 뼈라면 견딜 수 있는 가벼운 힘에도 발생하는 골절을 의미합니다. 기침이나 가벼운 엉덩방아는 병적 골절의 흔한 유발 요인입니다.

05

답 ③ 방출성 골절보다 신경 손상 위험이 더 높다.

해 압박 골절은 추체가 주로 앞쪽으로만 찌그러지는 반면, 방출성 골절은 추체 뒤쪽 벽까지 부서지면서 뼈 조각이 척추관 내로 튀어 들어갈 수 있습니다. 따라서 신경 손상 위험은 방출성 골절에서 훨씬 더 높습니다. 나머지 보기 ①, ②, ④는 모두 압박 골절에 대한 옳은 설명입니다.

(3) 외상성 추간판 탈출증 (HNP, Herniated Nucleus Pulposus) 34회, 35회, 36회, 47회 기출

1) 추간판(디스크)의 구조와 HNP의 정의
- 척추뼈와 척추뼈 사이에서 충격을 흡수하는 쿠션 역할을 하는 구조물을 **추간판(Intervertebral Disc)**이라고 합니다. 추간판은 마치 젤리 도넛처럼, 질긴 바깥 껍질인 **'섬유륜(Annulus Fibrosus)'**과 말랑한 내부 젤리인 **'수핵(Nucleus Pulposus)'**으로 이루어져 있습니다.
- **추간판 탈출증(HNP)**이란, 교통사고나 추락 등 강한 외력에 의해 섬유륜이 찢어지면서 안의 수핵이 밖으로 터져 나와, 바로 뒤쪽에 있는 척수나 신경근(Nerve Root)을 압박하는 상태를 말합니다.

2) 호발 부위 (가장 잘 생기는 곳) 35회 기출
움직임이 많아 스트레스가 집중되는 부위에 잘 발생합니다.
① 요추 (허리): 가장 흔하게 발생하며, 특히 **제4-5 요추간(L4-L5)**과 **제5 요추-제1 천추간(L5-S1)**이 전체의 90% 이상을 차지하는 극호발 부위입니다.
② 경추 (목): 요추 다음으로 흔하며, **제5-6 경추간(C5-C6)**과 **제6-7 경추간(C6-7)**에서 주로 발생합니다.

3) 주요 증상 (신경 압박의 신호)
① 요통 및 방사통 (Low Back Pain &Radiating Pain):
- 요통: 허리 자체의 통증입니다.
- 방사통: 핵심 증상입니다. 압박된 신경근이 지배하는 다리나 팔 부위로 뻗쳐 내려가는, '저리고 찌릿하고 당기는' 양상의 통증을 말합니다. 특히 허리 디스크로 인한 다리 방사통을 흔히 **좌골 신경통(sciatica)**이라고 부릅니다.
② 근력 약화 (Motor Weakness) 및 반사 저하: 47회 기출
압박된 신경근이 지배하는 특정 근육의 힘이 빠지는 증상입니다. 의무기록지에서 특정 근육의 근력 저하 소견은 어떤 신경이 눌렸는지를 알려주는 중요한 단서가 됩니다.
- 제5 요추 신경근 (L5) 압박 시: 족무지 신전근(엄지발가락을 들어 올리는 근육)의 근력 약화가 특징적으로 나타납니다. 환자는 엄지발가락에 힘을 주어 위로 젖히지 못합니다. [260]
- 제1 천추 신경근 (S1) 압박 시: 아킬레스건 반사(Achilles tendon reflex)가 소실되거나 감소하고, 발목을 아래로 미는 힘(족저굴곡)이 약해집니다.
③ 감각 이상 (Sensory Change): 신경이 눌린 부위에 해당하는 피부 영역(피부분절)의 감각이 둔해지거나 (감각 저하), 저리고 화끈거리는(이상 감각) 증상이 나타납니다.

4) 수술 적응증 (수술을 꼭 해야 할 때) 34회, 35회 기출

대부분의(약 80~90%) 추간판 탈출증은 약물치료, 물리치료, 주사치료 등 보존적 치료로 호전됩니다. 수술은 이러한 보존적 치료에 반응하지 않거나, 심각한 신경학적 문제가 발생했을 때 제한적으로 시행됩니다.

① 절대적 응급 수술 적응증

• **마미 증후군 (Cauda Equina Syndrome):** 척추관 내의 신경 다발(마미)이 심하게 압박되어 대소변 장애 (소변을 못 보거나 변실금), 항문 주위 감각 마비(saddle anesthesia), 심한 하지 마비 등이 나타나는 응급 상황으로 발견 즉시 수술(감압술)하지 않으면 영구적인 장애가 남을 수 있다.

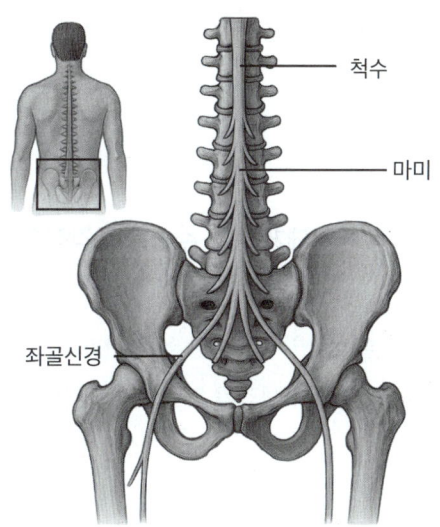

척수

마미

좌골신경

② 상대적 수술 적응증

• **진행하는 심각한 신경학적 결손:** 발목을 들어 올리지 못하는 **족하수(foot drop)**와 같이, 마비 증상이 점점 심해지고 명백해질 때.

• **참을 수 없는 극심한 통증:** 6주 이상의 충분한 보존적 치료에도 불구하고 통증이 너무 심해 일상 생활이 불가능할 때.

01 **47회 기출**
40대 남성이 허리 통증과 함께 좌측 엄지발가락을 위로 들어 올리는 힘이 약해지는 증상(족무지 신전근 약화)을 호소했다. 가장 의심되는 신경근 압박 부위와, 이를 유발했을 가능성이 가장 높은 추간판 탈출증 부위는?

① 제4 요추 신경근 / 제3-4 요추간
② 제5 요추 신경근 / 제4-5 요추간
③ 제1 천추 신경근 / 제5 요추-제1 천추간
④ 제3 요추 신경근 / 제2-3 요추간

02 **34회, 35회 기출**
다음 중 요추 추간판 탈출증 환자에게 응급 수술을 즉각적으로 고려해야 하는 가장 강력한 이유는 무엇인가?

① 허리 통증이 2주간 지속될 때
② 다리가 약간 저린 감각 이상이 있을 때
③ 대소변을 보는 데 갑자기 장애가 생겼을 때
④ 무릎 반사가 약간 감소했을 때

03 추간판의 구조 중, 외부의 충격을 흡수하는 젤리 같은 중심부를 무엇이라고 하는가?

04 대부분의 요추 추간판 탈출증은 신경 마비의 위험 때문에 진단 즉시 수술적 치료를 하는 것이 원칙이다.

(O / X)

05 **35회 기출**
요추 추간판 탈출증이 가장 흔하게 발생하는 부위 2곳을 쓰시오.

정답 및 해설

01

답 ② 제5 요추 신경근 / 제4-5 요추간

해 족무지 신전근(엄지발가락 신전근)의 근력 약화는 제5 요추 신경근(L5 nerve root) 압박의 가장 특징적인 소견입니다. [260] 그리고 제5 요추 신경근은 주로 바로 위 레벨인 제4-5 요추간 추간판 탈출증에 의해 압박됩니다. 이 조합은 시험에 자주 출제되므로 반드시 암기해야 합니다.

02

답 ③ 대소변을 보는 데 갑자기 장애가 생겼을 때

해 대소변 장애, 항문 주위 감각 마비는 **마미 증후군(Cauda Equina Syndrome)**의 핵심 증상으로, 신경이 영구적으로 손상되기 전에 즉시 수술을 통해 압박을 풀어주어야 하는 응급 상황입니다. [271] 나머지 보기들은 대부분 보존적 치료의 대상이 됩니다.

03

답 수핵 (Nucleus Pulposus)

해 추간판은 단단한 외피인 '섬유륜'과 부드러운 속인 '수핵'으로 구성됩니다. 추간판 탈출증은 바로 이 수핵이 섬유륜을 뚫고 터져 나오는 현상입니다.

04

답 X

해 잘못된 설명입니다. 대부분의 추간판 탈출증은 수술 없이 약물, 주사, 물리치료 등 보존적 치료를 우선적으로 시행하며, 실제로 많은 환자들이 보존적 치료만으로 호전됩니다. 수술은 명확한 적응증이 있을 때만 제한적으로 고려합니다.

05

답 제4-5 요추간 (L4-L5), 제5 요추-제1 천추간 (L5-S1)

해 허리뼈(요추)의 가장 아래 두 마디는 움직임이 가장 많고 承受하는 하중이 크기 때문에, 추간판의 퇴행성 변화나 손상이 가장 빈번하게 발생합니다. 이 두 부위가 전체 요추 추간판 탈출증의 90% 이상을 차지합니다.

(4) 척수 손상 (Spinal Cord Injury, SCI)

척수(Spinal cord)는 뇌와 우리 몸의 각 부분을 연결하는 '정보 고속도로'입니다. 이 고속도로가 외상으로 인해 끊어지거나 손상되면, 뇌의 명령이 신체로 전달되지 못하고 신체의 감각이 뇌로 전달되지 못해 마비, 감각 소실 등 심각한 후유증이 발생합니다.

1) 척수 쇼크 (Spinal Shock)

척수가 심각한 손상을 입은 직후, 손상 부위 이하의 모든 척수 기능(운동, 감각, 반사)이 일시적으로 완전히 마비되는 현상입니다. 마치 큰 충격을 받은 컴퓨터가 잠시 '먹통'이 되는 것과 같습니다.

① 특징: 이완성 마비(몸이 축 늘어짐), 모든 감각 소실, 모든 심부건 반사 소실.

② 중요성: 척수 쇼크 상태에서는 환자의 영구적인 마비 정도를 정확히 판단할 수 없습니다. 쇼크 상태가 수 시간에서 수 주에 걸쳐 회복된 이후에야, 비로소 환자에게 남을 실제 후유증의 정도를 평가할 수 있습니다.

2) 척수 손상 증후군 (Spinal Cord Injury Syndromes)

척수 손상은 손상된 부위에 따라 매우 특징적인 증상 패턴을 보입니다.

① 중심 척수 증후군 (Central Cord Syndrome) **34회, 35회, 36회 기출**

- 원인: 주로 경추의 과신전(hyperextension, 목이 뒤로 심하게 젖혀짐) 손상으로, 척수의 중심부부터 손상되는 경우입니다. 척추관 협착증이 있는 노인 환자가 넘어지면서 턱을 부딪혔을 때 잘 발생합니다.
- 핵심 증상: **상지(팔)의 마비가 하지(다리)의 마비보다 현저히 심하게 나타나는 것(상지 우위 마비)**이 가장 큰 특징입니다. 팔을 지배하는 신경 섬유가 척수의 중심부에 더 가깝게 위치하기 때문입니다.

② 전방 척수 증후군 (Anterior Cord Syndrome) **34회, 35회, 36회 기출**

- 원인: 척추의 과굴곡(hyperflexion, 허리나 목이 심하게 앞으로 굽혀짐) 손상으로 척수의 앞쪽 2/3가 손상되는 경우입니다.
- 핵심 증상: 손상 부위 이하의 **운동 기능(마비)**과 통증 및 온도 감각이 소실됩니다.
- 보존되는 감각: 하지만 척수의 뒤쪽(후삭) 기능은 살아있기 때문에, 고유수용성 감각(눈을 감고도 내 팔다리가 어디에 있는지 아는 감각), 진동 감각, 가벼운 촉각은 유지되는 것이 특징입니다.

③ 브라운-세카르 증후군 (Brown-Séquard Syndrome)

- 원인: 칼에 찔리는 등 척수의 좌측 또는 우측, 즉 절반만 손상된 경우입니다.
- 핵심 증상 (매우 특징적): 손상된 쪽 (동측)은 운동 기능 마비, 고유수용성/진동 감각 소실. 반대쪽 (대측)은 통증 및 온도 감각 소실. (통온각 신경은 척수에서 반대편으로 교차하기 때문)

④ 마미 증후군 (Cauda Equina Syndrome) **36회, 40회 기출**

- **정의:** 척수는 보통 제1-2 요추 높이에서 끝나고, 그 아래로는 말초신경 다발인 **마미(cauda equina, 말총)**가 이어집니다. 이 마미 신경 다발이 심하게 압박되는 상태를 마미 증후군이라고 합니다.
- **특징:** 엄밀히 말해 척수(중추신경) 손상이 아닌 말초신경 다발 손상입니다.
- **핵심 증상:** 응급 수술이 필요한 상태이며, ① 심한 하지 방사통 및 근력 약화, ② 항문 주위 감각 마비(saddle anesthesia), ③ **대소변 기능 장애(방광/직장 기능 소실)**가 3대 증상입니다.

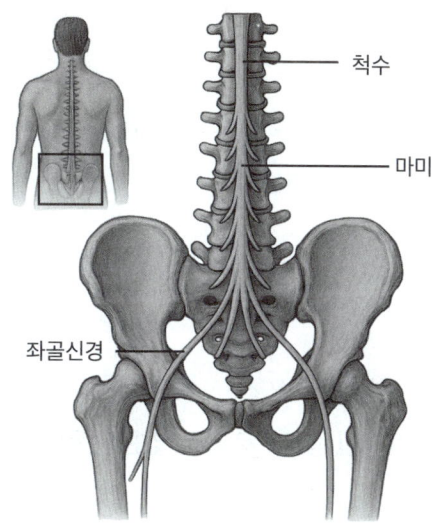

척수

마미

좌골신경

(4) 파트 복습 문제

01 [34회, 36회 기출 유형]
70대 노인 환자가 넘어져 목이 뒤로 심하게 젖혀지는 손상 후, 양다리로는 겨우 걸을 수 있으나 양팔은 거의 움직이지 못하는 마비 증상을 보였다. 가장 의심되는 척수 손상 증후군은 무엇인가?

02 척수 손상 직후 손상 부위 이하의 모든 반사가 소실되고 몸이 축 늘어지는 이완성 마비가 나타나는 일시적인 기능 정지 상태를 무엇이라고 하는가?

03 [40회 기출]
다음 중 마미 증후군의 특징적인 증상으로 볼 수 **없는** 것은?

① 대소변 장애   ② 항문 주위 감각 마비
③ 양팔의 심한 마비   ④ 양다리의 심한 통증과 근력 약화

04 오토바이 사고로 척추를 다친 환자가 운동 기능과 통증/온도 감각은 소실되었으나, 눈을 감고도 자기 발가락의 위치를 인지하는 감각은 남아 있었다. 이 환자에게 의심되는 진단은?

05 브라운-세카르 증후군(척수 반절 손상)에서, 손상된 쪽(동측) 신체에서는 운동 마비가 나타나고, 반대쪽 (대측) 신체에서는 통증 및 온도 감각이 소실된다.   (O / X)

정답 및 해설

01

답 중심 척수 증후군 (Central Cord Syndrome)

해 '상지 우위의 마비', 즉 팔의 마비가 다리의 마비보다 심하게 나타나는 것은 중심 척수 증후군의 가장 전형적인 특징입니다. [260] 특히 노인 환자의 과신전 손상 시 호발한다는 점도 중요한 단서입니다.

02

답 척수 쇼크 (Spinal Shock)

해 척수 쇼크는 척수 손상 급성기에 나타나는 일시적인 '기능 정지' 상태입니다. 이 시기에는 영구적인 마비 정도를 판단할 수 없으며, 쇼크에서 회복된 후에야 정확한 예후 평가가 가능합니다.

03

답 ③ 양팔의 심한 마비

해 마미(Cauda Equina)는 요추 이하 레벨의 신경 다발입니다. [271] 따라서 마미 증후군은 하지(다리)와 골반(대소변, 항문) 부위의 증상을 유발하며, 상지(팔)의 증상과는 관련이 없습니다. 상지 마비는 경추(목뼈) 부위의 손상을 시사합니다.

04

답 전방 척수 증후군 (Anterior Cord Syndrome)

해 운동 기능과 통온각은 척수의 앞쪽(전방)에서 담당하고, 위치 감각(고유수용성 감각)은 뒤쪽(후방)에서 담당합니다. 따라서 운동 기능과 통온각은 소실되고 위치 감각은 보존되었다는 것은 척수의 앞쪽 부분만 선택적으로 손상되었음을 의미하며, 이는 전방 척수 증후군의 특징입니다. [260]

05

답 O

해 옳은 설명입니다. 척수의 절반만 손상되었기 때문에, 운동 신경과 위치 감각 신경은 손상된 쪽에서 마비되고, 척수 내에서 미리 반대편으로 교차한 통증/온도 감각 신경은 반대쪽에서 마비가 나타나는 독특한 증상 패턴을 보입니다.

(나) 상지(Upper Extremity) 손상

(1) 상지의 주요 구조물 44회 기출

상지 손상을 이해하기 위해서는 먼저 기본적인 뼈와 관절의 이름을 알아야 합니다.

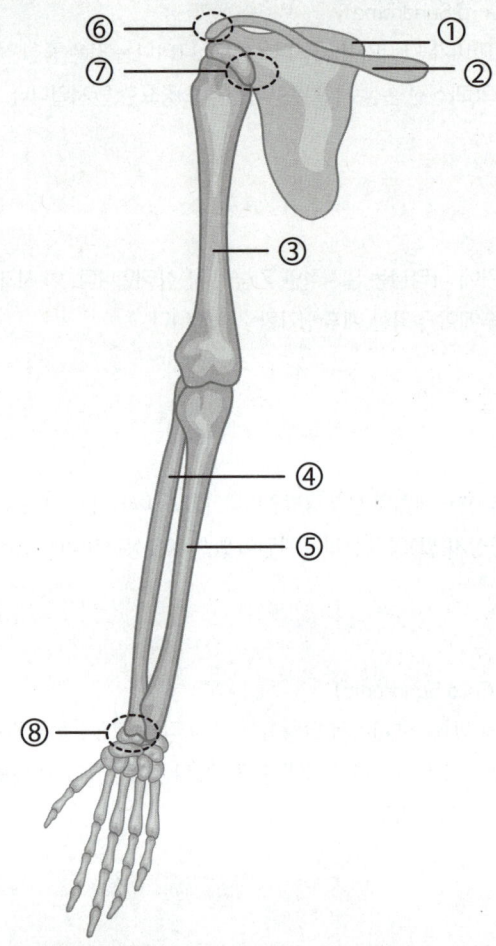

1) 상지의 주요 뼈

   ① 견갑골 (Scapula, 어깨뼈): 등에 위치한 삼각형 모양의 넓적한 뼈입니다.

   ② 쇄골 (Clavicle, 빗장뼈): 흉곽과 어깨를 연결하는 S자 모양의 뼈입니다.

   ③ 상완골 (Humerus, 위팔뼈): 어깨에서 팔꿈치까지 이어지는 길고 굵은 뼈입니다.

   ④ 요골 (Radius, 노뼈): 아래팔의 두 뼈 중 엄지손가락 쪽에 위치하는 뼈입니다.

   ⑤ 척골 (Ulna, 자뼈): 아래팔의 두 뼈 중 새끼손가락 쪽에 위치하는 뼈입니다.

2) 상지의 주요 관절

   ⑥ 견봉쇄골 관절 (Acromioclavicular joint): 견갑골의 견봉과 쇄골이 만나는 관절입니다.

   ⑦ 견관절 (Glenohumeral joint): 상완골의 머리(상완골두)와 견갑골의 관절와가 만나는, 우리가 흔히 '어깨 관절'이라고 부르는 부위입니다.

⑧ 완관절 (Wrist joint): 손목 관절을 의미하며, 요골, 척골 및 여러 수근골로 이루어진 복잡한 관절입니다.

(2) 어깨 주위 손상

어깨 관절(견관절)은 우리 몸에서 운동 범위가 가장 큰 대신, 그만큼 불안정하여 탈구가 가장 흔하게 일어나는 관절입니다.

1) 쇄골 골절 (Clavicle Fracture) `35회, 36회, 41회 기출`

① **원인 및 호발 부위**: 넘어지면서 어깨로 직접 충격을 받거나, 손을 짚으면서 충격이 전달되어 발생합니다. 해부학적으로 가장 얇고 취약한 뼈의 중간 1/3 지점에서 가장 흔하게 부러집니다.

② **치료**: 대부분 어긋남(전위)이 심하지 않아, '8자 붕대'나 팔걸이 등을 이용한 보존적 치료로도 골유합이 잘 되는 편입니다.

③ **수술이 필요한 경우**: 골절된 뼈가 여러 조각으로 나거나(분쇄 골절), 너무 심하게 어긋나 있을 때, 날카로운 뼈 조각이 피부를 뚫고 나올 위험이 있을 때 (개방성 골절), 쇄골 아래를 지나는 중요한 신경이나 혈관(상완신경총, 쇄골하혈관)이 함께 손상되었을 때, 보존적 치료를 했음에도 뼈가 붙지 않았을 때 (불유합)

2) 견관절 탈구 (Shoulder Dislocation) `34회, 35회, 36회, 40회, 41회 기출`

① **정의 및 종류**: 위팔뼈의 머리 부분(상완골두)이 어깨뼈의 소켓(관절와)에서 빠져나오는 손상입니다. 95% 이상이 앞으로 빠지는 전방 탈구입니다.

② **주요 합병증** (시험의 보고!)

- **액와신경 손상 (Axillary Nerve Injury)**: 견관절 탈구 시 가장 흔하게 동반되는 신경 손상입니다. 탈구된 상완골두가 바로 아래를 지나가는 액와신경을 잡아당기거나 압박하여 발생합니다. 이 신경이 손상되면 어깨 측면(삼각근 부위)의 감각이 둔해지고, 팔을 옆으로 들어 올리는 힘(외전)이 약해집니다.

- **Bankart 병변 (Bankart Lesion)**: 전방 탈구가 일어나면서 관절와를 둘러싼 연골 조직(관절와순)의 앞쪽 아랫부분이 찢어지는 손상입니다. 이 구조물이 찢어지면 관절의 안정성이 크게 떨어져, 한 번 빠진 어깨가 자꾸 다시 빠지는 재발성 탈구의 주된 원인이 됩니다.

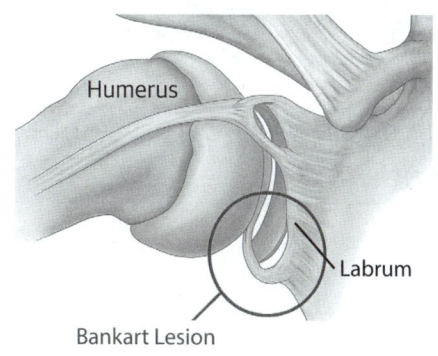

• Hill-Sachs 병변: 탈구되는 순간 상완골두의 뒷부분이 관절와 가장자리에 부딪히면서 뼈가 움푹 패이는 함몰 골절입니다.

• 재발성 탈구: 젊은 나이(특히 20대 이전)에 처음 탈구될수록 재발률이 매우 높습니다.

③ 정복술: 빠진 뼈를 제자리에 맞추는 것을 '정복'이라고 합니다. 스팀슨법(Stimson), 코허법(Kocher), 히포크라틱법(Hippocratic) 등이 있습니다.

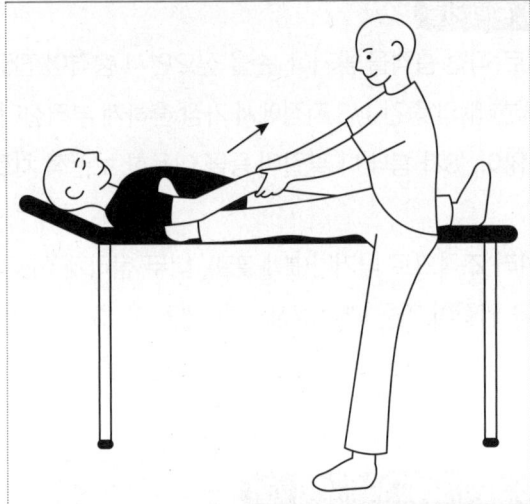

Hippocratic법 : 누운상태로 환자의 액와에 발을 넣고 견인한다.

Stimson법 : 침대에 복위로 누워 3Kg 추를 수근관절 부위에 매달아 놓는다. 가장 많이 사용한다. 단, 팔이 긴 경우에는 제한됨.

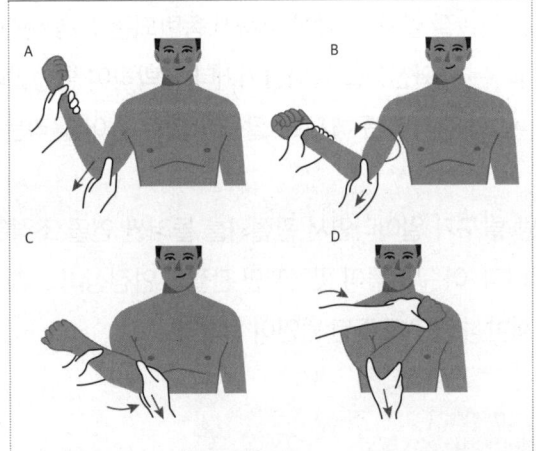

Kocher법 : 팔지레를 이용하나 관절낭, 액와혈관 및 상완총 손상 우려 있다.

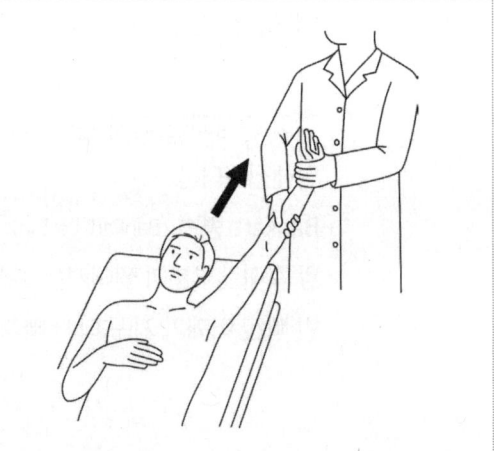

Milch법 : 상지외회전 상태로 가볍게 관절와 속으로 밀어넣는다.

3) 회전근개 파열 (Rotator Cuff Tear) `43회 기출`

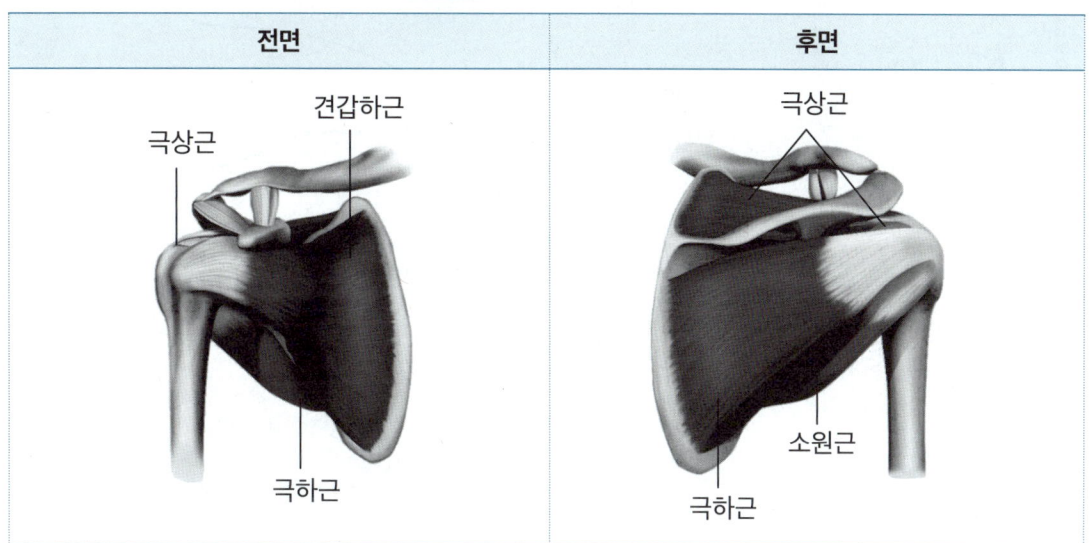

전면	후면
극상근 / 견갑하근 / 극하근	극상근 / 소원근 / 극하근

① **정의:** 어깨 관절을 안정적으로 움직이게 하는 4개의 힘줄(극상근, 극하근, 견갑하근, 소원근) 다발을 '회전근개'라고 합니다. 이 중 하나 이상이 퇴행성 변화나 외상으로 인해 찢어진 상태를 말합니다.

② **가장 흔한 파열 부위:** 4개의 힘줄 중 극상근(Supraspinatus) 힘줄이 구조적으로 가장 취약하여 파열 빈도가 가장 높습니다.

③ **병태생리 및 파열 기전:** 회전근개 파열의 가장 주된 기전은 **'충돌 증후군(Impingement Syndrome)'**입니다. 극상근 힘줄은 해부학적으로 어깨의 지붕 뼈인 **견봉(Acromion)**과 상완골두 사이의 좁은 공간(견봉하 공간)을 지나갑니다. 팔을 들어 올리는 동작을 반복하면, 이 공간에서 힘줄이 견봉과 지속적으로 마찰되고 압박받게 됩니다. 이러한 기계적 마찰과 퇴행성 변화로 힘줄이 점차 약해지다가 결국 파열에 이르게 됩니다.

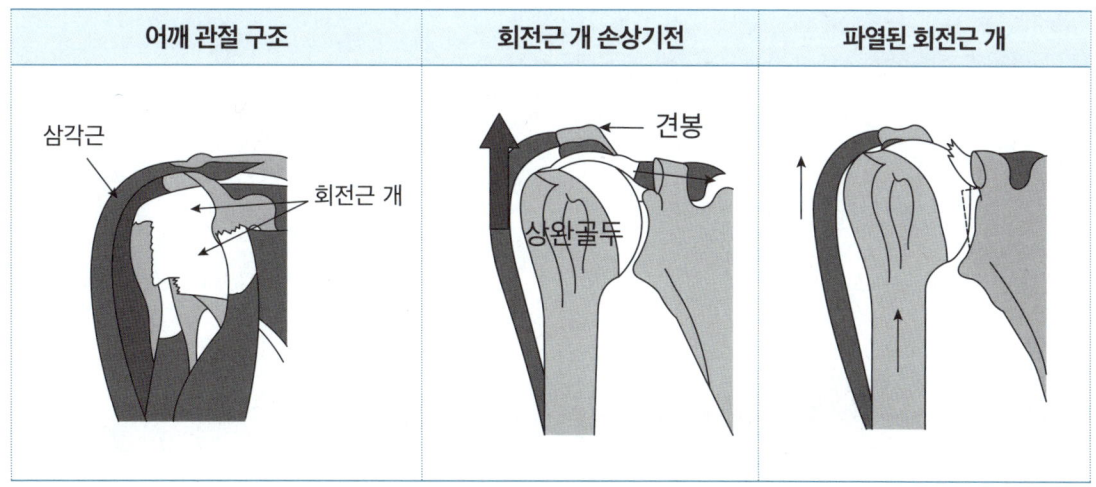

어깨 관절 구조	회전근 개 손상기전	파열된 회전근 개
삼각근 / 회전근 개	견봉 / 상완골두	

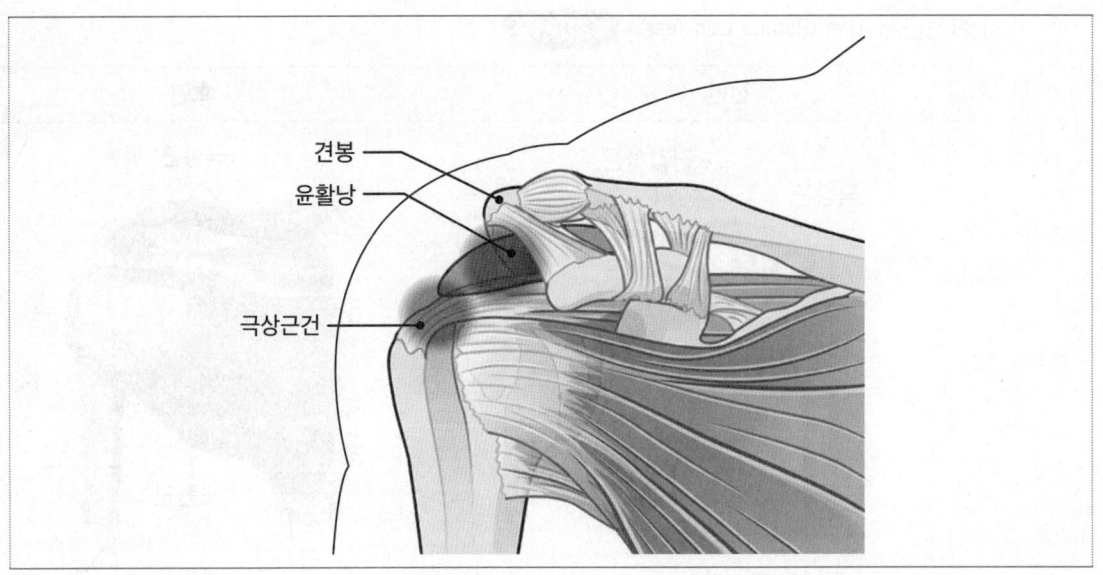

견봉
윤활낭
극상근건

④ 주요 증상: 팔을 옆으로 들어 올릴 때 특정 각도(약 60~120도)에서 통증이 심해지는 **통증호 (painful arc)**가 나타나며, 특히 밤에 통증이 심해 잠을 설치는 야간통이 특징입니다.

⑤ 진단: 힘줄과 같은 연부조직의 파열을 확인해야 하므로, 초음파나 MRI가 가장 정확한 진단 방법 입니다.

⑥ 주요 치료 :

• **보존적 치료** : 부분 파열이나 크기가 작은 파열의 경우, 약물치료, 스테로이드 주사, 그리고 회전 근개 및 견갑골 주변 근육을 강화하는 재활운동을 시행합니다.

• **수술적 치료** (관절경하 봉합술) : 전층 파열이거나 보존적 치료에 실패한 경우, 관절내시경을 이용 하여 파열된 힘줄을 원래의 부착 부위인 상완골의 대결절에 봉합하는 **회전근개 봉합술 (Rotator Cuff Repair)**을 시행합니다.

(나) 파트 복습 문제

01 41회 기출 유형
20대 남성이 농구 경기 중 팔을 짚고 넘어진 후 어깨가 빠져 병원에 내원했다. 견관절 전방 탈구 진단을 받았을 때, 동반되었을 가능성이 가장 높은 신경 손상은?

① 요골 신경 손상   ② 정중 신경 손상

③ 척골 신경 손상   ④ 액와 신경 손상

02 43회 기출 유형
어깨 회전근개를 구성하는 4개의 힘줄 중 퇴행성 변화나 외상에 의해 파열이 가장 흔하게 일어나는 힘줄은 무엇인가?

03 젊은 환자에서 재발성 견관절 탈구를 유발하는 주된 원인으로, 관절와순의 전하방 부위가 찢어지는 손상을 무엇이라고 하는가?

04 41회 기출
대부분의 쇄골 골절은 보존적 치료로 잘 유합되지만, 반드시 수술을 고려해야 하는 경우가 있다. 다음 중 수술의 적응증에 해당하지 **않는** 것은?

① 신경 및 혈관 손상이 동반된 경우

② 골절편의 전위가 거의 없는 안정적인 골절

③ 날카로운 골편이 피부를 뚫을 위험이 있는 경우

④ 불유합이 발생한 경우

05 43회 기출
회전근개 파열이 의심되는 환자의 힘줄 파열 여부를 가장 정확하게 진단하기 위한 영상 검사는 무엇인가?

정답 및 해설

01

답 ④ 액와 신경 손상

해 액와신경은 상완골두의 바로 아래쪽 목 부분(외과경)을 감싸고 지나갑니다. 이 때문에 어깨가 앞으로 탈구될 때 상완골두에 의해 신경이 잡아당겨지거나 압박되어 손상받기 매우 쉽습니다. 이는 견관절 탈구의 가장 대표적인 합병증이므로 반드시 기억해야 합니다.

02

답 극상근 (Supraspinatus)

해 극상근 힘줄은 어깨의 견봉이라는 뼈와 상완골두 사이의 좁은 공간을 지나갑니다. 이 때문에 팔을 들어 올릴 때마다 구조적으로 마찰이 일어나기 쉬워, 4개의 회전근개 힘줄 중 가장 먼저 닳고 찢어지기 쉽습니다.

03

답 Bankart 병변 (Bankart Lesion)

해 관절와순은 어깨 관절의 안정성을 유지하는 중요한 연골 구조물입니다. 이것이 찢어지는 Bankart 병변이 생기면, 어깨를 안정적으로 잡아주는 방어벽이 무너진 것과 같아져 어깨가 쉽게 다시 빠지는 재발성 탈구로 이어지게 됩니다.

04

답 ② 골절편의 전위가 거의 없는 안정적인 골절

해 전위(어긋남)가 거의 없는 안정적인 쇄골 골절은 '8자 붕대'와 같은 보존적 치료의 가장 좋은 적응증입니다. `35회 기출` 반면 ①, ③, ④는 신경/혈관 손상, 개방성 골절의 위험, 기능적 문제 등 수술을 통해 적극적으로 해결해야 하는 상황에 해당합니다. `41회 기출`

05 `43회 기출`

답 MRI (자기공명영상) 또는 초음파

해 회전근개는 '힘줄'이라는 연부조직입니다. X-ray로는 뼈만 보일 뿐 힘줄의 파열 여부를 알 수 없습니다. MRI는 연부조직에 대한 해상도가 가장 뛰어나 파열의 위치, 크기, 정도를 정확히 평가할 수 있으며, 초음파 역시 간편하고 정확하게 파열을 진단할 수 있는 유용한 검사입니다.

(3) 팔과 팔꿈치 손상

상완골(위팔뼈)과 주관절(팔꿈치 관절)은 팔의 기본적인 기능을 담당하는 매우 중요한 부위입니다. 특히 상완골은 골절되는 위치에 따라 동반되는 신경 손상이 매우 특징적이어서 시험에 자주 출제됩니다.

1) 상완골 골절 (Humerus Fracture)

① 상완골 간부 골절 (Humeral Shaft Fracture) `35회, 41회, 47회 기출`

- **핵심 합병증**: 요골신경 마비 (Radial Nerve Palsy)상완골의 몸통 부분에는 **요골신경(Radial nerve)**이 뼈에 거의 붙어서 나선형으로 감고 지나가는 길이(요골신경구) 있습니다. 이 때문에 상완골 간부가 부러지면, 골절된 뼈 파편이 이 신경을 직접 누르거나, 잡아당기거나, 심하면 끊어버릴 수 있습니다.
- **특징적 증상**: 손목하수 (Wrist Drop)요골신경은 손목과 손가락을 펴는 근육을 지배합니다. 따라서 요골신경이 마비되면, 손목과 손가락을 스스로 들어 올릴 수 없어 손목이 아래로 툭 떨어지는 '손목하수(Wrist drop)' 증상이 나타납니다. 상완골 간부 골절 환자에게서 손목하수가 보인다면, 요골신경 손상을 즉시 의심해야 합니다.

② 상완골 과상부 골절 (Supracondylar Humerus Fracture) `36회 기출`

- **특징**: 소아에게 가장 흔한 팔꿈치 골절입니다. 성장기 아동의 뼈가 성인보다 약하기 때문입니다.
- **치명적 합병증**: Volkmann 허혈성 구축 (Volkmann's Ischemic Contracture)이 골절의 가장 무서운 합병증입니다. 골절로 인해 팔꿈치 부위가 심하게 붓거나, 바로 앞을 지나가는 **상완동맥(brachial artery)**이 손상되면 아래팔(전완)로 가는 혈액 공급이 차단됩니다.이로 인해 아래팔의 근육과 신경이 밀폐된 공간 안에서 붓고 압력이 급상승하는 구획 증후군이 발생하게 됩니다. 이때 응급으로 압력을 낮춰주지 않으면, 근육과 신경이 혈액을 공급받지 못해 모두 죽어버리고(괴사), 그 자리가 딱딱한 흉터 조직으로 대체됩니다. 결국 손과 손가락이 갈퀴 모양으로 오그라들어 굳어버리는 영구적인 장애, 즉 Volkmann 구축이 발생하게 됩니다.

2) 팔꿈치(주관절)의 주요 신경 압박 증후군

① 주관 증후군 (Cubital Tunnel Syndrome) `35회, 36회, 47회 기출`

- 정의: 팔꿈치 안쪽, 손으로 쳤을 때 찌릿한 부위("funny bone")에 있는 터널(주관)을 지나가는 **척골신경(ulnar nerve)**이 여러 원인에 의해 압박되는 질환입니다.
- 감각 이상: 척골신경이 지배하는 새끼손가락(제5수지)과 약지(제4수지)의 절반 부위에 저리고 찌릿한 통증이 나타납니다.
- 근력 약화: 병이 진행되면 손의 내재근(intrinsic muscle)이 마르면서 물건을 쥘 때 힘이 약해지고, 손가락을 모으는 동작이 어려워집니다.
- 갈퀴손 변형 (Claw hand): 말기에는 근육 위축으로 인해 4, 5번째 손가락이 갈퀴처럼 구부러지는 변형이 나타날 수 있습니다.

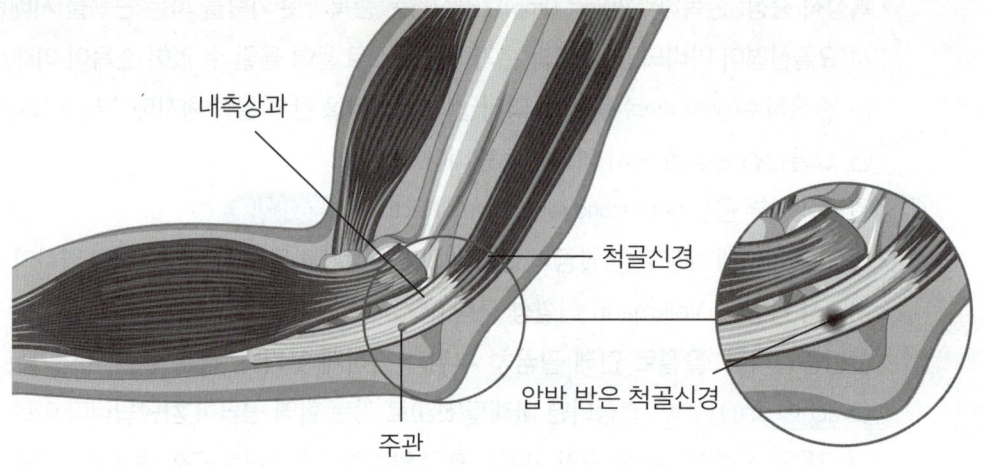

내측상과

척골신경

압박 받은 척골신경

주관

01 `35회, 41회, 47회 기출`
공사장에서 일하던 인부가 팔에 무거운 물건이 떨어져 상완골 간부 골절을 입었다. 진찰 결과, 환자가 손목을 스스로 들어 올리지 못하고 아래로 축 처지는 증상을 보였다. 가장 먼저 의심해야 할 신경 손상은 무엇인가?

02 `36회 기출`
7세 아동이 철봉에서 떨어져 상완골 과상부 골절 진단을 받았다. 이 골절에서 가장 경계해야 할 응급 합병증으로, 제때 치료받지 못하면 손가락이 갈퀴처럼 굳는 구축을 유발할 수 있는 것은 무엇인가?

03 `47회 기출`
40대 남성이 평소 팔꿈치를 책상에 괴는 습관이 있었는데, 얼마 전부터 새끼손가락과 약지가 저리고 감각이 둔해졌다. 이 환자에게 의심할 수 있는 가장 가능성 높은 진단명은?

04 상완골 과상부 골절은 노인에게서 가장 흔하게 발생하는 팔꿈치 골절이다. (O / X)

05 다음은 특정 골절과 그에 따라 호발하는 합병증을 짝지은 것이다. 가장 올바르게 연결된 것은?

① 상완골 간부 골절 - 척골신경 마비　　　② 상완골 과상부 골절 (소아) - 요골신경 마비
③ 대퇴골 경부 골절 - 무혈성 괴사　　　④ 주상골 골절 - Volkmann 구축

정답 및 해설

01

답 요골신경 마비 (Radial Nerve Palsy)

해 손목과 손가락을 펴는 신전(extension) 기능은 요골신경이 담당합니다. 따라서 손목이 아래로 툭 떨어지는 **손목하수(Wrist drop)**는 요골신경 마비의 가장 전형적인 증상입니다. 상완골 간부(몸통)는 요골신경이 바로 붙어서 지나가는 해부학적 위치 때문에, 골절 시 신경 손상이 매우 흔하게 동반됩니다.

02

답 Volkmann 허혈성 구축 (Volkmann's Ischemic Contracture)

해 '소아의 상완골 과상부 골절'이라는 단서를 보면 즉시 'Volkmann 구축'을 떠올려야 합니다. 골절로 인한 부종이나 혈관 손상이 아래팔의 구획 증후군을 유발하고, 이로 인해 근육과 신경이 괴사하여 발생하는 가장 무서운 합병증이기 때문입니다.

03

답 주관 증후군 (Cubital Tunnel Syndrome)

해 4, 5번째 손가락의 감각은 척골신경이 담당합니다. 이 신경이 팔꿈치 안쪽의 터널(주관)에서 압박받는 질환이 바로 주관 증후군입니다. 팔꿈치를 구부리거나 압박하는 자세가 증상을 악화시킬 수 있습니다.

04

답 X

해 상완골 과상부 골절은 소아에게서 가장 흔한 팔꿈치 골절입니다. 성인의 팔꿈치 골절은 요골두 골절 등 다른 형태가 더 많습니다.

05

답 ③ 대퇴골 경부 골절 - 무혈성 괴사

해 ① 상완골 간부 골절은 요골신경 마비와 관련이 깊습니다.

② 소아의 상완골 과상부 골절은 Volkmann 구축(상완동맥 손상 및 구획 증후군)과 관련이 깊습니다.

③ 대퇴골 경부는 혈액 공급이 매우 취약한 부위로, 골절 시 혈관이 손상되어 무혈성 괴사가 발생할 위험이 매우 높습니다. 이는 옳은 연결입니다.

④ 주상골 골절은 손목뼈 골절로, 무혈성 괴사나 불유합이 흔한 합병증입니다. Volkmann 구축은 팔꿈치 골절과 관련이 있습니다.

(4) 아래팔과 손목 손상

1) 전완부 골절: 몬테지아 & 갈레아치

아래팔(전완부)을 구성하는 두 개의 뼈, 척골(새끼손가락 쪽 뼈)과 요골(엄지손가락 쪽 뼈)은 서로 긴밀하게 연결되어 하나의 고리처럼 움직입니다. 따라서 한 뼈가 부러지면, 다른 한 뼈의 관절이 빠지는(탈구) 형태의 복합 손상이 자주 발생합니다.

구분	34회, 35회 기출 몬테지아 골절 (Monteggia Fracture)	34회, 35회 기출 갈레아치 골절 (Galeazzi Fracture)
골절되는 뼈	**척골(Ulna)**의 몸쪽(근위부)	**요골(Radius)**의 먼쪽(원위부)
탈구되는 관절	요골두(Radial head) (팔꿈치 쪽)	원위 요척 관절(DRUJ) (손목 쪽)
암기 팁	알파벳 M과 U를 연결! (Monteggia = Ulna 골절)	알파벳 G와 R을 연결! (Galeazzi = Radius 골절)
임상적 중요성	소아에게서 호발하며, 요골두 탈구를 놓치기 쉬워 주의가 필요함.	원위 요척 관절의 불안정성을 놓치기 쉬워 '필수 수술 골절'로 불릴 만큼 예후가 좋지 않을 수 있음.

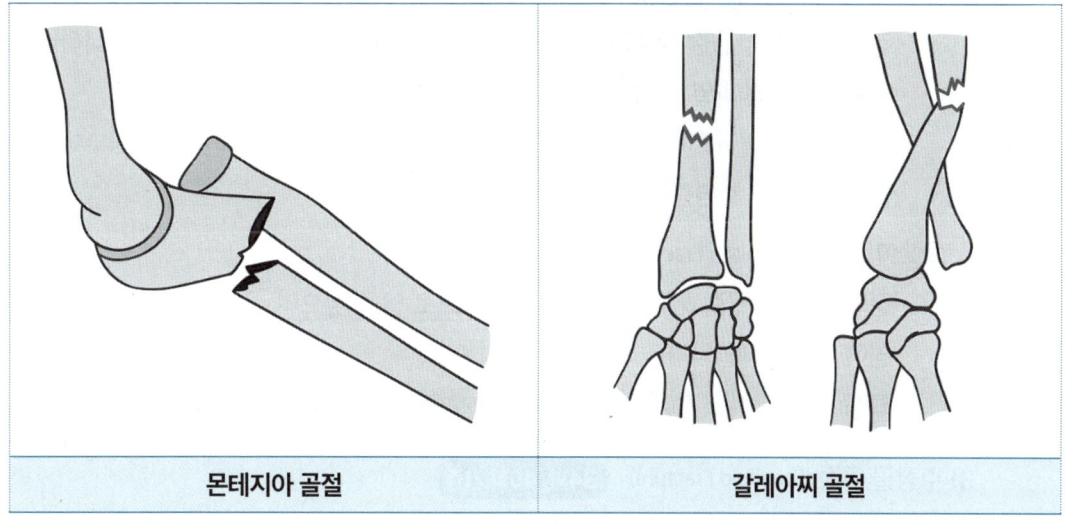

| 몬테지아 골절 | 갈레아찌 골절 |

2) 원위 요골 골절 (손목 골절)

넘어지면서 손을 짚을 때 가장 흔하게 발생하는 골절입니다. 손목을 어떤 방향으로 짚었는지에 따라 골절의 이름과 형태가 달라집니다.

① 콜레스 골절 (Colles' Fracture)

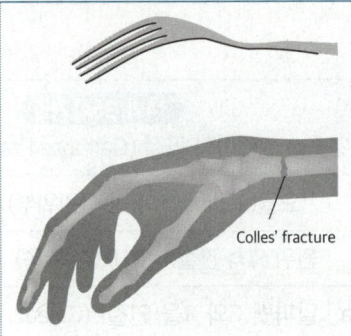

Colles' fracture

- 요골 원위부의 후방전위 골절로 요골 골절의 90%이다.
- 상지의 신전, 외전 상태에서 손바닥을 짚고 넘어질 때 일어난다.
- 디너 포크 골절 변형을 초래한다.
- 골절의 전위가 적으면 석고붕대를 하여 고정하고 심하면 핀에 의한 수술적 고정방법을 사용한

- **정의**: 손목 골절 중 가장 흔한 형태입니다. <u>손바닥으로 땅을 짚으며</u>, 즉 손목이 뒤로 젖혀진(신전된) 상태로 넘어질 때 발생합니다.
- **특징**: 부러진 뼈 조각이 **손등 쪽(후방)**으로 어긋나며, 옆에서 봤을 때 포크 모양처럼 변형된다 하여 **'<u>은포크 변형(silver-fork deformity)</u>'**이라고 부릅니다.
- **정중신경 압박**: 골절 부위의 부종으로 수근관이 좁아져 손이 저리는 증상이 나타날 수 있습니다.
- **장무지 신전건 파열**: 〔34회 기출〕
  골절 후 수개월이 지나, 골절 부위의 뼈와 마찰되던 엄지손가락 펴는 힘줄(장무지 신전건)이 닳다가 끊어지는 후기 합병증이 발생할 수 있습니다.

② 스미스 골절 (Smith's Fracture)

- **정의**: 콜레스 골절과 정반대입니다. <u>손등으로 땅을 짚으며</u>, 즉 손목이 구부러진(굴곡된) 상태로 넘어질 때 발생합니다.
- **특징**: 부러진 뼈 조각이 **손바닥 쪽(전방)**으로 어긋납니다. '<u>역 콜레스 골절</u>'이라고도 합니다.

3) 주상골 골절 (Scaphoid Fracture) 〔34회, 40회 기출〕

- **정의**: 손목을 이루는 8개(<u>주상골, 월상골, 삼각골, 두상골, 대능형골, 소능형골, 유두골, 유구골</u>)의 작은 뼈(수근골) 중에서 가장 흔하게 골절되는 뼈입니다.
- **진단의 함정**: 손을 짚고 넘어진 후 손목 통증이 있지만, 초기 X-ray에서는 골절선이 잘 보이지 않아 단순 염좌로 오진되기 매우 쉽습니다.
- **치명적 합병증**: 불유합 & 무혈성 괴사
  주상골은 혈액 공급이 매우 취약하여, 특히 뼈의 허리(waist) 부분이 골절되면 뼈의 몸쪽(근위부)으로 가는 혈액 공급이 끊기기 쉽습니다. 이 때문에 뼈가 잘 붙지 않는 **불유합(nonunion)**과, 뼈가 혈액을 공급받지 못해 썩어버리는 **무혈성 괴사(avascular necrosis, AVN)**가 매우 흔하게 발생합니다. 이는 주상골 골절 관련 문제의 핵심입니다.

(4) 파트 복습 문제

01 34회, 35회 기출

50대 남성이 넘어진 후 팔꿈치 통증을 호소했다. X-ray 검사 결과, **척골의 몸쪽(근위부) 골절**과 함께 **요골두의 탈구**가 확인되었다. 이 손상의 정확한 진단명은 무엇인가?

02 34회, 40회 기출

손목의 수근골 중 골절이 가장 흔하며, 혈액 공급의 특성상 불유합 및 무혈성 괴사의 발생 빈도가 매우 높은 뼈는 무엇인가?

03 34회 기출

60대 여성이 콜레스 골절로 깁스 치료를 받은 후 수개월이 지났다. 환자가 갑자기 엄지손가락을 뒤로 젖힐 수 없게 되었다면 가장 먼저 의심해야 할 후기 합병증은 무엇인가?

04 빙판길에서 손바닥으로 땅을 짚고 넘어진 후 손목이 포크 모양으로 변형되었다. 부러진 뼈 조각이 손등 쪽으로 어긋나는 이 골절의 명칭은 무엇인가?

05 다음 중 **요골의 먼쪽(원위부) 골절**과 **원위 요척 관절(DRUJ)의 탈구**가 동반된 손상은 무엇인가?

① 몬테지아 골절   ② 갈레아치 골절

③ 콜레스 골절   ④ 항문 골절

정답 및 해설

01

답 몬테지아 골절 (Monteggia Fracture)

해 '척골(Ulna) 골절'과 '요골두 탈구'는 몬테지아 골절을 정의하는 핵심적인 두 요소입니다. '몬테지아의 M과 U' (Monteggia = Ulna 골절)로 암기하면 갈레아치 골절과 헷갈리지 않을 수 있습니다.

02

답 주상골 (Scaphoid)

해 주상골은 손목 관절의 움직임에 중요한 역할을 하지만, 크기가 작고 혈액 공급이 매우 취약하여 골절 시 합병증 발생 위험이 높습니다. 특히 허리(waist) 부위 골절 시 불유합과 무혈성 괴사가 잘 동반된다는 점은 시험의 단골 출제 포인트입니다.

03

답 장무지 신전건 파열 (Extensor Pollicis Longus Tendon Rupture)

해 이는 콜레스 골절의 특징적인 후기 합병증입니다. 골절 부위가 아물면서 생긴 뼈의 거친 면에 엄지를 펴는 힘줄이 계속 마찰되다가, 결국 실이 닳아 끊어지듯 파열되는 현상입니다.

04

답 콜레스 골절 (Colles' Fracture)

해 '손바닥으로 땅을 짚음(손목 신전)', '포크 모양 변형', '뼈 조각의 등쪽 전위'는 모두 콜레스 골절을 설명하는 키워드입니다. 손목 골절 중 가장 흔한 형태이므로 반드시 알아두어야 합니다.

05

답 ② 갈레아치 골절 (Galeazzi Fracture)

해 '요골(Radius) 골절'과 '원위 요척 관절(손목 쪽) 탈구'는 갈레아치 골절을 정의하는 두 요소입니다. '갈레아치의 G와 R' (Galeazzi = Radius 골절)로 암기하면 쉽게 구분할 수 있습니다.

(5) 손의 손상과 질환

1) 수근관 증후군 (Carpal Tunnel Syndrome, CTS) 47회 기출

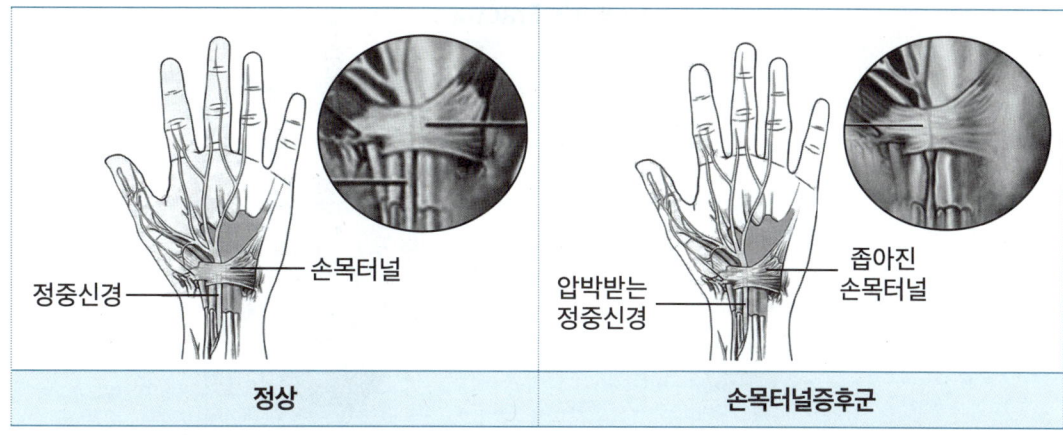

정상	손목터널증후군

- **정의**: 손목 앞쪽에 위치한 작은 통로인 **'수근관(Carpal Tunnel)'**이 여러 원인으로 좁아지거나 내부 압력이 증가하여, 이 터널을 지나가는 **정중신경(Median Nerve)**이 눌려서 발생하는 신경 압박 증후군입니다. 손목 터널 증후군이라고도 불리며, 가장 흔한 상지의 신경 포착 증후군입니다.

- **원인**: 손목의 반복적인 사용(가사, 컴퓨터 작업 등)이 가장 흔한 원인이며, 손목 골절이나 탈구 후 유증, 류마티스 관절염이나 당뇨병과 같은 전신 질환에 의해서도 유발될 수 있습니다.

- **특징적인 증상**: 압박받는 정중신경의 지배 영역에 따라 증상이 나타납니다.
  - 감각 이상: 엄지, 검지, 중지, 그리고 약지 절반(엄지 쪽) 부위의 손바닥에 저림, 통증, 타는 듯한 느낌이 발생합니다. (새끼손가락은 척골신경의 지배를 받으므로 증상이 없습니다.)
  - 야간통 악화: 밤에 통증이 심해져서 잠에서 깨는 경우가 많으며, 손을 털면 일시적으로 증상이 완화되는 특징이 있습니다.
  - 운동 기능 저하: 병이 진행되면 엄지손가락 뿌리 부분의 두툼한 근육(무지구근)이 위축되어 납작해지고, 엄지손가락의 힘이 약해져 물건을 자주 떨어뜨리거나 젓가락질, 단추 잠그기 등 정교한 동작이 어려워집니다.

- **이학적 검사 (진단)**: 특징적인 신경 압박을 유발하여 진단하는 방법입니다.
  - 팔렌 검사 (Phalen's Test): 양쪽 손등을 마주 대고 손목을 90도로 꺾은 자세를 1분간 유지했을 때, 정중신경 지배 영역에 저림이 유발되거나 악화되는지 확인합니다.
  - 티넬 징후 (Tinel's Sign): 손목 부위의 정중신경이 지나가는 부위를 가볍게 두드렸을 때, 손가락 끝으로 찌릿한 통증이 뻗쳐 나가는지 확인합니다.

- **치료**: 초기에는 부목 고정, 약물치료, 스테로이드 주사 등 보존적 치료를 시행하며, 증상이 심하거나 무지구근 위축이 진행된 경우에는 수근관을 넓혀주는 **수근관 유리술(Carpal Tunnel Release)**이라는 수술적 치료를 시행합니다.

2) 중수골 골절 (Metacarpal Fractures)

① 복서 골절 (Boxer's Fracture):

Boxer's Fracture

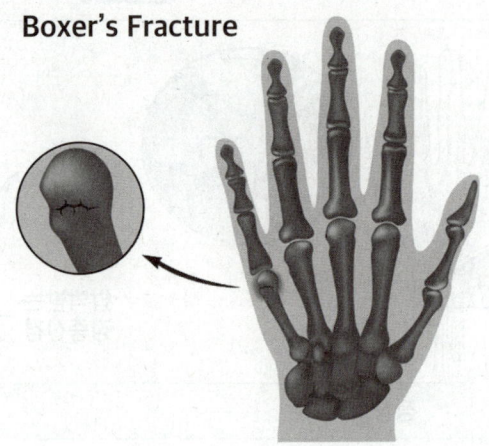

- 정의: 주먹으로 벽이나 단단한 물체를 잘못 쳤을 때, 새끼손가락 쪽의 제5 중수골 목(neck) 부위가 부러지는 골절을 흔히 '복서 골절'이라고 부릅니다.
- 핵심 합병증: 회전 변형 (Rotational Deformity) `46회 기출`
  골절된 뼈가 약간만 회전된 상태로 잘못 붙어도, 평소에는 잘 모르다가 주먹을 쥘 때 손가락이 옆 손가락 위로 올라타거나 엇갈리는(scissoring) 심각한 기능 장애가 발생합니다. 따라서 중수골 골절 치료 시에는 이 회전 변형이 남지 않도록 교정하는 것이 매우 중요합니다.

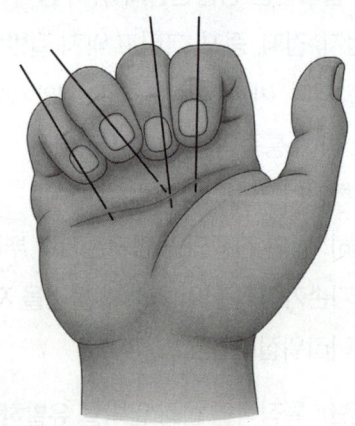

3) 방아쇠 수지 (Trigger Finger) `36회 기출`
- 정의: 손가락을 구부리는 힘줄(굴건)이 지나치게 많이 사용되어 두꺼워지거나, 힘줄이 지나가는 터널(의학용어: 활차, pulley)이 두꺼워져 발생하는 질환입니다.
- 증상: 손가락을 움직일 때, 두꺼워진 힘줄이 좁아진 터널에 걸려 잘 빠져나오지 못하다가 어느 순간 '딸깍' 소리를 내며 통과하게 됩니다. 마치 총의 방아쇠를 당길 때처럼 걸렸다가 '탁' 풀리는 느낌과 비슷하다고 해서 '방아쇠 수지'라고 부릅니다. 통증이 동반되며, 심한 경우 손가락이 구부러진 채로 펴지지 않는 잠김(locking) 현상이 나타날 수 있습니다.

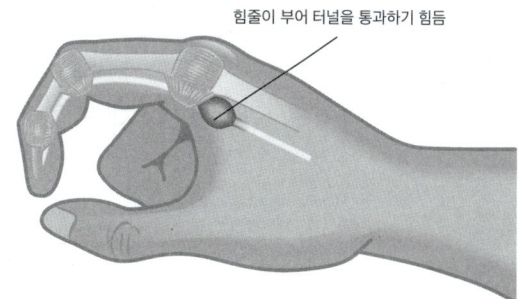

<방아쇠 수지>

힘줄이 부어 터널을 통과하기 힘듦

4) 듀피트렌 구축 (Dupuytren's Contracture) **36회 기출**

• **정의:** 특별한 원인 없이 손바닥 피부 밑의 단단한 막인 **수장 건막(palmar fascia)**이 점차 두꺼워지고 짧아져, 손가락이 서서히 구부러진 채로 맘대로 펴지지 않게 되는 질환입니다.

• **특징:** 주로 4번째(약지), 5번째(새끼) 손가락에 잘 발생하며, 서서히 진행하고 통증은 거의 없는 것이 특징입니다. 손바닥에 단단한 결절이나 띠가 만져지기도 합니다.

5) 스키어 무지 (Skier's Thumb) **34회 기출**

• **정의:** 스키를 타다 넘어지면서 손에 쥔 스키 폴대에 엄지손가락이 걸려 바깥쪽으로 심하게 꺾이면서, 엄지손가락의 중수 – 수지 관절(손바닥과 이어지는 관절) 안쪽을 지지하는 **척측 측부 인대(Ulnar Collateral Ligament, UCL)**가 파열되는 손상입니다.

• **Stener 병변:** 파열된 인대의 끝부분이 주변 근막 위로 말려 올라가, 뼈와 인대가 다시는 만날 수 없게 되는 상태를 '스테너 병변'이라고 합니다. 이 경우에는 인대가 저절로 아물 수 있는 환경이 아니므로, 반드시 수술적 치료가 필요합니다.

Game Keeper's Thumb

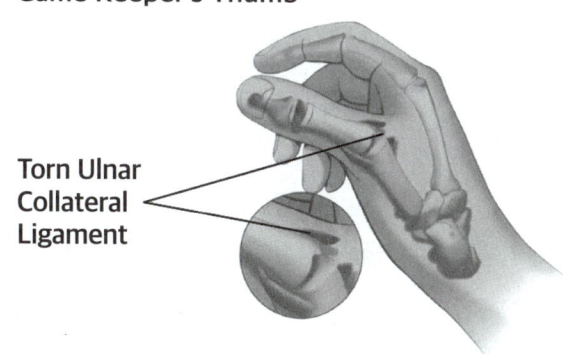

Torn Ulnar Collateral Ligament

01 권투 연습을 하다가 벽을 잘못 쳐 새끼손가락 관절 부위에 통증이 발생했다. 제5 중수골 경부 골절을 흔히 무엇이라고 부르는가?

02 36회 기출

손가락을 구부렸다 펼 때 '딸깍'거리는 소리와 함께 통증이 느껴지며, 힘줄이 지나가는 터널(활차)에 걸리는 질환은 무엇인가?

03 36회 기출

통증은 거의 없으나, 손바닥의 막이 두꺼워지면서 점차 4, 5번째 손가락이 구부러진 채로 펴지지 않게 되는 질환은 무엇인가?

04 34회 기출

스키어 무지(Skier's thumb) 손상 시 주로 파열되는 인대는 엄지손가락의 어느 쪽 측부 인대인가?

05 46회 기출

중수골 골절 치료 시, 기능적으로 가장 심각한 후유증을 남길 수 있어 반드시 교정해야 하는 변형은 무엇인가?

정답 및 해설

01

답 복서 골절 (Boxer's Fracture)

해 이름에서 알 수 있듯, 주먹을 쥐고 가격할 때 주로 발생하는 제5 중수골 경부의 특징적인 골절을 말합니다.

02

답 방아쇠 수지 (Trigger Finger)

해 힘줄(건)과 힘줄을 둘러싼 터널(활차) 사이의 마찰로 인해 발생하는 기계적인 문제입니다. '딸깍'거리는 방아쇠 현상 (triggering)이 가장 특징적인 증상입니다.

03

답 듀피트렌 구축 (Dupuytren's Contracture)

해 이는 힘줄의 문제가 아니라, 손바닥의 '수장 건막'이라는 구조물이 원인 불명으로 두꺼워지고 오그라드는 질환입니다. 통증 없이 서서히 손가락이 구부러지는 것이 특징입니다.

04

답 척측 측부 인대 (안쪽 측부 인대, Ulnar Collateral Ligament)

해 엄지손가락이 바깥쪽으로 강하게 꺾이는 외반력(valgus force)에 의해, 관절 안쪽을 지지해주던 인대가 파열되는 손상입니다.

05

답 회전 변형 (Rotational Deformity)

해 중수골이 약간만 회전하여 어긋나도, 손가락 전체가 돌아가기 때문에 주먹을 쥘 때 손가락들이 엇갈리는 심각한 기능 장애가 발생합니다. 따라서 골절 치료 시 각도 변형보다 회전 변형을 더욱 중요하게 교정해야 합니다.

(다) 하지 손상 (Lower Extremity Injuries)

(1) 골반 및 고관절 손상

1) 골반의 구조 (Structure of the Pelvis) `34회, 45회 기출`

골반은 두 개의 **무명골(Innominate bone, 관골)**과 뒤쪽의 천골(sacrum), **미골(coccyx)**이 만나 단단한 **고리(pelvic ring)**를 이루는 구조입니다.

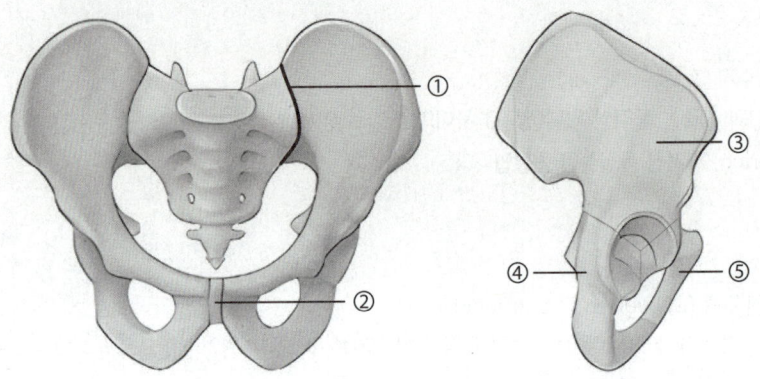

① 무명골의 구성: 하나의 무명골은 사춘기 이후 **③ 장골(ilium), ④ 좌골(ischium), ⑤ 치골(pubis)**이라는 세 개의 뼈가 융합하여 만들어집니다.

② 비구 (Acetabulum): 이 세 뼈가 만나는 지점에, 대퇴골두와 만나 고관절을 이루는 움푹한 소켓인 **'비구'**가 형성됩니다.

③ 주요 관절: 골반의 뒤쪽에서는 무명골과 천골이 만나 **① 천장관절(sacroiliac joint)**을 이루고, 앞쪽에서는 양측의 치골이 만나 **② 치골결합(pubic symphysis)**을 이룹니다.

2) 고관절 탈구 (Hip Dislocation) `36회, 41회 기출`

① 종류 및 기전: 매우 강한 외력에 의해서만 발생하며, 90% 이상이 뒤로 빠지는 후방 탈구입니다. 주로 자동차 사고 시 무릎이 계기판에 부딪히는 **대시보드 손상(dashboard injury)**으로 인해 발생합니다.

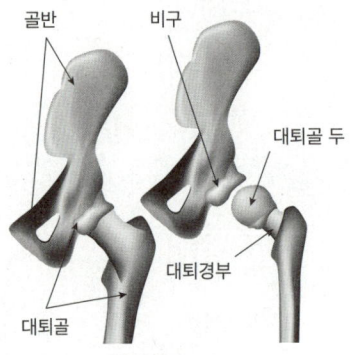

골반   비구

대퇴골 두

대퇴경부

대퇴골

<고관절의 구조>

② 좌골신경 손상 (Sciatic Nerve Injury): 가장 흔하게 동반되는 신경 손상입니다. 탈구된 대퇴골두가 바로 뒤를 지나가는 우리 몸에서 가장 크고 긴 신경인 좌골신경을 직접 압박하여 발생합니다. 이로 인해 발목이나 발가락을 움직이지 못하는 족하수(foot drop) 등의 마비 증상이 나타날 수 있습니다.

③ 무혈성 괴사 (Avascular Necrosis, AVN): 대퇴골두로 가는 혈관이 탈구 시 찢어지거나 늘어나 손상되어, 뼈가 혈액을 공급받지 못해 썩는 심각한 후기 합병증입니다. 응급 정복이 늦어질수록 발생 위험이 기하급수적으로 높아집니다.

④ 고관절 탈구 정복방법

- ALLIS 정복 : 바로 눕혀서 고관절과 슬관절을 직각으로 굴곡시키고 하지를 대퇴장측과 같은 방향으로 서서히 강하게 견인하는 방법

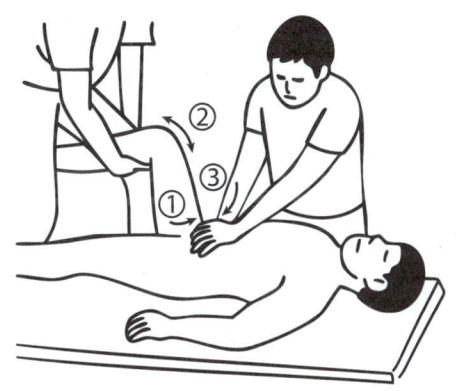

- BIGELOW 정복 : 탈구된 하지의 발목을 한손으로 잡고 다른 쪽 전박부를 무릎 뒤에 대고 대퇴 축을 따라 견인하는 방법

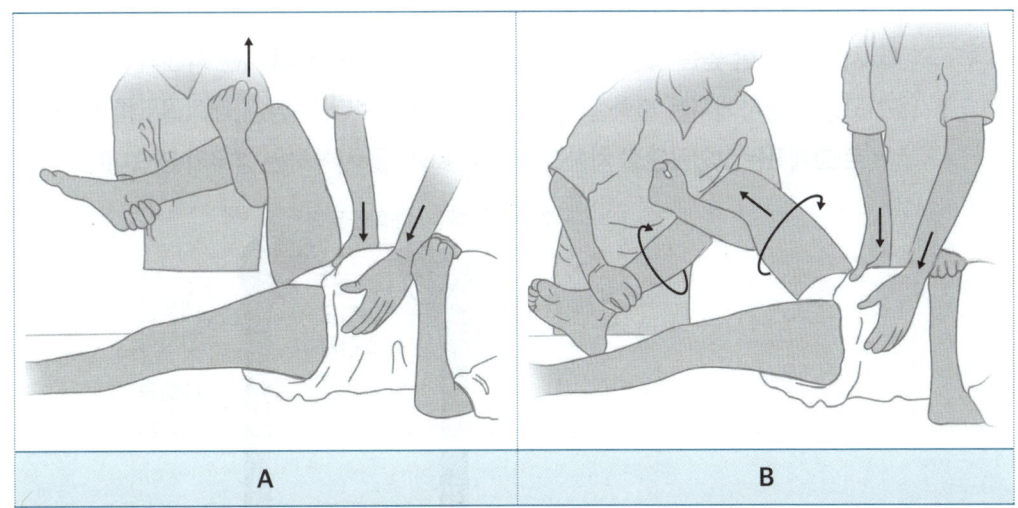

• STIMSON 정복 : 엎드리게 하고 다리를 침상 밑으로 떨어뜨려 후방에서 다리(무릎 부위)를 전방으로 밀어 정복하는 방법도 있다.

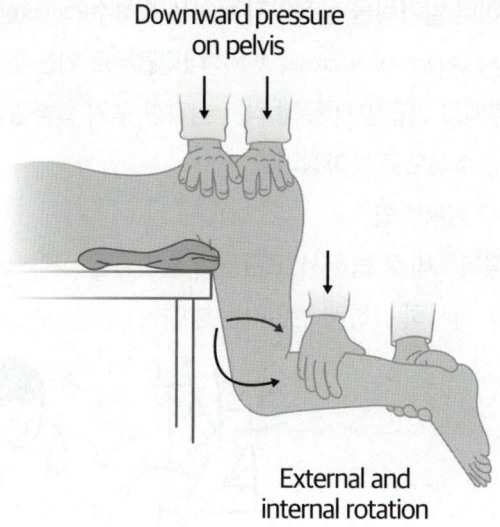

3) 대퇴 경부 골절 (Femoral Neck Fracture) **35회, 38회 기출**

① 특징: 주로 골다공증이 있는 노인 환자가 침대에서 떨어지거나 길에서 미끄러지는 등 가벼운 외상으로 발생하는 경우가 대부분입니다.

② **핵심 합병증: 불유합 &무혈성 괴사**

대퇴골 경부는 해부학적으로 혈액 공급이 매우 취약한 부위입니다. 이 부위가 골절되면 대퇴골두로 가는 혈류가 쉽게 차단되어, 뼈가 잘 붙지 않는 **불유합(nonunion)**과 뼈가 썩는 **무혈성 괴사(AVN)**의 발생 빈도가 매우 높습니다.

③ **치료:** 이러한 높은 합병증 위험 때문에, 젊은 환자는 어떻게든 자신의 뼈를 붙이려고 시도하지만, 고령의 환자에서는 불확실한 결과를 기다리기보다, 손상된 대퇴골두를 아예 제거하고 인공관절로 교체하는 **인공관절 치환술(Arthroplasty)**을 시행하는 경우가 많습니다.

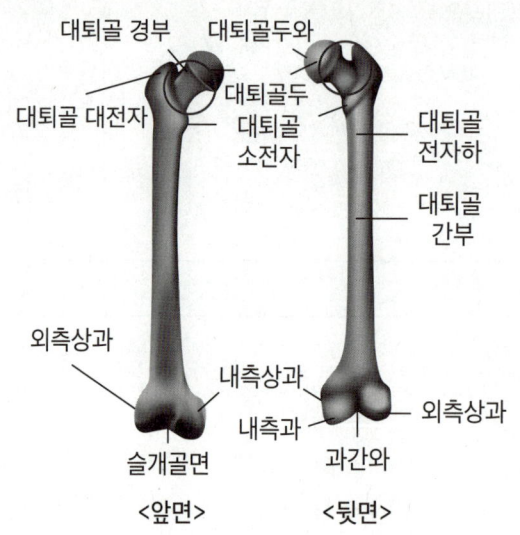

01 45회 기출

고관절의 소켓 부분을 형성하는 '비구(acetabulum)'는 3개의 뼈가 융합하여 만들어진다. 이 3개의 뼈 이름을 모두 쓰시오.

02 41회 기출

자동차 대시보드 손상으로 고관절 후방 탈구가 발생했을 때, 대퇴골두에 의해 압박되어 손상될 가능성이 가장 높은 신경은 무엇인가?

03 대퇴 경부 골절이나 고관절 탈구 후 무혈성 괴사의 발생 위험이 높은 가장 주된 해부학적 이유는 무엇인가?

04 고관절 탈구는 어깨 관절 탈구와 마찬가지로 앞으로 빠지는 전방 탈구가 대부분을 차지한다.

(O / X)

05 골다공증이 심한 80세 노인에게 대퇴 경부 골절이 발생하여 합병증 위험이 높을 때, 가장 우선적으로 고려하는 수술적 치료 방법은 무엇인가?

정답 및 해설

01

답 장골(ilium), 좌골(ischium), 치골(pubis)

해 이 세 개의 뼈는 성장하면서 하나로 합쳐져 무명골(관골)을 이루며, 이들이 만나는 지점에 비구가 형성됩니다. 시험에 직접적으로 뼈의 이름을 묻는 문제가 출제되었으므로 반드시 암기해야 합니다.

02

답 좌골신경 (Sciatic Nerve)

해 좌골신경은 고관절의 바로 뒤쪽으로 주행하기 때문에, 대퇴골두가 뒤로 빠지는 후방 탈구 시 직접적인 압박 손상을 받기 매우 쉽습니다. 이는 고관절 후방 탈구의 가장 대표적인 신경계 합병증입니다.

03

답 대퇴골두로 가는 혈액 공급이 취약하기 때문

해 대퇴골두는 몇 가닥 안되는 혈관에 의존하여 혈액을 공급받습니다(역행성 혈액공급). 대퇴 경부 골절이나 탈구 시 이 혈관들이 쉽게 손상되어 혈류가 차단되고, 이로 인해 뼈가 영양을 공급받지 못해 괴사(AVN)에 빠지게 됩니다.

04

답 X

해 틀린 설명입니다. 어깨 관절은 전방 탈구가 95% 이상을 차지하지만, 고관절은 매우 안정적인 구조로 인해 후방의 강력한 외력에 의해서만 탈구되므로 **후방 탈구가 90% 이상**을 차지합니다.

05

답 인공관절 치환술 (Arthroplasty)

해 고령의 환자는 골다공증으로 인해 골유합 능력이 떨어지고, 무혈성 괴사 발생 위험도 높습니다. 따라서 불확실한 골유합을 기다리기보다, 손상된 관절을 인공관절로 교체하여 조기에 보행을 가능하게 하고 합병증을 줄이는 것이 더 효과적인 치료법으로 인정받고 있습니다.

(2) 무릎 손상

1) 인대 손상 (Ligament Injuries)

무릎 관절은 4개의 주요 인대(전방십자, 후방십자, 내측측부, 외측측부)에 의해 안정성이 유지됩니다. 이 중 십자인대 손상은 매우 흔하며 시험에 자주 출제됩니다.

① 전방 십자인대 손상 (ACL Injury) **35회, 37회, 40회, 43회 기출**

- 특징 및 손상 기전: 무릎의 스포츠 손상 중 가장 흔한 손상입니다. 주로 축구나 농구처럼 급격한 방향 전환, 점프 후 착지 과정에서 발이 땅에 고정된 채 무릎이 뒤틀릴 때, '뚝' 하는 파열음(pop sound)과 함께 발생합니다.
- 기능: 전방 십자인대는 정강이뼈(경골)가 허벅지뼈(대퇴골)에 대해 앞으로 밀려나가지 않도록 막아주는 '브레이크' 역할을 합니다.
- 진단:
  - 신체 검진: **라크만 검사(Lachman test)**가 가장 정확하고 민감한 검사법입니다. 의사가 무릎을 살짝 구부린 상태에서 정강이뼈를 앞으로 당겨보아 헐거운 정도를 평가합니다.
  - 영상 검사: 인대와 같은 연부조직 손상이므로 MRI가 확진에 가장 유용한 검사입니다.
- 치료: 전방 십자인대는 혈액 공급이 좋지 않아 한번 완전히 파열되면 자연 치유가 거의 불가능합니다. 따라서 활동적인 젊은 환자에서는 다른 부위의 힘줄을 떼어와 끊어진 인대를 새로 만들어주는 **인대 재건술(reconstruction)**을 시행하는 것이 원칙입니다.

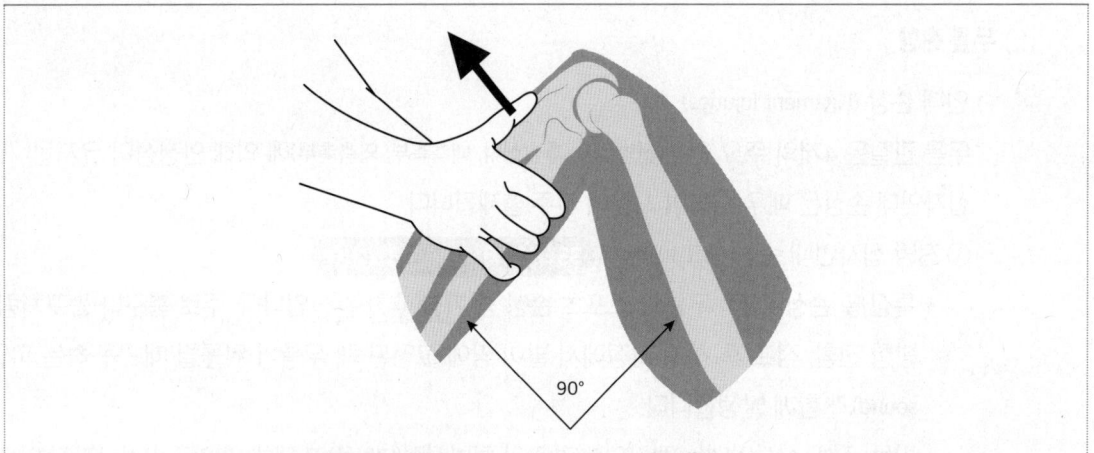

전방전위검사 : 눕거나 앉은 상태에서 엉덩이를 45도 굽히고 무릎을 90도로 굽힌 자세에서 위쪽 대퇴근 뒤에 손을 대고 몸쪽 경골을 가볍게 앞으로 당겨본다. 이때 과도한 움직임이 없어야 하고 통증도 사라져야 한다.

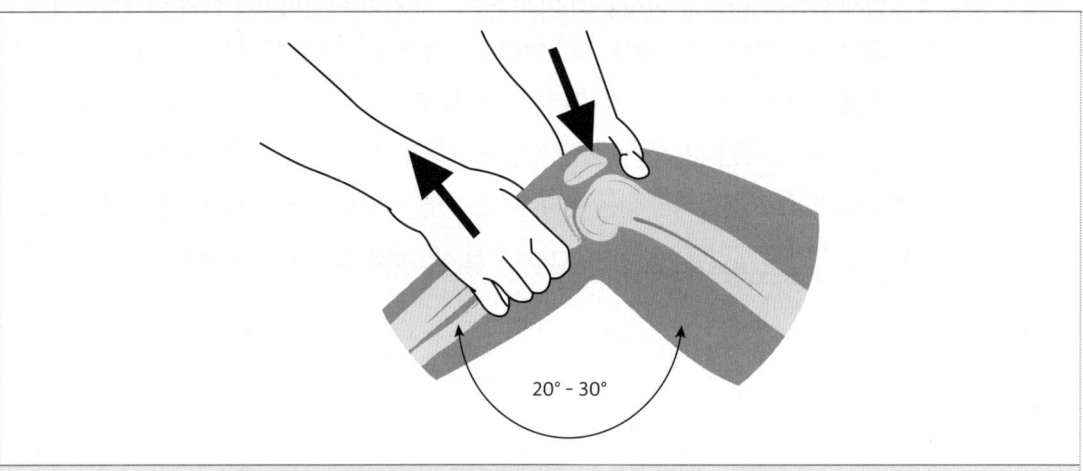

라크만검사 : 20~30도 굴곡에서 무릎을 펴거나 조금만 굽히고 검사를 하는 것을 말한다.

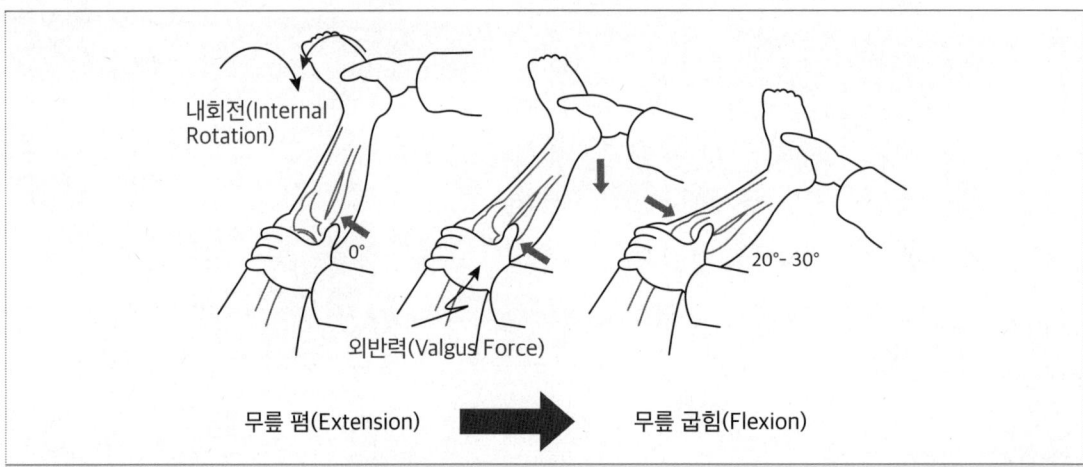

축이동검사 : 한 손으로 비골 머리를 잡고 다른 한 손은 발목을 잡는다. 하지를 내회전시킨 상태에서 무릎을 최대한 편다. 그리고 무릎을 30도 굴곡하면서 무릎에 외반력을 가한다. 경골 고원부분(산꼭대기)이 탈구되거나 clunk 음이 나면 양성이다.

② 후방 십자인대 (PCL) 손상 **40회 기출**

- 특징 및 손상 기전: 전방 십자인대보다 훨씬 굵고 튼튼하여 손상 빈도가 낮습니다. 주로 무릎을 구부린 상태에서 정강이뼈의 앞부분을 강하게 부딪혔을 때(**예**: 자동차 사고 시 대시보드 손상) 발생합니다.

- 진단: **후방 전위 검사(Posterior drawer test)**가 특징적입니다. 정강이뼈를 뒤로 밀었을 때 쑥 밀리는지 확인합니다.

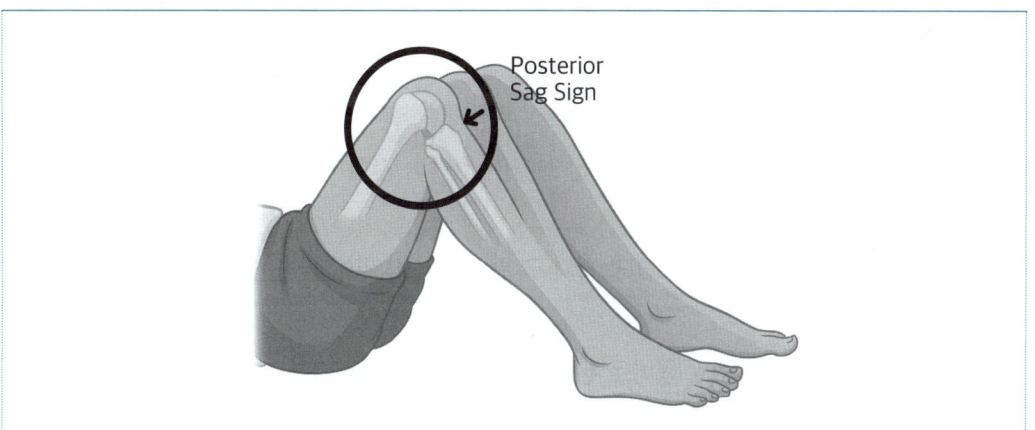

Posterior
Sag Sign

후방전위검사 : 전방전위 검사와 동일한 체위에서 경골을 후방으로 밀어넣는다.

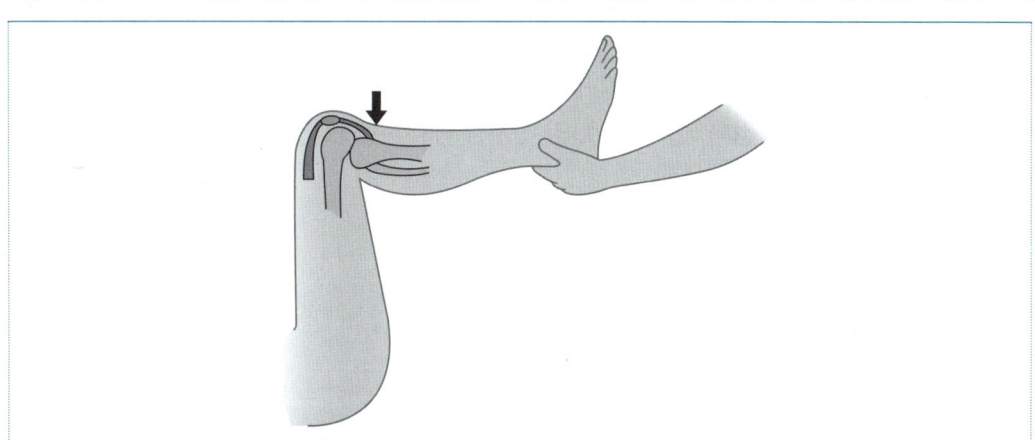

후방처짐징후 검사 : 후방 십자인대는 경골(정강이뼈)이 대퇴골(허벅지뼈)에 비해 뒤로 밀리지 않도록 잡아주는 중요한 인대입니다.

1. 검사 방법
  (1) 환자의 자세: 환자를 편안하게 눕힌 상태에서 검사하고자 하는 다리의 고관절과 무릎을 각각 90도로 구부립니다.
  (2) 검사자의 행동: 검사자는 환자의 발목이나 발뒤꿈치를 잡아 다리를 들어 올립니다.
  (3) 관찰: 이때, 무릎을 정면이 아닌 측면에서 바라봅니다.

2. 양성(Positive) 소견
  만약 후방 십자인대가 파열되었다면, 중력의 영향으로 경골(정강이뼈)이 대퇴골에 비해 아래로 쑥 꺼지거나 뒤로 처져 보이는 현상이 나타납니다. 정상적인 다리와 비교했을 때, 무릎 앞쪽의 튀어나온 부분(경골 조면)이 움푹 들어간 것처럼 보입니다.
  이 '처짐' 현상을 통해 의사는 수술이나 MRI 없이도 후방 십자인대의 심각한 손상을 예측할 수 있습니다.

2) 반월상 연골판 손상 (Meniscus Injury) 35회, 46회 기출

① **구조와 기능**: 무릎 관절의 대퇴골과 경골 사이에 위치한 C자 모양의 연골판으로, 관절 안쪽과 바깥쪽에 하나씩 있습니다. 주요 기능은 다음과 같습니다.

② **충격 흡수**: 체중 부하 시 충격을 흡수하는 가장 중요한 쿠션 역할을 합니다.

③ **관절 안정성 증대**: 관절의 안정성을 높여줍니다.

④ **윤활 작용 보조**: 관절액을 골고루 분산시켜 움직임을 부드럽게 합니다.

⑤ **주요 증상**

- **관절선 압통** (Joint line tenderness): 손상된 연골판이 위치한 관절 틈새를 누르면 통증이 느껴집니다.
- **잠김 현상** (Locking): 찢어진 연골판 조각이 관절 사이에 끼어, 갑자기 무릎이 펴지거나 구부러지지 않는 현상입니다.
- **불안정감** (Giving way): 갑자기 무릎에 힘이 빠지며 주저앉을 것 같은 느낌입니다.

⑥ **진단**

- **McMurray test** : 똑바로 누운 자세에서 슬관절을 90도로 굴곡, 발과 하지를 외측/내측으로 회전시킨 후, 서서히 슬관절을 펴면서 덜컥거리는 소리가 나는지 확인한다.
- **Apley test** : 엎드린 자세에서 대퇴부를 고정하고 90도 굴곡위에서 2가지 검사를 한다. 하퇴를 위로 견인하여 인대손상을 확인한다.(신연검사), 슬관절을 향하여 압력을 가하는 검사와 진단을 한다. 연골판의 손상이 있다면 동통이나 마찰음이 발생한다.(마멸검사)
- **웅크리기 검사** : 선 상태로 양 하지를 내회전/외회전 한 후 앉았다 일어서도록 할 때 통증을 호소한다.
  - 관절경 검사
  - 관절조영술
  - CT, MRI

⑦ **치료**

- **보존적 치료** : 석고붕대 등
- **수술적 치료** : 운동제한이 심한 경우, 잠김현상이 있을 때 시행한다, 주로 관절 내시경을 이용한 반월상 연골 부분절제술이나 봉합술을 시행한다.

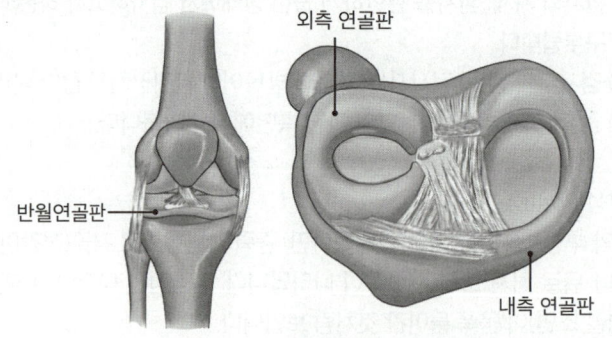

<반월연골판>

01 `35회, 43회 기출`

축구 경기 중 급하게 방향을 바꾸다 무릎에서 '뚝'하는 소리를 들었다. 의사가 무릎을 살짝 구부린 상태에서 정강이뼈를 앞으로 당겨보는 '라크만 검사'를 시행하여 양성 소견을 확인했다. 가장 가능성이 높은 손상은 무엇인가?

02 `46회 기출`

반월상 연골판의 기능으로 옳지 **않은** 것은?

① 체중 부하 시 충격 흡수　　　　　② 관절의 안정성 증대
③ 관절 움직임의 윤활 보조　　　　　④ 혈액 세포의 생성 (조혈 기능)

03 `37회, 40회 기출`

십자인대 파열이나 반월상 연골판 손상과 같은 무릎 관절의 연부조직 손상을 확진하기 위한 가장 정확한 영상 검사는 무엇인가?

04 `35회 기출`

무릎을 움직이다가 찢어진 반월상 연골판 조각이 관절 사이에 끼어, 갑자기 무릎이 펴지지도 구부러지지도 않는 현상을 무엇이라고 하는가?

05 자동차 사고 시 무릎을 구부린 상태로 계기판에 강하게 부딪혔을 때(대시보드 손상), 손상되기 가장 쉬운 무릎 인대는 후방 십자인대이다.　　　　　(O / X)

정답 및 해설

01

답 전방 십자인대(ACL) 손상

해 '뚝' 하는 파열음, 비접촉성 방향 전환 손상 기전, 그리고 가장 민감한 진단법인 라크만 검사 양성 소견은 모두 전방 십자 인대 파열을 강력하게 시사하는 전형적인 단서들입니다.

02

답 ④ 혈액 세포의 생성 (조혈 기능)

해 반월상 연골판은 충격 흡수, 안정성 증대, 윤활 보조 등의 중요한 기계적 기능을 수행하는 연골 구조물입니다. 혈액 세포를 생성하는 조혈 기능은 뼈의 중심부인 골수(bone marrow)에서 일어납니다.

03

답 MRI (자기공명영상)

해 인대와 연골판은 연부조직으로 X-ray에서는 보이지 않습니다. MRI는 이러한 연부조직의 손상 여부와 정도를 가장 정밀 하게 평가할 수 있는 표준 검사법(gold standard)입니다.

04

답 잠김 현상 (Locking)

해 잠김 현상은 반월상 연골판 파열의 매우 특징적인 증상입니다. 찢어진 연골 조각이 마치 문틈에 끼인 돌멩이처럼 관절의 정상적인 움직임을 방해하여 발생합니다.

05

답 O

해 옳은 설명입니다. 후방 십자인대는 경골이 뒤로 밀리는 것을 막아주는 역할을 합니다. 대시보드 손상은 경골의 앞부분에 강력한 후방 전위력을 가하기 때문에, 후방 십자인대가 파열되기 가장 쉬운 전형적인 손상 기전입니다.

(3) 하퇴, 족관절, 족부 손상

1) 경골 및 비골 골절 (Tibia &Fibula Fractures)

① 비골 경부 골절과 총비골신경 마비 **34회, 35회, 41회, 47회 기출**

- **핵심 해부학**: 종아리의 바깥쪽 뼈인 비골(fibula)의 머리 부분(비골두) 바로 뒤쪽으로 **총비골신경(common peroneal nerve)**이라는 중요한 신경이 얕게 지나갑니다.
- **손상 기전 및 결과**: 무릎 바깥쪽에 직접적인 충격을 받거나, 무릎 주위 골절 시 이 신경이 손상되기 매우 쉽습니다. 총비골신경은 발목과 발가락을 위로 들어 올리는 근육들을 지배하므로, 이 신경이 마비되면 발목이 아래로 툭 떨어지는 **족하수(foot drop)**가 발생합니다.
- **특징적 보행**: 족하수가 생기면 걸을 때 발 앞부분이 땅에 끌리게 되므로, 이를 피하기 위해 마치 닭처럼 다리를 높이 들어 올리며 걷는 **계상 보행(steppage gait)**이 나타납니다.

② 경골 간부 골절 (Tibial Shaft Fracture) **37회 기출**

- **특징**: 정강이뼈인 경골은 피부 바로 밑에 위치하여, 작은 상처에도 뼈가 노출되는 개방성 골절이 되기 매우 쉽습니다. 또한, 근육으로 둘러싸인 구획이 좁아 구획 증후군의 발생 위험이 매우 높은 부위입니다.

2) 족관절 인대 손상 (Ankle Sprain) **36회, 44회 기출**

- **손상 기전**: 가장 흔한 스포츠 손상 중 하나로, 90% 이상이 발목이 **안쪽으로 꺾이는 내반 손상(inversion injury)**입니다.
- **호발 인대** (가장 잘 삐는 인대): 내반 손상 시 발목의 바깥쪽(외측) 인대들이 손상됩니다. 외측 인대는 3개(② 전거비인대, ③ 종비인대, ① 후거비인대)로 구성되는데, 그중 **② 전거비 인대(Anterior Talofibular Ligament, ATFL)**가 구조적으로 가장 약하여 제일 먼저, 그리고 가장 흔하게 손상됩니다.

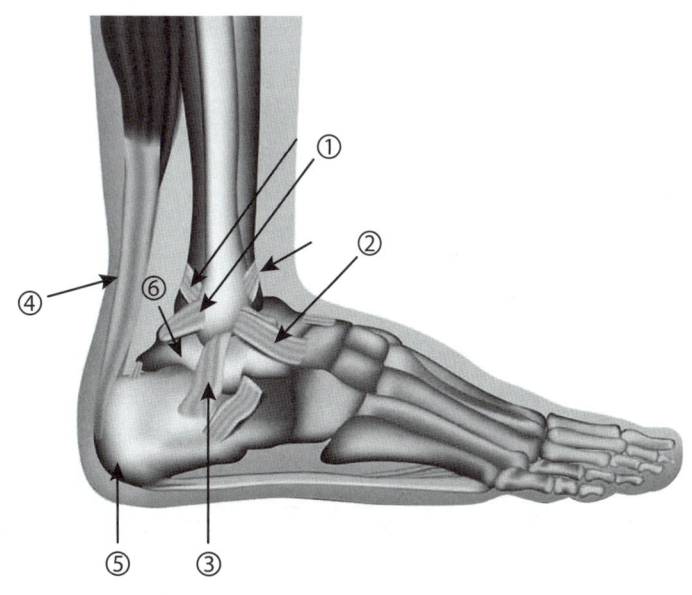

3) 아킬레스건 파열 (Achilles Tendon Rupture) `35회 기출`
- 정의: 우리 몸에서 가장 크고 강한 힘줄인 아킬레스건(발뒤꿈치 힘줄)이 갑작스러운 힘을 받아 파열된 상태입니다.
- 진단: 톰슨 검사 (Thompson Squeeze Test)는 아킬레스건 파열을 진단하는 매우 특이적이고 간단한 방법입니다.
- 검사 방법: 환자를 침대에 엎드리게 한 후, 검사자가 종아리 근육을 손으로 꽉 짰을 때의 반응을 봅니다.
- 판정:
  - 정상: 종아리를 짜면 발목이 아래로 까딱 움직입니다(족저굴곡).
  - 완전 파열: 아킬레스건이 완전히 끊어졌다면, 종아리를 짜도 발목이 전혀 움직이지 않습니다. 이를 **'톰슨 검사 양성'**이라고 하며, 완전 파열을 강력하게 시사합니다.

4) 종골 골절 (Calcaneus Fracture) `45회 기출`
- 손상 기전: 주로 높은 곳에서 떨어지면서 발뒤꿈치로 착지할 때, 체중이 그대로 전달되어 발생하는 축성 부하 손상(axial loading injury)입니다.
- 특징 및 합병증: 대부분 관절 내 분쇄 골절 형태로, 치료가 매우 까다롭습니다. 가장 중요한 후기 합병증은 발뒤꿈치뼈(⑤ 종골)와 바로 위의 목말뼈(⑥ 거골)가 이루는 거골하 관절(subtalar joint)의 외상 후 관절염입니다. 이로 인해 만성적인 통증과 울퉁불퉁한 길을 걷기 힘들어하는 보행 장애를 남길 수 있습니다.

01 `47회 기출`

무릎 바깥쪽을 다친 후, 걸을 때마다 발이 끌리고 발목을 위로 들어 올릴 수 없는 '족하수(foot drop)' 증상이 나타났다. 어느 신경의 손상이 가장 의심되는가?

02 `36회, 44회 기출`

농구 경기 중 착지하다가 발목이 안쪽으로 심하게 꺾였다. 이때 가장 흔하게 파열되는 발목의 외측 인대는 무엇인가?

03 `35회 기출`

엎드린 환자의 종아리를 짰을 때 발목이 아래로 전혀 움직이지 않았다. 어느 힘줄의 완전 파열을 강력하게 시사하는 소견인가?

04 `45회 기출`

높은 곳에서 추락하여 발뒤꿈치로 착지한 환자에게 가장 흔하게 발생하는 골절과, 이 골절의 가장 흔한 후기 합병증은 무엇인가?

05 족관절 염좌는 발목이 바깥쪽으로 꺾이는 외반 손상에 의해 가장 흔하게 발생한다. (O / X)

01

답 총비골신경 (Common Peroneal Nerve)

해 족하수(Foot drop)는 총비골신경 마비의 가장 특징적인 증상입니다. 이 신경은 해부학적으로 비골두 바로 뒤를 감고 지나가기 때문에, 무릎 바깥쪽의 직접적인 외상에 매우 취약합니다.

02

답 전거비 인대 (Anterior Talofibular Ligament, ATFL)

해 발목이 안쪽으로 꺾이는 내반 손상은 발목 외측 인대에 스트레스를 줍니다. 3개의 외측 인대 중 전거비 인대가 가장 약하여 제일 먼저 손상됩니다. '발목 염좌 = 내반 손상 = 전거비 인대 파열'은 거의 공식처럼 암기해두는 것이 좋습니다.

03

답 아킬레스건 (Achilles Tendon)

해 이 검사는 **톰슨 검사(Thompson test)**입니다. 정상적으로는 종아리 근육(비복근, 가자미근)을 짜면, 그 힘이 아킬레스건을 통해 전달되어 발목을 족저굴곡 시킵니다. 힘줄이 완전히 끊어졌다면 이 연결이 차단되어 발목이 움직이지 않게 됩니다.

04

답 종골 골절 (Calcaneus fracture), 거골하 관절염 (Subtalar arthritis)

해 높은 곳에서의 추락사는 종골 골절의 전형적인 손상 기전입니다. 종골 골절은 거골하 관절의 관절면을 침범하는 경우가 많아, 치료가 잘 되더라도 관절염이라는 후기 합병증이 남을 가능성이 매우 높습니다.

05

답 X

해 틀린 설명입니다. 족관절 염좌의 90% 이상은 발목이 안쪽으로 꺾이는 내반 손상에 의해 발생하며, 이때 외측 인대가 손상됩니다.

(가) 구획 증후군 (Compartment Syndrome) 34회, 35회, 36회, 37회, 40회, 46회 기출

구획 증후군은 '시간과의 싸움' 이라 불리는 매우 위급한 정형외과적 응급 질환입니다. 진단과 치료가 조금이라도 늦어지면 영구적인 장애를 남기기 때문입니다.

(1) **정의:** 우리 팔과 다리는 근육들을 그룹별로 나누는 **근막(fascia)**이라는 질기고 비탄력적인 막으로 둘러싸여 여러 구획(compartment)을 이룹니다. 구획 증후군이란, 골절 후 출혈이나 심한 부종으로 인해 이 <u>한정된 공간(구획) 내의 압력이 비정상적으로 급상승</u>하는 상태를 말합니다.

(2) **발생 원리 (풍선 모델):** 마치 한정된 크기의 풍선 안에 계속해서 물을 집어넣는 것과 같습니다. 풍선(근막)은 거의 늘어나지 않는데, 그 안의 압력(출혈, 부종)이 계속 높아지면 결국 내부의 혈관들이 찌그러져 혈액 순환이 차단됩니다. 혈액을 공급받지 못한 구획 안의 근육과 신경은 수 시간 내에 썩기 시작합니다(괴사).

(3) **원인 및 호발 부위:**

1) 골절: 특히 <u>경골(정강이뼈) 간부 골절</u>이나 아래팔(전완부) 골절 후 가장 흔하게 발생합니다.

2) 심한 근육 타박상, 압궤 손상(crush injury), 꽉 끼는 깁스나 붕대 등

3) 핵심 증상: 5P's 구획 증후군의 증상은 5개의 P로 요약할 수 있습니다. 나타나는 순서대로 기억하는 것이 중요합니다.

① Pain (통증): <u>가장 중요하고 가장 먼저 나타나는 증상.</u> 골절 자체의 통증과는 비교할 수 없을 정도로, "터질 듯한", "칼로 찢는 듯한" 극심한 통증을 호소합니다. 마약성 진통제에도 잘 반응하지 않으며, 특히 다른 사람이 환자의 손가락이나 발가락을 수동적으로 펴려고 할 때(수동적 신전 시) 통증이 극도로 심해지는 것이 특징입니다.

② Paresthesia (감각 이상): 신경이 압박되기 시작하면서 저리고 둔한 느낌, 개미가 기어가는 듯한 느낌이 나타납니다.

③ Pallor (창백): 혈액 순환이 잘 안 되어 피부가 창백하고 차갑게 변합니다.

④ Paralysis (마비): 신경과 근육의 손상이 심해지면 마비가 발생합니다.

⑤ Pulselessness (무맥): 가장 마지막에 나타나는 증상. 말초 동맥의 맥박이 만져지지 않을 정도면 이미 조직의 괴사가 돌이킬 수 없을 정도로 진행된 상태를 의미합니다. 따라서 맥박이 만져진다고 해서 구획 증후군이 아니라고 안심해서는 절대 안 됩니다.

4) 진단 및 치료:

① 진단: 환자의 증상이 가장 중요하며, 확진을 위해 구획 내 압력을 직접 측정하기도 합니다.

② 치료: 유일한 치료법은 **응급 근막 절개술(Emergency Fasciotomy)**입니다. 피부와 근막을 길게 절개하여 구획을 활짝 열어줌으로써, 내부 압력을 즉시 감압시켜 혈액 순환을 복구시키는 응급 수술입니다.

01 근막으로 둘러싸인 폐쇄된 공간 내의 압력이 비정상적으로 높아져, 내부의 근육과 신경이 괴사하는 응급 질환은 무엇인가?

02 35회 기출
    구획 증후군의 여러 증상(5P's) 중 가장 먼저 나타나고, 임상적으로 가장 중요한 조기 증상은 무엇인가?

03 37회 기출
    다음 골절 중 구획 증후군이 가장 흔하게 발생하는 부위는 어디인가?

    ① 쇄골 골절   ② 손가락 골절
    ③ 경골 간부 골절   ④ 척추 압박 골절

04 구획 증후군이 강력하게 의심될 때, 조직의 괴사를 막기 위해 반드시 시행해야 하는 응급 수술의 명칭은 무엇인가?

05 구획 증후군이 의심되는 환자에게서 발목의 맥박이 잘 만져진다면, 아직 심각한 상태가 아니므로 안심하고 경과를 관찰해도 된다.   (O / X)

정답 및 해설

01

답 구획 증후군 (Compartment Syndrome)

해 구획 증후군은 질긴 근막으로 둘러싸인 '폐쇄된 공간'이라는 해부학적 특성 때문에 발생합니다. 압력이 올라가도 밖으로 팽창하지 못하고 내부의 조직을 압박하는 것이 병의 핵심 원리입니다.

02

답 Pain (통증)

해 5P 중 통증은 가장 빠르고 가장 확실한 경고 신호입니다. 특히 골절의 일반적인 통증 수준을 넘어서는 극심한 통증, 수동적 근육 스트레칭 시 악화되는 통증은 구획 증후군을 강력하게 시사합니다. 맥박 소실(Pulselessness) 같은 증상을 기다리면 이미 늦습니다.

03

답 ③ 경골 간부 골절

해 아래 다리(하퇴)는 4개의 단단한 구획으로 나뉘어 있어, 골절 시 출혈이나 부종이 발생하면 압력이 쉽게 올라갑니다. 따라서 경골 간부 골절은 구획 증후군의 가장 흔한 원인으로 꼽힙니다.

04

답 근막 절개술 (Fasciotomy)

해 구획 증후군은 물리적으로 압력이 높아져서 생긴 병이므로, 약물로는 치료할 수 없습니다. 유일한 치료법은 수술적으로 근막을 절개하여 '압력솥의 뚜껑을 열어주는 것'처럼 내부 압력을 직접 낮춰주는 것입니다.

05

답 X

해 매우 중요한 오해입니다. 우리 몸의 주 동맥은 압력이 높아 쉽게 막히지 않습니다. 구획 증후군은 근육과 신경에 혈액을 공급하는 미세혈관들이 먼저 막히면서 시작됩니다. 따라서 주 동맥의 맥박이 만져지는 단계에서도 이미 내부 조직은 심각하게 손상되고 있을 수 있습니다. 맥박 유무로 구획 증후군을 판단해서는 안 됩니다.

(나) 혈전/색전증 (Thrombosis &Embolism)

먼저 용어부터 확실히 정리해야 합니다.

(1) **혈전 (Thrombus):** 혈관 안에서 혈액이 굳어서 생긴 **'피떡'**을 말합니다.

(2) **색전 (Embolus):** 혈관을 떠돌아다니다가 어딘가를 막아버리는 모든 **'이물질'**을 말합니다. 이 이물질이 혈전 조각일 때 **'혈전 색전증(Thromboembolism)'**이라고 부릅니다.

외상, 특히 하지 골절이나 골반 골절 후에는 수술과 장기간의 고정(부동)으로 인해 혈액의 흐름이 느려져 혈전이 생길 위험이 매우 높아집니다.

1) 심부정맥 혈전증 (DVT, Deep Vein Thrombosis) `35회, 36회 기출`
   ① 정의: 주로 다리의 깊은 곳에 위치한 심부정맥에 혈전(피떡)이 생겨 혈액 순환을 방해하는 질환입니다.
   ② 위험 요인:
      • 장기간의 부동 (Prolonged Immobility): 수술 후 침상 안정, 장거리 비행(이코노미 클래스 증후군), 깁스로 인한 고정 상태에서 혈액이 정체되어 발생하기 쉽습니다.
   ③ 외상 및 수술: 특히 하지 골절이나 골반 골절 후 발생 위험이 높습니다.
   ④ 기타: 고령, 비만, 흡연, 경구 피임약 복용, 악성 종양 등
   ⑤ 증상: 보통 한쪽 다리가 붓고, 통증이나 누르면 아픈 압통이 느껴지며, 피부색이 붉게 변하거나 열감이 느껴집니다.
   ⑥ 가장 무서운 합병증: 바로 아래에서 배울 폐색전증입니다.

2) 폐색전증 (PE, Pulmonary Embolism) `34회, 35회 기출`
   ① 정의: 심부정맥 혈전증의 가장 치명적인 합병증입니다. 다리에 있던 혈전의 일부가 뚝 떨어져 나와, 혈류를 타고 심장을 거쳐 폐동맥을 막아버리는 질환입니다. 이는 생명을 위협하는 응급 질환입니다.
   ② 발생 원리: 다리라는 저수지에 있던 찌꺼기(혈전)가 강물(혈류)을 타고 흘러가, 생명 유지에 필수적인 폐라는 좁은 수로의 입구를 막아버리는 것과 같습니다.
   ③ 주요 증상:
      • 갑작스러운 호흡 곤란 (가장 흔하고 특징적인 증상)
      • 가슴을 찌르는 듯한 날카로운 흉통
      • 기침, 객혈 (피가 섞인 가래)
      • 심한 경우 혈압이 떨어지는 쇼크 상태에 빠지거나 급사할 수 있습니다.

④ 검사:

Spiral CT, 폐 환기 – 관류스캔, 폐동맥 혈관조영술, X – 선, 심전도, 심초음파, 정맥초음파

⑤ **치료:**

침상안정, 항응고 치료, 하대정맥 필터, 혈전용해술, 카테터 삽입, 색전제거술, 압박스타킹

3) 지방 색전증 (FES, Fat Embolism Syndrome) 34회, 35회 기출

① **정의:** 대퇴골이나 경골 같은 긴 뼈의 골절 시, 골수에서 나온 미세한 지방 덩어리가 혈관으로 들어가 폐, 뇌, 피부 등의 미세혈관을 막아 발생하는 전신 질환입니다.

② **발생 시기:** 주로 외상 후 24~72시간 이내에 발생합니다.

③ **3대 특징적 증상 (Classic Triad):**

- **호흡기 증상:** 저산소증으로 인한 호흡 곤란 (가장 먼저 나타나며, 폐색전증과 감별이 어려움).
- **신경학적 증상:** 뇌의 미세혈관이 막히면서 발생하는 의식 저하, 안절부절못하는 모습, 착란 등.
- **피부 증상:** 가슴, 겨드랑이, 눈 결막 등에 작은 붉은 반점(점상 출혈, Petechiae)이 나타나는 것이 매우 특징적인 소견입니다.

☀️ *Key Point*

폐색전증 vs 지방 색전증

두 질환 모두 갑작스러운 호흡 곤란을 유발하여 혼동될 수 있습니다. 하지만 원인이 다릅니다. **폐색전증은 '피떡(혈전)'**이, **지방 색전증은 '지방 덩어리'**가 혈관을 막는 것입니다. 특히 환자의 가슴에서 점상 출혈이 보인다면 지방 색전증을 더 강력하게 시사하는 단서가 됩니다.

---

④ **예방:**

골절 부위를 부목 등으로 고정해주어야 한다.

과도한 움직임은 지방색전증을 악화시킬 수 있으므로 불필요한 이동은 피하는 것이 좋다.

⑤ **치료:**

저산소증에 대한 치료는 산소를 공급하여 동맥혈의 산소분압이 정상 범위내에서 유지, 의식이 없고 저산소증이 심한 경우에는 기계적 산소 공급장치로 산소를 공급하고 폐분비물에 대한 흡입과 기도 폐색을 예방하여야 한다.

01 35회 기출

하지 골절로 장기간 깁스를 하고 있던 환자가 갑자기 가슴 통증과 호흡 곤란을 호소했다. 가장 먼저 의심해야 할 치명적인 합병증으로, 심부정맥에 있던 혈전이 떨어져 나와 폐동맥을 막는 질환은 무엇인가?

02 34회, 35회 기출

20대 남성이 교통사고로 대퇴골 간부 골절을 입고 입원한 지 이틀째, 갑자기 숨쉬기 힘들어하고 의식이 혼미해졌으며, 가슴 부위에 작은 점상 출혈이 관찰되었다. 가장 의심되는 진단은 무엇인가?

03 36회 기출

다음 중 심부정맥 혈전증(DVT)의 발생 위험을 높이는 요인으로 볼 수 **없는** 것은?

① 장기간의 침상 안정   ② 수술 후 조기 보행 운동

③ 골반 골절   ④ 경구 피임약 복용

04 혈관 안에서 피가 굳어서 생긴 덩어리를 (①), 이 덩어리나 다른 이물질이 혈관을 떠돌아다니는 것을 (②)이라고 한다.

05 지방 색전증과 폐색전증은 혈관을 막는 원인 물질이 동일하다.   (O / X)

정답 및 해설

01

답 폐색전증 (Pulmonary Embolism, PE)

해 장기간의 고정(깁스)은 심부정맥 혈전증(DVT)의 강력한 위험 요인입니다. 이 상태에서 발생한 갑작스러운 호흡 곤란과 흉통은 DVT에서 유래한 혈전이 폐동맥을 막았을 가능성을 가장 먼저 시사합니다.

02

답 지방 색전증 (Fat Embolism Syndrome, FES)

해 이 문제의 핵심 단서는 세 가지입니다. 첫째, 대퇴골(긴 뼈) 골절. 둘째, 24~72시간 이내에 발생한 호흡기/신경학적 증상. 셋째, 가슴의 점상 출혈. 이 세 가지는 지방 색전증의 전형적인 3대 징후에 해당합니다.

03

답 ② 수술 후 조기 보행 운동

해 조기 보행 운동은 다리 근육을 움직여 혈액 순환을 촉진함으로써, 혈액이 정체되어 혈전이 생기는 것을 막아주는 가장 중요한 예방 조치입니다. ①, ③, ④는 모두 혈액을 정체시키거나 응고 경향을 높여 DVT의 위험을 증가시키는 요인들입니다.

04

답 ① 혈전 (Thrombus), ② 색전 (Embolus)

해 혈전은 '생성된 위치에 고여 있는 피떡'을 의미하고, 색전은 '혈관을 떠돌아다니는 이물질'을 의미하는 용어입니다. 이 두 용어의 차이를 이해하는 것이 중요합니다.

05

답 X

해 틀린 설명입니다. 두 질환 모두 '색전증'이지만, 혈관을 막는 원인 물질이 다릅니다. 폐색전증은 주로 **혈전(피떡)**이 원인이고, 지방 색전증은 긴 뼈 골절 시 발생하는 지방 덩어리가 원인입니다.

(다) 무혈성 괴사 (Avascular Necrosis, AVN) 34회, 36회, 41회, 46회 기출

(1) **정의:** 무혈성 괴사(Avascular Necrosis, AVN)란, 글자 그대로 '혈액 공급이 없어서(無血性) 뼈가 썩는(壞死)' 질환입니다. 뼈도 살아있는 조직이기에 혈액을 통해 산소와 영양분을 공급받아야 하는데, 이 혈액 공급 라인이 차단되면서 뼈 조직이 죽어버리고, 결국에는 뼈가 약해져 주저앉게(함몰) 되는 병입니다.

(2) **발생 원리:**

1) 외상성: 골절이나 탈구 시 뼈로 가는 혈관이 직접적으로 찢어지거나 늘어나 손상되는 것이 가장 주된 원인입니다.

2) 비외상성: 외상 없이도 발생할 수 있습니다. 46회 기출 대표적인 위험인자로는 과도한 음주와 스테로이드 약물 남용이 있습니다.

(3) **호발 부위 (혈액 공급이 취약한 곳들)**

우리 몸의 모든 뼈가 무혈성 괴사에 잘 빠지는 것은 아닙니다. 유독 혈액 공급 구조가 불안정하고 취약한 특정 부위들에서 호발하며, 이 부위들은 시험의 단골 출제 대상입니다.

1) 대퇴골두 (Femoral Head): 가장 대표적이고 가장 중요한 부위입니다. 대퇴 경부 골절이나 고관절 탈구 시, 대퇴골두로 가는 몇 가닥 안되는 혈관이 쉽게 손상됩니다.

2) 주상골 근위부 (Proximal Scaphoid): 손목의 주상골(scaphoid) 역시 혈액이 뼈의 먼쪽(원위부)에서 거꾸로 들어오는 역행성 혈액공급(retrograde blood supply) 구조를 가집니다. 따라서 허리(waist) 부위가 골절되면, 혈액 공급을 받지 못하는 몸쪽(근위부) 골편이 잘 썩습니다.

3) 거골 (Talus): 발목의 거골(talus)도 뼈의 대부분이 연골로 덮여 있어 혈관이 비집고 들어갈 틈이 별로 없는, 혈액 공급이 매우 취약한 뼈 중 하나입니다.

(4) **증상 및 진단:**

1) 증상: 초기에는 아무 증상이 없다가, 괴사가 진행되어 뼈가 약해지고 미세 골절이 생기면서 통증이 시작됩니다. 괴사된 부위가 결국 체중을 이기지 못하고 주저앉으면(함몰), 극심한 통증과 함께 관절염이 발생합니다.

2) 진단:

① 초기에는 X-ray에서 아무 이상이 나타나지 않는 경우가 많습니다.

② MRI가 뼈의 구조적 붕괴가 일어나기 전에 뼈의 괴사를 가장 조기에, 그리고 가장 정확하게 진단할 수 있는 **표준 검사법(gold standard)**입니다.

(다) 파트 복습 문제

01 41회 기출
골절 후 무혈성 괴사가 호발하는 대표적인 부위 3곳을 쓰시오.

02 46회 기출
특별한 외상 없이도 대퇴골두 무혈성 괴사를 유발할 수 있는 가장 대표적인 위험인자 2가지를 쓰시오.

03 손목의 주상골 허리(waist) 부위가 골절되었을 때 무혈성 괴사가 잘 발생하는 이유는 무엇인가?

04 무혈성 괴사를 가장 조기에 정확하게 진단할 수 있는 영상 검사법은 무엇인가?

05 대퇴골두 무혈성 괴사는 초기부터 X-ray 상 명확한 뼈의 함몰 소견이 관찰된다.   (O / X)

정답 및 해설

01

답 대퇴골두(Femoral head), 주상골(Scaphoid), 거골(Talus)

해 이 세 부위는 우리 몸에서 혈액 공급이 취약하기로 악명 높은 '3대장'입니다. 따라서 이 부위들의 골절이나 탈구 의무기록을 볼 때는 항상 무혈성 괴사라는 후기 합병증의 발생 가능성을 염두에 두어야 합니다.

02

답 과도한 음주, 스테로이드 약물 사용

해 음주와 스테로이드 약물은 외상과 무관하게 혈액 순환 자체에 문제를 일으켜 무혈성 괴사를 유발할 수 있는 가장 강력하고 흔한 위험인자입니다. .

03

답 역행성 혈액공급 (retrograde blood supply) 구조 때문

해 주상골은 혈액이 뼈의 먼 쪽에서 들어와 몸쪽으로 거슬러 올라가며 공급되는 독특한 구조를 가집니다.
따라서 뼈의 허리 부분이 부러지면, 혈액이 들어오는 입구가 차단되어 몸쪽(근위부) 뼈 조각이 혈액을 전혀 공급받지 못하게 되어 괴사에 빠지기 쉽습니다.

04

답 MRI (자기공명영상)

해 MRI는 뼈의 구조적 변화가 나타나기 전, 즉 X-ray가 정상으로 보이는 초기 단계에서도 골수의 신호 변화를 감지하여 뼈가 죽어가고 있는 상태를 잡아낼 수 있습니다. 따라서 조기 진단에 가장 뛰어난 검사법입니다.

05

답 X

해 틀린 설명입니다. 무혈성 괴사 초기에는 X-ray 소견이 완전히 정상인 경우가 대부분입니다. X-ray에서 뼈의 함몰이나 변형이 보일 정도라면, 이미 병이 상당히 진행된 상태임을 의미합니다.

(라) 유합 장애와 변형 (Union Complications &Deformity) `38회, 41회, 46회, 47회 기출`

골절 치료의 최종 목표는 '원래의 해부학적 모양 그대로, 단단하게' 뼈를 붙이는 것입니다. 이 과정에 문제가 생기면 다양한 유합 장애가 발생합니다.

(1) 부정유합 (Malunion) `38회, 47회 기출`

1) **정의**: 골절된 뼈가 <u>원래의 해부학적 위치가 아닌, 변형된 상태로 잘못 붙어버린 것</u>을 말합니다. 즉, 뼈가 '붙긴 붙었는데, 삐뚤어지게 붙은' 상태입니다.

2) **원인**: 초기 정복(뼈 맞추기)이 부적절했거나, 정복은 잘 되었으나 고정이 불안정하여 뼈가 다시 어긋난 경우에 발생합니다.

3) **변형의 종류**:
   ① **단축 (Shortening)**: 뼈가 겹쳐서 붙어 다리 길이가 짧아짐.
   ② **각변형 (Angulation)**: 뼈가 특정 각도로 휘어서 붙음.
   ③ **회전 변형 (Rotation)**: 뼈가 회전된 상태로 붙음. 특히 중수골(손허리뼈) 골절에서 약간의 회전 변형만 있어도, 주먹을 쥘 때 손가락이 옆 손가락과 엇갈리는 심각한 기능 장애가 발생합니다.

4) **임상적 중요성**: 특히 관절면을 침범한 골절에서 부정유합이 발생하면, 관절면이 울퉁불퉁해져 움직일 때마다 특정 부위가 비정상적으로 마모됩니다. 이는 결국 외상 후 관절염으로 빠르게 진행되는 주된 원인이 됩니다.

(2) 불유합 (Nonunion) `34회, 38회 기출`

1) **정의**: 골절된 뼈가 붙으려는 치유 과정이 완전히 멈추어, <u>아무리 기다려도 뼈가 붙지 않는 상태</u>를 말합니다. 뼈 사이가 계속 움직이는 '가관절(pseudoarthrosis, 가짜 관절)'이 형성되기도 합니다.

2) **주요 원인**:
   ① **불충분한 혈액 공급**: 무혈성 괴사가 호발하는 부위(대퇴골두, 주상골 등)에서 특히 흔합니다.
   ② **불안정한 고정**: 골절 부위가 계속 미세하게 움직여 뼈를 만드는 세포들이 제대로 일할 수 없는 환경.
   ③ **골절 틈새가 너무 넓은 경우**: 뼈가 연결되기 어려운 경우.
   ④ **감염**: 감염은 뼈의 치유 능력을 심각하게 저해합니다.
   ⑤ **전신적 요인**: 고령, 영양 부족, 흡연 등

(3) 지연유합 (Delayed Union) `38회 기출`

1) **정의**: 뼈가 붙고는 있지만, 통상적으로 기대되는 치유 기간보다 <u>훨씬 더디게 붙고 있는 상태</u>를 말합니다.

2) **불유합과의 차이점**: 지연유합은 치유 과정이 '느리지만 진행 중'이라는 점에서, 치유가 '완전히 멈춘' 불유합과 구별됩니다. 지연유합은 추가적인 고정 기간을 갖거나 자극을 주면 유합에 성공할 수 있지만, 불유합은 대부분 재수술이 필요합니다.

01 38회 기출

골절된 뼈가 원래의 해부학적 위치가 아닌, 변형된 상태로 잘못 붙어버린 것을 무엇이라고 하는가?

02 다음 중 불유합(nonunion)의 원인으로 가장 거리가 **먼** 것은?

① 골절 부위의 심각한 감염　　　　　　② 주상골 허리 부위 골절

③ 금속판을 이용한 견고한 내고정술　　④ 골절편 사이의 간격이 너무 넓은 경우

03 41회 기출

무릎 관절 내 골절에서 부정유합이 발생했을 때, 가장 흔하게 발생하는 심각한 후기 합병증은 무엇인가?

04 골절 치유 속도는 느리지만, 치유 과정 자체는 계속 진행 중인 상태를 무엇이라고 하는가?

05 46회 기출

제5 중수골 골절 후 부정유합으로, 주먹을 쥘 때 새끼손가락이 약지 손가락 위로 겹쳐지는 현상이 나타났다. 이는 어떤 종류의 변형에 해당하는가?

정답 및 해설

01

답 부정유합 (Malunion)

해 부정유합은 뼈가 '붙었지만(union)', '잘못된(mal-)' 위치에 붙었다는 의미입니다. 뼈가 아예 붙지 않는 '불유합(nonunion)'과는 명확히 구분해야 합니다.

02

답 ③ 금속판을 이용한 견고한 내고정술

해 견고한 내고정술은 골절 부위의 안정성을 확보하여 골유합을 촉진하는 **치료 방법**입니다. 따라서 불유합의 원인이 아니라 예방 및 치료법에 해당합니다. ①, ②, ④는 모두 혈액 공급을 방해하거나, 뼈가 연결될 수 있는 환경을 저해하여 불유합을 유발하는 대표적인 원인입니다.

03

답 외상 후 관절염 (Post-traumatic arthritis)

해 관절면은 매우 매끄러워야 정상적인 움직임이 가능합니다. 부정유합으로 관절면이 계단처럼 어긋나거나 울퉁불퉁해지면, 움직일 때마다 특정 부위에 비정상적인 압력이 가해져 연골이 급속도로 닳게 됩니다. 이는 결국 통증과 기능 제한을 유발하는 외상 후 관절염으로 이어집니다.

04

답 지연유합 (Delayed union)

해 '지연'이라는 단어의 의미 그대로, 치유가 늦어지고 있는 상태를 의미합니다. 뼈가 붙을 가능성은 여전히 남아있다는 점에서 치유가 멈춘 '불유합'과 구별됩니다.

05

답 회전 변형 (Rotational deformity)

해 손가락들은 주먹을 쥘 때 하나의 점(주상골)을 향해 모이도록 정렬되어 있습니다. 중수골이 약간만 회전하여 붙어도 이 정렬이 깨지면서, 주먹을 쥘 때 손가락이 엇갈리거나 겹치는 기능적인 문제가 발생합니다.

(마) 만성 통증 및 기능 장애

(1) 복합부위 통증 증후군 (CRPS, Complex Regional Pain Syndrome) `36회 기출`

1) 정의: 외상 후 손상 부위에 발생하지만, <u>손상의 정도를 훨씬 뛰어넘는 극심한 만성 통증을 특징</u>으로 하는 신경병성 통증 질환입니다. 통증의 원인이 명확하지 않고 치료가 매우 까다로워, 환자와 의사 모두를 힘들게 하는 난치성 질환입니다.

2) 주요 증상:

① 극심한 통증 (이질통/통각과민): 가장 핵심적인 증상입니다. '타는 듯한', '칼로 찌르는 듯한' 통증을 호소하며, 정상적으로는 통증을 유발하지 않는 **옷깃만 스쳐도 극심한 통증(이질통, Allodynia)**을 느끼는 것이 매우 특징적입니다.

② 자율신경계 이상:

- 혈관 운동 변화: 피부색이 붉거나 파랗게 변하고, 피부 온도가 주변보다 차갑거나 뜨거워지며, 심하게 붓는 증상(부종)이 나타납니다.
- 발한(땀) 변화: 땀이 비정상적으로 많이 나거나 나지 않습니다.

③ 운동/기능적 변화: 극심한 통증으로 인해 관절을 사용하지 않아 관절이 뻣뻣하게 굳고(관절 강직), 근력이 약화되며, 손떨림(진전) 같은 증상이 나타날 수 있습니다.

(2) 관절 강직 (Joint Stiffness) / 구축 (Contracture) `38회 기출`

1) 정의:

① 강직: 외상 후 장기간의 고정(깁스 등)이나 통증으로 인해 관절을 움직이지 않아, 관절을 둘러싼 주머니나 주변 연부조직이 뻣뻣하게 굳어 <u>관절 운동 범위가 정상적으로 나오지 않는 상태</u>입니다.

② 구축: 강직이 더 심해져 관절이 특정 위치(주로 구부린 자세)에서 완전히 굳어버려 수동적으로도 펴지지 않는 상태를 말합니다.

2) 주요 원인:

① 장기간의 부동 (Prolonged Immobilization): 가장 흔한 원인입니다.

② 관절 내 손상: 관절 내 골절 후 관절면이 불규칙해진 경우.

③ 이소성 골화 (Heterotopic Ossification): 원래 뼈가 없어야 할 근육이나 연부조직에 비정상적으로 뼈가 자라나 관절 운동을 기계적으로 방해하는 현상입니다.

- 호발부위 : 주관절, 고관절, 견관절
- 증상 : 통증, 부종, 관절 구축
- 예방 및 치료 : 조기 운동으로 관절의 구축을 예방, 스테로이드제를 투여하여 골화의 진행을 억제, 기능장애가 있을 경우 방사선상 화골 성장을 확인하고 제거술을 시행한다.

(3) 외상 후 관절염 (Post-traumatic Arthritis) `41회, 42회, 44회, 45회 기출`

1) **정의:** 관절 내 골절이나 심한 인대 손상 등 외상으로 인해 관절 연골이 손상되고, 이로 인해 관절의 퇴행성 변화가 정상보다 훨씬 빨리 진행되는 상태입니다.

2) **가장 중요한 원인:**

　① 관절 내 골절의 부정유합: 외상 후 관절염의 가장 핵심적인 원인입니다. 관절면이 계단처럼 1~2mm만 어긋나게 붙어도, 체중이 가해질 때마다 특정 부위에 압력이 집중되어 연골이 급격하게 닳게 됩니다.

3) **치료:** 일반적인 퇴행성 관절염과 유사하며, 증상이 심한 말기에는 인공관절 치환술 등을 고려하게 됩니다.

(바) 가스괴저

가스 괴저병은 클로스트리디움종의 세균이 주로 근육층을 침범하여 조직을 괴사시켜 썩게 만들면서 가스를 생성하는 감염 질환이다. 이 병의 원인균은 주로 상처가 난 피부를 통해 침투하므로 상처가 없는 상태에서는 아주 드문 경우를 제외하고는 잘 발생하지 않는다. 가스괴저병과 비슷한 원인균에 의해 발생하는 파상풍과는 증상이나 특징에서 차이를 보인다. 파상풍이 주로 운동 신경을 마비시켜서 근육의 강직을 일으키는 질환인데 비해, 가스 괴저병은 근육과 지방 조직 등을 썩게 만드는 질환이다. 이 병은 증상이 발생하고 나서 조기에 진단하여 치료를 하지 않으면 병이 발생한 팔이나 다리를 절제해야 하며, 이 시기를 놓치면 사망에 이를 수 있다.

01 36회 기출

외상 후 손상의 정도를 훨씬 넘어서는, 옷깃만 스쳐도 아픈 '이질통(allodynia)'과 함께 피부색 변화, 부종 등을 동반하는 극심한 만성 신경병성 통증 증후군은 무엇인가?

02 골절로 장기간 깁스 치료를 받은 환자에게서 관절 운동 범위가 감소하는 '관절 강직'이 발생하는 가장 흔한 원인은 무엇인가?

03 41회 기출

무릎의 관절 내 골절 후 부정유합이 발생했을 때, 가장 흔하게 발생하는 심각한 후기 합병증은 무엇인가?

04 팔꿈치 골절 후, 주변 근육 조직에 비정상적으로 뼈가 자라나 팔꿈치가 잘 펴지지도 구부러지지도 않게 되었다. 이 현상을 무엇이라고 하는가?

05 복합부위 통증 증후군(CRPS)은 MRI나 혈액 검사 등 특정 검사를 통해 객관적으로 확진할 수 있다.

(O / X)

정답 및 해설

01

답 복합부위 통증 증후군 (CRPS, Complex Regional Pain Syndrome)

해 이 문제의 핵심 키워드는 '손상 정도를 넘어서는 극심한 통증'과 '이질통(allodynia)'입니다. 이 두 가지 특징은 CRPS를 다른 통증 질환과 구별하는 가장 중요한 요소입니다.

02

답 장기간의 부동 (Prolonged Immobilization)

해 '사용하지 않으면 퇴화한다(Use it or lose it)'는 원리가 관절에도 적용됩니다. 관절을 오랫동안 움직이지 않으면 관절 주머니가 쪼그라들고 주변 조직들이 유착되어 뻣뻣하게 굳어버립니다. 따라서 골절 치료 중에도 가능한 범위 내에서 관절 운동을 조기에 시작하는 것이 중요합니다.

03

답 외상 후 관절염 (Post-traumatic arthritis)

해 매끄러워야 할 관절면에 턱이 생기는 부정유합은, 마치 포장도로에 움푹 팬 구덩이가 생긴 것과 같습니다. 자동차(관절 운동)가 지날 때마다 그 부분에 충격이 집중되어 도로(연골)가 빠르게 파괴되는 원리입니다.

04

답 이소성 골화 (Heterotopic Ossification)

해 '이소성'이란 '제자리가 아닌 곳에 있다'는 의미입니다. 즉, 뼈가 아닌 연부조직에 뼈가 생기는 현상으로, 관절 주위에 발생하면 기계적으로 관절 운동을 방해하여 심한 강직을 유발합니다.

05

답 X

해 틀린 설명입니다. CRPS의 진단은 매우 어렵습니다. 현재까지 CRPS를 확진할 수 있는 단일 검사법은 없으며, 환자가 호소하는 특징적인 증상과 의사의 진찰 소견을 종합하여 진단(임상적 진단, 배제 진단)을 내리게 됩니다.

Ⅰ 정리 – 실전 연습문제

유형 1: 핵심 용어 확인 (빈칸 채우기)

01 상완골 간부 골절 시 손상되기 쉬운 (①) 신경이 마비되면, 손목이 아래로 떨어지는 (②) 증상이 나타난다.

02 손목의 (①) 골절은 혈액 공급이 취약하여 (②)와 (③) 합병증이 흔하게 발생한다.

03 견관절 전방 탈구 시, 관절와순의 전하방 부위가 찢어지는 손상을 ( ) 병변이라고 하며, 이는 재발성 탈구의 주된 원인이 된다.

04 근막으로 둘러싸인 구획 내 압력이 상승하여 근육과 신경이 괴사하는 응급 질환을 ( )이라고 하며, 가장 먼저 나타나는 증상은 극심한 ( )이다.

05 GCS(글래스고우 혼수 척도)의 최저 점수는 0점이다. (O / X)

06 고관절 탈구는 전방 탈구가 후방 탈구보다 더 흔하게 발생한다. (O / X)

07 소아의 상완골 과상부 골절 시 발생하는 Volkmann 허혈성 구축은 요골신경 손상으로 인해 발생한다.
(O / X)

08 스키어 무지(Skier's thumb)는 엄지손가락의 척측 측부 인대(Ulnar Collateral Ligament)가 파열되는 손상이다. (O / X)

09 개방성 골절의 치료 원칙 중, 감염 예방을 위해 응급 수술 시 시행하는 가장 중요한 처치 2가지를 쓰고 간단히 설명하시오.

10 대퇴골 간부 골절 후 48시간 이내에 환자가 갑작스러운 호흡 곤란, 의식 저하, 그리고 가슴의 점상 출혈을 보였다. 의심되는 진단명과 그 발생 기전에 대해 서술하시오.

11 도수 근력 평가(MMT)에서 Grade 2와 Grade 3을 구분하는 기준은 무엇인지 설명하고, Grade 2의 정확한 정의를 서술하시오.

12 몬테지아 골절과 갈레아치 골절의 차이점을 '골절되는 뼈'와 '탈구되는 관절'을 기준으로 서술하시오.

정답 및 해설

01

답 ① 요골신경 (Radial nerve), ② 손목하수 (Wrist drop)

해 요골신경은 상완골 간부의 나선구(spiral groove)를 따라 뼈에 거의 붙어서 주행합니다. 이 때문에 상완골 간부 골절 시 신경이 손상받기 매우 쉽습니다. 요골신경은 손목과 손가락을 펴는 근육을 지배하므로, 마비 시 손목이 아래로 축 처지는 '손목하수'가 발생합니다.

02

답 ① 주상골 (Scaphoid), ② 불유합 (nonunion), ③ 무혈성 괴사 (avascular necrosis, AVN)

해 주상골은 혈액이 뼈의 먼 쪽에서 몸 쪽으로 거꾸로 공급되는 '역행성 혈액공급' 구조를 가집니다. 따라서 허리(waist) 부위가 골절되면 몸쪽 골편으로 가는 혈액이 차단되어 뼈가 붙지 않거나(불유합), 뼈가 썩는(무혈성 괴사) 합병증이 매우 흔하게 발생합니다.

03

답 Bankart (방카르트)

해 Bankart 병변은 관절와를 둘러싼 연골인 관절와순의 손상으로, 관절의 안정성을 유지하는 제방이 무너진 것과 같습니다. 이 때문에 한번 빠진 어깨가 쉽게 다시 빠지는 재발성 탈구로 이어지게 됩니다.

04

답 구획 증후군 (Compartment Syndrome), 통증 (Pain)

해 구획 증후군의 여러 증상(5P's) 중에서도, 골절 자체의 통증과 비교할 수 없을 정도의 극심한 통증(Pain)이 가장 먼저 나타나는 가장 중요한 조기 경고 신호입니다.

05

답 X

해 GCS는 개안(4점), 언어(5점), 운동(6점) 반응을 평가하며 각 항목의 최저점은 1점입니다. 따라서 반응이 전혀 없는 환자의 GCS 총점은 1+1+1=3점입니다. 최저 점수는 3점입니다.

06

답 X

해 고관절은 매우 안정적인 관절로, 후방의 강력한 외력(대시보드 손상 등)에 의해서만 주로 탈구됩니다. 따라서 후방 탈구가 90% 이상을 차지합니다. (**참고**: 어깨 관절은 전방 탈구가 95% 이상)

07

답 X

해 Volkmann 허혈성 구축은 **상완동맥(brachial artery)** 손상으로 인한 아래팔의 **구획 증후군**이 그 원인입니다. 신경 손상이 아닌, 혈액 순환 장애로 근육과 신경이 괴사하여 발생하는 것입니다.

08

답 O

해 스키 폴대에 엄지가 걸려 바깥쪽으로 꺾이는 외반력에 의해, 관절 안쪽을 지지하는 척측 측부 인대가 파열되는 것이 스키어 무지의 전형적인 손상 기전입니다.

09

답 ① 세척 (Irrigation): 다량의 생리식염수로 상처를 기계적으로 씻어내어 외부의 오염물질과 세균을 물리적으로 제거하는 과정입니다.

② 변연절제술 (Debridement): 죽거나 오염되어 회생 불가능한 조직(피부, 근육 등)을 외과적으로 잘라내는 과정입니다. 죽은 조직은 세균의 배양지가 되므로 감염 예방을 위해 반드시 제거해야 합니다.

10

답 • 진단명: 지방 색전증 (Fat Embolism Syndrome, FES)

• 발생 기전: 대퇴골과 같은 긴 뼈가 골절될 때, 골수 내에 있던 미세한 지방 덩어리들이 손상된 혈관을 통해 혈류로 유입됩니다. 이 지방 덩어리들이 온몸을 떠돌다가 폐, 뇌, 피부 등의 미세혈관을 막아 호흡 곤란, 의식 저하, 점상 출혈과 같은 전신 증상을 유발합니다.

11

답 • 구분 기준: **중력(gravity)에 대항**할 수 있는지의 여부입니다.

• Grade 2의 정의: 중력을 제거한 상태(예: 바닥에 팔을 대고 수평으로 움직이는 상태)에서만 완전한 관절 운동이 가능한 상태를 말합니다.

12

답 • 몬테지아 골절: **척골(Ulna) 근위부 골절**과 **요골두(Radial head) 탈구**가 동반된 손상입니다.

• 갈레아치 골절: **요골(Radius) 원위부 골절**과 **원위 요척 관절(DRUJ) 탈구**가 동반된 손상입니다.

Ⅱ. 질병의학 – 만점을 향한 전략적 학습

1 **반드시 출제되는 5대 질환**

이 챕터에서 다루는 5가지 질환(당뇨, 심장질환, 뇌졸중, 암, 치매)은 출제 빈도가 매우 높을 뿐만 아니라, 서로 밀접하게 연관되어 있습니다. 하나의 질병이 다른 질병의 원인이 되기도 하므로, 각 질병의 개념과 관계를 이해하며 학습하는 것이 중요합니다.

(가) 당뇨병 (Diabetes Mellitus) 35회, 37회, 43회, 45회 기출

(1) **정의:** 우리 몸의 혈당 조절 호르몬인 **'인슐린(Insulin)'**의 분비가 부족하거나, 인슐린이 제 기능을 하지 못하여(인슐린 저항성), 혈액 속의 포도당(혈당) 농도가 비정상적으로 높아지는 대사성 질환입니다. 마치 세포라는 집의 문을 여는 열쇠(인슐린)가 없거나, 열쇠 구멍이 망가져 포도당이라는 손님이 집 안으로 들어가지 못하고 문밖(혈관)에 계속 쌓이는 것과 같습니다.

(2) **진단 기준** 37회, 43회 기출

다음 4가지 기준 중 하나라도 해당하면 당뇨병으로 진단합니다.

1) 당화혈색소(HbA1c) ≥ 6.5%

2) 8시간 이상 공복 혈당 ≥ 126 mg/dL

3) 75g 경구 당부하 검사 2시간 후 혈당 ≥ 200 mg/dL

4) 당뇨병의 전형적인 증상(다뇨, 다음, 다식)이 있으면서, 무작위 혈당 ≥ 200 mg/dL

(3) **합병증: 당뇨병이 진짜 무서운 이유** 35회, 45회 기출

높은 혈당 자체가 문제가 되기도 하지만, 진짜 무서운 것은 오랜 기간 높은 혈당이 전신의 혈관을 서서히 망가뜨려 발생하는 합병증입니다.

1) 급성 합병증

① 당뇨병성 케톤산증 (DKA): 인슐린이 극도로 부족해져 포도당 대신 지방을 에너지원으로 사용하면서, 혈액이 산성으로 변하는 위험한 상태입니다. 주로 제1형 당뇨병에서 발생합니다.

② 저혈당: 당뇨약이나 인슐린 주사를 맞은 후 식사를 거르면 발생하며, 심하면 의식을 잃을 수 있습니다.

- 골 외막: 골모세포와 혈관을 가지고 있어 뼈와 두께 성장과 재생에 기여한다.
- 골 내막: 골모세포로 분화될 수 있는 세포들로 구성

2) 만성 합병증

① 미세혈관 합병증 (Microvascular Complications)

- 당뇨병성 망막병증 (Retinopathy): 눈의 망막 혈관이 손상되어, 성인 실명의 가장 주된 원인이 됩니다. 신생 혈관 유무에 따라 비증식성과 증식성으로 나뉩니다.
- 당뇨병성 신증 (Nephropathy): 콩팥의 사구체 혈관이 손상되어, 결국 만성 신부전으로 진행하여 혈액 투석이 필요하게 되는 가장 큰 원인입니다.
- 당뇨병성 신경병증 (Neuropathy): 말초신경이 손상되어 손발 저림, 통증, 감각 저하 등이 나타납니다. 발에 상처가 나도 모르고 지내다 궤양, 심하면 절단에 이르는 '당뇨발'의 원인이 됩니다.

② 대혈관 합병증 (Macrovascular Complications)

- 죽상경화증을 가속화시켜, 관상동맥 질환(협심증, 심근경색), 뇌혈관 질환(뇌졸중), 말초동맥 질환의 위험을 2~4배 증가시킵니다.

※ 당화혈색소(Hemoglobin A1c, HbA1c)는 혈액 내 산소를 운반하는 적혈구의 혈색소(헤모글로빈)에 포도당이 얼마나 달라붙어 있는지를 백분율(%)로 나타내는 수치입니다.

1. 기본 원리

우리 몸의 혈액 속에 포도당(혈당)이 돌아다니는데, 혈당이 높을수록 더 많은 포도당이 혈색소에 달라붙게 됩니다. 한번 달라붙은 포도당은 그 적혈구가 죽을 때까지 떨어지지 않습니다.

적혈구의 평균 수명은 약 3개월이므로, 당화혈색소 수치를 측정하면 검사 시점으로부터 과거 2~3개월 동안의 평균적인 혈당 조절 상태를 알 수 있습니다.

2. '순간 혈당'과의 차이 (쉬운 비유)

- 순간 혈당 (손가락 채혈): '오늘의 날씨'와 같습니다. 식사, 운동, 스트레스 등 그날의 컨디션에 따라 수시로 변합니다.
- 당화혈색소 (정맥 채혈): '지난 한 계절(3개월)의 평균 날씨'와 같습니다. 하루하루의 날씨 변화가 아닌, 지난 계절이 전반적으로 더웠는지 혹은 추웠는지를 알려주는 장기적인 지표입니다.

3. 임상적 중요성

이러한 특성 때문에 당화혈색소는 다음과 같은 중요한 장점이 있습니다.

- 검사 전 금식이 필요 없습니다.
- 식사나 운동 등 단기적인 변수에 영향을 받지 않고 환자의 장기적인 혈당 관리 상태를 객관적으로 평가할 수 있습니다.

항목	설명
정의	포도당이 결합된 혈색소의 비율 (%)
반영기간	최근 2~3개월의 평균 혈당 상태
장점	• 금식이 필요 없음 • 단기 변수(식사, 운동 등)에 영향이 적음 • 장기적인 혈당 조절 상태를 보여줌
임상적 용도	당뇨병 진단, 당뇨병 환자의 혈당 관리 목표 설정 및 추적 관찰

• 따라서, 당뇨병의 진단과 치료 효과를 추적하는 데 매우 중요한 지표로 사용됩니다.

※ 75g 경구 당부하 검사(Oral Glucose Tolerance Test, OGTT)**는 일정량의 포도당을 섭취한 후, 우리 몸이 포도당을 얼마나 잘 처리하는지(인슐린이 얼마나 잘 작용하는지)를 평가하는 검사입니다. 주로 당뇨병이나 당뇨병 전단계(내당능장애)를 진단하기 위해 사용됩니다.

1. 검사 과정

검사는 보통 다음과 같은 순서로 진행됩니다.

① **준비**: 검사 전날 저녁 식사 후, 최소 8시간 이상 금식한 상태에서 아침에 병원을 방문합니다.

② **공복 혈당 측정**: 먼저 금식 상태에서 혈액을 채취하여 '공복 혈당' 수치를 측정합니다.

③ **포도당 용액 섭취**: 이후, 포도당 75g이 녹아있는 용액을 마십니다.

④ **2시간 후 혈당 측정**: 용액을 마신 시점으로부터 정확히 2시간 뒤에 다시 혈액을 채취하여 혈당 수치를 측정합니다. 검사가 진행되는 동안에는 물을 제외한 다른 음식 섭취나 흡연, 심한 운동은 피해야 합니다.

2. 결과 해석

이 검사의 핵심은 포도당 섭취 2시간 후의 혈당 수치입니다. 이 수치를 통해 우리 몸의 포도당 처리 능력을 평가하며, 결과는 다음과 같이 해석됩니다.

2시간 후 혈당 수치	판정
140 mg/dL 미만	정상
140 ~ 199 mg/dL	내당능장애 (당뇨병 전단계)
200 mg/dL 이상	당뇨병

01 `43회 기출`

8시간 이상 금식 후 측정한 공복 혈당이 126 mg/dL 이상일 경우 당뇨병으로 진단할 수 있다.

(O / X)

02 `45회 기출`

당뇨병의 3대 미세혈관 합병증에 해당하지 **않는** 것은?

① 당뇨병성 망막병증   ② 당뇨병성 뇌졸중

③ 당뇨병성 신증   ④ 당뇨병성 신경병증

03 `35회 기출`

인슐린이 극도로 부족하여 포도당 대신 지방을 에너지원으로 사용하면서 혈액이 산성으로 변하는, 제1형 당뇨병의 대표적인 급성 합병증은 무엇인가?

04 세포가 인슐린에 잘 반응하지 않아 혈당이 조절되지 않는 상태를 무엇이라고 하는가?

05 당뇨병 환자의 실명 원인 1위로 꼽히는 만성 합병증은 무엇인가?

01

답 O

해 옳은 설명입니다. 공복혈당 126 mg/dL는 당뇨병의 중요한 진단 기준 중 하나입니다. 참고로 100~125 mg/dL는 '공복혈당장애'로, 당뇨병 전단계에 해당합니다.

02

답 ② 당뇨병성 뇌졸중

해 망막병증, 신증, 신경병증은 당뇨병의 대표적인 '미세혈관' 합병증 3가지입니다. 뇌졸중은 뇌의 큰 혈관이 막히거나 터져서 발생하는 '대혈관' 합병증에 해당합니다.

03

답 당뇨병성 케톤산증 (Diabetic Ketoacidosis, DKA)

해 DKA는 당뇨병의 급성 합병증 중 하나로, 체내 인슐린 부족이 극심할 때 발생합니다. 치료받지 않으면 혼수 상태에 빠져 사망에 이를 수 있는 응급 질환입니다.

04

답 인슐린 저항성 (Insulin Resistance)

해 인슐린 저항성은 제2형 당뇨병의 핵심적인 발생 기전입니다. 우리 몸에서 인슐린을 충분히 만들고 있음에도 불구하고, 비만 등의 원인으로 세포가 인슐린의 명령을 잘 듣지 않는 상태를 의미합니다.

05

답 당뇨병성 망막병증 (Diabetic Retinopathy)

해 높은 혈당이 눈의 가장 안쪽에 있는 신경막인 '망막'의 미세혈관들을 손상시켜 출혈, 부종 등을 일으키고, 결국 시력을 잃게 만드는 무서운 합병증입니다.

(나) 허혈성 심질환 (Ischemic Heart Disease, IHD) 34회, 35회, 41회, 47회 기출

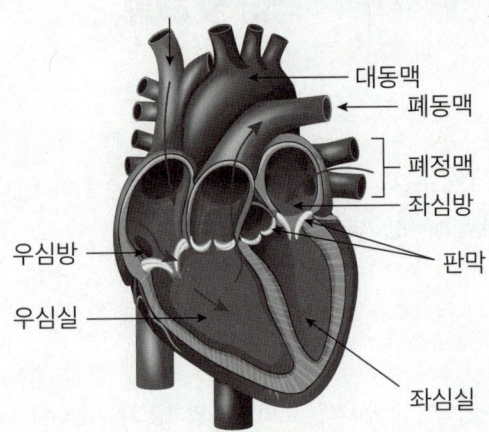

대동맥
폐동맥
폐정맥
좌심방
우심방
판막
우심실
좌심실

(1) 핵심 개념:

1) 허혈(Ischemia): 특정 조직에 혈액 공급이 부족해진 상태를 의미합니다.

2) 허혈성 심질환: 심장 근육(심근)에 혈액을 공급하는 관상동맥이 좁아지거나 막혀, 심근에 혈액 공급이 부족해져서 발생하는 모든 질환을 말합니다.

(2) 주된 원인: 관상동맥과 죽상경화증

1) 관상동맥 (Coronary Artery): 심장은 온몸에 피를 보내는 펌프지만, 정작 자기 자신(심근)도 먹고 살아야 합니다. 이 심근에 혈액을 공급하는 동맥이 바로 '관상동맥'입니다.

2) 죽상경화증 (Atherosclerosis): 허혈성 심질환의 가장 근본적인 원인입니다. 혈관 내벽에 콜레스테롤 같은 기름 찌꺼기가 쌓여 **'죽상반(plaque)'**이라는 덩어리를 형성하고, 이로 인해 혈관이 점점 좁아지고 딱딱해지는 현상입니다. 마치 오래된 수도관에 녹이 슬고 찌꺼기가 껴서 수도관이 좁아지는 것과 같습니다.

※ 동맥 죽상경화증(Atherosclerosis)**은 혈관의 가장 안쪽 벽(내피)에 콜레스테롤과 같은 지방 성분이 쌓여 '죽상반(plaque)'이라는 덩어리를 형성하고, 이로 인해 혈관이 좁아지고 딱딱해지는 질환을 말합니다.

깨끗하던 수도관(혈관) 안쪽에 기름때(콜레스테롤 등)가 끼기 시작하고, 이 기름때가 점점 두꺼워져 수도관을 좁게 만드는 것과 비슷합니다. 이름의 '죽상(粥狀)'이란 '죽(porridge) 모양'이라는 뜻으로, 혈관에 쌓인 덩어리의 내용물이 부드러운 죽과 같다고 해서 붙여진 이름입니다.

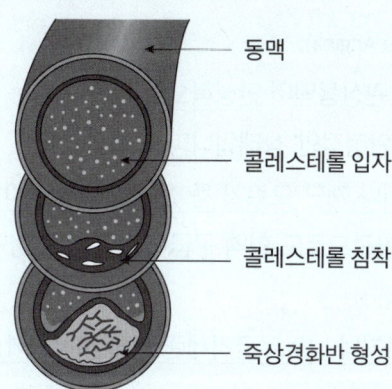

- 동맥
- 콜레스테롤 입자
- 콜레스테롤 침착
- 죽상경화반 형성

1. 문제점

동맥 죽상경화증은 두 가지 방식으로 심각한 문제를 일으킵니다.

① **혈관 협착(Stenosis)**: 죽상반이 계속 커지면 혈관 통로가 좁아져 혈액 흐름이 원활하지 않게 됩니다. 이로 인해 심장에 혈액을 공급하는 관상동맥이 좁아지면 협심증이 발생할 수 있습니다.

② **혈전 형성(Thrombosis)**: 더 위험한 것은 이 죽상반이 불안정해져 터지는 경우입니다. 우리 몸은 상처가 났다고 인식하고 그 부위에 피떡(혈전)을 만드는데, 이 혈전이 갑자기 혈관을 완전히 막아버릴 수 있습니다. 이것이 심장 혈관에서 발생하면 심근경색, 뇌 혈관에서 발생하면 뇌경색(뇌졸중)이 됩니다.

2. 주요 위험인자

동맥 죽상경화증을 유발하고 악화시키는 주요 위험인자는 다음과 같습니다.

- 고혈압
- 고지혈증 (이상지질혈증)
- 당뇨병
- 흡연
- 가족력
- 고령, 비만 등

(3) 협심증 (Angina Pectoris) 41회, 47회 기출

1) 정의: 죽상경화증으로 관상동맥이 <u>부분적으로 좁아진</u> 상태입니다. 평소에는 괜찮지만, 운동이나 흥분 등으로 심장이 많은 혈액을 필요로 할 때, 좁아진 혈관 때문에 혈액 공급이 수요를 따라가지 못해 가슴 통증(흉통)이 나타나는 질환입니다.

2) 종류 41회 기출

① 안정형 협심증 (Stable Angina):
- 원인 : 동맥경화로 관상동맥이 <u>만성적으로 좁아져 있는 상태</u>입니다. 혈관이 좁아져 있지만, 죽상반이 터지지 않은 '안정적인' 상태입니다.
- 증상 특징 : <u>운동이나 계단 오르기 등 심장이 일을 많이 해야 할 때</u> 예측 가능하게 발생합니다. 평소에는 좁아진 혈관으로도 혈액 공급이 충분하지만, 운동 시 늘어난 산소 요구량을 감당하지 못하기 때문입니다.
- 완화 : <u>휴식을 취하거나 니트로글리세린 설하정(혀 밑에 넣는 약)을 사용하면 수 분 내에 호전</u>되는 것이 특징입니다.

② 불안정형 협심증 (Unstable Angina):
- 원인 : 죽상반이 터지면서 생긴 혈전(피떡) 때문에 혈관이 갑자기 더 심하게 좁아지거나 막혔다 뚫렸다 하는 '불안정한' 상태입니다.
- 증상 특징 : <u>예측할 수 없이 발생</u>하는 것이 핵심입니다.
  - <u>쉬고 있을 때도 가슴 통증</u>이 나타납니다.
  - 이전에는 없었던 <u>심한 흉통이 새로 발생</u>하거나, 아주 약간의 활동에도 통증이 생깁니다.
  - 통증의 빈도나 강도가 점점 심해집니다.
- 중요성 : <u>급성 관동맥 증후군</u>에 속하는 응급상황으로, 심근경색의 바로 전 단계일 수 있어 즉각적인 치료가 필요합니다.

③ 변이형 협심증 (Variant Angina / 이형 협심증)
- 원인 : 동맥경화와 상관없이, 관상동맥 혈관 자체에 경련(spasm)이 일어나 일시적으로 혈관이 급격히 수축하여 발생합니다.
- 증상 특징 : 주로 새벽이나 이른 아침, 휴식 중에 흉통이 발생하는 경향이 있습니다. 음주와 관련이 있는 경우가 많습니다.
- 완화 : 니트로글리세린에 잘 반응하여 완화됩니다.

(4) 심근경색증 (Myocardial Infarction, MI) 34회, 35회, 41회, 47회 기출

1) **정의**: 좁아져 있던 관상동맥의 죽상반이 갑자기 파열되면서 그 자리에 혈전(피떡)이 생겨 <u>혈관을 완전히 막아버리는</u> 상태입니다. 혈액 공급이 30분 이상 완전히 차단되어 <u>심장 근육이 썩어버리는(괴사)</u>, 돌이킬 수 없는 손상입니다.

2) **협심증과의 결정적 차이:**
   - **협심증**: 혈관이 '좁아진' 상태. 심근의 '일시적인 허혈' 상태.
   - **심근경색증**: 혈관이 '완전히 막힌' 상태. 심근의 '비가역적인 괴사' 상태.

3) **진단**: 3대 진단 기준 41회 기출
   ① **전형적인 임상 증상**: 휴식을 취하거나 니트로글리세린을 사용해도 <u>30분 이상 사라지지 않는</u> 극심한 흉통.
   ② **심전도(ECG) 변화**: 심근 괴사로 인한 특징적인 심전도 파형 변화 (ST 분절 상승, 이상 Q파 출현 등).
   ③ **심근 효소 수치 상승**: 심근 세포가 파괴(괴사)되면서 세포 안에 있던 특정 효소들(CK-MB, Troponin)이 혈액으로 방출됩니다. 이 효소들의 혈중 농도를 측정하여 심근 괴사 여부를 확인합니다.

01 허혈성 심질환을 유발하는 가장 주된 원인으로, 관상동맥 내벽에 기름 찌꺼기가 쌓여 혈관이 좁아지는 현상을 무엇이라고 하는가?

02 다음 중 심근경색증을 협심증과 구별하는 가장 중요한 특징은 무엇인가?

① 흉통의 발생

② 니트로글리세린에 반응하지 않는 30분 이상의 지속적인 통증

③ 운동 시 통증 악화

④ 왼쪽 어깨로의 방사통

03 47회 기출

휴식 중에도 흉통이 발생하고, 통증의 강도나 빈도가 점점 심해지는 등 심근경색의 전조 증상으로 간주되는 위험한 협심증은 무엇인가?

04 41회 기출

심근경색증 확진에 필수적인 3대 진단 기준에 포함되지 **않는** 것은?

① 특징적인 흉통   ② 심전도 변화

③ 흉부 X-ray 소견   ④ 심근 효소 수치 상승

05 안정형 협심증은 관상동맥이 혈전으로 완전히 막혀서 발생하는 질환이다.   (O / X)

정답 및 해설

01

답 죽상경화증 (Atherosclerosis)

해 죽상경화증은 관상동맥뿐만 아니라 뇌혈관, 말초혈관 등 전신의 동맥에 발생할 수 있으며, 모든 혈관 질환의 가장 근본적인 원인이 됩니다.

02

답 ② 니트로글리세린에 반응하지 않는 30분 이상의 지속적인 통증

해 협심증 통증은 일시적인 허혈로 인한 것이라 휴식이나 약물로 혈류가 회복되면 사라지지만, 심근경색증은 심근이 이미 죽어가고 있는 상태라 통증이 사라지지 않습니다. 이 '지속 시간'과 '약물 반응'이 두 질환을 감별하는 가장 중요한 임상적 차이점입니다.

03

답 불안정형 협심증 (Unstable Angina)

해 불안정형 협심증은 죽상반이 불안정해져 언제 터질지 모르는 시한폭탄과 같은 상태입니다. 곧 혈전이 생겨 혈관을 완전히 막는 심근경색으로 진행할 가능성이 매우 높으므로, 응급 치료가 필요합니다.

04

답 ③ 흉부 X-ray 소견

해 흉부 X-ray는 폐나 심장의 크기 등 다른 문제를 감별하는 데 도움이 될 수는 있으나, 관상동맥의 상태나 심근의 괴사를 직접 보여주지는 못하므로 심근경색증의 직접적인 진단 기준은 아닙니다. 진단의 3요소는 '증상, 심전도, 혈액검사(심근효소)'입니다.

05

답 X

해 안정형 협심증은 혈관이 '부분적으로 좁아져서' 발생합니다. '혈전으로 완전히 막혀서' 발생하는 질환은 심근경색증입니다.

(다) 뇌혈관 질환 (뇌졸중, Stroke) `36회 기출`

(1) **정의:** 뇌에 혈액을 공급하는 혈관이 '막히거나(경색)' 혹은 '터져서(출혈)' 뇌세포가 손상되고, 이로 인해 갑작스러운 신경학적 장애(편측 마비, 안면 마비, 언어 장애 등)가 나타나는 질환입니다.

(2) **"Time is Brain":** 뇌세포는 단 몇 분만 혈액 공급이 중단되어도 죽기 시작하며, 한번 죽은 뇌세포는 다시 살아나지 않습니다. 따라서 뇌졸중은 증상 발생 즉시 응급실로 가야 하는 초응급 질환입니다.

(3) **뇌졸중의 종류**

1) 허혈성 뇌졸중 (뇌경색, Ischemic Stroke):

① 정의: 뇌혈관이 막혀서 발생하는 뇌졸중으로, 전체 뇌졸중의 약 80%를 차지하는 가장 흔한 형태 입니다.

② 원인:
- 혈전성: 뇌혈관 자체의 죽상경화증이 심해져 혈관이 점차 좁아지다가 결국 혈전(피떡)으로 막히 는 경우입니다.
- 색전성: 심장(주로 심방세동이라는 부정맥)이나 목의 큰 동맥에서 생긴 혈전 조각이 떨어져 나와, 뇌 혈관을 타고 가다 좁은 곳을 갑자기 막는 경우입니다.

③ 일과성 허혈 발작 (TIA, Transient Ischemic Attack) `36회 기출`
- 정의: 뇌혈관이 일시적으로 막혔다가 저절로 다시 뚫리면서, 뇌졸중 증상이 발생했다가 24시간 이내에 완전히 회복되는 상태입니다.
- 중요성: '미니 뇌졸중' 또는 **"뇌졸중의 경고 신호'**라고 불립니다. TIA를 경험한 환자는 수일 또는 수개월 내에 심각한 뇌경색이 발생할 위험이 매우 높으므로, 증상이 사라졌다고 안심하면 절대 안 되고 즉시 병원 진료가 필요합니다.

2) 출혈성 뇌졸중 (Hemorrhagic Stroke):

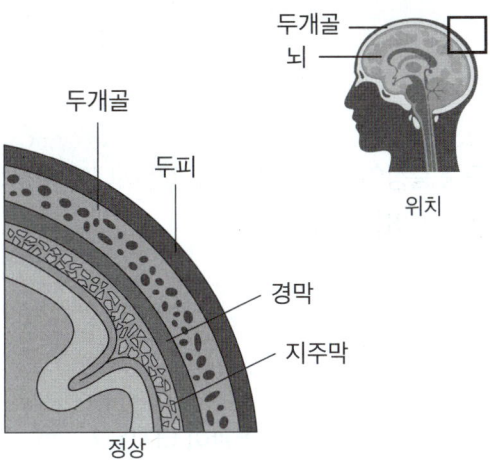

두개골
두피
경막
지주막
정상
두개골
뇌
위치

① 정의: 뇌혈관이 터져서 발생하는 뇌졸중입니다.

② 종류:

- **뇌내출혈** (Intracerebral Hemorrhage): 뇌 실질 내의 미세혈관이 터지는 경우로, <u>고혈압</u>이 가장 중요한 원인입니다.

- **지주막하 출혈** (Subarachnoid Hemorrhage): 뇌 표면의 동맥에 생긴 꽈리(뇌동맥류)가 터져 <u>지주막과 뇌를 직접 감싸는 연막(pia) 사이</u> 피가 퍼지는 경우입니다. "망치로 맞은 듯한" 극심한 두통이 특징입니다.

01
편측 마비와 같은 뇌졸중 증상이 발생했다가 24시간 이내에 완전히 회복되어 '미니 뇌졸중' 또는 '뇌졸중의 경고 신호'라고 불리는 질환은 무엇인가?

02 뇌졸중은 크게 혈관이 막히는 (①   )과 혈관이 터지는 (②   )으로 나뉜다. 빈칸에 들어갈 말을 순서대로 쓰시오.

03 출혈성 뇌졸중 중 뇌 실질 내의 미세혈관이 터지는 뇌내출혈을 유발하는 가장 중요한 위험인자는 무엇인가?

04 우리나라 전체 뇌졸중 환자 중, 허혈성 뇌졸중은 출혈성 뇌졸중보다 발생 빈도가 더 낮다.

(O / X)

05 심장이 불규칙하게 뛰어 생긴 혈전 조각이 떨어져 나와 뇌혈관을 막는 색전성 뇌경색의 가장 흔한 원인이 되는 부정맥은 무엇인가?

정답 및 해설

01

답 일과성 허혈 발작 (Transient Ischemic Attack, TIA)

해 TIA는 그 자체는 후유증을 남기지 않지만, 곧이어 발생할 본격적인 뇌경색을 예고하는 매우 강력한 경고 신호입니다. TIA를 경험했다면, 증상이 없어졌더라도 반드시 적극적인 예방 치료를 시작해야 합니다.

02

답 ① 허혈성 뇌졸중 (뇌경색), ② 출혈성 뇌졸중

해 뇌졸중의 두 가지 큰 갈래는 '막히는 것(허혈성)'과 '터지는 것(출혈성)'입니다. 두 종류는 치료 방법과 예후가 완전히 다르므로 구분하는 것이 매우 중요합니다.

03

답 고혈압 (Hypertension)

해 만성적인 고혈압은 뇌 속의 가느다란 동맥들의 벽을 지속적으로 손상시키고 약하게 만듭니다. 이렇게 약해진 혈관은 어느 순간 혈압을 이기지 못하고 터져 뇌내출혈을 일으키게 됩니다.

04

답 X

해 틀린 설명입니다. 허혈성 뇌졸중(뇌경색)이 전체 뇌졸중의 약 80%를 차지하여, 출혈성 뇌졸중보다 발생 빈도가 훨씬 더 높습니다.

05

답 심방세동 (Atrial Fibrillation)

해 심방세동은 심방이 정상적으로 수축하지 못하고 가늘게 떨기만 하는 부정맥입니다. 이 때문에 심방 내에 피가 고여 혈전(피떡)이 잘 생기고, 이 혈전이 뇌로 날아가 혈관을 막으면 색전성 뇌경색을 일으킵니다.

(라) 암 (Cancer): 종양학 기초 34회, 35회, 36회, 38회, 39회, 42회, 43회, 44회, 46회, 47회 기출

(1) **정의:** 종양(Tumor) 또는 신생물(Neoplasm)이란, 우리 몸의 정상적인 세포 조절 기능이 망가져 세포가 비정상적으로 끊임없이 증식하여 만들어진 덩어리를 말합니다. 종양은 크게 '양성 종양'과 '악성 종양'으로 나뉘며, 우리가 흔히 '암'이라고 부르는 것은 바로 악성 종양을 의미합니다.

1) 양성 종양 vs 악성 종양 43회 기출

두 종양을 구별하는 것은 매우 중요하며, 그 특징을 비교하는 문제가 자주 출제됩니다.

특징 구분	양성 종양 (Benign Tumor)	악성 종양 (Malignant Tumor, 암)
성장 속도	느리다.	빠르다.
성장 양상	팽창성 성장 (주변 조직을 밀어내며 자람)	침윤성 성장 (주변 조직을 파고들며 파괴함)
경계 및 피막	경계가 명확하고, 대부분 피막(capsule)에 둘러싸여 있음.	경계가 불분명하고, 피막이 없음.

전이(Metastasis)	없음 (가장 중요한 차이점)	있음 (혈관이나 림프관을 타고 다른 장기로 퍼져나감)
재발	수술로 제거 시 재발이 드묾.	수술로 제거해도 재발이 흔함.
세포 분화도	좋음 (원래의 정상 세포 모양을 유지함).	나쁨 (정상 세포의 모양을 잃고, 미분화된 세포 모양을 보임).
인체 영향	주로 국소적인 압박 증상을 유발.	전신 쇠약(악액질), 체중 감소를 유발하며 사망에 이를 수 있음.

2) 암의 병기 결정 (Cancer Staging): TNM 분류 42회 기출

암의 병기를 결정하는 것은 암의 진행 정도를 객관적으로 평가하여, 가장 적절한 치료 방법을 결정하고 환자의 예후를 예측하기 위한 필수적인 과정입니다. 가장 널리 사용되는 것이 TNM 분류입니다.

① T (Tumor, 원발 종양): 암이 처음 발생한 부위(원발 부위)에서 종양의 크기와 주변 조직 침범 정도를 나타냅니다. (T1, T2, T3, T4 등으로 숫자가 클수록 많이 진행된 것)

② N (Node, 주위 림프절): 암세포가 주변의 림프절(림프샘)로 얼마나 퍼졌는지를 나타냅니다. (N0는 전이 없음, N1, N2, N3 등으로 숫자가 클수록 전이가 심한 것)

③ M (Metastasis, 원격 전이): 암세포가 혈관 등을 타고 멀리 떨어진 다른 장기(예: 폐, 간, 뼈 등)로 퍼졌는지(원격 전이) 여부를 나타냅니다. (M0는 원격 전이 없음, M1은 원격 전이 있음)

이 T, N, M 단계를 종합하여 최종적으로 암의 병기(Stage)를 1기, 2기, 3기, 4기 등으로 결정합니다.

(2) 주요 암 질환

1) 갑상선암 `35회, 47회 기출` : 갑상선암은 조직학적 형태에 따라 다음과 같이 분류됩니다.

- 유두암 (Papillary carcinoma)
  - 핵심 특징 : 가장 흔한 갑상선암으로, 전체의 80~85%를 차지합니다. 암세포가 현미경으로 보았을 때 유두(젖꼭지) 모양처럼 생겼다고 해서 붙여진 이름입니다.
  - 성장 및 전이 : 일반적으로 성장 속도가 매우 느리고, 주로 갑상선 주변의 림프절을 통해 전이되는 경향이 있습니다. 림프절 전이가 있더라도 다른 암과 달리 예후에 큰 영향을 미치지 않는 경우가 많습니다.
  - 예후 : 전반적으로 예후가 매우 좋아 '착한 암', '거북이 암'으로 불리기도 합니다. 10년 생존율이 95% 이상으로 매우 높습니다.
- 여포암 (Follicular carcinoma)
  - 핵심 특징 : 유두암 다음으로 흔한 형태로, 약 10~15%를 차지합니다. 갑상선 호르몬을 만드는 여포세포에서 기원합니다.
  - 진단 : 세침흡인검사(FNA)만으로는 양성 종양(여포선종)과 구별이 어려운 경우가 많습니다. 수술 후 조직검사로 암세포가 종양을 둘러싼 피막이나 혈관을 침범했는지 확인해야 확진이 가능합니다.
  - 성장 및 전이 : 유두암과 달리 림프절 전이보다는 혈관을 타고 폐나 뼈 등 다른 장기로 원격 전이하는 경향이 있습니다.
- 수질암 (Medullary carcinoma)
  - 핵심 특징 : 갑상선 호르몬을 만드는 여포세포가 아닌, 혈중 칼슘 농도 조절에 관여하는 호르몬인 칼시토닌(Calcitonin)을 분비하는 C-세포에서 기원하는 드문 암입니다. (약 2~4%)
  - 진단 : 이 암세포는 칼시토닌을 생성하므로, 혈액 검사에서 칼시토닌 수치가 이 암을 진단하고 치료 후 재발을 추적하는 매우 중요한 종양 표지자로 사용됩니다.
  - 유전적 특징 : 약 25%는 유전적으로 발생하므로, 수질암으로 진단되면 환자 가족에 대한 유전자 검사가 필요할 수 있습니다.
  - 예후 : 유두암이나 여포암보다는 예후가 좋지 않습니다.
- 미분화암 (Anaplastic carcinoma)
  - 핵심 특징 : 가장 드물지만(1% 미만), 가장 공격적이고 예후가 나쁜 최악의 갑상선암입니다.
  - 성장 및 전이 : 암세포가 정상 갑상선 세포의 모양과 기능을 완전히 잃어버린 '미분화' 상태로, 성장 속도가 매우 빨라 진단 시 이미 주변 조직(식도, 기도 등)을 많이 침범했거나 원격 전이가 된 경우가 많습니다.
  - 예후 : 평균 생존 기간이 6개월 미만일 정도로 매우 치명적이며, 현재의 치료법으로는 반응이 거의 없어 예후가 극히 불량합니다.

구분	유두암	여포암	수질암	미분화암
빈도	매우 흔함 (80% 이상)	흔함 (10-15%)	드묾 (2-4%)	매우 드묾 (<1%)
기원 세포	여포세포	여포세포	C-세포	여포세포
성장 속도	매우 느림	느림	보통	매우 빠름
주요 전이	림프절	혈관 (폐, 뼈)	림프절, 혈관	국소 침범, 원격 전이
예후	매우 좋음	좋음	보통	매우 나쁨

- 림프종 (Lymphoma)

  갑상선 호르몬을 만드는 여포세포에서 기원하는 대부분의 갑상선암(유두암, 여포암 등)과는 근본적으로 다릅니다. 갑상선 림프종은 갑상선 내에 존재하는 림프구(면역세포의 일종)가 암세포로 변하여 발생하는 혈액암의 일종입니다.

  - 주요 특징 및 위험인자 : 가장 큰 특징은 하시모토 갑상선염이라는 만성 자가면역질환과 깊은 연관성이 있다는 점입니다. 하시모토 갑상선염 환자는 갑상선 림프종 발생 위험이 일반인에 비해 수십 배 높습니다.
  - 증상 : 다른 갑상선암과 달리, 수 주에서 수 개월에 걸쳐 목의 혹이 갑자기 빠르게 커지는 것이 가장 특징적인 증상입니다. 이로 인해 쉰 목소리, 음식물 삼킴 곤란, 호흡 곤란 등 주변 조직을 누르는 압박 증상이 비교적 초기에 나타날 수 있습니다.
  - 치료 : 다른 갑상선암과 치료 방법이 완전히 다릅니다. 수술이 주된 치료인 다른 갑상선암과 달리, 갑상선 림프종은 전신 질환인 림프종의 일종이므로 항암화학요법(Chemotherapy)이나 방사선 치료가 주된 치료법이 됩니다.

② 유방암 36회, 38회, 46회 기출 : 여성 호르몬(에스트로겐) 노출 기간이 길수록(이른 초경, 늦은 폐경 등), 출산/모유 수유 경험이 없거나 늦은 경우, 가족력 등이 고위험군에 해당합니다.

③ 자궁경부암 34회, 38회 기출 :
  - 주요 원인 : 인유두종 바이러스(Human Papilloma Virus, HPV) 감염이 자궁경부암 발생의 가장 핵심적인 원인입니다.
  - 위험인자 : 이른 나이의 첫 성경험, 다수의 성 파트너, 흡연, 면역 저하 상태

(다) 파트 복습 문제

01 [43회 기출 유형]
다음 중 악성 종양의 특징으로 볼 수 **없는** 것은?

① 빠른 성장 속도   ② 침윤성 성장

③ 원격 전이   ④ 명확한 경계와 피막

02 [42회 기출]
암의 병기를 결정하는 TNM 분류법에서, 주위 림프절로의 전이 여부와 범위를 나타내는 인자는 무엇인가?

03 양성 종양과 악성 종양을 구별하는 가장 결정적인 기준은 무엇인가?

04 [35회 기출]
갑상선암 중 일반적으로 예후가 가장 좋은 종류와 가장 나쁜 종류를 순서대로 쓰시오.

05 암의 TNM 분류에서 'T'는 원격 전이의 유무를 의미한다.   (O / X)

정답 및 해설

01

답 ④ 명확한 경계와 피막

해 명확한 경계를 가지며 피막에 둘러싸여 있는 것은 **양성 종양**의 특징입니다. 악성 종양은 주변 조직을 파고들며 자라기 때문에 경계가 불분명하고 피막이 없습니다.

02

답 N (Node, 주위 림프절)

해 TNM은 각각 **T(Tumor, 원발 종양), N(Node, 주위 림프절), M(Metastasis, 원격 전이)**을 의미합니다.

03

답 전이 (Metastasis) 유무

해 다른 모든 특징(성장 속도, 경계 등)에는 예외가 있을 수 있지만, 다른 장기로 퍼져나가는 '전이'는 악성 종양만이 가지는 고유한 능력입니다. 전이 때문에 암이 정복하기 어려운 병이 되는 것입니다.

04

답 유두암 (Papillary cancer), 미분화암 (Anaplastic cancer)

해 유두암은 분화도가 좋아(정상 세포와 비슷함) 천천히 자라므로 '착한 암'으로 불릴 정도로 예후가 좋습니다. 반면 미분화 암은 분화도가 매우 나빠(정상 세포의 모습을 거의 잃음) 성장 속도가 매우 빠르고 치료가 어려워 예후가 가장 나쁩니다.

05

답 X

해 'T'는 원발 종양(Tumor)의 크기와 침범 범위를 의미합니다. 원격 전이(Metastasis)를 의미하는 인자는 'M'입니다.

(마) **치매 (Dementia)** `41회, 45회, 47회 기출`

(1) **정의:** 치매란, 이전에 정상적인 지적 능력을 가졌던 사람이 후천적인 뇌의 기질적 장애(질병이나 손상)로 인해 기억력을 포함한 여러 인지 기능이 지속적으로 저하되어, 일상생활에 상당한 장애가 나타나는 상태를 의미하는 '증후군(syndrome)'입니다.

(2) **건망증 vs 치매:** 나이가 들면서 깜빡깜빡하는 정상적인 건망증은 '체험의 일부'를 잊는 것이지만, 치매는 '체험 전체'를 잊어버리는 등 기억 장애의 정도가 심합니다. 또한 치매는 기억력 저하 외에도 판단력, 언어능력 등 다른 인지 기능의 저하를 동반하여 직업이나 사회 활동에 지장을 초래합니다.

(3) **치매의 주요 원인 질환** `41회, 47회 기출`

치매는 단일 질병이 아니라 여러 원인에 의해 발생할 수 있습니다.

1) **알츠하이머병** (Alzheimer's Disease): 전체 치매의 50~70%를 차지하는 가장 흔한 원인입니다. 뇌에 '아밀로이드 플라크'와 '타우 단백질'이라는 비정상적인 단백질이 쌓이면서 뇌세포가 서서히 죽어가는 퇴행성 뇌질환입니다.

2) **혈관성 치매** (Vascular Dementia): 뇌경색이나 뇌출혈 같은 뇌졸중으로 인해 뇌 조직이 손상되어 발생하는 치매입니다. 알츠하이머병 다음으로 흔합니다.

3) **루이소체 치매** (Dementia with Lewy Bodies): 파킨슨병과 유사한 운동 증상(경직, 보행장애), 뚜렷한 환시(헛것이 보임), 인지 기능의 심한 변동이 특징적으로 나타납니다.

4) **전두측두엽 치매** (Frontotemporal Dementia): 뇌의 전두엽과 측두엽이 위축되어 발생하며, 기억력 저하보다는 성격 변화, 충동 조절 장애, 언어 장애 등이 먼저 나타나는 특징이 있습니다.

5) **기타:** 파킨슨병, 알코올성 치매, 정상압 수두증 등 다양한 원인이 있습니다.

(4) 치매의 평가: 임상 치매 평가 척도 (CDR, Clinical Dementia Rating) 45회 기출

1) 정의: CDR은 치매의 중증도를 평가하는 가장 널리 사용되는 표준화된 도구 중 하나입니다. 치매 보험에서 장해 등급을 판정하는 객관적인 기준으로 활용됩니다.

2) 평가 방식: 환자 및 보호자와의 자세한 면담을 통해 아래 6가지 세부 영역의 기능 수준을 평가하고, 그 결과를 종합하여 점수를 결정합니다.

3) 6가지 평가 영역

   ① 기억력 (Memory)

   ② 지남력 (Orientation)

   ③ 판단력과 문제 해결 능력 (Judgment &Problem Solving)

   ④ 사회 활동 (Community Affairs)

   ⑤ 집안 생활과 취미 (Home &Hobbies)

   ⑥ 위생 및 몸치장 (Personal Care)

4) 점수와 중증도:

   ① CDR 0: 정상

   ② CDR 0.5: 아주 경미한 치매 (경도인지장애)

   ③ CDR 1: 경도(경증) 치매

   ④ CDR 2: 중등도 치매

   ⑤ CDR 3: 중증(심한) 치매

01 **47회 기출 유형**

전체 치매의 원인 중 가장 높은 비율을 차지하는 퇴행성 뇌질환은 무엇인가?

02 **45회 기출**

임상 치매 평가 척도(CDR)의 6가지 평가 영역에 해당하지 **않는** 것은?

① 기억력   ② 지남력

③ 운동 능력   ④ 판단력과 문제 해결 능력

03 반복적인 뇌졸중으로 인해 뇌세포가 손상되어 계단식으로 인지 기능이 악화되는 치매는 무엇인가?

04 치매는 뇌의 기질적 변화 없이, 우울증 등 심리적 요인에 의해 발생하는 기능성 정신 질환이다.

(O / X)

05 치매 보험에서 흔히 보장하는 '경도(경증) 치매'는 CDR 척도 몇 점에 해당하는가?

정답 및 해설

01

답 알츠하이머병 (Alzheimer's Disease)

해 알츠하이머병은 치매를 일으키는 가장 흔하고 대표적인 원인 질환입니다. 특별한 원인 없이 뇌세포가 서서히 파괴되는 퇴행성 질환이라는 점이 특징입니다.

02

답 ③ 운동 능력

해 CDR 척도는 기억력, 지남력 등 인지 기능과 사회 활동, 집안 생활 등 일상생활 수행 능력을 평가하는 도구입니다. 운동 능력 자체는 평가 항목에 직접적으로 포함되지 않습니다. (단, 운동 능력을 요하는 집안 생활이나 취미 활동의 변화는 평가에 반영될 수 있습니다.)

03

답 혈관성 치매 (Vascular Dementia)

해 혈관성 치매는 뇌졸중이 발생할 때마다 뇌세포가 손상되어 인지 기능이 갑자기 나빠지고, 다음 뇌졸중 발생 전까지는 그 상태가 유지되다가 다시 악화되는 '계단식 악화' 패턴을 보이는 것이 특징입니다.

04

답 X

해 틀린 설명입니다. 치매는 반드시 뇌의 '기질적 장애', 즉 뇌세포의 파괴나 뇌 구조의 손상과 같은 물리적인 원인에 의해 발생합니다. 우울증으로 인해 기억력이 떨어지는 것은 '가성치매(pseudodementia)'라고 하며, 진정한 의미의 치매와는 구별됩니다.

05

답 CDR 1

해 CDR 척도는 치매의 중증도를 나타내는 중요한 지표입니다. 일반적으로 CDR 1은 경증, CDR 2는 중등도, CDR 3은 중증 치매 상태를 의미하며, 이는 보험 약관의 지급 기준과 직접적으로 연결됩니다.

(가) 퇴행성 관절염 (Osteoarthritis, OA) 45회, 47회 기출

(1) **정의:** 관절을 보호하는 **관절 연골(articular cartilage)**이 노화나 과도한 사용 등 여러 원인에 의해 점차 닳아 없어지고(마모), 이로 인해 뼈와 인대 등이 손상되어 통증과 변형을 유발하는 질환입니다. 관절염 중 가장 흔한 형태로, **'관절의 노화 현상'**이라고 생각하면 쉽습니다.

(2) **위험인자** 45회 기출

  1) 고령: 나이가 들수록 발병률이 증가하는 가장 중요한 위험인자입니다.
  2) 비만: 특히 무릎 관절에 가해지는 부담을 직접적으로 증가시키는 매우 중요한 위험인자입니다.
  3) 과거의 관절 외상력: 골절이나 인대 손상 등 과거에 다쳤던 관절에 더 잘 생깁니다.
  4) 직업적 또는 반복적인 관절 사용
  5) 여성, 유전적 요인 등

(3) **주요 증상**

  1) 관절 통증:
    ① 초기: 관절을 사용할 때만 쑤시고 아프고(활동성 통증), 쉬면 호전되는 양상을 보입니다.
    ② 진행: 병이 심해지면 쉬고 있을 때나 밤에도 통증이 지속됩니다.
  2) 조조강직 (Morning stiffness): 아침에 일어났을 때 관절이 뻣뻣하지만, 보통 30분 이내에 풀리는 것이 특징입니다. (수 시간 이상 지속되는 류마티스 관절염과 구별되는 중요한 포인트입니다.)
  3) 기타: 관절 운동 시 마찰음, 운동 범위 제한, 관절 변형 (예: O자형 다리(내반 변형)

(4) **특징적인 방사선 소견** 45회, 47회 기출

퇴행성 관절염 진단 시 X-ray에서 관찰되는 4가지 특징적인 소견은 시험에 매우 자주 출제됩니다.
  1) 관절 간격 협소 (Joint space narrowing): 연골이 닳아 없어지면서 뼈와 뼈 사이의 간격이 좁아짐.
  2) 골극 형성 (Osteophyte formation): 관절 가장자리에 뾰족한 뼈(가시뼈)가 자라남.
  3) 연골하 골 경화 (Subchondral sclerosis): 연골 아래의 뼈가 비정상적인 압력을 받아 하얗고 단단하게 변함.
  4) 낭종 형성 (Cyst formation): 뼈 안에 물주머니 같은 공간이 생김.

(5) **치료** 45회 기출

  1) 보존적 치료: 체중 감량, 허벅지 근력 강화 운동(특히 대퇴사두근), 약물 치료(진통소염제, 연골주사) 등.
  2) 수술적 치료: 보존적 치료에 반응이 없는 말기 관절염 환자에게 시행합니다. 대표적인 수술로는 **절골술(osteotomy)**과 **인공관절 치환술(arthroplasty)**이 있습니다.

01 `45회, 47회 기출`

퇴행성 관절염의 특징적인 단순 방사선 소견 4가지를 서술하시오.

02 `45회 기출`

퇴행성 관절염의 위험인자로 옳지 **않은** 것은?

① 고령   ② 비만
③ 남성   ④ 과거 관절 외상력

03 퇴행성 관절염의 초기 통증은 관절을 사용할 때 심해지고 쉬면 호전되는 특징이 있다. (O / X)

04 관절 연골이 점차 닳아 없어지면서 뼈와 인대 등이 손상되는, 가장 흔한 형태의 관절염은 무엇인가?

05 `45회 기출`

보존적 치료에 반응하지 않는 말기 퇴행성 고관절염 또는 슬관절염 환자에게 시행하는 가장 대표적인 수술 방법은 무엇인가?

정답 및 해설

01

답 ① 관절 간격 협소, ② 골극 형성, ③ 연골하 골 경화, ④ 낭종 형성

해 이 네 가지는 퇴행성 관절염의 방사선학적 4대 특징으로, 의무기록지의 X-ray 판독 소견에 자주 등장하는 용어들입니다. 각 용어의 의미를 정확히 이해하고 암기해야 합니다.

02

답 ③ 남성

해 퇴행성 관절염은 남성보다 여성에게서 더 흔하게 발생합니다. 호르몬의 영향과 근력 차이 등이 원인으로 추정됩니다. 고령, 비만, 외상력은 모두 중요한 위험인자입니다.

03

답 O

해 옳은 설명입니다. 초기에는 관절을 사용할 때 마모된 연골이 자극되어 통증이 발생하고, 쉬면 자극이 없어지므로 통증이 완화됩니다. 병이 진행될수록 염증이 심해져 쉬고 있을 때도 통증이 지속될 수 있습니다.

04

답 퇴행성 관절염 (Osteoarthritis)

해 '연골이 닳는다'는 '마모(wear and tear)'의 개념이 퇴행성 관절염의 핵심입니다. 우리 몸의 면역체계가 스스로 관절을 공격하는 류마티스 관절염과는 발생 기전이 완전히 다릅니다.

05

답 인공관절 치환술 (Arthroplasty)

해 인공관절 치환술은 손상된 관절면을 제거하고, 특수 합금이나 세라믹으로 만든 인공 관절을 삽입하는 수술입니다. 말기 관절염 환자의 통증을 줄이고 관절 기능을 회복시키는 데 매우 효과적인 치료법입니다.

(나) 류마티스 관절염 (Rheumatoid Arthritis, RA) 47회 기출

(1) **정의:** 류마티스 관절염(RA)은 관절의 노화(퇴행)가 원인인 퇴행성 관절염과 달리, 우리 몸의 면역체계가 이상을 일으켜 자기 자신의 관절(주로 활막)을 스스로 공격하여 염증을 일으키는 만성 전신성 자가면역 질환입니다.

(2) **핵심 차이점:**

1) 퇴행성 관절염 = 기계적 마모 (Wear &Tear)
2) 류마티스 관절염 = 면역계의 공격 (Autoimmune Attack)

(3) **특징:**

1) 다발성 & 대칭성: 주로 손가락, 손목, 발가락과 같은 작은 관절에서 시작하며, 여러 관절이 좌우 대칭적으로 침범되는 특징을 보입니다. (예: 양쪽 손목이 동시에 붓고 아픔)
2) 활막 증식: 면역세포의 공격을 받은 관절의 활막(synovial membrane)이 염증으로 인해 비정상적으로 두꺼워지고 증식합니다. 이 증식된 활막 덩어리(판누스, pannus)가 연골과 뼈를 파고들며 파괴하여, 관절의 변형을 일으킵니다.

(4) **주요 증상:**

1) 조조강직 (Morning Stiffness): 1시간 이상 지속되는 아침의 뻣뻣함이 매우 특징적입니다. 30분 내로 풀리는 퇴행성 관절염과의 가장 중요한 감별점입니다.
2) 전신 증상: 관절 문제뿐만 아니라 피로감, 미열, 체중 감소 등 전신적인 증상이 동반될 수 있습니다.

(5) **진단 기준: 2010년 ACR/EULAR 분류 기준** 47회 기출

현재는 4가지 항목의 점수를 합산하여 진단하는 2010년 ACR/EULAR 분류 기준을 주로 사용합니다.

1) 관절 침범 (Joint Involvement): 침범된 관절의 개수와 크기 (작은 관절이 많이 침범될수록 높은 점수)
2) 혈청 검사 (Serology): 혈액검사에서 류마티스 인자(RF) 또는 항CCP 항체(anti-CCP Ab)가 양성인지 여부
3) 급성기 반응물질 (Acute Phase Reactants): 염증 수치(ESR 또는 CRP)가 상승했는지 여부
4) 증상 지속 기간 (Duration of Symptoms): 증상이 6주 이상 지속되었는지 여부

> 🔆 *Key Point*
> **진단 점수** 위 4가지 항목의 점수를 합산하여 **총 6점 이상**일 경우 류마티스 관절염으로 진단(분류)할 수 있습니다.

(4) 파트 복습 문제

01 다음 중 류마티스 관절염을 퇴행성 관절염과 구별하는 가장 특징적인 증상은 무엇인가?

① 관절 통증   ② 1시간 이상 지속되는 조조강직

③ 관절의 마찰음   ④ 고령에서의 호발

02 47회 기출

2010년 ACR/EULAR 류마티스 관절염 분류 기준에 포함되지 **않는** 항목은?

① 침범된 관절의 개수   ② 혈청 검사 (류마티스 인자 등)

③ 환자의 나이   ④ 증상의 지속 기간

03 우리 몸의 면역체계가 이상을 일으켜 자기 자신의 관절을 공격하는 만성 전신성 자가면역 질환은 무엇인가?

04 47회 기출

2010년 ACR/EULAR 분류 기준에 따라, 여러 항목의 점수를 합산하여 총 몇 점 이상일 때 류마티스 관절염으로 진단(분류)할 수 있는가?

05 류마티스 관절염은 무릎이나 고관절 같은 큰 관절에서 비대칭적으로 시작되는 경우가 많다.

(O / X)

정답 및 해설

01

답 ② 1시간 이상 지속되는 조조강직

해 조조강직의 '지속 시간'은 두 질환을 감별하는 매우 중요한 단서입니다. 류마티스 관절염과 같은 염증성 관절염은 자는 동안 염증 물질이 쌓여 아침에 뻣뻣함이 오래 지속(1시간 이상)됩니다. 반면 퇴행성 관절염은 뻣뻣함이 있더라도 30분 이내에 금방 풀리는 경향이 있습니다.

02

답 ③ 환자의 나이

해 나이는 퇴행성 관절염의 중요한 위험인자이지만, 류마티스 관절염은 젊은 나이에도 발생할 수 있는 자가면역 질환이므로 2010년 진단 기준에는 포함되지 않습니다. 진단 기준은 '관절 침범, 혈청 검사, 염증 수치, 증상 기간' 4가지입니다.

03

답 류마티스 관절염 (Rheumatoid Arthritis)

해 '면역체계의 이상', '자가면역 질환'이라는 키워드는 류마티스 관절염의 핵심적인 발생 기전을 설명하는 말입니다.

04

답 6점

해 4가지 분류 기준 항목을 점수화하여, 그 합계가 6점 이상일 때 류마티스 관절염으로 분류합니다.

05

답 X

해 틀린 설명입니다. 류마티스 관절염은 주로 손, 발의 작은 관절에서, 좌우 대칭적으로 발생하는 것이 전형적인 특징입니다.

(다) 골다공증 (Osteoporosis) 34회, 38회, 39회, 46회 기출

(1) **정의:** 골다공증은 '구멍이 많은 뼈'라는 뜻으로, 뼈의 양(골량)이 감소하고 뼈의 질(미세구조)이 약화되어, 뼈의 강도가 약해져서 일상적인 작은 충격에도 뼈가 쉽게 부러지는 전신적인 골격계 질환입니다.

(2) **비유:** 정상적인 뼈가 속이 꽉 찬 단단한 시멘트 벽돌이라면, 골다공증이 있는 뼈는 구멍이 숭숭 뚫린 약한 스펀지나 오래된 스티로폼과 같습니다.

(3) **주요 위험인자** 38회 기출

1) 고령: 나이가 들수록 자연스럽게 골량이 감소합니다.
2) 폐경 후 여성: 가장 중요한 위험인자입니다. 여성 호르몬인 에스트로겐은 뼈를 파괴하는 세포(파골세포)의 활동을 억제하는 중요한 역할을 합니다. 폐경으로 에스트로겐 분비가 급격히 감소하면 파골세포가 활성화되어 골량이 급격히 소실됩니다.
3) 저체중
4) 과거 골절력: 이전에 작은 충격에 골절된 경험이 있는 경우
5) 가족력: 부모 중 고관절 골절 병력이 있는 경우
6) 생활 습관: 과도한 음주, 흡연, 운동 부족
7) 약물: 스테로이드 장기 복용

(4) **골다공증성 골절의 호발 부위** 39회, 46회 기출

골다공증으로 인해 약해진 뼈는 특정 부위에서 잘 부러집니다.
1) 척추 (Vertebrae): 가장 흔하며, 주로 압박 골절 형태로 나타납니다.
2) 고관절 (Hip): 대퇴 경부 또는 전자간 골절. 수술이 필요하고 심각한 합병증과 높은 사망률을 보입니다.
3) 손목 (Wrist): 원위 요골 골절 (콜레스 골절).
4) 상완골 근위부 (Proximal Humerus): 어깨 부위 골절.

(5) **진단: 골밀도 검사 (BMD test)**

1) 표준 검사법: **이중에너지 X-선 흡수계측법(DXA, DEXA)**을 이용하여 진단합니다.
2) 진단 기준 (T-점수): 젊은 정상 성인의 평균 골밀도와 비교한 값인 'T-점수'로 진단합니다.
　① T-점수 ≤ -2.5: 골다공증 (Osteoporosis)
　② -1.0 > T-점수 > -2.5: 골감소증 (Osteopenia)

(6) **예방** 38회 기출

1) 최대 골량 (Peak Bone Mass): 뼈는 20대 후반~30대 초반에 일생 중 가장 단단해지는데, 이를 '최대 골량'이라고 합니다. 이 시기에 뼈 저축을 최대한 많이 해두는 것이 평생의 뼈 건강을 좌우하므로, 젊은 시절의 영양과 운동이 매우 중요합니다.

01 39회 기출

뼈의 양이 감소하고 질이 약화되어, 작은 충격에도 쉽게 골절이 발생하는 전신적인 골격계 질환은 무엇인가?

02 46회 기출

골다공증성 골절이 흔하게 발생하는 대표적인 부위 3곳을 쓰시오.

03 골밀도 검사(DXA)에서 골다공증을 진단하는 T-점수의 기준은 무엇인가?

04 38회 기출

다음 중 골다공증의 주요 위험인자로 볼 수 **없는** 것은?

① 고령   ② 폐경 후 여성
③ 비만   ④ 스테로이드 장기 복용

05 38회 기출

평생의 뼈 건강을 위해 최대 골량을 최고로 만들어야 하는 가장 중요한 시기는 언제인가?

정답 및 해설

01

답 골다공증 (Osteoporosis)

해 골다공증은 단순히 뼈가 약한 상태가 아니라, '골절의 위험이 증가된' 상태를 의미하는 질병입니다. 따라서 골다공증 진단은 골절 예방 치료의 시작을 의미합니다.

02

답 척추, 고관절, 손목 (상완골 근위부도 정답)

해 이 세 부위는 골다공증성 골절의 3대 호발 부위입니다. 특히 척추 압박 골절과 고관절 골절은 노인 환자의 기동성을 심각하게 저해하고 생명을 위협하는 합병증을 유발할 수 있어 임상적으로 매우 중요합니다.

03

답 T-점수 ≤ -2.5 (T-점수가 -2.5 이하)

해 T-점수는 내 골밀도가 건강한 젊은 사람의 평균에 비해 얼마나 낮은지를 나타내는 표준편차 값입니다. -2.5 이하는 골절 위험이 매우 높은 상태임을 의미합니다.

04

답 ③ 비만

해 비만은 당뇨병이나 심혈관 질환에는 나쁘지만, 역설적으로 골다공증에는 **보호 요인**으로 작용합니다. 체중이 뼈에 지속적인 자극을 주어 골밀도를 유지하는 데 도움이 되기 때문입니다. ①, ②, ④는 모두 골다공증의 대표적인 위험인자입니다.

05

답 20대 후반 ~ 30대 초반

해 이 시기에 형성되는 '최대 골량'이 높을수록, 노년기에 골량이 감소하더라도 골다공증이 발생할 위험이 줄어듭니다. 젊을 때의 칼슘 섭취와 운동이 노년의 삶의 질을 결정하는 것입니다.

(라) 기타 류마티스 질환

(1) 베체트병 (Behçet's Disease) 36회, 40회 기출

1) 정의: 원인을 알 수 없는 <u>만성 전신성 염증 질환</u>으로, 우리 몸의 여러 장기에 반복적으로 염증이 나타나는 자가면역 질환의 일종입니다.

2) 특징적인 4대 주증상:

① 재발성 구강 궤양: 가장 흔하고 기본적인 증상으로, 입 안에 궤양(염증으로 파인 상처)이 반복적으로 생겼다 없어졌다 합니다.

② 음부 궤양: 성기 부위에 구강 궤양과 유사한 궤양이 발생합니다.

③ 안구 병변: **포도막염(uveitis)**이 가장 대표적이며, 치료하지 않으면 시력 저하 및 실명을 유발할 수 있어 예후에 매우 중요합니다.

④ 피부 병변: 결절성 홍반(다리에 붉고 아픈 결절), 모낭염 유사 발진 등이 나타납니다.

3) 진단 기준 40회 기출

진단은 주로 임상 증상을 바탕으로 합니다. 국제 연구 그룹(ISG) 진단 기준에 따르면, <u>재발성 구강 궤양</u>이 반드시 존재하면서, 위에서 언급된 <u>음부 궤양, 안구 병변, 피부 병변,</u> 그리고 페설지 검사 양성(피부를 바늘로 찌르면 비정상적인 염증 반응이 나타나는 검사) 중 <u>2가지 이상</u>을 만족할 때 베체트병으로 진단할 수 있습니다.

(2) 통풍 (Gout)

1) 정의: 통풍은 혈액 내에 <u>요산(uric acid)</u> 농도가 비정상적으로 높아지면서, 요산염 결정이 관절이나 연부조직에 침착되어 극심한 염증과 통증을 유발하는 대사성 질환입니다. '바람만 스쳐도 아프다'고 해서 통풍(痛風)이라는 이름이 붙었습니다.

2) 발생 원리: 마치 소금물에서 물이 증발하면 소금 결정이 생기듯이, 혈액 속에 요산이 너무 많아져 바늘처럼 뾰족한 결정체로 변하고, 이것이 관절을 사정없이 찔러 극심한 통증을 일으키는 것입니다.

3) 급성 통풍 발작 (Acute Gouty Arthritis)

① 호발 부위: **엄지발가락의 중족–수지 관절(첫 번째 발허리발가락 관절)**이 약 90%를 차지할 정도로 가장 흔하게 침범됩니다.

② 증상: 주로 한밤중이나 새벽에 갑자기 시작되며, 해당 관절이 극심하게 붓고 붉어지며, 스치기만 해도 비명을 지를 정도의 극심한 통증(발작)이 특징입니다.

③ 유발 요인: 과음(특히 <u>맥주</u>), 과식(고기, 내장류 등 <u>퓨린이 많은 음식</u>), 심한 운동, 수술 등.

4) 만성 통풍:

① 통풍 결절 (Tophus): 요산 결정 덩어리가 관절 주위나 귓바퀴 등에 쌓여 혹처럼 튀어나오는 것으로, 만성 통풍의 특징적인 소견입니다.

(라) 파트 복습 문제

01 `36회, 40회 기출`
재발성 구강 궤양, 음부 궤양, 안구 염증, 피부 병변을 특징으로 하는 만성 전신성 자가면역 질환은 무엇인가?

02 혈액 내 요산 수치가 높아져 생긴 요산염 결정이 관절에 침착하여 극심한 통증을 유발하는 대사성 질환은 무엇인가?

03 급성 통풍 발작이 가장 흔하게 발생하는 부위는 어디인가?

04 베체트병 진단 기준에 따르면, (①   )이 반드시 존재하면서, 다른 주요 증상 중 2가지 이상을 만족해야 한다.

05 통풍은 주로 과일이나 채소를 많이 섭취했을 때 유발된다.   (O / X)

정답 및 해설

01

답 베체트병 (Behçet's Disease)

해 입, 성기, 눈, 피부에 반복적으로 염증이 나타나는 것이 베체트병의 4대 핵심 증상입니다. 이 증상들을 묶어서 기억하는 것이 중요합니다.

02

답 통풍 (Gout)

해 통풍의 핵심 키워드는 '요산(uric acid)'입니다. 요산 대사의 문제로 발생하는 질환이므로 대사성 질환으로 분류됩니다.

03

답 엄지발가락의 중족-수지 관절 (첫 번째 발허리발가락 관절)

해 통풍 발작의 약 90%가 엄지발가락에서 처음 시작될 정도로 매우 특징적인 호발 부위입니다. 요산 결정이 체온이 낮고 압력을 많이 받는 말단 부위에 잘 침착되기 때문입니다.

04

답 ① 재발성 구강 궤양 (Recurrent oral ulceration)

해 베체트병 진단 기준에서 재발성 구강 궤양은 진단의 필수 전제 조건입니다. 구강 궤양이 없으면 다른 증상들이 있더라도 베체트병으로 진단하기 어렵습니다.

05

답 X

해 틀린 설명입니다. 통풍은 요산의 원료가 되는 '퓨린(purine)'이 많이 함유된 음식을 섭취했을 때 악화됩니다. 대표적으로 붉은 고기, 내장류, 등푸른 생선, 그리고 특히 맥주와 같은 주류가 있습니다.

(가) 대사 증후군 (Metabolic Syndrome) 46회 기출

(1) **정의:** 대사 증후군은 특정 질병 하나를 말하는 것이 아니라, **심뇌혈관 질환과 당뇨병의 발생 위험을 매우 높이는 '위험인자 묶음'**에 붙여진 이름입니다. 아래 5가지 위험인자 중 3가지 이상을 동시에 가지고 있는 상태를 의미합니다.

(2) **중요성:** 각각의 위험인자도 문제지만, 여러 개가 함께 있으면 심장병, 뇌졸중, 당뇨병의 위험이 폭발적으로 증가하는 '시너지 효과'를 내기 때문에, 질병 발생 전 단계에서부터 적극적으로 관리해야 하는 매우 중요한 상태입니다.

(3) **진단 기준 (5가지 구성요소)**

다음 5가지 기준 중 3개 이상 해당 시 진단합니다.

구성요소	진단 기준 (이 수치 이상이면 위험!)
1. 복부 비만	허리둘레: 남자 ≥ 90 cm, 여자 ≥ 85 cm
2. 고중성지방혈증	중성지방(Triglyceride, TG) 수치 ≥ 150 mg/dL
3. 저HDL콜레스테롤혈증	좋은 콜레스테롤인 HDL 수치: 남자 <40 mg/dL, 여자 <50 mg/dL
4. 혈압 상승	수축기 혈압 ≥ 130 mmHg 또는 이완기 혈압 ≥ 85 mmHg
5. 공복 혈당 장애	공복 혈당 ≥ 100 mg/dL
참고: 혈압이나 혈당, 고지혈증 약을 복용 중인 경우에도 해당 항목을 만족하는 것으로 봅니다.	

01 <code>46회 기출</code>

복부 비만, 혈압 상승, 공복 혈당 장애, 고중성지방혈증, 저HDL콜레스테롤혈증 중 3가지 이상을 동시에 가지고 있어, 심뇌혈관 질환과 당뇨병의 발생 위험이 매우 높은 상태를 무엇이라고 하는가?

02 <code>46회 기출</code>

다음 중 대사 증후군의 진단 기준에 포함되지 **않는** 항목은?

① 허리둘레 ② 중성지방 수치
③ 총 콜레스테롤 수치 ④ 공복 혈당 수치

03 우리나라 대사 증후군 진단 기준상, 복부 비만에 해당하는 허리둘레 기준은 남자 90cm 이상, 여자 85cm 이상이다.

(O / X)

04 대사 증후군의 진단 기준이 되는 '혈압 상승'은 수축기 혈압 (①) mmHg 또는 이완기 혈압 (②) mmHg 이상을 말한다.

05 대사 증후군은 5가지 진단 기준 중 몇 개 이상을 만족할 때 진단되는가?

정답 및 해설

01

답 대사 증후군 (Metabolic Syndrome)

해 대사 증후군은 그 자체가 질병이라기보다는, 심각한 질병으로 가는 '위험한 신호등'과 같습니다. 이 진단을 받았다면 생활 습관 개선을 통해 적극적으로 관리해야 합니다.

02

답 ③ 총 콜레스테롤 수치

해 대사 증후군의 진단 기준이 되는 것은 '총 콜레스테롤'이 아니라, 혈관에 나쁜 영향을 미치는 **'높은 중성지방'**과 혈관을 청소해주는 좋은 콜레스테롤인 **'낮은 HDL 콜레스테롤'**입니다.

03

답 O

해 옳은 설명입니다. 이 기준은 한국인에 맞춰진 복부 비만 진단 기준으로, 남자는 90cm(약 35.4인치), 여자는 85cm(약 33.5인치)입니다.

04

답 ① 130, ② 85

해 이 기준은 고혈압으로 진단(140/90 mmHg 이상)되기 전 단계인 '고혈압 전단계'에 해당합니다. 즉, 아직 고혈압 환자는 아니더라도 혈압이 높은 경향을 보이는 것 자체를 위험인자로 보는 것입니다.

05

답 3개

해 5개의 위험인자 중 3개 이상이 조합될 때, 각 위험인자가 상호작용하여 심뇌혈관 질환 및 당뇨병의 위험도를 급격히 높이기 때문에 '3개 이상'을 진단 기준으로 삼고 있습니다.

(나) 갑상선 질환 (Thyroid Diseases) `34회, 35회, 47회 기출`

(1) 갑상선의 역할: 갑상선(Thyroid gland)은 목의 앞쪽, 울대(후두) 아래에 위치한 나비 모양의 내분비기관입니다. 이곳에서는 우리 몸의 신진대사 속도를 조절하는 갑상선 호르몬을 분비합니다. 마치 집안의 온도를 조절하는 '보일러'와 같은 역할을 합니다.

(2) 질병의 구분: 이 보일러가 너무 과하게 작동하면 '기능 항진증', 너무 약하게 작동하면 **'기능 저하증'** 이 발생하며, 갑상선 자체에 혹(결절)이 생기면 갑상선암을 감별해야 합니다.

1) 갑상선 기능 항진증 (Hyperthyroidism) `34회, 35회 기출`

① **정의:** 갑상선에서 갑상선 호르몬이 과다하게 분비되어, 우리 몸의 신진대사가 비정상적으로 빨라지는 상태입니다. 보일러를 최고 온도로 계속 틀어놓은 것과 같습니다.

② **주요 증상:**
- 에너지 과다 소모: 더위를 참지 못하고 땀을 많이 흘리며, 식욕은 왕성한데도 불구하고 체중이 감소합니다.
- 신경/정신계: 심장이 항상 빨리 뛰어 가슴이 두근거리고(심계항진), 손 떨림, 불안, 초조함, 불면증 등이 나타납니다.
- 소화기계: 장운동이 빨라져 설사나 잦은 배변을 보입니다.
- 안구 돌출: 가장 흔한 원인인 그레이브스병의 경우 특징적으로 눈이 앞으로 튀어나오는 증상이 나타날 수 있습니다.

2) 갑상선 기능 저하증 (Hypothyroidism)

① **정의:** 갑상선 호르몬이 부족하게 분비되어, 신진대사가 비정상적으로 느려지는 상태입니다. 보일러가 고장 나 약하게 틀어져 있는 것과 같습니다.

② **주요 증상:**
- 에너지 생성 부족: 남들보다 추위를 훨씬 많이 타고, 땀이 잘 나지 않으며, 만성적인 피로감을 느끼고, 식욕은 없는데도 몸이 붓고 체중이 증가합니다.
- 신경/정신계: 말이 어눌해지고 행동이 느려지며, 기억력 감퇴, 무기력, 우울감 등이 나타납니다.
- 소화기계: 장운동이 느려져 변비가 생깁니다.
- 피부: 건조하고 거칠어지며, 머리카락이 잘 빠집니다.

3) 갑상선암 (Thyroid Cancer) `35회, 47회 기출`

① **특징**: 대부분은 진행이 매우 느리고 예후가 좋아 **'착한 암', '거북이 암'**으로 불리지만, 일부는 매우 공격적인 성향을 보이기도 합니다.

② **조직학적 분류** `47회 기출`

- **유두암** (Papillary Carcinoma): **가장 흔한 형태(80~90%)**입니다. 성장 속도가 매우 느려 예후가 가장 좋습니다.
- **여포암** (Follicular Carcinoma): 두 번째로 흔하며, 혈관을 타고 멀리 떨어진 장기로 원격 전이를 잘 하는 경향이 있습니다.
- **수질암** (Medullary Carcinoma): 다른 갑상선암과 발생 기원이 다르며, 일부는 유전성으로 발생합니다.
- **역형성암/미분화암** (Anaplastic Carcinoma): 드물지만, 성장 속도가 매우 빠르고 주변 조직을 파괴하며, 치료가 거의 불가능하여 예후가 가장 나쁜 치명적인 암입니다.

01 식욕은 왕성한데도 불구하고 체중이 계속 빠지고, 더위를 참지 못하며, 가슴이 심하게 두근거리는 증상이 나타났다. 어떤 질환을 가장 먼저 의심할 수 있는가?

02 `35회, 47회 기출`
갑상선암의 조직학적 종류 중, 가장 흔하고 예후가 가장 좋은 암은 무엇인가?

03 `35회 기출`
갑상선암 중 발생 빈도는 드물지만, 성장 속도가 매우 빠르고 예후가 가장 나쁜 치명적인 암은 무엇인가?

04 갑상선 기능 저하증 환자는 추위를 많이 타고 변비가 생기는 경향이 있다. (O / X)

05 우리 몸의 신진대사 속도를 조절하는 '보일러' 역할을 하는 호르몬을 분비하는 기관은 어디인가?

정답 및 해설

01

답 갑상선 기능 항진증 (Hyperthyroidism)

해 식욕 증가에도 불구하고 체중이 감소하는 것은 신진대사가 비정상적으로 항진되어 에너지 소모가 극심하다는 것을 의미합니다. 심계항진, 발한 증상과 함께 갑상선 기능 항진증의 전형적인 증상입니다.

02

답 유두암 (Papillary Carcinoma)

해 유두암은 분화도가 좋아(정상 갑상선 세포와 비슷함) 천천히 자라므로 '착한 암'으로 불릴 정도로 예후가 좋습니다. 갑상선암의 대부분을 차지합니다.

03

답 역형성암 / 미분화암 (Anaplastic Carcinoma)

해 역형성암은 분화도가 매우 나빠(정상 세포의 모습을 거의 잃음) 성장 속도가 제어되지 않고 매우 빠릅니다. 진단 시 이미 수술이 불가능한 경우가 많아 예후가 매우 불량합니다.

04

답 O

해 옳은 설명입니다. 갑상선 기능 저하증은 우리 몸의 보일러가 약해진 상태이므로, 에너지 생성이 줄어 추위를 많이 타고, 장운동이 느려져 변비가 생기는 등 모든 신체 기능이 전반적으로 저하되는 특징을 보입니다.

05

답 갑상선 (Thyroid gland)

해 갑상선은 목 앞쪽에 위치한 나비 모양의 내분비샘으로, 우리 몸의 대사 속도를 조절하는 갑상선 호르몬을 분비합니다.

4 기타 주요 내과 질환

(가) 호흡기 질환 `34회, 44회, 46회 기출`

(1) 만성 폐쇄성 폐질환 (COPD, Chronic Obstructive Pulmonary Disease) `34회, 46회 기출`

1) 정의: 유해한 가스나 입자(주로 담배 연기)에 대한 폐의 비정상적인 염증 반응으로 인해, 숨을 내쉬기
   힘들어지는 **지속적인 기류 제한(airway limitation)**을 특징으로 하는 폐 질환입니다. COPD는 주로
   만성 기관지염과 폐기종이라는 두 질환이 혼합되어 나타납니다.

2) 3대 주요 증상 `46회 기출`

   ① 만성 기침 (Chronic cough)

   ② 가래 (Sputum production)

   ③ 운동 시 호흡 곤란 (Dyspnea on exertion): 초기에는 계단을 오를 때만 숨이 차다가, 진행되면 가만히
      있어도 숨이 차게 됩니다.

3) 진단: 폐기능 검사 (PFT, Pulmonary Function Test)

   ① 진단 기준: 기관지 확장제를 사용한 후에도, **1초간 최대로 내쉰 공기의 양(FEV1)**을 **최대한 끝
      까지 내쉰 공기의 총량(FVC)**으로 나눈 값, 즉 FEV1/FVC 비율이 0.7 미만일 때 폐쇄성 환기 장애
      (COPD)로 진단합니다.

(2) 수면 무호흡증 (Sleep Apnea) `44회 기출`

1) 정의: 수면 중에 호흡이 반복적으로 멈추거나(무호흡) 얕아지는(저호흡) 질환입니다.

2) 세 가지 유형

   ① 폐쇄성 수면 무호흡증 (Obstructive): 가장 흔한 형태로, 목젖, 편도 등 상기도(숨 쉬는 길의 윗부분)가
      좁아지거나 막혀서 발생합니다.

   ② 중추성 수면 무호흡증 (Central): 호흡을 조절하는 뇌의 중추신경계에 문제가 생겨 호흡하려는 노력
      자체가 소실되는 경우입니다.

   ③ 혼합성 수면 무호흡증 (Mixed): 폐쇄성과 중추성이 혼합된 형태입니다.

3) 진단 및 합병증

   ① 진단: **수면다원검사(Polysomnography)**를 통해 확진합니다.

   ② 합병증: 고혈압, 허혈성 심질환, 호흡부전 등 다양한 심뇌혈관 및 호흡기 합병증을 유발할 수 있습니다.

01 만성 폐쇄성 폐질환(COPD)을 유발하는 가장 중요하고 흔한 위험인자는 무엇인가?

02 46회 기출
    폐기능 검사에서 폐쇄성 환기 장애(COPD)를 진단하는 기준은 무엇인가?

03 44회 기출
    수면 무호흡증의 유형 중, 목젖이나 편도 등 상기도가 좁아져 발생하는 가장 흔한 형태는 무엇인가?

04 44회 기출
    수면 중 뇌파, 호흡, 산소포화도 등을 종합적으로 기록하여 수면 무호흡증을 확진하는 표준 검사는 무엇
    인가?

05 COPD 환자는 숨을 들이마시는 것(흡기)보다 내쉬는 것(호기)이 더 힘들다.   (O / X)

정답 및 해설

01

답 흡연

해 COPD 환자의 80~90%는 흡연자이거나 과거 흡연 경력이 있을 정도로, 흡연은 COPD 발생의 가장 절대적인 위험인자입니다.

02

답 FEV1/FVC <0.7 (또는 70%)

해 COPD는 '폐쇄성' 질환, 즉 공기가 빠져나가는 길이 좁아진 병입니다. 따라서 숨을 끝까지 내쉬는 총량(FVC)에 비해, 1초라는 짧은 시간 동안 빠르게 내뱉는 공기의 양(FEV1)이 현저히 줄어드는 특징을 보입니다. 이 비율이 0.7 미만이면 폐쇄성 환기 장애로 진단합니다.

03

답 폐쇄성 수면 무호흡증 (Obstructive Sleep Apnea)

해 대부분의 수면 무호흡증 환자는 비만 등으로 인해 상기도가 좁아져 발생하는 폐쇄성 유형에 해당합니다. 코골이는 폐쇄성 수면 무호흡증의 특징적인 증상 중 하나입니다.

04

답 수면다원검사 (Polysomnography)

해 병원에서 하룻밤을 자면서 뇌파, 안구 운동, 근전도, 심전도, 호흡 양상, 혈중 산소 농도 등 수면과 관련된 모든 생체 신호를 종합적으로 측정하여 진단하는 표준 검사법입니다.

05

답 O

해 옳은 설명입니다. COPD의 핵심 병태생리는 '호기성 기류 제한(expiratory airflow limitation)'입니다. 기관지가 좁아져 공기가 쉽게 빠져나가지 못하기 때문에, 숨을 들이마시는 것보다 내쉬는 것이 훨씬 더 힘겹고 시간이 오래 걸립니다.

(나) 소화기 질환 [39회, 44회 기출]

(1) 간경변증 (Liver Cirrhosis) [39회 기출]

1) **정의**: 간경변증이란, 만성 B형/C형 간염, 알코올성 간염 등 <u>만성적인 간 손상</u>으로 인해 정상적인 간세포가 파괴되고 그 자리가 딱딱한 **흉터 조직(섬유 조직)**으로 대체되어, 간 전체가 쪼그라들고 기능이 저하되는 상태를 말합니다.

2) **비유**: 부드럽고 말랑하던 간이, 오래된 상처가 아물어 생긴 딱딱하고 울퉁불퉁한 흉터 덩어리로 변해버리는 것입니다.

3) **주요 합병증** [39회 기출]

간이 딱딱하게 굳으면, 여러 가지 심각한 합병증이 연쇄적으로 발생합니다.

① 문맥압 항진증 (Portal Hypertension)과 그 결과:

- **정의**: 간이 딱딱해지면, 장에서 간으로 혈액을 운반하는 '문맥(portal vein)'이라는 큰 혈관이 통과하기 어려워져 그 압력이 비정상적으로 높아지는 현상입니다.
- **결과**:
  - **복수 (Ascites)**: 높아진 압력으로 인해 혈관 속 체액이 빠져나와 배에 물이 차는 현상입니다.
  - **식도/위 정맥류 (Varices)**: 높아진 문맥압을 우회하기 위해 식도나 위에 비정상적인 혈관(정맥류)이 풍선처럼 부풀어 오릅니다. 이 혈관은 터지기 쉬워 **대량 출혈(토혈)**을 유발할 수 있어 매우 위험합니다.
  - **비장 비대 (Splenomegaly)**: 비장(지라)이 커지면서 혈소판 등 혈액 세포를 파괴하여 출혈 경향을 높입니다.

② 간성 뇌증 (Hepatic Encephalopathy): 간의 중요한 기능 중 하나는 우리 몸의 독성 물질(대표적으로 암모니아)을 해독하는 것입니다. 간 기능이 저하되면 이 독성 물질이 해독되지 못하고 혈액을 타고 뇌로 올라가, 의식 저하, 성격 변화, 심하면 혼수 상태를 유발합니다.

③ 간세포암 (Hepatocellular Carcinoma): 간경변증은 간암 발생의 가장 강력한 위험인자입니다.

4) **간 기능 평가: Child-Pugh 분류법** [44회 기출]

간경변증 환자의 간 기능 중증도와 예후를 평가하는 점수 체계입니다. 아래 5가지 항목을 평가하여 점수를 매깁니다.

① 혈청 빌리루빈 (황달 수치)

② 혈청 알부민

③ 프로트롬빈 시간 (혈액 응고 시간)

④ 복수 (Ascites) 유무 및 정도

⑤ 간성 뇌증 (Hepatic Encephalopathy) 유무 및 정도

01 만성적인 간 손상으로 인해 간이 딱딱하게 굳고 기능이 저하되는 상태를 무엇이라고 하는가?

02 `39회 기출`
간경변증의 합병증으로, 식도나 위에 비정상적인 혈관이 생겨 대량 출혈의 위험이 높은 상태는 무엇인가?

03 `44회 기출`
다음 중 간경변증 환자의 중증도를 평가하는 Child-Pugh 분류법의 평가 항목이 아닌 것은?

① 혈청 빌리루빈   ② 혈청 알부민
③ 혈청 크레아티닌   ④ 복수 유무

04 간이 독성 물질인 암모니아를 제대로 해독하지 못해 의식 저하나 혼수 상태를 유발하는 간경변증의 합병증은 무엇인가?

05 간경변증이 있으면 간암 발생 위험이 감소한다.   (O / X)

정답 및 해설

01

답 간경변증 (Liver Cirrhosis)

해 간경변증은 만성 간질환의 마지막 단계(end-stage)로, 한번 진행되면 정상 간으로 회복되기 어렵습니다.

02

답 정맥류 (Varices)

해 정맥류 파열로 인한 출혈은 간경변증 환자의 주요 사망 원인 중 하나입니다. 간이 딱딱해져서 생긴 문맥압 항진증이 그 근본 원인입니다.

03

답 ③ 혈청 크레아티닌

해 혈청 크레아티닌은 주로 신장(콩팥) 기능을 평가하는 지표입니다. Child-Pugh 분류는 간의 합성 기능(알부민, 프로트롬빈 시간)과 해독 기능(빌리루빈, 간성 뇌증), 그리고 문맥압 항진의 결과(복수)를 종합적으로 평가합니다.

04

답 간성 뇌증 (Hepatic Encephalopathy)

해 간은 우리 몸의 '화학 공장'이자 '해독 센터'입니다. 이 기능이 마비되면 암모니아 같은 독소가 뇌에 직접적인 영향을 미쳐 심각한 신경학적 증상을 유발합니다.

05

답 X

해 틀린 설명입니다. 간경변증은 간암 발생의 가장 강력한 위험인자입니다. 지속적인 염증과 세포 재생 과정에서 유전자 변이가 일어나기 쉬워 암으로 발전할 가능성이 매우 높습니다.

(다) 신장 및 혈액 질환

(1) 만성 콩팥병 (Chronic Kidney Disease, CKD) [40회 기출]

1) 정의: 만성 콩팥병은 3개월 이상 콩팥이 손상되어 있거나, 콩팥 기능이 정상의 60% 미만(사구체 여과율 60 ml/min/1.73m2 미만)으로 감소된 모든 상태를 말하는 '포괄적인 진단명'입니다.

2) '콩팥 손상의 증거' [40회 기출]

콩팥 기능(사구체 여과율)이 정상(60 이상)이더라도, 아래와 같은 '콩팥 손상의 증거'가 3개월 이상 지속되면 만성 콩팥병으로 진단할 수 있습니다.

① 단백뇨 (특히 알부민뇨, Albuminuria): 소변으로 단백질이 빠져나오는 현상으로, 콩팥 손상의 가장 중요하고 흔한 지표 중 하나입니다.

② 소변검사 이상 소견 (Urine sediment abnormalities)

③ 영상 검사 이상 소견: 초음파 등에서 콩팥의 구조적 이상(예: 다낭성 신종)이 발견되는 경우.

④ 조직 검사 이상 소견

3) 주요 원인: 성인에서 만성 콩팥병과 말기신부전을 일으키는 가장 흔한 원인 질환은 당뇨병과 고혈압 입니다.

(2) 중증 재생불량성 빈혈 (Severe Aplastic Anemia) [40회 기출]

1) 정의: 빈혈의 한 종류로, 혈액세포를 만드는 공장인 골수(bone marrow)가 원인 불명으로 파괴되어 혈액 세포(적혈구, 백혈구, 혈소판)를 제대로 만들어내지 못하는 심각한 질환입니다.

2) 진단 기준 [40회 기출]

진단은 골수검사와 말초혈액검사를 통해 이루어집니다.

① 골수 검사: 골수검사에서 세포충실도(cellularity)가 25% 미만으로 심하게 저하되어 있습니다.

② 말초혈액검사: 위의 골수 소견과 함께, 아래 3가지 말초혈액검사 기준 중 2가지 이상을 만족해야 합니다.

③ 호중구(Neutrophil) 수 <500/mm3

④ 혈소판(Platelet) 수 <20,000/mm3

⑤ 망상적혈구(Reticulocyte) 수 감소

01 3개월 이상 지속되는 콩팥의 손상이나 기능 저하를 총칭하는 진단명은 무엇인가?

02 40회 기출
다음 중 만성 콩팥병 진단 기준상 '콩팥 손상의 증거'에 해당하지 **않는** 것은?

① 단백뇨   ② 혈뇨
③ 고혈압   ④ 영상 검사상 콩팥 낭종

03 혈액세포를 만드는 공장인 골수가 파괴되어 혈액세포를 제대로 만들지 못하는 빈혈을 무엇이라고 하는가?

04 40회 기출
중증 재생불량성 빈혈의 진단 기준이 되는 말초혈액검사 항목 2가지를 쓰고, 각각의 수치 기준을 명시하시오.

05 성인에서 만성 콩팥병을 일으키는 가장 흔한 원인 질환은 만성 사구체신염이다.   (O / X)

정답 및 해설

01

답 만성 콩팥병 (Chronic Kidney Disease, CKD)

해 CKD는 특정 질병명이 아니라, 다양한 원인에 의해 콩팥 기능이 만성적으로 저하된 상태를 포괄하는 진단명입니다.

02

답 ③ 고혈압

해 고혈압은 만성 콩팥병의 가장 중요한 '원인'이자 '결과(합병증)'이지만, 진단 기준에서 '콩팥 손상의 증거' 자체에 해당하지는 않습니다. 콩팥 손상의 증거는 단백뇨, 혈뇨, 영상/조직검사 이상 소견 등 콩팥 자체의 이상을 의미합니다.

03

답 재생불량성 빈혈 (Aplastic Anemia)

해 '재생불량성'이라는 말 그대로, 골수에서 혈액세포를 재생하는 능력이 망가진 병이라는 의미입니다.

04

답 호중구 <500/mm3, 혈소판 <20,000/mm3 (망상적혈구 감소도 정답)

해 중증 재생불량성 빈혈은 범혈구감소증(pancytopenia), 즉 모든 종류의 혈액세포가 감소하는 특징을 보입니다. 진단 기준은 골수 세포충실도 저하와 함께, 이 두 가지를 포함한 세 가지 말초혈액 기준 중 두 가지 이상을 만족하는 것입니다.

05

답 X

해 틀린 설명입니다. 과거에는 만성 사구체신염이 주요 원인이었으나, 현재 성인에서 만성 콩팥병 및 말기신부전으로 이행하는 가장 흔한 원인 질환은 **당뇨병**과 **고혈압**입니다.

(라) 소아 및 감염성 질환 (Infectious Diseases)

(1) 대상포진 (Herpes Zoster) 34회, 35회, 38회 기출

1) **정의**: 어릴 때 앓았던 **수두(Varicella)**를 일으키는 바이러스(Varicella-Zoster Virus, VZV)가, 사라지지 않고 우리 몸의 신경절에 수십 년간 잠복해 있다가 면역력이 저하되면 다시 활성화되어 발생하는 질환입니다.

2) **원인**: 주된 원인은 면역력 저하입니다. 고령, 스트레스, 과로, 항암치료, 면역억제제 복용 등이 유발 요인이 될 수 있습니다.

3) **증상**:

① **피부 병변**: 몸의 한쪽(일측성)으로, 특정 신경절이 지배하는 피부 영역(피부분절)을 따라 띠 모양의 수포(물집)와 발진이 나타나는 것이 가장 큰 특징입니다. 정중선을 넘지 않습니다.

② **통증**: 피부 발진이 나타나기 며칠 전부터 해당 부위에 감기몸살 같은 통증이나 감각 이상이 먼저 나타나는 경우가 많습니다. 통증은 '칼로 찌르는 듯한', '불에 타는 듯한' 양상으로 매우 극심할 수 있습니다.

4) **진단**: 특징적인 피부 병변의 모양과 분포를 보고 임상적으로 진단하는 경우가 대부분입니다.

5) **치료**: 항바이러스제를 투여하여 바이러스의 증식을 억제하고, 통증 조절을 위한 진통제를 사용합니다.

6) **합병증**

기출 포인트 대상포진의 진단과 함께 가장 중요하게 다루어지는 부분입니다.

① **대상포진 후 신경통** (Postherpetic Neuralgia, PHN): 피부 병변이 모두 호전된 후에도, 손상된 신경이 회복되지 않아 수개월에서 수년까지 극심한 통증이 지속되는 가장 흔하고 고통스러운 합병증입니다. 특히 고령 환자에게서 발생 위험이 높습니다.

② **안구 합병증**: 삼차신경의 안구 분지를 침범하는 경우, 각막염, 포도막염, 녹내장 등을 유발하여 실명에 이를 수 있습니다. (대상포진 안질환, Herpes Zoster Ophthalmicus)

③ **기타**: 안면신경을 침범하여 안면마비를 유발하거나(람세이헌트 증후군), 운동신경을 침범하여 위약을 유발할 수도 있습니다.

(2) 가와사키병 (Kawasaki Disease) `34회, 35회, 45회 기출`

1) 정의: 주로 5세 이하의 영유아에게 발생하는 원인 불명의 급성 열성 혈관염입니다. 즉, 온몸의 혈관, 특히 심장의 관상동맥에 염증이 생기는 병입니다.

2) 진단 기준: 다른 원인 없이 5일 이상 지속되는 발열과 함께, 다음 5가지 임상 증상 중 4가지 이상을 만족할 때 진단합니다.

   ① 양측성 결막 충혈: 양쪽 눈의 흰자위가 빨갛게 충혈됨 (단, 눈곱은 끼지 않음)

   ② 입술 및 구강의 변화: 입술이 붉게 갈라지고, 혀가 딸기처럼 오돌토돌해짐 (딸기혀)

   ③ 부정형 발진: 몸통을 중심으로 다양한 형태의 붉은 발진이 나타남

   ④ 손발의 변화: 급성기에는 손발이 퉁퉁 붓고(경성부종), 아급성기(회복기)에는 손발가락 끝의 피부가 막처럼 벗겨짐 (막양 낙설)

   ⑤ 비화농성 경부 림프절 비대: 목의 림프절이 1.5cm 이상 붓지만, 고름이 나오지는 않음

3) 치료: 급성기에 면역글로불린 정맥주사와 고용량 아스피린을 투여하여 혈관 염증을 가라앉힙니다.

4) 합병증

   `기출 포인트` 가와사키병의 예후를 결정하는 가장 중요하고 치명적인 합병증입니다.

   • 관상동맥류 (Coronary Artery Aneurysm): 심장에 혈액을 공급하는 관상동맥에 염증이 생겨, 혈관이 풍선처럼 부풀어 오르는 것입니다. 이 관상동맥류가 터지거나 혈전으로 막히면, 어린 나이에 심근경색이나 급사를 유발할 수 있습니다. 따라서 진단 즉시 심장 초음파를 통해 관상동맥류 발생 여부를 반드시 확인해야 합니다.

(3) 아프가 점수 (APGAR Score) `42회 기출`

1) 정의: 출생 직후 신생아의 건강 상태를 평가하는 표준화된 점수 체계입니다. 신생아가 자궁 밖 환경에 얼마나 잘 적응하고 있는지를 출생 1분과 5분에 각각 평가하여, 응급 처치나 소생술이 필요한지를 신속하게 판단하기 위해 사용됩니다.

2) 5가지 평가 항목: 각 항목의 앞 글자를 따서 'APGAR'라고 부릅니다.

   ① Appearance (피부색)

   ② Pulse (심박수)

   ③ Grimace (자극에 대한 반응)

   ④ Activity (근긴장도)

   ⑤ Respiration (호흡)

3) 점수 해석: 각 항목을 0, 1, 2점으로 채점하여 총 10점 만점으로 평가합니다.

   ① 7~10점: 정상

   ② 4~6점: 경도~중등도의 가사 상태로, 산소 공급 등 약간의 도움이 필요할 수 있음

   ③ 0~3점: 심한 가사 상태로, 즉각적인 소생술이 필요함

01 60대 여성이 왼쪽 옆구리에 띠 모양의 심한 통증과 함께 물집이 잡혔습니다. 이 질환의 이름과, 이 질환의 가장 흔하고 고통스러운 만성 합병증은 무엇인가요? 38회 기출 응용

02 4세 아이가 5일 이상 고열이 지속되고, 양쪽 눈이 충혈되었으며, 입술이 붉게 갈라지고 혀가 딸기처럼 변했습니다. 어떤 질환을 의심할 수 있으며, 이 질환의 예후를 결정하는 가장 치명적인 합병증은 무엇인가요? 34회, 45회 기출 응용

03 아프가 점수(APGAR Score)를 평가하는 5가지 항목을 쓰시오. 42회 기출 응용

04 가와사키병의 5가지 주요 임상 기준(발열 제외)을 서술하시오. 45회 기출 응용

05 다음 중 신생아의 심박수를 측정했을 때 아프가 점수 2점을 줄 수 있는 경우는?

㉮ 심박수 없음	㉯ 분당 80회	㉰ 분당 120회

정답 및 해설

01

해 질환의 이름은 **대상포진(Herpes Zoster)**이며, 가장 흔한 만성 합병증은 피부 병변이 사라진 후에도 통증이 지속되는 **대상포진 후 신경통(Postherpetic Neuralgia, PHN)**입니다.

02

해 **가와사키병(Kawasaki Disease)**을 의심할 수 있습니다. 가장 치명적인 합병증은 심장의 관상동맥이 늘어나는 **관상동맥류(Coronary Artery Aneurysm)**입니다.

03

해 피부색(Appearance), 심박수(Pulse), 자극에 대한 반응(Grimace), 근긴장도(Activity), 호흡(Respiration) 입니다.

04

해 ① 양측성 결막 충혈, ② 입술 및 구강의 변화(딸기혀 등), ③ 부정형 발진, ④ 손발의 변화(부종, 막양 낙설), ⑤ 비화농성 경부 림프절 비대 입니다.

05

해 정답은 ㉣ 분당 120회입니다. 심박수가 분당 100회 이상일 때 2점을 부여합니다. ㉮는 0점, ㉯는 1점에 해당합니다.

II 정리 - 실전 연습문제

유형 1: 핵심 용어 확인 (빈칸 채우기)

01 2010년 ACR/EULAR 류마티스 관절염 분류 기준은 관절 침범, 혈청 검사, (①), 증상 지속 기간 4가지 항목을 평가하여 총 (②)점 이상일 때 진단한다.

02 뇌졸중 증상이 발생했다가 24시간 이내에 완전히 회복되는 것을 ( )이라고 하며, 이는 향후 발생할 뇌경색의 강력한 경고 신호로 간주된다.

03 암의 병기를 결정하는 TNM 분류법에서 T는 (①), N은 (②), M은 (③)를 의미한다.

유형 2: 개념 이해 (O/X 퀴즈)

04 퇴행성 관절염의 특징적인 방사선 소견에는 관절 간격 협소, 골극 형성, 연골하 골 경화 등이 있다.

(O / X)

05 베체트병을 진단하기 위해서는 재발성 구강 궤양이 반드시 존재해야 한다.

(O / X)

06 대사 증후군의 진단 기준에서 허리둘레는 남자 85cm 이상, 여자 80cm 이상이다.

(O / X)

유형 3: 실전 적용 (서술형/약술형 문제)

07 당뇨병의 3대 미세혈관 합병증을 모두 쓰시오.

08 안정형 협심증과 심근경색증을 감별할 수 있는, '통증'의 특징적인 차이점 2가지를 서술하시오.

09 치매를 유발하는 가장 흔한 원인 질환 2가지를 쓰시오.

10 갑상선암의 조직학적 유형 중 일반적으로 예후가 가장 좋은 것과 가장 나쁜 것을 각각 쓰시오.

정답 및 해설

01

답 ① 급성기 반응물질 (염증 수치), ② 6점

해 2010년 ACR/EULAR 류마티스 관절염 분류 기준 4가지 항목은 '관절 침범, 혈청 검사, 급성기 반응물질(염증 수치), 증상 지속 기간'이며, 이들의 합산 점수가 6점 이상일 때 진단(분류)할 수 있습니다.

02

답 일과성 허혈 발작 (Transient Ischemic Attack, TIA)

해 TIA는 증상이 일시적이라고 해서 결코 가볍게 여겨서는 안 됩니다. 혈관이 잠시 막혔다가 뚫렸다는 것은, 혈관 상태가 매우 좋지 않아 언제든 완전히 막힐 수 있다는 강력한 경고이기 때문입니다.

03

답 ① 원발 종양 (Tumor), ② 주위 림프절 (Node), ③ 원격 전이 (Metastasis)

해 TNM 분류는 암의 해부학적 진행 정도를 평가하는 국제 표준입니다. T는 종양 자체의 크기와 침범 범위, N은 주변 림프절로의 확산 정도, M은 멀리 떨어진 장기로의 전이 여부를 나타냅니다.

04

답 O

해 옳은 설명입니다. 관절 간격 협소, 골극 형성, 연골하 골 경화, 낭종 형성은 퇴행성 관절염의 4대 방사선학적 특징입니다.

05

답 O

해 옳은 설명입니다. 베체트병 국제 진단 기준(ISG)에 따르면, 재발성 구강 궤양은 진단의 필수 전제 조건이며, 여기에 다른 주요 증상(음부 궤양, 안구 병변, 피부 병변 등)이 2가지 이상 동반될 때 진단할 수 있습니다.

06

답 X

해 틀린 설명입니다. 우리나라 대사 증후군 진단 기준상 복부 비만 허리둘레는 남자 90cm 이상, 여자 85cm 이상입니다.

07

답 ① 당뇨병성 망막병증, ② 당뇨병성 신증, ③ 당뇨병성 신경병증

해 이 세 가지는 당뇨병이 전신의 미세혈관을 손상시켜 발생하는 대표적인 합병증으로, 각각 실명, 만성 신부전(투석), 족부 절단 등 심각한 후유증을 유발할 수 있습니다.

08

답 ① **지속 시간**: 안정형 협심증 통증은 보통 수 분 내(15분 이내)에 호전되나, 심근경색증 통증은 30분 이상 지속된다.
② **약물 반응**: 안정형 협심증은 니트로글리세린에 의해 호전되나, 심근경색증은 반응하지 않는다.

해 이 두 가지 차이는 심근이 일시적으로 혈액이 부족한 상태(협심증)인지, 아니면 혈액 공급이 완전히 끊어져 썩고 있는 상태(심근경색증)인지를 구분하는 결정적인 임상적 단서입니다.

09

답 ① 알츠하이머병 (Alzheimer's Disease), ② 혈관성 치매 (Vascular Dementia)

해 알츠하이머병이 전체 치매의 약 50~70%를 차지하는 가장 흔한 원인이며, 뇌졸중 후에 발생하는 혈관성 치매가 그 뒤를 잇습니다.

10

답 ① **예후가 가장 좋은 암**: 유두암 (Papillary Carcinoma),
② **예후가 가장 나쁜 암**: 역형성암/미분화암 (Anaplastic Carcinoma)

해 같은 갑상선암이라도 세포의 분화도에 따라 예후가 극과 극으로 갈립니다. 대부분을 차지하는 유두암은 진행이 느려 '착한 암'으로 불리지만, 매우 드문 역형성암은 가장 치명적인 암 중 하나입니다.

핵심 의학 용어 (가나다순)

✄ Check Point

이론 학습을 모두 마친 후, 헷갈리는 용어들을 빠르게 찾아보고 최종 점검을 할 수 있도록, 본문에 등장한 핵심 용어들을 가나다순으로 정리했습니다.

[ㄱ]

- **가골 (Callus)**: 골절 치유의 복원기에, 부러진 뼈 사이를 연결하기 위해 임시로 형성되는 뼈 조직(풋뼈). 처음에는 부드러운 연성 가골이었다가 점차 단단한 경성 가골로 변한다.
- **갈레아치 골절 (Galeazzi Fracture)**: 아래팔 골절의 한 종류. 요골의 먼쪽(원위부) 골절과 손목 쪽의 원위 요척 관절(DRUJ) 탈구가 동반된 손상.
- **개방성 골절 (Open Fracture)**: 골절된 뼈가 피부를 뚫고 외부로 노출된 상태. 외부 세균에 의한 감염 위험이 매우 높아 응급 수술이 필요하다.
- **거골 (Talus)**: 발목 관절을 이루는 뼈 중 하나. 뼈의 대부분이 연골로 덮여 있어 혈액 공급이 취약하여 무혈성 괴사가 호빌한다.
- **경첩 관절 (Hinge Joint)**: 문에 달린 경첩처럼 한 방향으로만 굽혔다 펴는 운동이 가능한 관절. (예 팔꿈치 관절, 무릎 관절)
- **경막외 혈종 (Epidural Hematoma, EDH)**: 두개골과 뇌를 감싸는 가장 바깥쪽 막(경막) 사이에 동맥 출혈로 피가 고이는 상태. 의식 명료기가 특징이며 응급 수술이 필요하다.
- **계상 보행 (Steppage Gait)**: 족하수(foot drop)가 있을 때, 걸을 때마다 발 앞부분이 땅에 끌리는 것을 피하기 위해 닭처럼 다리를 높이 들어 걷는 비정상적인 보행.
- **고관절 (Hip Joint)**: 골반의 비구와 대퇴골두가 이루는 구상 관절.
- **골다공증 (Osteoporosis)**: 뼈의 양이 감소하고 질이 약화되어, 작은 충격에도 쉽게 골절이 발생하는 전신적인 골격계 질환.
- **골극 (Osteophyte)**: 퇴행성 관절염에서 관절 가장자리에 뾰족하게 뼈가 자라나는 현상. '뼈가시'라고도 한다.
- **관절 강직 (Joint Stiffness)**: 외상 후 장기간의 고정 등으로 인해 관절 운동 범위가 정상적으로 나오지 않고 뻣뻣하게 굳는 상태.

- **구획 증후군 (Compartment Syndrome):** 근막으로 둘러싸인 폐쇄된 공간의 압력이 상승하여 근육과 신경이 괴사하는 응급 질환. 경골 골절 시 호발하며, 극심한 통증이 가장 중요한 조기 증상.
- **글래스고우 혼수 척도 (GCS):** 외상성 뇌손상 환자의 의식 수준을 평가하는 표준화된 점수 체계. 개안, 언어, 운동 반응을 평가한다.

[ㄴ]

- **내반 손상 (Inversion Injury):** 발목이 안쪽으로 심하게 꺾이는 손상. 족관절 염좌의 가장 흔한(90% 이상) 원인이며, 이때 발목의 바깥쪽 인대, 특히 **전거비 인대(ATFL)**가 손상된다.
- **너구리 눈 (Raccoon eyes):** 두부 외상 후 양쪽 눈 주위가 너구리처럼 검붉게 멍이 드는 현상. <u>두개저 골절</u>을 강력하게 시사하는 특징적인 징후이다.
- **녹색 줄기 골절 (Greenstick Fracture):** 뼈의 한쪽 피질골만 골절되고 반대쪽은 휘어지는 형태의 불완전 골절. 뼈가 유연한 <u>소아</u>에게서 특징적으로 나타난다.
- **뇌경색 (Cerebral Infarction):** 뇌혈관이 막혀 뇌세포가 괴사하는 허혈성 뇌졸중.
- **뇌내출혈 (Intracerebral Hemorrhage):** 뇌 실질 내의 혈관이 터져 발생하는 출혈성 뇌졸중. 고혈압이 가장 흔한 원인이다.
- **뇌졸중 (Stroke):** 뇌혈관이 막히거나(뇌경색) 터져서(뇌출혈) 뇌세포가 손상되고, 이로 인해 신체 마비, 언어 장애 등 신경학적 장애가 나타나는 질환.
- **뇌진탕 (Concussion):** 뇌의 구조적 손상 없이, 일시적인 기능 장애만 나타나는 가벼운 뇌손상.
- **니트로글리세린 (Nitroglycerin):** 관상동맥을 확장시키는 약물. 안정형 협심증 통증 완화에 사용되나, 심근경색증 통증에는 효과가 없다.

[ㄷ]

- **당뇨병 (Diabetes Mellitus):** 인슐린의 분비가 부족하거나 인슐린이 제 기능을 하지 못하여, 혈액 속의 포도당 농도가 비정상적으로 높아지는 대사성 질환입니다.
- **당화혈색소 (HbA1c):** 최근 2~3개월간의 평균적인 혈당 수치를 반영하는 혈액 검사 지표로, 6.5% 이상일 경우 당뇨병으로 진단합니다.
- **대사 증후군 (Metabolic Syndrome):** 복부 비만, 고혈압, 고혈당, 고중성지방혈증, 저HDL콜레스테롤혈증 중 3가지 이상을 동시에 가지고 있는 상태를 말하며, 심뇌혈관 질환과 당뇨병의 발생 위험을 높입니다.
- **대퇴골두 (Femoral Head):** 허벅지뼈인 대퇴골의 머리 부분으로, 골반의 비구와 만나 고관절을 이룹니다. 혈액 공급이 취약하여 골절이나 탈구 시 무혈성 괴사가 호발하는 대표적인 부위입니다.
- **도수 근력 평가 (Manual Muscle Testing, MMT):** 신경 손상 후 특정 근육이나 근육 그룹의 힘(근력)을 0~5등급으로 평가하는 방법입니다.
- **듀피트렌 구축 (Dupuytren's Contracture):** 손바닥의 단단한 막(수장 건막)이 점차 두꺼워지고 짧아져, 손가락이 서서히 구부러진 채로 펴지지 않게 되는 질환입니다.

- **라크만 검사 (Lachman test):** 전방 십자인대 파열을 진단하는 가장 정확하고 민감한 신체 검진법입니다. 무릎을 살짝 구부린 상태에서 경골을 앞으로 당겨 전방 전위 정도를 확인합니다.
- **류마티스 관절염 (Rheumatoid Arthritis, RA):** 우리 몸의 면역체계가 이상을 일으켜 자기 자신의 관절(주로 활막)을 공격하여 염증을 일으키는 만성 전신성 자가면역 질환입니다.
- **류마티스 인자 (Rheumatoid Factor, RF):** 류마티스 관절염 환자의 혈액에서 주로 발견되는 자가항체로, 진단에 활용되는 혈청 검사 항목 중 하나입니다.
- **루이소체 치매 (Dementia with Lewy Bodies):** 파킨슨병과 유사한 운동 증상, 뚜렷한 환시, 인지 기능의 심한 변동이 특징적으로 나타나는 퇴행성 치매의 한 종류입니다.

[ㅁ]

- **마미 증후군 (Cauda Equina Syndrome):** 척수가 끝나는 지점 이하의 말초신경 다발인 마미(cauda equina)가 심하게 압박되어 대소변 장애, 항문 주위 감각 마비 등을 유발하는 응급 수술 적응증.
- **만성 폐쇄성 폐질환 (COPD):** 담배 연기 등 유해 물질에 의해 숨을 내쉬기 힘들어지는 지속적인 기류 제한을 특징으로 하는 폐 질환.
- **만성 콩팥병 (Chronic Kidney Disease, CKD):** 3개월 이상 콩팥이 손상되어 있거나, 기능이 정상의 60% 미만으로 감소된 모든 상태를 말하는 포괄적인 진단명.
- **망막병증 (Retinopathy):** 눈의 망막 혈관이 손상되는 질환으로, 당뇨병의 대표적인 미세혈관 합병증 중 하나이며 성인 실명의 주된 원인이 된다.
- **무혈성 괴사 (Avascular Necrosis, AVN):** 뼈로 가는 혈액 공급이 차단되어 뼈 조직이 죽는(괴사) 질환, 대퇴골두, 주상골, 거골 등에 호발한다.
- **몬테지아 골절 (Monteggia Fracture):** 척골(Ulna)의 몸쪽(근위부) 골절과 요골두(팔꿈치 쪽)의 탈구가 동반된 손상.

[ㅂ]

- **방출성 골절 (Burst Fracture):** 척추체가 으스러지면서 뼈 조각이 사방으로 터져나가, 척수 손상 위험이 매우 높은 불안정성 골절.
- **방아쇠 수지 (Trigger Finger):** 손가락을 구부리는 힘줄이나 힘줄이 지나가는 터널(활차)이 두꺼워져, 손가락을 움직일 때 '딸깍'거리는 소리와 함께 통증이 발생하는 질환.
- **배틀 징후 (Battle's sign):** 귀 뒤쪽의 단단한 뼈(유양돌기) 주변 피부에 멍이 드는 현상으로, 두개저 골절을 강력하게 시사하는 징후.
- **Bankart 병변 (Bankart Lesion):** 견관절 전방 탈구 시 관절와순의 전하방 부위가 찢어지는 손상으로, 재발성 탈구의 주된 원인이 된다.
- **베체트병 (Behçet's Disease):** 재발성 구강 궤양, 음부 궤양, 안구 염증, 피부 병변 등을 특징으로 하는 원인 불명의 만성 전신성 염증 질환.

- 변연절제술 (Debridement): 개방성 골절 수술 시 감염 예방을 위해, 죽거나 오염된 조직을 외과적으로 잘라 내는 과정.
- 병적 골절 (Pathologic Fracture): 골다공증, 종양 등으로 인해 뼈가 약해진 상태에서 매우 사소한 외상으로도 발생하는 골절.
- 복합부위 통증 증후군 (CRPS): 외상 후 손상의 정도를 훨씬 뛰어넘는 극심한 만성 통증, 이질통, 피부색 변화, 부종 등을 특징으로 하는 신경병성 통증 질환.
- 부정유합 (Malunion): 골절된 뼈가 원래의 해부학적 위치가 아닌, 변형된 상태로 잘못 붙어버린 것.
- 불유합 (Nonunion): 골절된 뼈가 붙으려는 치유 과정이 완전히 멈추어, 아무리 기다려도 뼈가 붙지 않는 상태.
- 비구 (Acetabulum): 골반의 장골, 좌골, 치골이 만나 형성되는 소켓 모양의 구조물로, 대퇴골두와 만나 고관절을 이룬다.

[ㅅ]

- 상완골 과상부 골절 (Supracondylar Humerus Fracture): 팔꿈치 바로 윗부분의 상완골이 부러지는 것으로, 소아에게 가장 흔한 팔꿈치 골절. 혈관 손상 시 Volkmann 허혈성 구축이라는 심각한 합병증을 유발할 수 있다.
- 색전 (Embolus): 혈관을 떠돌아다니다가 어딘가를 막아버리는 모든 종류의 이물질(예 혈전 조각, 지방 덩어리, 공기 방울 등).
- 성장판 (Growth plate): 소아의 긴 뼈 양쪽 끝에 위치한 연골 조직으로, 세포 분열을 통해 뼈의 길이 성장을 담당한다. 이 부위가 손상되면 성장 장애나 변형이 발생할 수 있다.
- 수근관 증후군 (Carpal Tunnel Syndrome): 손목의 수근관이라는 좁은 통로에서 **정중신경(median nerve)**이 압박되어, 엄지, 검지, 중지 손가락의 저림과 통증, 감각 저하를 유발하는 질환.
- 수면 무호흡증 (Sleep Apnea): 수면 중에 호흡이 반복적으로 멈추거나 얕아지는 질환. 비만 등으로 상기도가 막히는 폐쇄성이 가장 흔하다.
- 수핵 (Nucleus Pulposus): 추간판(디스크)의 중심부에 위치한 젤리 같은 물질. 이 수핵이 섬유륜을 뚫고 터져 나와 신경을 누르는 것이 추간판 탈출증이다.
- 스키어 무지 (Skier's Thumb): 스키를 타다 넘어지면서 엄지손가락의 **척측 측부 인대(Ulnar Collateral Ligament)**가 파열되는 손상.
- 심방세동 (Atrial Fibrillation): 심방이 정상적으로 수축하지 못하고 가늘게 떨기만 하는 부정맥. 심방 내에 혈전(피떡)이 잘 생겨 색전성 뇌경색의 가장 흔한 원인이 된다.
- 심부정맥 혈전증 (Deep Vein Thrombosis, DVT): 주로 다리의 깊은 곳에 있는 정맥에 혈전(피떡)이 생기는 질환. 이 혈전이 떨어져 나가 폐동맥을 막으면 폐색전증을 유발할 수 있다.
- 십자인대 (Cruciate Ligament): 무릎 관절 안에 위치하며 관절의 앞뒤 안정성을 담당하는 중요한 인대. 전방 십자인대와 후방 십자인대가 있다.

[ㅇ]

- **아킬레스건 파열** (Achilles Tendon Rupture): 우리 몸에서 가장 큰 힘줄인 아킬레스건이 파열된 상태. 종아리를 짰을 때 발목이 움직이지 않는 톰슨 검사(Thompson test) 양성 소견이 특징이다.

- **악성 종양** (Malignant Tumor): 우리가 흔히 '암'이라고 부르는 것으로, 성장 속도가 빠르고, 주변 조직을 침윤하며, 다른 장기로 전이하는 특징을 가진다.

- **안정형 협심증** (Stable Angina): 관상동맥이 부분적으로 좁아져, 운동 시에만 예측 가능하게 흉통이 발생하고 휴식이나 니트로글리세린에 의해 호전되는 허혈성 심질환.

- **알츠하이머병** (Alzheimer's Disease): 뇌에 비정상적인 단백질이 쌓이면서 뇌세포가 서서히 죽어가는 퇴행성 뇌질환으로, 치매의 가장 흔한 원인이다.

- **압박 골절** (Compression Fracture): 척추의 몸통(추체)이 수직 압박력에 의해 납작하게 찌그러지는 골절. 골다공증 노인 환자의 흉요추 이행부에서 호발한다.

- **액와신경** (Axillary Nerve): 어깨 관절(견관절) 탈구 시 가장 흔하게 손상되는 신경으로, 손상 시 어깨 측면의 감각 저하나 팔을 옆으로 들어 올리는 힘의 약화를 유발한다.

- **양성 종양** (Benign Tumor): 성장 속도가 느리고, 주변 조직을 파괴하지 않으며, 다른 장기로 전이하지 않는 비교적 '착한' 종양.

- **역형성암** (Anaplastic Carcinoma): 갑상선암 중 가장 드물지만, 성장 속도가 매우 빠르고 예후가 가장 나쁜 치명적인 암.

- **외상 후 관절염** (Post-traumatic Arthritis): 관절 내 골절의 부정유합 등으로 관절면이 손상되어, 정상보다 빨리 퇴행성 변화가 진행되는 관절염.

- **요골신경** (Radial Nerve): 상완골 간부 골절 시 가장 흔하게 손상되는 신경. 마비 시 손목이 아래로 떨어지는 손목하수(wrist drop)가 발생한다.

- **요산** (Uric Acid): 통풍의 원인이 되는 물질. 혈액 내 요산 농도가 높아지면 바늘 모양의 결정으로 변해 관절에 극심한 염증을 유발한다.

- **원격 전이** (Metastasis): 악성 종양(암) 세포가 혈관이나 림프관을 타고 처음 발생한 장기를 떠나, 멀리 떨어진 다른 장기로 퍼져나가 자라는 현상.

- **유두암** (Papillary Carcinoma): 갑상선암 중 가장 흔한(80~90%) 종류로, 성장 속도가 매우 느려 예후가 가장 좋다.

- **이소성 골화** (Heterotopic Ossification): 심한 외상 후, 원래 뼈가 없어야 할 근육이나 연부조직에 비정상적으로 뼈가 자라나 관절 강직을 유발하는 합병증.

- **이질통** (Allodynia): 정상적으로는 통증을 유발하지 않는 가벼운 자극(예 옷깃 스침)에도 극심한 통증을 느끼는 상태. 복합부위 통증 증후군(CRPS)의 특징적인 증상이다.

- **인공관절 치환술** (Arthroplasty): 말기 퇴행성 관절염이나 심한 관절 손상 시, 손상된 관절을 제거하고 인공 삽입물로 교체하는 수술.

- **일과성 허혈 발작** (TIA): 뇌졸중 증상이 발생했다가 24시간 이내에 완전히 회복되는 상태. '뇌졸중의 경고 신호'라고 불린다.

- **자가면역 질환** (Autoimmune disease): 우리 몸의 면역체계가 이상을 일으켜 외부의 적(세균, 바이러스 등)이 아닌 자기 자신의 정상적인 조직이나 세포를 공격하여 염증과 손상을 일으키는 질환. (예 류마티스 관절염)
- **자궁경부암** (Cervical cancer): 자궁의 입구인 경부에 발생하는 암. 인유두종 바이러스(HPV) 감염이 가장 핵심적인 원인이다.
- **장무지 신전건 파열** (EPL tendon rupture): 콜레스 골절 후, 골절 부위와의 마찰로 인해 엄지손가락을 펴는 힘줄이 닳다가 끊어지는 후기 합병증.
- **재형성기** (Remodeling Phase): 골절 치유의 마지막 단계. 울퉁불퉁하게 형성되었던 가골이 원래의 뼈 모양으로 서서히 다듬어지는 과정.
- **전거비 인대** (Anterior Talofibular Ligament, ATFL): 발목의 외측 인대 중 가장 약하여, 발목이 안쪽으로 꺾이는 내반 손상 시 가장 흔하게 파열된다.
- **전방 십자인대** (Anterior Cruciate Ligament, ACL): 무릎 관절의 안정성을 담당하는 중요한 인대. 경골이 대퇴골에 대해 앞으로 밀려나가지 않도록 막아주며, 스포츠 손상으로 파열이 잦다.
- **전방 척수 증후군** (Anterior Cord Syndrome): 척수의 앞쪽 2/3가 손상되어, 손상 부위 이하의 운동 기능과 통증/온도 감각은 소실되나, 위치/진동 감각은 유지되는 불완전 척수 손상.
- **전이** (Metastasis): 악성 종양(암) 세포가 혈관이나 림프관을 타고 멀리 떨어진 다른 장기로 퍼져나가 자라는 현상. 악성 종양의 가장 결정적인 특징이다.
- **정중신경** (Median Nerve): 손목의 수근관을 지나가는 신경. 수근관 증후군 시 압박되어 엄지, 검지, 중지 손가락의 저림을 유발한다.
- **정맥류** (Varices): 간경변증으로 인한 문맥압 항진증 시, 높아진 압력을 우회하기 위해 식도나 위에 비정상적으로 생기는 혈관. 파열 시 대량 출혈을 유발할 수 있다.
- **조조강직** (Morning stiffness): 아침에 일어났을 때 관절이 뻣뻣한 증상. 1시간 이상 지속되면 류마티스 관절염, 30분 이내에 풀리면 퇴행성 관절염을 시사한다.
- **족하수** (Foot Drop): 총비골신경 마비로 인해 발목을 위로 들어 올리지 못하고 발이 아래로 툭 떨어지는 증상.
- **주상골** (Scaphoid): 손목을 구성하는 수근골 중 가장 흔하게 골절되는 뼈. 혈액 공급이 취약하여 불유합 및 무혈성 괴사가 호발한다.
- **주관 증후군** (Cubital Tunnel Syndrome): 팔꿈치 안쪽의 터널(주관)에서 **척골신경(ulnar nerve)**이 압박되어, 4, 5번째 손가락의 저림과 통증을 유발하는 질환.
- **죽상경화증** (Atherosclerosis): 동맥 내벽에 기름 찌꺼기가 쌓여 혈관이 좁아지고 딱딱해지는 현상. 허혈성 심질환과 뇌졸중의 주된 원인이다.
- **중심 척수 증후군** (Central Cord Syndrome): 경추의 과신전 손상으로 척수의 중심부가 손상되어, 상지의 마비가 하지의 마비보다 심하게 나타나는 불완전 척수 손상.
- **지연유합** (Delayed Union): 골절된 뼈가 붙고는 있지만, 통상적으로 기대되는 치유 기간보다 훨씬 더디게 붙고 있는 상태.

- **차축 관절 (Pivot Joint):** 한 뼈가 다른 뼈의 축을 중심으로 회전하는 관절. (예 목을 좌우로 돌리는 움직임을 담당하는 제1-2 경추 관절)
- **척골신경 (Ulnar Nerve):** 팔꿈치 안쪽의 주관(cubital tunnel)을 지나가는 신경. 이 신경이 압박되면 4, 5번째 손가락 저림 등을 유발하는 주관 증후군이 발생한다.
- **척수 쇼크 (Spinal Shock):** 척수가 심각한 손상을 입은 직후, 손상 부위 이하의 모든 척수 기능(운동, 감각, 반사)이 일시적으로 완전히 마비되는 현상.
- **척추전방전위증 (Spondylolisthesis):** 척추뼈의 일부(협부)에 결손이 생기거나 퇴행성 변화로 인해, 위 척추뼈가 아래 척추뼈에 비해 앞으로 미끄러져 나간 상태.
- **척측 측부 인대 (Ulnar Collateral Ligament, UCL):** 엄지손가락의 안정성을 담당하는 중요한 인대. 스키어 무지 (Skier's thumb) 손상 시 파열된다.
- **최대 골량 (Peak Bone Mass):** 뼈가 일생 중 가장 단단해지는 시점의 골량으로, 보통 20대 후반~30대 초반에 형성된다. 이 시기의 골량이 높을수록 노년기 골다공증 위험이 감소한다.
- **추간판 탈출증 (Herniated Nucleus Pulposus, HNP):** 척추뼈 사이의 추간판(디스크) 내부의 수핵이 터져 나와 신경근을 압박하여 통증 및 마비를 유발하는 질환.
- **치매 (Dementia):** 후천적인 뇌 질환으로 인해 기억력을 포함한 여러 인지 기능이 저하되어, 일상생활에 상당한 장애가 나타나는 상태.

[ㅋ]

- **코르티코이드 (Corticosteroid):** 우리 몸의 부신에서 분비되는 호르몬 또는 이를 인공적으로 합성한 약물. 강력한 항염증 작용을 하지만, 장기 남용 시 쿠싱 증후군, 골다공증, 무혈성 괴사 등 심각한 부작용을 유발할 수 있다.
- **콜레스 골절 (Colles' Fracture):** 손목이 뒤로 젖혀진(신전된) 상태로 넘어질 때, 원위 요골 골편이 손등 쪽으로 전위되는 가장 흔한 형태의 손목 골절.
- **콥스 각 (Cobb's angle):** 척추 측만증이나 후만증 등 척추 변형의 정도를 X-ray에서 측정하는 표준 방법.
- **쿠싱 증후군 (Cushing's syndrome):** 스테로이드 약물 남용이나 부신 종양 등으로 인해 체내 코르티솔 호르몬이 과다해져 발생하는 질환. 중심성 비만, 문페이스(moon face), 고혈압, 고혈당 등을 특징으로 한다.
- **크론병 (Crohn's disease):** 입부터 항문까지 소화관 전체에 걸쳐 염증이 발생할 수 있는 만성 염증성 장질환.

[ㅌ]

- **탈구 (Dislocation)**: 외상 등으로 인해 관절을 이루는 뼈의 정렬이 완전히 어긋나, 관절면이 서로 접촉하지 못하는 상태.
- **퇴행성 관절염 (Osteoarthritis)**: 관절을 보호하는 연골이 오랜 기간에 걸쳐 점차 닳아 없어지고, 이로 인해 뼈와 인대 등이 손상되어 통증과 변형을 유발하는 가장 흔한 형태의 관절염.
- **톰슨 검사 (Thompson Squeeze Test)**: 아킬레스건 파열을 진단하는 신체 검진법. 엎드린 환자의 종아리를 짰을 때 발목이 움직이지 않으면 완전 파열을 시사한다.
- **통풍 (Gout)**: 혈액 내 요산 농도가 높아져 생긴 요산염 결정이 관절에 침착하여 극심한 염증과 통증을 유발하는 대사성 질환.
- **통풍 결절 (Tophus)**: 만성 통풍에서 요산 결정 덩어리가 관절 주위나 귓바퀴 등에 쌓여 혹처럼 튀어나온 것.

[ㅍ]

- **파킨슨병 (Parkinson's disease)**: 뇌의 흑질에 분포하는 도파민 분비 신경세포가 파괴되어 발생하는 퇴행성 신경질환. 안정 시 떨림, 경직, 운동 완만, 자세 불안정 등이 특징이다.
- **판누스 (Pannus)**: 류마티스 관절염에서, 면역세포의 공격으로 염증이 생긴 활막이 비정상적으로 증식하여 연골과 뼈를 파고드는 덩어리. 관절 파괴의 주범이다.
- **팔로 4징 (Tetralogy of Fallot)**: 선천성 심장 기형의 한 종류로, 심실 중격 결손, 대동맥 기승, 우심실 유출로 협착, 우심실 비대의 네 가지 해부학적 이상을 동시에 가진다.
- **폐색전증 (Pulmonary Embolism, PE)**: 심부정맥에 있던 혈전(피떡)이 떨어져 나와 폐동맥을 막는, 생명을 위협하는 응급 질환. 갑작스러운 호흡 곤란과 흉통이 주 증상이다.
- **포도막염 (Uveitis)**: 눈의 포도막(홍채, 모양체, 맥락막)에 염증이 생기는 질환. 베체트병에서 예후에 중요한 영향을 미치는 대표적인 안구 병변이다.
- **프로트롬빈 시간 (Prothrombin Time)**: 혈액이 응고되는 데 걸리는 시간을 측정하는 검사. 간에서 합성되는 혈액응고인자의 기능을 반영하므로, 간 기능 평가 지표(Child-Pugh 분류)로 사용된다.

- **항문 골절** (교수형 골절, Hangman's Fracture): 제2 경추(C2, 축추)의 특정 부위(관절간부)가 골절되면서 전방전위가 동반되는 손상. 주로 과신전 손상으로 발생한다.
- **허혈** (Ischemia): 특정 조직이나 장기에 혈액 공급이 부족해진 상태를 의미한다.
- **허혈성 심질환** (Ischemic Heart Disease): 심장 근육에 혈액을 공급하는 관상동맥이 좁아지거나 막혀 발생하는 모든 질환. 협심증과 심근경색증이 대표적이다.
- **혈관성 치매** (Vascular Dementia): 뇌경색이나 뇌출혈과 같은 뇌졸중으로 인해 뇌 조직이 손상되어 발생하는 치매. 알츠하이머병 다음으로 흔하다.
- **혈전** (Thrombus): 혈관 안에서 혈액이 굳어서 생긴 핏덩어리.
- **호중구** (Neutrophil): 백혈구의 한 종류. 중증 재생불량성 빈혈 진단 시, 말초혈액검사에서 호중구 수치가 $500/mm^3$ 미만으로 감소한 것이 중요한 기준이 된다.
- **활막** (Synovial Membrane): 활막 관절의 관절 주머니 안쪽을 덮고 있는 막으로, 관절의 윤활유 역할을 하는 활액을 분비한다.
- **회전근개 파열** (Rotator Cuff Tear): 어깨를 감싸고 있는 4개의 힘줄(회전근개) 중 하나 이상이 파열된 상태. 극상근 힘줄에서 가장 흔하게 발생한다.
- **회전 변형** (Rotational Deformity): 골절된 뼈가 회전된 상태로 잘못 붙는 부정유합의 한 종류. 특히 중수골 골절 시 주먹을 쥘 때 손가락이 엇갈리는 기능적 문제를 유발한다.
- **후방 십자인대** (Posterior Cruciate Ligament, PCL): 무릎 관절의 안정성을 담당하며, 경골이 대퇴골에 대해 뒤로 밀려나가지 않도록 막아주는 역할을 한다.

실전 모의고사 (제1회)

총 10문항, 각 10점

01 골절의 치유 과정에 불리하게 작용하는 요인들을 국소적 요인과 전신적 요인으로 나누어 각각 3가지 이상씩 기술하시오.

02 견관절 전방 탈구 시 동반될 수 있는 대표적인 (1) 신경 손상과 (2) 관절와순 손상(병변)에 대해 각각 기술하시오.

03 소아의 상완골 과상부 골절 시 발생할 수 있는 가장 치명적인 혈관성 합병증은 무엇이며, 그 발생 기전과 임상적 특징에 대해 서술하시오.

04 GCS(글래스고우 혼수 척도)를 구성하는 3가지 평가 항목을 쓰고, 총점이 8점 이하일 때 임상적으로 어떤 의미를 갖는지 기술하시오.

05 　중심 척수 증후군의 호발 원인(손상 기전)과 가장 특징적인 임상 증상에 대해 서술하시오.

06 　안정형 협심증과 심근경색증을 감별하는 데 중요한 '흉통'의 특징적인 차이점 2가지(지속 시간, 약물 반응)를 비교하여 기술하시오.

07 　당뇨병의 3대 미세혈관 합병증을 열거하고, 각각이 어떤 장기에 영향을 미치는지 간단히 설명하시오.

08 　양성 종양과 악성 종양을 구별하는 가장 결정적인 특징 3가지를 비교하여 기술하시오.

09 　퇴행성 관절염과 류마티스 관절염에서 나타나는 조조강직(아침 뻣뻣함)의 특징을 지속 시간을 기준으로 비교하여 설명하시오.

10 　간경변증 환자에게서 문맥압 항진증으로 인해 발생하는 주요 합병증 3가지를 기술하시오.

실전 모의고사 – 모범 답안 및 해설

01

Q : 골절의 치유 과정에 불리하게 작용하는 요인들을 국소적 요인과 전신적 요인으로 나누어 각각 3가지 이상씩 기술하시오.

답
- **국소적 요인 (3가지 이상):** 불충분한 혈액 공급, 골절부의 불안정한 고정, 심한 연부조직 손상, 감염, 골절편 사이의 넓은 간격
- **전신적 요인 (3가지 이상):** 고령, 영양 부족(단백질, 비타민 등), 흡연, 당뇨병 등 전신 소모성 질환, 스테로이드 약물 복용

해 골절 치유는 우리 몸의 자가 복원 능력이지만, 여러 요인에 의해 방해받을 수 있습니다. 국소적으로는 뼈에 영양을 공급하는 혈액 공급이 차단되거나, 골절부가 계속 움직이면 뼈가 붙기 어렵습니다. 또한 감염은 치유보다 염증 반응에 에너지를 소모하게 하여 유합을 방해합니다. 전신적으로는 나이가 많거나 영양 상태가 나쁘면 세포의 재생 능력이 떨어지며, 특히 흡연은 말초 혈관을 수축시켜 뼈로 가는 혈액 공급을 직접적으로 방해하는 주된 불리한 요인입니다.

02

Q : 견관절 전방 탈구 시 동반될 수 있는 대표적인 (1) 신경 손상과 (2) 관절와순 손상(병변)에 대해 각각 기술하시오.

답
(1) **신경 손상:** 액와신경 손상 (Axillary Nerve Injury)
(2) **관절와순 손상:** Bankart 병변 (Bankart Lesion)

해 견관절이 앞으로 탈구될 때, 상완골두가 바로 아래를 지나가는 액와신경을 압박하거나 잡아당겨 손상시킬 수 있습니다. 이는 견관절 탈구의 가장 흔한 신경 합병증입니다. 또한, 상완골두가 관절와(소켓)의 앞쪽 가장자리를 치고 나가면서, 관절와를 둘러싼 연골인 관절와순의 전하방 부위가 찢어지는 Bankart 병변이 발생할 수 있습니다. 이 Bankart 병변은 관절의 안정성을 떨어뜨려 재발성 탈구의 주된 원인이 됩니다.

03

Q : 소아의 상완골 과상부 골절 시 발생할 수 있는 가장 치명적인 혈관성 합병증은 무엇이며, 그 발생 기전과 임상적 특징에 대해 서술하시오.

....

답 • **합병증**: Volkmann 허혈성 구축 (Volkmann's Ischemic Contracture)
   • **발생 기전**: 상완골 과상부 골절로 인한 심한 부종이나 상완동맥 손상으로 인해, 아래팔(전완부)의 구획 내 압력이 급상승하는 구획 증후군이 발생합니다. 이로 인해 근육과 신경으로 가는 혈류가 차단되어 조직이 괴사하고, 이 부위가 딱딱한 흉터 조직으로 대체되면서 발생합니다.
   • **임상적 특징**: 손과 손가락이 갈퀴 모양처럼 오그라들어 굳어버리는 영구적인 변형이 나타납니다.
해 소아의 상완골 과상부 골절은 응급 질환으로 취급됩니다. 그 이유는 바로 Volkmann 구축이라는 무서운 합병증 때문입니다. 골절 자체보다, 골절로 인한 부종이 전완부의 압력을 높여 발생하는 구획 증후군이 더 큰 문제입니다. 혈액 공급이 차단된 근육과 신경은 수 시간 내에 비가역적인 손상을 입게 되므로, 신속한 응급 처치(깁스 제거, 응급 수술)가 예후를 결정합니다.

04

Q : GCS(글래스고우 혼수 척도)를 구성하는 3가지 평가 항목을 쓰고, 총점이 8점 이하일 때 임상적으로 어떤 의미를 갖는지 기술하시오.

....

답 • **3가지 평가 항목**: 개안 반응(Eye Opening), 언어 반응(Verbal Response), 운동 반응(Motor Response)
   • **8점 이하의 의미**: 심각한 뇌손상을 의미하며, 예후가 매우 불량할 가능성이 높음을 시사한다.
해 GCS는 외상성 뇌손상 환자의 의식 수준을 평가하는 국제적인 표준 도구입니다. 총점 15점이 정상이며 점수가 낮을수록 의식 저하가 심각함을 의미합니다. 특히 총점이 8점 이하일 경우, 환자가 스스로 기도(숨길)를 유지하거나 보호할 능력이 없다고 판단하여 기관 삽관 등 적극적인 치료를 고려해야 하는 기준으로 사용됩니다.

05

Q : 중심 척수 증후군의 호발 원인(손상 기전)과 가장 특징적인 임상 증상에 대해 서술하시오.

....

답 • **호발 원인**: 척추관 협착증이 있는 노인이 넘어지면서 목이 뒤로 심하게 젖혀지는 과신전(hyperextension) 손상.
   • **특징적인 임상 증상**: 상지의 마비가 하지의 마비보다 더 심하게 나타나는 '상지 우위 마비'.
해 중심 척수 증후군은 척수의 중심부부터 손상이 시작되는 불완전 척수 손상입니다. 팔을 지배하는 신경 섬유가 척수의 중심부에 더 가깝게 위치하기 때문에, 중심부 손상 시 팔의 기능이 다리보다 더 큰 영향을 받게 됩니다. 따라서 환자가 "걸어서 응급실에 들어왔는데, 팔을 전혀 못 쓰는" 식의 특징적인 모습을 보이게 됩니다.

06

Q : 안정형 협심증과 심근경색증을 감별하는 데 중요한 '흉통'의 특징적인 차이점 2가지(지속 시간, 약물 반응)를 비교하여 기술하시오.

답 • **지속 시간:** 안정형 협심증의 흉통은 보통 15분 이내에 호전되지만, 심근경색증의 흉통은 30분 이상 지속된다.
• **약물 반응:** 안정형 협심증의 흉통은 니트로글리세린 설하정에 의해 완화되지만, 심근경색증의 흉통은 니트로글리세린에 반응하지 않는다.

해 이러한 차이는 병태생리의 차이에서 비롯됩니다. 안정형 협심증은 관상동맥이 좁아져 발생하는 '일시적인 허혈' 상태이므로, 휴식을 통해 심장의 부담이 줄면 통증이 사라집니다. 반면 심근경색증은 혈전으로 혈관이 완전히 막혀 심근이 '비가역적인 괴사'에 빠진 상태이므로, 휴식을 취해도 통증이 사라지지 않습니다.

07

Q : 당뇨병의 3대 미세혈관 합병증을 열거하고, 각각이 어떤 장기에 영향을 미치는지 간단히 설명하시오.

답 • **당뇨병성 망막병증:** 눈(망막)에 영향을 미쳐 실명을 유발할 수 있다.
• **당뇨병성 신증:** 콩팥(신장)에 영향을 미쳐 만성 신부전을 유발할 수 있다.
• **당뇨병성 신경병증:** 말초신경에 영향을 미쳐 손발 저림, 통증, 감각 저하 등을 유발한다.

해 당뇨병의 만성 합병증은 혈관의 크기에 따라 미세혈관 합병증과 대혈관 합병증으로 나뉩니다. 이 중 3대 미세혈관 합병증은 당뇨병 환자의 삶의 질을 크게 떨어뜨리는 주된 원인들입니다. 각각 눈, 콩팥, 신경이라는 미세혈관이 풍부한 특정 표적 장기를 공격하는 특징이 있습니다.

08

Q : 양성 종양과 악성 종양을 구별하는 가장 결정적인 특징 3가지를 비교하여 기술하시오.

답 • **전이 유무:** 악성 종양은 다른 장기로 전이하지만, 양성 종양은 전이하지 않는다.
• **성장 양상:** 악성 종양은 주변 조직을 파고드는 침윤성 성장을 하지만, 양성 종양은 주변 조직을 밀어내는 팽창성 성장을 한다.
• **세포 분화도:** 악성 종양은 정상 세포의 모양을 잃은 미분화된 세포인 반면, 양성 종양은 정상 세포와 유사한 분화도가 좋은 세포이다.

해 여러 차이점이 있지만, 이 중에서도 다른 장기로 퍼져나가는 전이(Metastasis) 능력은 악성 종양만이 가지는 고유한 특징으로, 양성과 악성을 구분하는 가장 결정적인 기준이 됩니다. 전이 때문에 암이 정복하기 어려운 병이 되는 것입니다.

09

Q : 퇴행성 관절염과 류마티스 관절염에서 나타나는 조조강직(아침 뻣뻣함)의 특징을 지속 시간을 기준으로 비교하여 설명하시오.

답 • **퇴행성 관절염:** 조조강직이 있더라도 그 지속 시간이 보통 **30분 이내**로 짧다.
  • **류마티스 관절염:** 조조강직이 **1시간 이상**으로 길게 지속되는 것이 특징이다.

해 조조강직의 '지속 시간'은 두 질환을 감별하는 매우 중요한 단서입니다. 류마티스 관절염과 같은 염증성 관절염은 자는 동안 관절에 염증 물질이 쌓여 아침에 뻣뻣함이 오래 지속됩니다. 반면 퇴행성 관절염의 뻣뻣함은 관절을 사용하지 않아 '굳어지는' 현상에 가까워, 조금만 움직여주면 금방 풀리는 경향이 있습니다.

10

Q : 간경변증 환자에게서 문맥압 항진증으로 인해 발생하는 주요 합병증 3가지를 기술하시오.

답 • **복수 (Ascites):** 배에 물이 차는 현상.
  • **식도/위 정맥류 (Esophageal/Gastric Varices):** 식도나 위에 비정상적인 혈관이 생겨 출혈 위험이 높아지는 상태.
  • **비장 비대 (Splenomegaly):** 비장(지라)이 커지는 현상.

해 간경변증으로 간이 딱딱해지면, 장에서 간으로 들어가는 혈관인 문맥의 압력이 높아집니다(문맥압 항진증). 이로 인해 혈액이 간으로 원활하게 들어가지 못하고 역류하거나 우회로를 찾게 되면서, 복수, 정맥류, 비장 비대와 같은 다양한 2차적인 문제들이 발생하게 됩니다.

PART 2

동차대비 핵심요약
총정리편

의학이론 기초의 모든 것

상해 총론 (General Principles of Trauma)

Ⅰ. 골절(Fracture)의 이해

1 골의 구조, 골절의 정의 및 분류

(가) 골의 구조

뼈의 구성성분의 유기질 35%, 무기질 45%, 수분 20%로 구성된다.

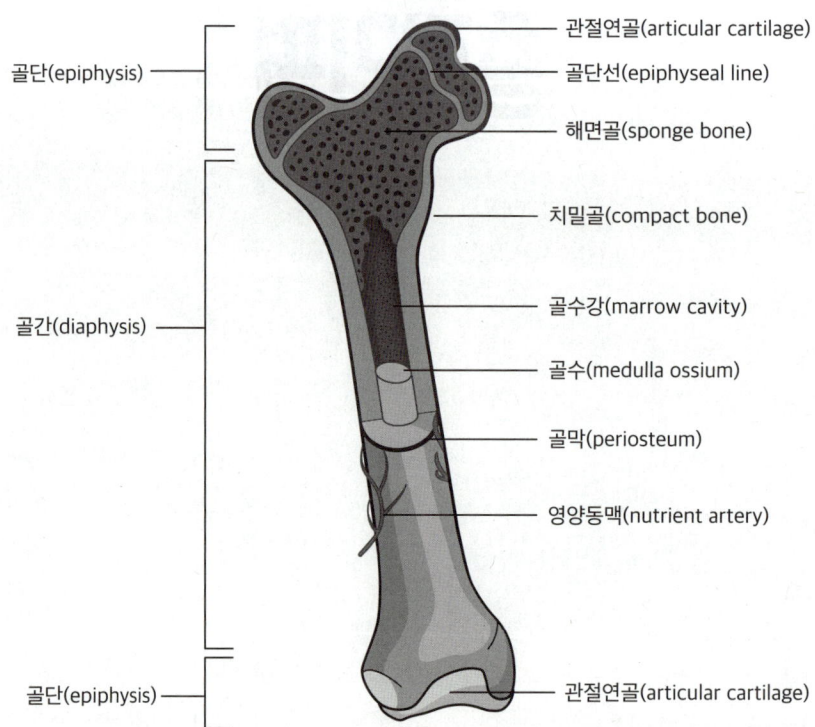

골단(epiphysis)

관절연골(articular cartilage)
골단선(epiphyseal line)
해면골(sponge bone)

치밀골(compact bone)

골간(diaphysis)

골수강(marrow cavity)
골수(medulla ossium)
골막(periosteum)

영양동맥(nutrient artery)

골단(epiphysis)

관절연골(articular cartilage)

(1) 골질

① 치밀골 : 뼈의 표층을 차지하며 견고하다.

② 해면골 : 스펀지와 같이 구멍이 많이 뚫려 치밀골 내부에 있다. 움직일 때 충격을 완화한다.

(2) 하버즈관

치밀골 속에 혈관이나 신경이 통하는 관계통이다.

(3) 골막

관절면을 제외한 골의 표면을 싸고 있는 결합조직으로 뼈를 보호하며 뼈의 두께 성장과 영양공급, 혈관과 지각신경이 분포되어 있다.

① 골 외막 : 골모세포와 혈관을 가지고 있어 뼈의 두께 성장과 재생에 기여하며 건과 인대의 부착점이 된다.

② 골 내막 : 골수강을 덮는 섬세한 결합조직막으로 골모세포와 파골세포를 가지고 있어 뼈의 형성에 관여한다.

(4) 골수

① 적색골수 : 조혈기능이 있으며 척추, 늑골, 흉골은 평생동안 적색골수로 남아있다.

② 황색골수 : 적색골수의 조혈세포가 감소하고 지방세포(연관: 지방색전증)가 증가하면서 황색으로 변한다.

> ※ 골수(Bone marrow)는 척추, 골반, 갈비뼈, 대퇴골 등 비교적 큰 뼈의 중심부에 있는, 부드럽고 스펀지 같은 조직을 말합니다.
> 가장 중요한 역할은 우리 몸의 '혈액 세포를 만드는 공장(조혈 기능)'이라고 할 수 있습니다.
>
> 1. 골수의 주요 기능 : 혈액 세포 생성 (조혈, Hematopoiesis)
> 골수는 혈액을 구성하는 중요한 세포들을 모두 만들어냅니다.
> (1) 적혈구 (Red Blood Cells) : 온몸에 산소를 운반하는 역할을 합니다.
> (2) 백혈구 (White Blood Cells) : 외부의 세균이나 바이러스 등과 싸우는 면역을 담당합니다. (다발성 골수종의 원인인 '형질세포'도 백혈구의 한 종류입니다.)
> (3) 혈소판 (Platelets) : 상처가 났을 때 출혈을 멎게 하는 지혈 작용을 합니다.
>
> 2. 골수의 종류
> 골수는 기능에 따라 두 가지 종류로 나뉩니다.
> • 적색 골수 (Red Marrow) : 혈액 세포를 활발하게 만드는 '실제 생산 라인'입니다. 어린아이들은 대부분의 뼈가 적색 골수로 채워져 왕성하게 혈액을 만듭니다.
> • 황색 골수 (Yellow Marrow) : 주로 지방 세포로 구성되어 있으며, 평소에는 '창고' 역할을 합니다. 성인이 되면 긴 뼈의 가운데 부분은 대부분 황색 골수로 채워집니다. 하지만 우리 몸이 위급한 상황(심한 출혈 등)에 처하면 황색 골수가 다시 적색 골수로 바뀌어 혈액 생산을 돕기도 합니다.

3. 질병과의 관계
- **다발성 골수종** : 이 '혈액 공장'의 특정 세포(형질세포)가 암세포로 변하여 비정상적으로 증식하는 병입니다.
- **재생불량성 빈혈** : 이 공장 자체가 여러 원인으로 망가져 혈액 세포를 제대로 만들지 못하는 병입니다.
- **골절** : 뼈가 부러지면 뼛속의 골수 부분에도 출혈이 생기고 멍이 드는데, 이를 MRI 등에서 '골수 부종(Bone marrow edema)'이라고 표현합니다.

(5) 연골

① 골단 연골 : 뼈의 길이성장에 관여한다.

② 관절 연골 : 탄력성이 있어 관절부를 보호한다.

(나) 골절의 정의

골절이란 '뼈의 연속성이 완전 혹은 불완전하게 소실된 상태'를 말합니다. 쉽게 말해 뼈에 금이 가거나 부러진 것을 의미합니다. 골절이 발생하면 뼈 자체의 손상뿐만 아니라, 주변의 근육, 신경, 혈관 등 연부조직의 손상이 동반될 수 있어 정확한 평가가 중요합니다.

(다) 골절의 분류

골절은 여러 기준에 따라 다음과 같이 분류할 수 있습니다.

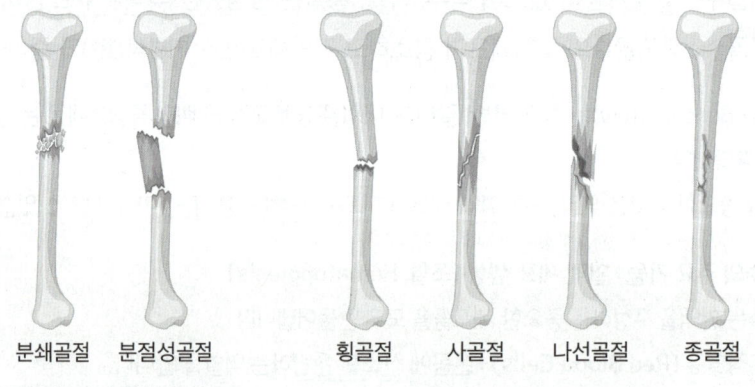

| 분쇄골절 | 분절성골절 | 횡골절 | 사골절 | 나선골절 | 종골절 |

<골절편의 수에 의한 분류>   <골절면의 방향에 의한 분류>

생목골절	함몰골절

분류 기준	종류	설명
손상 정도	완전 골절	뼈가 완전히 두 조각 이상으로 분리된 상태입니다.
	불완전 골절	뼈의 일부만 손상되어 연속성이 유지되는 상태입니다. (예: 실금, 생목골절)
피부 손상 여부	폐쇄성(단순) 골절	골절 부위의 피부 손상이 없어, 뼈가 외부와 통하지 않는 상태입니다.
	개방성(복합) 골절	피부와 연부조직이 손상되어 골절 부위가 외부 환경에 노출된 상태입니다. 뼛조각이 피부를 뚫고 밖으로 나오거나, 외부 물체가 몸을 뚫고 들어가 뼈를 부러뜨린 경우 모두 해당됩니다. 감염의 위험이 매우 높아 응급 처치가 필요합니다.
골절선의 방향	횡골절 (Transverse)	뼈의 장축에 대해 수직 방향으로 골절선이 있는 경우입니다.
	사골절 (Oblique)	골절선이 뼈의 장축에 대해 비스듬한 모양입니다.
	나선골절 (Spiral)	뼈가 비틀리는 힘(회전력)에 의해 나선 모양으로 골절된 경우입니다.
	분쇄골절 (Comminuted)	뼈가 여러 조각으로 부서진 복잡한 형태의 골절입니다.
특수 형태	함몰골절 (Depressed)	납작한 뼈(주로 두개골)의 일부가 안쪽으로 눌려 들어간 골절입니다.
	생목골절 (Greenstick)	소아에서 주로 발생하며, 생나무 가지를 꺾을 때처럼 뼈의 한쪽은 부러지고 다른 한쪽은 휘어지는 불완전 골절입니다.

2 불안정성 골절 (Unstable Fracture) 42회 기출

(가) 정의

불안정성 골절이란, 골절된 이후 초기 고정(예: 부목, 석고붕대)만으로는 골절편(부러진 뼛조각)이 원래 위치를 유지하지 못하고 쉽게 어긋나거나(전위), 추가적인 손상을 유발할 가능성이 높은 골절을 의미합니다.

(나) 임상적 의의 및 치료 방향

이러한 골절은 치유 과정에서 뼈가 잘못된 위치로 붙거나(부정유합), 주변의 중요한 신경이나 혈관을 손상시킬 위험이 있습니다. 따라서 대부분의 불안정성 골절은 수술적 치료(내고정술 등)를 통해 뼈를 단단히 고정해야 합니다.

의학이론 기초의 모든 것

특수 골절

(가) 피로 골절 (Fatigue Fracture) `37회 기출`

(1) 정의

건강한 뼈에 반복적인 스트레스나 부하가 지속적으로 가해져, 뼈가 이를 견디지 못하고 미세한 균열이 발생하는 골절입니다. 큰 외상 없이 발생하는 것이 특징이며, 주로 운동선수나 행군을 많이 하는 군인에게서 흔히 볼 수 있습니다.

(2) 호발 부위

체중 부하가 많이 걸리는 다리뼈에 주로 발생하며, 대표적인 부위는 다음과 같습니다.

1) 중족골 (발등뼈)
2) 경골 (정강이뼈)
3) 종골 (발뒤꿈치뼈)
4) 비골 (종아리뼈)

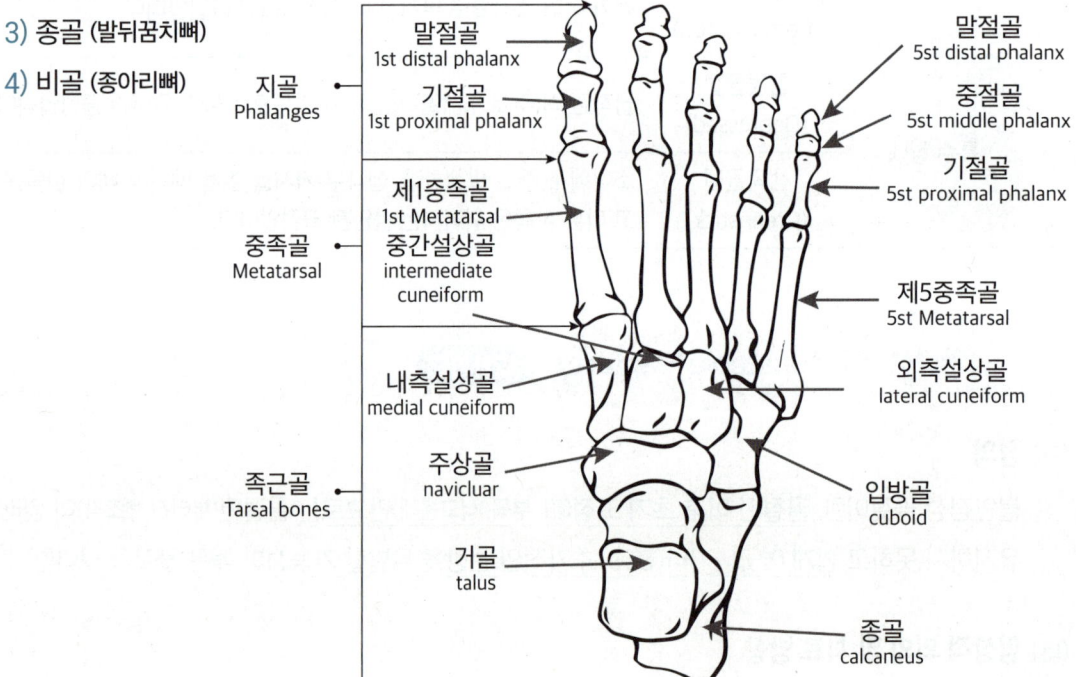

지골
Phalanges

말절골
1st distal phalanx

기절골
1st proximal phalanx

제1중족골
1st Metatarsal

중족골
Metatarsal

중간설상골
intermediate cuneiform

내측설상골
medial cuneiform

족근골
Tarsal bones

주상골
navicluar

거골
talus

말절골
5st distal phalanx

중절골
5st middle phalanx

기절골
5st proximal phalanx

제5중족골
5st Metatarsal

외측설상골
lateral cuneiform

입방골
cuboid

종골
calcaneus

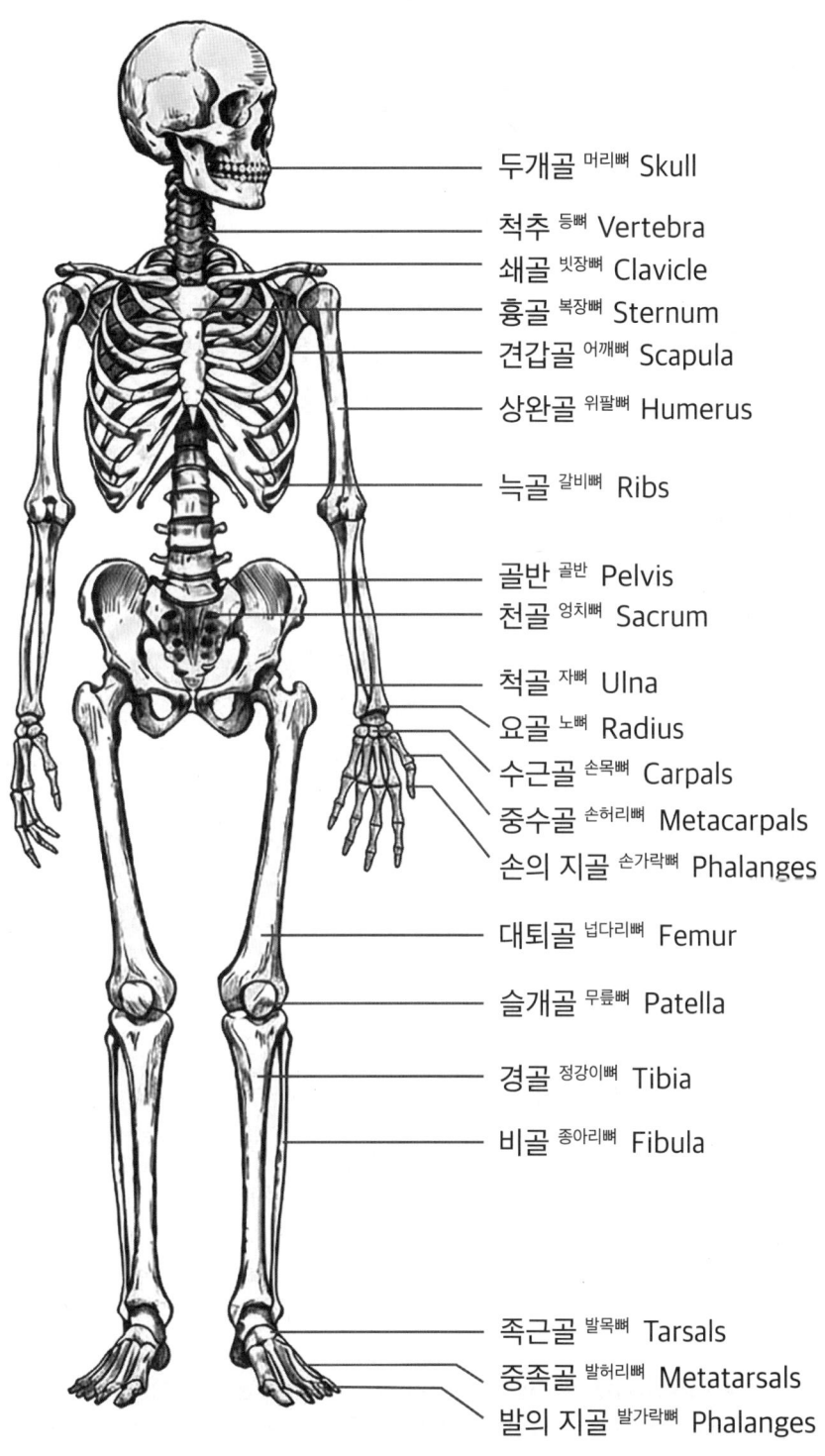

두개골 ^{머리뼈} Skull

척추 ^{등뼈} Vertebra

쇄골 ^{빗장뼈} Clavicle

흉골 ^{복장뼈} Sternum

견갑골 ^{어깨뼈} Scapula

상완골 ^{위팔뼈} Humerus

늑골 ^{갈비뼈} Ribs

골반 ^{골반} Pelvis

천골 ^{엉치뼈} Sacrum

척골 ^{자뼈} Ulna

요골 ^{노뼈} Radius

수근골 ^{손목뼈} Carpals

중수골 ^{손허리뼈} Metacarpals

손의 지골 ^{손가락뼈} Phalanges

대퇴골 ^{넙다리뼈} Femur

슬개골 ^{무릎뼈} Patella

경골 ^{정강이뼈} Tibia

비골 ^{종아리뼈} Fibula

족근골 ^{발목뼈} Tarsals

중족골 ^{발허리뼈} Metatarsals

발의 지골 ^{발가락뼈} Phalanges

의학이론 기초의 모든 것

(나) 병적 골절 (Pathologic Fracture) 39회 기출

(1) 정의

종양, 감염, 골다공증 등 기저 질환으로 인해 뼈 자체가 매우 약해진 상태에서, 정상적인 뼈라면 충분히 견딜 수 있는 가벼운 외상이나 일상적인 활동 중에도 쉽게 발생하는 골절을 말합니다.

(2) 원인 질환

원인이 되는 병변은 전신적인 경우와 국소적인 경우로 나눌 수 있습니다.

1) 전신적 병변: 골다공증, 구루병, 부갑상선 기능 항진증, 다발성 골수종 등

2) 국소적 병변: 원발성 골종양(골육종 등), 전이성 골종양(다른 암이 뼈로 전이된 경우), 골수염, 골낭종 등

※ 구루병(Rickets, 佝僂病)은 성장기 아동 및 청소년에게서 뼈의 석회화(광물화) 과정에 문제가 생겨 뼈가 약해지고 휘어지는 등 변형이 발생하는 골격계 질환입니다.

1. 주요 원인 : 비타민 D 부족

가장 주된 원인은 비타민 D의 결핍 또는 대사 장애입니다.

우리 몸은 뼈를 튼튼하게 만들기 위해 칼슘과 인을 사용하는데, 비타민 D는 장에서 칼슘과 인이 흡수되도록 돕는 필수적인 역할을 합니다. 비타민 D가 부족해지면, 뼈에 칼슘이 제대로 달라붙지 못해 뼈가 단단해지지 못하고 물렁물렁한 상태가 됩니다. 이렇게 약해진 뼈는 성장기 아동의 체중을 이기지 못하고 점차 휘어지게 됩니다.

2. 특징적인 증상

구루병의 증상은 주로 뼈의 변형과 관련이 있습니다.

(1) 다리 변형 : 체중 부하로 인해 다리가 O자 형태로 휘는 'O다리(내반슬)' 또는 X자 형태로 휘는 **'X다리(외반슬)'**가 대표적입니다.

(2) 성장판 부위 변화 : 손목이나 발목, 늑골-연골 접합부(가슴 부위)가 구슬처럼 튀어나와 보일 수 있습니다. (구루병염주, rachitic rosary)

(3) 기타 : 성장 지연, 뼈의 통증, 치아 발육 부전 등이 나타날 수 있습니다.

이렇게 뼈 자체가 약해진 상태이므로, 구루병은 가벼운 충격에도 뼈가 쉽게 부러지는 병적 골절(Pathologic Fracture)의 원인이 될 수 있습니다.

3. 골연화증(Osteomalacia)과의 차이

구루병과 골연화증은 비타민 D 부족으로 뼈가 약해지는 동일한 질병 과정이지만, 발생하는 연령에 따라 부르는 이름이 다릅니다.

• 구루병 (Rickets) : 성장판이 아직 열려 있는 소아·청소년에게 발생합니다.

• 골연화증 (Osteomalacia) : 성장판이 닫힌 성인에게 발생합니다.

※ 부갑상선 기능 항진증(Hyperparathyroidism)은 목의 갑상선 뒤쪽에 위치한 4개의 작은 부갑상선에서 부갑상선 호르몬(Parathyroid hormone, PTH)이 과도하게 분비되는 질환입니다.

1. 부갑상선 호르몬(PTH)의 역할

부갑상선 호르몬의 정상적인 역할은 혈액 속 칼슘 농도가 낮아질 때 이를 다시 높여주는, 우리 몸의 '칼슘 조절 스위치'와 같습니다. PTH는 다음과 같은 방법으로 혈중 칼슘을 높입니다.

- **뼈** : 뼈를 분해하여 칼슘을 혈액으로 방출시킵니다.
- **신장** : 소변으로 배출되는 칼슘의 재흡수를 촉진합니다.
- **장** : 비타민 D를 활성화시켜 장에서의 칼슘 흡수를 증가시킵니다.

2. 기능 항진증의 문제점

하지만, 이 '칼슘 조절 스위치'가 고장 나(기능 항진증), 혈중 칼슘 농도가 충분한데도 불구하고 호르몬이 계속해서 분비되면 다음과 같은 문제가 발생합니다.

(1) 뼈에 미치는 영향 : 뼈에서 칼슘을 지속적으로 과도하게 빼내오게 됩니다. 이로 인해 뼈가 점차 약해지고 골밀도가 감소(골다공증)하여, 가벼운 충격에도 뼈가 쉽게 부러지는 병적 골절(Pathologic Fracture)의 원인이 될 수 있습니다.

(2) 혈액에 미치는 영향 : 혈중 칼슘 농도가 비정상적으로 높아지는 고칼슘혈증(Hypercalcemia)을 유발합니다.

(3) 신장에 미치는 영향 : 소변으로 칼슘이 많이 빠져나가면서 신장 결석의 위험을 높입니다.

3. 종류

- **원발성(Primary)** : 부갑상선 자체에 선종(양성 종양) 등이 생겨 호르몬을 과다하게 분비하는 경우입니다.
- **이차성(Secondary)** : 만성 신부전이나 심한 비타민 D 결핍으로 인해 혈중 칼슘 농도가 만성적으로 낮아지자, 이를 보상하기 위해 부갑상선이 과도하게 활성화되는 경우입니다.

※ 다발성 골수종(Multiple Myeloma)은 우리 몸의 면역체계에서 항체를 만드는 형질세포(Plasma cell)가 비정상적으로 증식하여 발생하는 혈액암의 일종입니다.

1. 핵심 원리

정상적인 형질세포는 우리 몸에 침입한 세균이나 바이러스와 싸우기 위해 다양한 종류의 항체를 만드는 아군 세포입니다. 하지만 다발성 골수종에서는 특정 형질세포 하나가 암세포로 변하여, 기능이 없는 똑같은 종류의 비정상 항체(M-단백)만 대량으로 만들어냅니다.

이 비정상 골수종 세포들이 뼈의 중심부인 골수(bone marrow)에 쌓이면서 여러 문제를 일으킵니다.

2. 뼈에 미치는 영향 (병적 골절과의 관계)

다발성 골수종이 병적 골절의 원인이 되는 이유는 다음과 같습니다.

골수종 세포는 뼈를 파괴하는 세포(파골세포)를 활성화시키고, 반대로 뼈를 만드는 세포(조골세포)의 기능은 억제합니다. 이로 인해 뼈의 칼슘이 녹아 나오는 것처럼 뼈에 구멍이 뚫리는 '용해성 골 병변(lytic bone lesion)'이 생기거나, 뼈 전체가 약해지는 골다공증이 발생합니다.

따라서 뼈가 매우 약해져 심한 뼈 통증을 유발하고, 일상생활 중에도 쉽게 뼈가 부러지는 병적 골절(Pathologic Fracture)의 매우 중요한 원인이 됩니다.

3. 주요 증상 (CRAB 기준)

다발성 골수종의 대표적인 증상과 합병증은 앞 글자를 따서 'CRAB'으로 요약할 수 있습니다.

- C (Hypercalcemia) : **고칼슘혈증** – 뼈가 파괴되면서 혈액 속 칼슘 수치가 비정상적으로 올라갑니다.
- R (Renal failure) : **신부전** – 비정상 M-단백이 신장에 쌓여 기능을 손상시킵니다.
- A (Anemia) : **빈혈** – 골수에서 암세포가 정상 혈액세포(적혈구) 생성을 방해하여 발생합니다.
- B (Bone lesions) : **골 병변** – 뼈 통증, 용해성 병변, 병적 골절 등이 나타납니다.

'다발성(Multiple)'이라는 이름은 이 암세포가 한 곳에만 머무르지 않고 척추, 갈비뼈, 골반 등 전신의 여러 뼈의 골수에 침범하기 때문에 붙여졌습니다.

II. 골절의 치유 과정과 영향 인자

1 정상적인 골절 치유 과정

골절된 뼈는 스스로 붙는 자연 치유 능력이 있습니다. 이 과정은 크게 세 단계로 나뉩니다.

(가) 제1단계 : 염증기 (Inflammatory stage)

골절 직후, 손상된 혈관에서 출혈이 발생하여 골절 부위에 혈종(피떡)이 형성됩니다. 이 혈종 내에서 염증 반응이 일어나며 치유에 필요한 세포들이 모여듭니다.

(나) 제2단계 : 복원기 (Reparative stage)

염증세포들이 혈종을 점차 흡수하고, 그 자리에 새로운 혈관과 함께 가골(假骨, Callus)이라는 뼈의 풋것(연골 성분)을 만듭니다. 이 가골이 골절된 뼈 사이를 연결하며 초기 안정성을 제공합니다.

(다) 제3단계 : 재형성기 (Remodeling stage)

물렁물렁하던 가골이 점차 단단한 정상 뼈(성숙골)로 대치되고, 뼈의 원래 모양과 강도를 되찾기 위해 불필요한 부분은 흡수되고 필요한 부분은 강화되는 과정이 수개월에서 수년에 걸쳐 일어납니다.

2 골절 치유에 영향을 미치는 인자 `46회 기출`

뼈가 잘 붙기 위해서는 여러 조건이 충족되어야 합니다. 치유 속도와 결과에 영향을 주는 요인은 다음과 같습니다.

구분	유리한 인자 (치유 촉진)	불리한 인자 (치유 방해)
전신적 인자	• 젊은 나이 • 양호한 영양 상태 • 정상 호르몬 상태	• 고령 • 영양 결핍 • 스테로이드 등 특정 약물 복용 • 당뇨병, 골다공증 등 만성 질환 • 흡연
국소적 인자	• 골절 부위 혈액 공급이 원활한 경우 • 골절의 정도가 경미한 경우 • 골절 부위가 안정적으로 고정된 경우 • 연부조직 손상이 적은 경우	• 혈액 공급 불량 (대퇴골두, 주상골 등) • 심한 분쇄 골절 또는 뼈 결손 • 불안정한 고정 • 감염 • 심한 연부조직 손상

3 소아 골절의 특징과 재형성 42회 기출

(가) 소아 골절의 특징(치유 속도, 성장판 손상 위험 등)

소아의 뼈는 성인과 달라 골절의 양상과 치유 과정에 몇 가지 특징이 있습니다. 뼈가 유연하여 생목골절과 같은 불완전 골절이 많고, 뼈 끝에 성장판이 존재합니다. 골막이 두껍고 혈액 공급이 풍부하여 골절 치유 속도가 성인보다 훨씬 빠릅니다.

(나) 재형성(Remodeling)의 원리와 임상적 적용

소아는 뼈가 스스로 모양을 바로잡는 "재형성 능력"이 매우 뛰어납니다. 약간의 각 변형이나 어긋남이 있더라도, 성장하면서 뼈가 점차 곧게 펴지고 정상적인 모양으로 돌아갈 수 있습니다.

(1) 예시

6세 남아가 우측 경골 간부 골절 후 7도 정도의 전방 각 변형이 형성된 경우

① 치료: 특별한 처치 없이 경과를 관찰합니다.

② 이유: 소아는 재형성 능력이 매우 뛰어나므로, 성장 과정에서 변형이 자연스럽게 교정될 가능성이 높기 때문입니다.

III. 골절의 합병증

1 조기 합병증

(가) 구획증후군 (Compartment Syndrome) 37회, 40회, 46회 기출 ★★★

(1) 정의 및 기전

근육과 신경조직은 근막이라는 질긴 막에 의해 구획으로 나뉘어 둘러싸여 있습니다. 골절 후 심한 부종이나 출혈로 인해 이 구획 내의 압력이 비정상적으로 증가하면, 혈관과 신경을 압박하여 혈액순환이 차단되고 심한 경우 조직이 괴사하는 응급상황입니다.

(2) 전형적인 증상 (5P)

1) 심한 통증 (Pain) : 가장 중요하고 초기에 나타나는 증상. 진통제에 잘 반응하지 않고, 수동적 신전 시 악화됨
2) 창백 (Pallor) : 혈액순환 장애로 피부가 창백해짐
3) 감각 이상 (Paresthesia) : 신경 압박으로 인한 저림 또는 무감각
4) 마비 (Paralysis) : 신경 및 근육 손상으로 움직임이 어려워짐
5) 무맥 (Pulselessness) : 동맥이 완전히 막혔을 때 나타나는 가장 늦은 소견

(3) 진단 및 치료

구획 내 압력을 직접 측정하여 진단할 수 있으며, 진단 시 즉시 압박을 유발하는 석고 붕대나 솜 등을 제거해야 합니다. 이후에도 압력이 해소되지 않으면 응급으로 "근막 절개술"을 시행하여 구획 내 압력을 감압시켜야 합니다.

(나) 감염 (Infection) (가스괴저 등) 37회 기출

특히 개방성 골절에서 흔하며, 골수염으로 진행될 수 있습니다.

(1) 예시 : 가스괴저 (Gas Gangrene)

① 증상 : 창상 부위의 극심한 통증, 부종, 피부 변색과 함께 쥐가 썩는 듯한 악취가 나는 배출물이 특징입니다.
② 예방 및 치료 : 오염된 상처의 경우 즉각적이고 철저한 "변연절제술(괴사 조직 제거)" 및 세척이 가장 중요하며, 광범위 항생제를 투여하고 응급 수술을 통해 괴사 조직을 광범위하게 제거해야 합니다.

2   만기 합병증

(가) 부정유합 (Malunion)   38회, 41회, 46회, 47회 기출   ★★★★

(1) 정의

골절된 뼈가 해부학적 위치가 아닌, 변형된 상태로 유합된 것을 말합니다.

(2) 원인

골절편의 부적절한 정복, 불충분한 고정, 너무 이른 활동 재개 등이 원인이 됩니다.

(3) 종류

각형성(뼈가 각을 이루며 휜 경우), 단축(뼈 길이가 짧아진 경우), 회전 변형(뼈가 회전된 채 붙은 경우) 등이 있습니다.

(나) 무혈성 괴사 (Avascular Necrosis)   41회, 46회 기출   ★★

(1) 정의

골절로 인해 뼈의 특정 부위로 가는 혈액 공급이 차단되어, 뼈 조직이 죽는(괴사) 합병증입니다.

(2) 골절 후 호발 부위

혈액순환이 취약한 특정 부위에서 잘 발생합니다.

1) 대퇴골두 (고관절)

2) 수근골의 주상골 (손목)

3) 거골 (발목)

(3) 비외상성 원인

외상 외에도 다음과 같은 위험인자가 있습니다.

1) 과도한 음주

2) 스테로이드 약물 남용

3) 잠수병

4) 전신성 홍반성 루푸스(SLE) 등 결체조직질환

5) 장기 이식

> **1. 결체조직질환 (Connective Tissue Disease)**
>   **(1) 결체조직이란?** : 우리 몸의 각기 다른 조직과 장기를 연결하고, 지지하며, 형태를 유지해 주는 '접착제' 또는 '골격'과 같은 조직입니다. 피부, 힘줄, 인대, 뼈, 연골, 혈관벽 등이 모두 결체조직에 속합니다.

(2) 결체조직질환이란? : 주로 자가면역(autoimmunity) 기전으로 인해 이러한 결체조직에 만성적인 염증과 손상이 발생하는 질환들을 총칭하는 말입니다.

- **자가면역이란?** : 우리 몸을 지켜야 할 면역체계에 혼란이 생겨, 외부의 세균이나 바이러스가 아닌 자기 자신의 건강한 조직(결체조직 등)을 적으로 오인하고 공격하는 현상입니다.
- **대표적인 질환** : 류마티스 관절염, 전신 경화증, 피부근염/다발성근염, 그리고 아래에서 설명할 전신성 홍반성 루푸스 등이 있습니다.

2. 전신성 홍반성 루푸스 (Systemic Lupus Erythematosus, SLE)

전신성 홍반성 루푸스는 가장 대표적인 자가면역성 결체조직질환입니다.

(1) 이름의 의미

- **전신성(Systemic)** : 질병이 피부나 관절 등 한 곳에 국한되지 않고, 신장, 뇌, 심장, 폐 등 전신의 다양한 장기를 침범할 수 있다는 의미입니다.
- **홍반성(Erythematosus)** : 피부에 붉은 발진(홍반)이 잘 생긴다는 특징을 나타냅니다. 특히 양쪽 뺨에 걸쳐 나타나는 **나비 모양의 발진(Malar rash)**이 매우 특징적입니다.
- **루푸스(Lupus)** : '늑대'를 의미하는 라틴어로, 과거에 이 피부 발진이 늑대에게 물린 자국과 비슷하다고 해서 붙여진 이름입니다.

(2) 주요 증상 : 면역체계가 전신을 공격하기 때문에 증상이 매우 다양하게 나타납니다.

- **피부** : 나비 모양 발진, 원판상 발진, 광과민성 (햇빛 노출 시 발진 악화)
- **관절** : 다발성 관절통 및 관절염
- **신장** : 단백뇨, 혈뇨, 신부전 (루푸스 신염)
- **전신 증상** : 극심한 피로감, 원인 불명의 열, 탈모, 체중 감소

(3) 대퇴골두 무혈성 괴사와의 관계 : 루푸스가 대퇴골두 무혈성 괴사의 원인이 되는 이유는 두 가지 측면에서 볼 수 있습니다.

① **질병 자체의 영향** : 루푸스 자체가 혈관에 염증을 일으키는 '혈관염'을 유발하여 대퇴골두로 가는 혈액 공급을 직접적으로 방해할 수 있습니다.

② **치료 약물의 영향** : 루푸스의 염증을 조절하기 위한 주요 치료제인 고용량의 스테로이드가, 대퇴골두 무혈성 괴사를 유발하는 매우 잘 알려진 위험인자이기 때문입니다.

(다) 외상 후 관절염 (Post-traumatic Arthritis) 41회, 42회, 43회, 45회 기출 ★★★★

(1) 정의

관절 내 골절로 인해 관절 연골이 직접 손상되거나, 부정유합으로 관절의 역학적 축이 변형되어 발생하는 이차성 퇴행성 관절염입니다.

(2) 치료

증상이 심한 경우 관절의 기능을 유지하기 위해 "관절 유합술, 절골술, 인공관절 치환술" 등의 수술을 고려할 수 있습니다.

1. 관절 유합술 (Arthrodesis, 관절 고정술)
- **핵심 개념** : 손상된 관절을 이루는 뼈들을 하나로 합쳐, 해당 관절이 '움직이지 않게' 영구적으로 굳혀버리는 수술입니다. 관절 연골을 제거하고 금속판이나 나사 등으로 고정하여 두 뼈가 하나의 뼈처럼 붙게 만듭니다.
- **목표** : 관절의 움직임을 없애 통증을 완전히 제거하는 것입니다.
- **장단점** : 통증은 확실히 없어지지만, 관절의 '운동 기능'은 완전히 희생됩니다.
- **주요 적용** : 주로 발목, 손목, 발, 척추 등 운동 범위보다 체중 지지나 안정성이 더 중요한 관절의 심한 외상 후 관절염에 시행됩니다.

2. 절골술 (Osteotomy)
- **핵심 개념** : O자형 다리(내반슬)처럼 체중 부하 축이 변형된 관절 주위의 뼈를 잘라 '각도를 바꾸어' 정렬을 바로잡는 수술입니다.
- **목표** : 자기 관절을 보존하면서, 체중이 관절의 건강한 부분으로 실리도록 축을 변경하여 통증을 줄이고 관절염의 진행을 늦추는 것입니다.
- **장단점** : 자기 관절을 최대한 오래 살려서 쓸 수 있다는 장점이 있지만, 회복 기간이 길고 적용 대상이 제한적입니다.
- **주요 적용** : 주로 비교적 젊고 활동적인 환자에서, 관절의 한쪽에만 관절염이 국한된 경우에 인공관절 수술 시기를 늦추기 위한 목적으로 시행합니다.

3. 인공관절 치환술 (Arthroplasty, 관절 성형술)
- **핵심 개념** : 손상된 관절 연골과 뼈를 제거하고, 그 자리를 금속이나 특수 플라스틱으로 제작된 '새로운 인공관절로 교체'하는 수술입니다.
- **목표** : 통증 제거와 동시에 관절의 운동 기능을 회복하는 것입니다.
- **장단점** : 통증 완화와 기능 개선 효과가 매우 뛰어나지만, 인공관절 자체의 수명(보통 15~20년)이 있어 마모되거나 헐거워지면 재수술이 필요할 수 있습니다.
- **주요 적용** : 관절 전체에 심한 손상이 있는 말기 퇴행성 관절염이나 류마티스 관절염 환자에게 가장 널리 시행됩니다.

(라) 관절 강직 (Joint Stiffness) 및 운동 제한 `38회, 44회 기출` ★★

외상 후 관절 운동 범위가 정상보다 감소하는 상태로, 관절 내, 외적 원인으로 나눌 수 있습니다.

(1) 관절 내 원인

관절 내 유착, 관절면의 불일치 등

(2) 관절 외 원인

피부, 근육, 관절낭 등 관절 주위 연부 조직의 구축(딱딱하게 굳음) 및 유착

Ⅳ. 외상 환자의 평가 및 처치

1 응급 처치

(가) 부목 고정의 목적과 장점 `41회 기출`

골절 환자에게 부목을 대는 것은 통증을 줄이고, 골절 부위의 추가적인 연부조직, 신경, 혈관 손상을 방지하며, 지방 색전증의 위험을 줄이고, 환자 이송을 용이하게 하는 등의 장점이 있습니다.

> ※ 지방색전증(Fat Embolism Syndrome, FES)**은 주로 대퇴골(허벅지뼈)이나 경골(정강이뼈) 같은 긴 뼈가 부러졌을 때, 뼛속에 있던 지방 방울이 혈관으로 흘러 들어가 전신을 떠돌며 여러 장기에 문제를 일으키는 심각한 합병증입니다.
>
> **1. 발생 원리**
>
> 긴 뼈의 중심부, 즉 골수에는 지방이 많이 포함되어 있습니다. 뼈가 부러지면서 이 골수가 손상되면, 마치 물에 기름이 풀리듯 노란 지방 방울들이 찢어진 혈관으로 새어 들어갑니다.
>
> 이 지방 방울들은 혈류를 타고 가장 먼저 폐로 이동하여 폐의 작은 혈관들을 막고 염증을 일으킵니다. 일부는 폐를 통과하여 뇌, 피부, 신장 등 다른 장기로 이동하여 해당 장기의 혈관을 막고 손상을 유발할 수 있습니다.
>
> **2. 3대 특징적인 증상**
>
> 지방색전증은 보통 골절 후 24~72시간 이내에 다음과 같은 3대 특징적인 증상이 나타날 수 있습니다.
>
> **(1) 호흡기 증상** : 가장 흔하고 먼저 나타나는 증상입니다. 지방 방울이 폐 혈관을 막으면서 발생하며, 갑작스러운 호흡곤란, 저산소증, 빠른 호흡 등이 나타납니다.
>
> **(2) 신경학적 증상** : 뇌 혈관이 막히면서 발생합니다. 안절부절못하거나 의식이 흐려지고(착란), 심하면 경련이나 혼수상태에 빠질 수 있습니다.
>
> **(3) 피부 증상 (점상출혈)** : 가슴 윗부분, 겨드랑이, 목, 눈 결막 등에 작은 붉은 반점(점상출혈)이 나타나는 특징적인 소견입니다. 모든 환자에게 나타나지는 않습니다.
>
> **3. 중요성 및 예방**
>
> 지방색전증은 사망률이 높은 위험한 합병증이지만, 다행히 발생 빈도는 높지 않습니다. 이를 예방하는 가장 중요한 방법은 골절 후 최대한 빨리 뼈를 안정적으로 고정하는 수술을 시행하여, 지방 방울이 혈관으로 유입될 가능성을 최소화하는 것입니다.

(나) 쇼크 예방 및 처치 `37회 기출`

특히 골반 골절이나 대퇴골 골절과 같이 큰 뼈가 부러진 경우 다량의 내부 출혈로 쇼크가 발생할 수 있습니다. 따라서 활력 징후를 면밀히 관찰하고 정맥 주사선을 확보하여 수액을 공급하는 것이 중요합니다.

2 정형외과적 응급상황 47회 기출

즉각적인 처치나 수술이 이루어지지 않을 경우, 사지의 기능 보존이 어렵거나 생명이 위독해질 수 있는 경우를 말하며, 다음과 같은 경우가 해당합니다.

(가) **개방성 골절**

(나) **구획증후군**

(다) **혈관 손상이 동반된 골절 및 탈구**

(라) **척수 손상이 동반된 불안정성 척추 골절**

(마) **다발성 외상**

3 개방성 골절의 치료 원칙 41회 기출

개방성 골절은 감염의 위험이 매우 크므로 응급 수술이 원칙입니다. 치료의 핵심은 이른 시일 안에 오염된 조직과 괴사 조직을 제거(변연절제술)하고, 다량의 생리식염수로 세척하며, 적절한 항생제를 투여하고, 골절을 안정적으로 고정하는 것입니다.

V. 진단 및 평가 도구

1 영상 진단 검사

(가) 단순 방사선 촬영 (X-ray)

골절 진단의 가장 기본적이고 일차적인 검사입니다.

(나) 컴퓨터 단층촬영 (CT)

복잡한 관절 내 골절이나 미세 골절의 형태를 명확하게 파악하는 데 유용합니다.

(다) 자기공명영상 (MRI)

인대, 반월상 연골판, 근육 등 연부조직 손상이나 골수 부종을 평가하는 데 가장 유용합니다.

(라) 급성/만성 골절 감별을 위한 영상 검사 활용 `43회 기출`

압박골절 등에서 골절이 최근에 발생한 것(급성)인지 오래된 것(만성)인지 감별이 필요할 때 MRI와 골주사 검사(Bone Scan)가 가장 유용합니다. 급성 골절에서는 이들 검사에서 특징적인 신호 증가(hot uptake) 소견 이 관찰됩니다.

2 기능 평가

(가) 관절 운동범위(ROM) 평가 및 제한원인(관절 내/외 원인) `38회, 42회, 44회 기출` ★★★

(1) 운동 제한의 원인

외상 후 관절이 잘 움직이지 않는 원인은 크게 관절 자체의 문제와 관절 주변 조직의 문제로 나눌 수 있습니다.

(2) 능동적 운동과 수동적 운동

정상 관절에서는 스스로 움직이는 범위(능동적 운동)와 타인이 움직여주는 범위(수동적 운동)가 일치합니다. 그러나 수동적 운동 범위가 능동적 운동 범위보다 큰 경우는 관절 자체는 정상이지만, 근력 약화나 마비, 혹은 힘줄 파열로 인해 스스로 관절을 움직이지 못하는 상태임을 시사합니다.

(나) 도수 근력 검사(MMT) 등급 `37회, 43회 기출` ★★

신경 손상이나 근력 약화의 정도를 평가하는 표준화된 방법으로, 0~5단계로 나뉩니다.

등급	영문 표기	설명
5	Normal (N)	강한 저항을 이기고 완전한 관절 운동 가능
4	Good (G)	어느 정도의 저항을 이기고 관절 운동 가능
3	Fair (F)	중력을 이기고 관절 운동 가능 (저항에는 대항 불가)
2	Poor (P)	중력을 제거한 상태에서 관절 운동 가능
1	Trace (T)	근육 수축은 관찰되나 관절 운동은 일어나지 않음
0	Zero (O)	근육 수축이 전혀 없음

*중력 제거 유무에 따른 구분 : 근력 평가에서 Grade 3과 Grade 2는 중력을 이길 수 있는지 여부로 구분되는 중요한 기준점입니다.

VI. 관절의 구조

1 활막 관절 (Synovial Joint) 38회 기출

(가) 정의 및 구조

활막 관절은 우리가 흔히 '관절'이라고 부르는 형태로, 자유로운 움직임이 가능하도록 특화된 구조를 가집니다. 두 개의 뼈 끝은 부드러운 관절 연골로 덮여 있고, 전체는 질긴 관절낭(관절 주머니)으로 둘러싸여 있습니다. 관절낭의 안쪽은 활막이라는 얇은 막이 덮고 있으며, 이곳에서 활액을 분비하여 관절 운동을 부드럽게 하고 연골에 영양을 공급합니다. 인대, 힘줄, 반월상 연골판 등도 활막 관절의 안정성과 기능에 중요한 역할을 합니다.

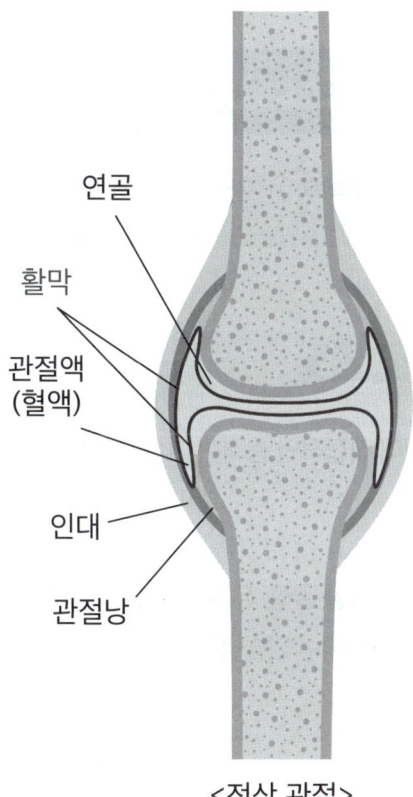

연골
활막
관절액
(혈액)
인대
관절낭

<정상 관절>

부위별 손상 (Regional Injuries)

Ⅰ. 두부 및 안면부 (Head & Face)

머리 부위의 손상은 뇌와 직접적으로 연관될 수 있어 생명에 위협을 주거나 심각한 후유장애를 남길 수 있으므로 매우 중요합니다.

1 두개골 및 안면골 골절 45회 기출

교통사고나 추락, 폭행 등으로 머리에 직접적인 충격이 가해졌을 때 발생합니다.

(가) 종류

두개골(머리뼈) 골절은 선상 골절, 함몰 골절, 두개저 골절 등으로 나뉘며, 안면골(얼굴 뼈) 골절은 코뼈, 광대뼈, 위턱뼈, 아래턱뼈 등에서 발생할 수 있습니다.

(나) 진단

단순 X-ray로도 진단이 가능하나, 뇌 손상 동반 여부 및 골절의 정확한 형태를 파악하기 위해 뇌 CT 및 안면골 CT를 촬영하는 것이 표준입니다.

(다) CT 결과지 예시를 통한 골절 부위 확인

50세 남자가 공사현장에서 수상하여 시행한 안면골 전산화단층촬영 결과지에 아래와 같이 기술된 경우,

Fracture of Lt. occipital bone, Rt. zygomatic bone, both nasal bones, both maxillary bones.

이 환자에게서 확인되는 골절된 뼈의 이름은 다음과 같습니다.

* 후두골 (Occipital bone) : 머리 뒤쪽을 구성하는 뼈

* 광대뼈 (Zygomatic bone) : 눈 아래, 뺨을 구성하는 뼈

* 코뼈 (Nasal bones) : 콧대를 이루는 뼈

* 위턱뼈 (Maxillary bones) : 위턱을 구성하는 뼈

2 외상성 뇌손상 (Traumatic Brain Injury, TBI)

외부의 물리적 충격으로 인해 뇌가 손상된 상태를 총칭하며, 손상의 종류는 매우 다양합니다.

(가) 외상성 두개강 내 출혈 (Traumatic Intracranial Hemorrhage) `45회 기출`

충격으로 인해 뇌 안이나 주변의 혈관이 터져 피가 고이는 상태를 말합니다. 출혈 위치에 따라 다음과 같이 분류합니다.

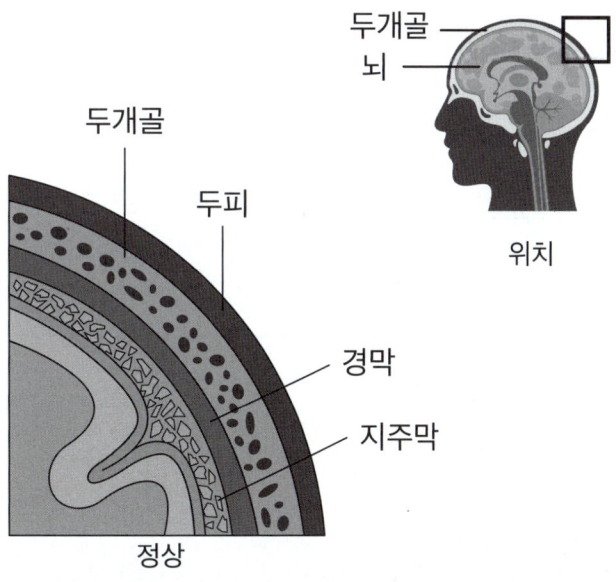

(1) 경막외출혈 (EDH, Epidural Hematoma)

두개골과 뇌를 감싸는 가장 바깥쪽 막인 경막(dura) 사이에 동맥 출혈로 피가 고인 상태입니다. CT에서 특징적인 볼록렌즈 모양으로 보입니다.

(2) 경막하출혈 (SDH, Subdural Hematoma)

경막과 그 아래의 지주막(arachnoid) 사이에 정맥 출혈로 피가 고인 상태입니다. 뇌 표면을 따라 넓게 퍼지는 초승달 모양으로 보입니다.

경막하출혈	경막외출혈
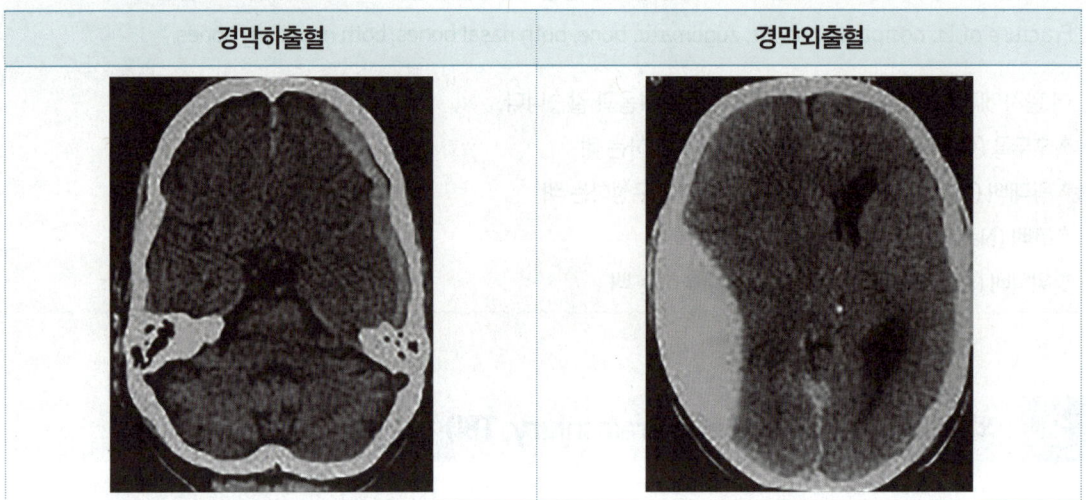	

(3) 지주막하출혈 (SAH, Subarachnoid Hemorrhage)

지주막과 뇌를 직접 감싸는 연막(pia) 사이의 공간에 출혈이 발생한 상태입니다.

(4) 뇌실질내출혈 (ICH, Intracerebral Hemorrhage)

뇌 조직 자체에 출혈이 발생한 경우입니다.

(5) 뇌실내출혈 (IVH, Intraventricular Hemorrhage)

뇌 안에 뇌척수액이 차 있는 공간인 뇌실 안으로 피가 흘러 들어간 상태입니다.

45회 기출사례

상기 환자의 뇌 CT 결과지에 아래와 같이 기술된 경우,

Traumatic SAH in suprasellar cistern...

Acute EDH in cerebellar region.

Acute IVH in both lat. 3rd, 4th ventricles

이 환자에게서 확인되는 출혈과 관계된 국소 손상은 다음과 같습니다.

* 지주막하출혈 (SAH)

* 급성 경막외출혈 (Acute EDH)

* 급성 뇌실내출혈 (Acute IVH)

(나) 의식 수준 평가: 글래스고 혼수 척도(Glasgow Coma Scale, GCS) `45회 기출`

(1) 정의

외상성 뇌손상 환자의 의식 수준을 객관적으로 평가하기 위해 전 세계적으로 가장 널리 사용되는 표준화된 도구입니다. 환자의 예후를 판정하고 치료 방향을 결정하는 데 중요한 지표가 됩니다.

(2) 평가 항목

아래 3가지 영역의 환자 반응을 점수화하여 합산합니다.

① 눈 뜨기 반응 (Eye opening): 1~4점

② 언어 반응 (Verbal response): 1~5점

③ 운동 반응 (Motor response): 1~6점

(3) 점수 해석

총점은 최저 3점에서 최고 15점까지입니다. 점수가 낮을수록 의식 저하가 심하고 뇌손상이 심각함을 의미합니다.

(다) 외상성 vs 자발성 뇌출혈의 감별점 `44회 기출`

뇌출혈 환자를 평가할 때, 사고로 인한 '외상성'인지 고혈압 등 질병으로 인한 '자발성'인지를 감별하는 것은 매우 중요합니다. 주요 감별 고려사항은 다음과 같습니다.

감별 항목	외상성 뇌출혈	자발성 뇌출혈
병력	명확한 외상력이 존재함 (교통사고, 추락 등)	뚜렷한 외상력 없음. 고혈압, 당뇨 등 기저질환이 있는 경우가 많음.
외부 손상	두피 열상, 타박상, 두개골 골절 등 외상의 흔적이 동반되는 경우가 많음.	외부 손상의 증거가 없음.
연령	주로 활동적인 젊은 연령층에서 호발함.	주로 고령층에서 호발함.
출혈 위치	충격을 받은 부위와 연관된 피질이나 피질하 백질 등 뇌의 표면에 가까운 부위에 주로 발생함.	고혈압성 뇌출혈 호발 부위인 기저핵, 시상, 교뇌, 소뇌 등 뇌의 깊은 부위에 주로 발생함.
동반 소견	경막외/하 출혈, 뇌좌상 등 다른 외상성 손상이 동반될 수 있음.	-

II. 척추 (Spine)

척추는 우리 몸의 중심 기둥 역할을 하며, 뇌에서부터 내려오는 중요한 신경 다발인 척수(Spinal cord)를 보호하는 핵심적인 구조물입니다. 척추 손상은 통증뿐만 아니라 마비를 유발할 수 있어 그 중요성이 매우 큽니다.

1 척추의 해부학적 구조 `43회, 45회 기출`

(가) 척추의 구성

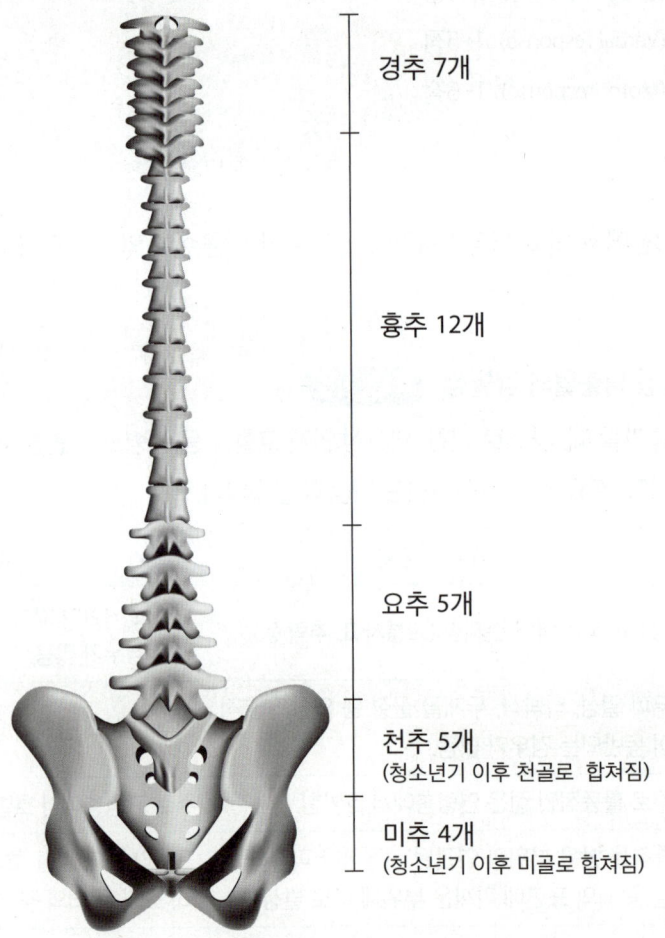

경추 7개

흉추 12개

요추 5개

천추 5개
(청소년기 이후 천골로 합쳐짐)

미추 4개
(청소년기 이후 미골로 합쳐짐)

척추(vertebral column)는 척추뼈(vertebra)라고 불리는 여러 개의 뼈가 탑처럼 쌓여 이루어진 구조입니다. 이는 다시 위치에 따라 경추(목뼈), 흉추(등뼈), 요추(허리뼈), 천추(엉치뼈), 미추(꼬리뼈)로 나뉩니다. 흉곽과 함께 체간골을 이루며, 신체를 지지하고 뇌와 장기를 보호하는 기능을 합니다.

(나) 경추(Cervical Spine)의 특징

(1) 구성

총 7개의 경추골로 구성됩니다.

(2) 운동

굴곡, 신전, 외측 굴곡, 그리고 회전 운동이 가능합니다.

(3) 상부 경추

제1경추와 제2경추는 다른 경추와는 다른 독특한 모양과 기능을 가집니다.

① 제1경추 (환추, Atlas) : 링 모양으로, 두개골을 받쳐주는 역할을 합니다.

② 제2경추 (축추, Axis) : 치돌기(dens)라는 돌기를 가지고 있어 제1경추와 관절을 이루며, 머리의 회전 운동에 중요한 역할을 합니다.

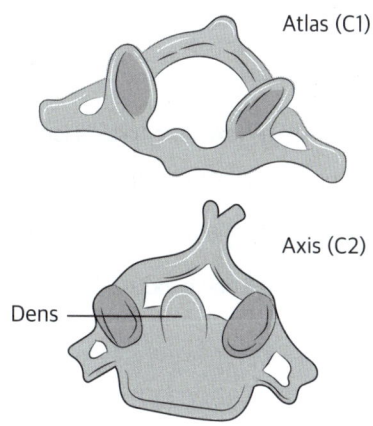

Atlas (C1)

Axis (C2)

Dens

2 척추 손상

(가) 압박 골절 (Compression Fracture) 43회 기출

(1) 정의

주로 골다공증이 심한 노인이 넘어지거나, 높은 곳에서 떨어지는 등의 수직 충격으로 척추뼈의 앞부분(추체)이 주저앉듯 납작하게 찌그러지는 골절입니다.

(2) 호발 부위

① 가장 호발하는 부위 : 흉추-요추 이행부 (Thoracolumbar junction)

② 그 외 호발 부위 : 흉추 중앙부 (Mid-thoracic spine)

(3) 진단

① 일차적 진단 : 단순 방사선 검사(X-ray)를 통해 척추체의 높이가 감소한 것을 확인합니다.

② 급성/만성 감별 : 골절이 최근에 생겼는지(급성) 오래된 것인지(만성) 감별하기 위해 MRI나 골주사검사(Bone Scan)를 시행합니다.

(나) 추간판 탈출증 (Herniated Intervertebral Disc, HNP) `47회 기출`

척추뼈 사이에 위치하여 충격을 흡수하는 <u>디스크(추간판)의 섬유륜이 파열</u>되어, 내부의 수핵이 튀어나와 <u>신경근을 압박하여 통증이나 마비를 유발</u>하는 질환입니다.

(1) 증상과 압박 신경근

신경근은 각 분절에 따라 지배하는 근육(Myotome)과 감각 영역(Dermatome)이 정해져 있어, 증상을 통해 어느 부위 신경이 눌리는지 예측할 수 있습니다.

(2) 사례 분석

30세 남자 환자의 요통 및 방사통

① 증상 : 이학적 검사상 장족무지신근(extensor hallucis longus, 엄지발가락을 위로 들어 올리는 근육)의 근력 약화와 제1족지(엄지발가락) 배부(발등 쪽)의 감각 이상을 보임.

② 의심 부위 : 제4-5 요추간 추간판 탈출 (L4-L5 HNP)이 가장 의심됩니다.

③ 압박된 신경근 : 제5 요추 신경근 (L5 nerve root)이 압박된 것입니다.

---

1. 경추 추간판 탈출증 (목디스크)

목디스크는 뒷목 및 어깨 상부의 통증이 가장 흔하며, 탈출한 디스크가 특정 경추 신경근을 압박하면 어깨, 팔, 손가락으로 뻗치는 방사통이나 저림, 근력 약화 등이 나타납니다.

이환 부위 (디스크 레벨)	압박 신경근	주요 증상 및 방사통 부위
제4-5 경추간	제5 경추 신경근	- 어깨와 팔 바깥쪽(삼각근 부위)의 통증 및 감각 이상 - 어깨를 들어 올리는 삼각근의 근력 약화
제5-6 경추간	제6 경추 신경근	- 어깨부터 팔의 바깥쪽을 지나 <u>엄지손가락과 두 번째 손가락</u>까지 뻗치는 통증 및 저림 - 손목을 위로 젖히는 힘(상완요골근)이나 팔을 굽히는 힘(상완이두근)의 약화
제6-7 경추간	제7 경추 신경근	- 팔의 뒤쪽(삼두박근)을 따라 <u>가운데 손가락</u>으로 뻗치는 통증 및 저림 - 팔을 펴는 삼두박근의 근력 약화 (가장 흔한 부위)
제7경추 -제1흉추간	제8 경추 신경근	- 팔의 안쪽을 따라 네 번째와 다섯 번째 손가락(약지, 새끼손가락)으로 뻗치는 통증 및 저림 - 손가락을 굽히는 힘이나 손을 쥐는 힘의 약화

특징: 기침을 하거나 목의 위치를 바꿀 때(특히 뒤로 젖힐 때) 증상이 악화되는 경향이 있습니다.

2. 요추 추간판 탈출증 (허리디스크)

허리디스크는 요통과 함께 엉덩이부터 다리까지 뻗치는 방사통(좌골신경통)이 가장 특징적인 증상입니다. 가장 흔하게 발생하는 부위는 제4-5 요추간과 제5요추-제1천추간입니다.

이환 부위 (디스크 레벨)	압박 신경근	주요 증상 및 방사통 부위
제3-4 요추간	제4 요추 신경근	- 엉덩이부터 허벅지 안쪽과 종아리 안쪽까지 통증 및 감각 이상 - 무릎을 펴는 대퇴사두근의 근력 약화로 계단 오르기가 힘들어질 수 있음
제4-5 요추간	제5 요추 신경근	- 엉덩이부터 허벅지와 종아리의 바깥쪽을 지나 엄지발가락과 발등까지 뻗치는 통증 및 저림 (가장 흔한 부위) - 엄지발가락이나 발목을 위로 들어 올리는 힘이 약해져 발뒤꿈치로 걷기 힘들어짐 (족하수, Foot drop)
제5요추 -제1천추간	제1 천추 신경근	- 엉덩이부터 다리 뒤쪽 중앙을 따라 종아리 바깥쪽과 새끼발가락, 발바닥까지 뻗치는 통증 및 저림 - 발목을 아래로 굽히는 힘이 약해져 까치발로 걷거나 발꿈치를 들기 힘들어짐

(다) 마미 증후군 (Cauda Equina Syndrome) `40회 기출`

척수 아래쪽으로 말총처럼 뻗어 나가는 신경 다발인 마미(cauda equina)가 심한 추간판 탈출이나 외상 등으로 갑자기 압박되어 발생하는 심각한 신경학적 응급상황입니다.

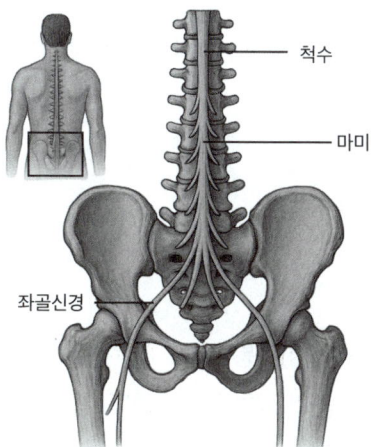

(1) 주요 증상

① 심한 양측 하지의 통증 및 위약감

② 항문 주위 및 회음부 감각 저하 (Saddle anesthesia)

③ 대소변 장애 (소변을 보기가 어렵거나 실금)

(2) 치료

영구적인 마비를 막기 위해 진단 즉시 응급 수술적 감압술이 필요합니다.

(라) 척추전방전위증 (Spondylolisthesis) `44회 기출`

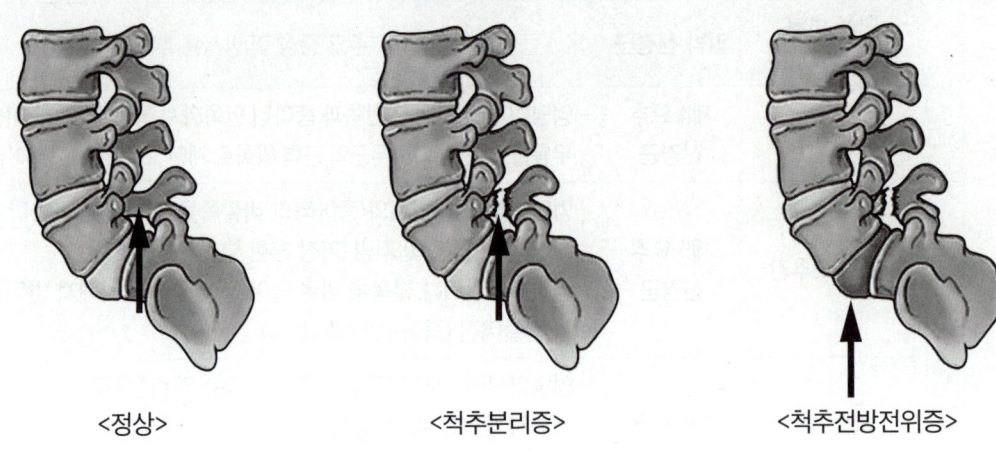

<정상>   <척추분리증>   <척추전방전위증>

(1) 정의

위쪽 척추뼈가 아래쪽 척추뼈에 비해 앞쪽으로 미끄러져 나간 상태입니다.

(2) 가장 흔한 원인

① 척추 분리증(Spondylolysis) : 척추 후방의 협부(pars interarticularis)에 결손(골절)이 생겨 척추가 불안정
   해지는 경우.
② 퇴행성 변화 : 나이가 들면서 디스크와 후관절이 퇴행하여 척추가 불안정해지는 경우.

(3) 주로 발생하는 부위

제5 요추와 제1 천추 사이 (L5-S1)

(4) 수술을 고려하는 경우

① 보존적 치료에 반응하지 않는 심한 통증
② 신경 압박으로 인한 하지의 근력 약화 등 신경학적 증상이 진행되는 경우
③ 척추의 불안정성이 심한 경우

3 척추 변형의 평가 [44회 기출]

(가) 콥스 각 (Cobb's angle)

(1) 임상적 의의

척추측만증(Scoliosis)의 만곡 정도를 측정하는 표준적인 방법입니다.

(2) 측정 방법

척추 만곡의 위쪽 끝 척추뼈(most tilted upper end vertebra)의 상부 연골판(superior endplate)에 평행선을 긋고, 아래쪽 끝 척추뼈(most tilted lower end vertebra)의 하부 연골판(inferior endplate)에 평행선을 그은 후, 두 선이 만나 이루는 각도 또는 두 선의 수직선들이 이루는 각도를 측정합니다.

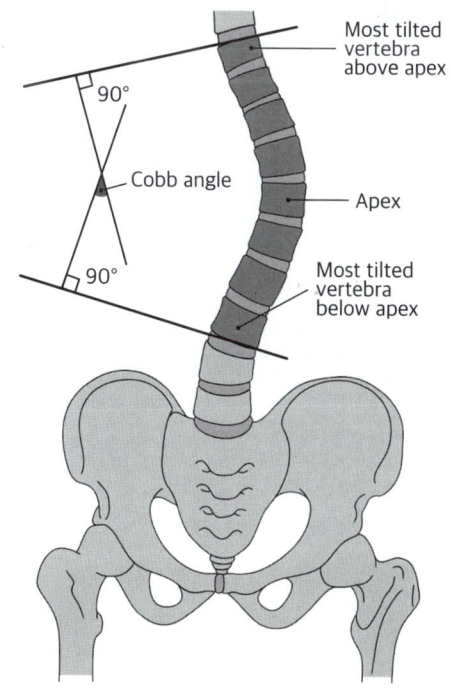

(나) 국소 후만각 (Local Kyphotic Angle)

(1) 임상적 의의

척추 압박골절 등 특정 부위의 후만 변형(등이 뒤로 굽는 변형) 정도를 평가하는 데 사용됩니다.

(2) 측정 방법

손상된 척추체 자체의 윗면을 따라 그은 선과, 손상된 척추체 자체의 아랫면을 따라 그은 선이 만나 이루는 각도를 측정합니다.

Measurement of kyphotic deformity	
Cobb angel	Local Kyphotic angel
콥스각	국소후만각

III. 상지 (Upper Extremity)

상지(팔)는 어깨부터 손가락 끝까지를 말하며, 우리 몸에서 가장 운동 범위가 넓고 정교한 기능을 수행하는 부위입니다. 그만큼 외상에 노출될 위험도 크며, 손상 시 일상생활에 큰 제약을 받게 됩니다.

1 상지의 해부학적 구조 44회 기출

(가) 뼈와 관절

상지 손상을 이해하기 위해서는 기본적인 뼈와 관절의 이름을 알아야 합니다.

1) 상지의 뼈

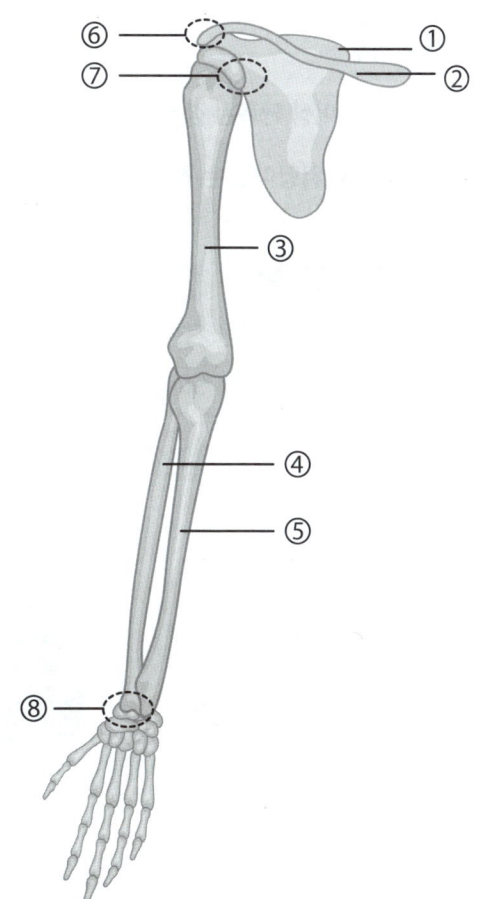

① 견갑골 (Scapula)

② 쇄골 (Clavicle)

③ 상완골 (Humerus)

④ 요골 (Radius)

⑤ 척골 (Ulna)

2) 상지의 주요 관절

⑥ 견봉쇄골관절 (Acromioclavicular joint) : 쇄골과 견갑골의 견봉이 만나는 관절입니다.

⑦ 견관절 (Glenohumeral joint) : 상완골두와 견갑골의 관절와가 만나는 관절입니다.

⑧ 원위 요척골 관절 (Distal Radioulnar Joint) : 손목 부위에서 요골과 척골이 만나는 관절입니다.

2 견대 (Shoulder Girdle)

(가) 쇄골 골절 　41회 기출

대부분 보존적 치료로 유합을 얻을 수 있으나, 다음과 같은 경우에는 수술적 치료가 필요할 수 있습니다.

(1) 개방성 골절

(2) 신경 또는 혈관 손상이 동반된 경우

(3) 심한 분쇄 골절로 뼈의 길이가 2cm 이상 단축된 경우

(4) 골절편의 전위가 심하여 피부를 뚫을 위험이 있는 경우

(나) 견관절 탈구 (정복술, 합병증: 액와신경 손상)　40회, 41회 기출　★★

1) 정복술 : 견관절 탈구는 가능한 한 빨리 정복을 시행해야 합니다.

① 정복술의 종류 : Hippocratic법(히포크라틱), Stimson법(스팀슨), Kocher법(코허), Milch법(밀크) 등이 있습니다.

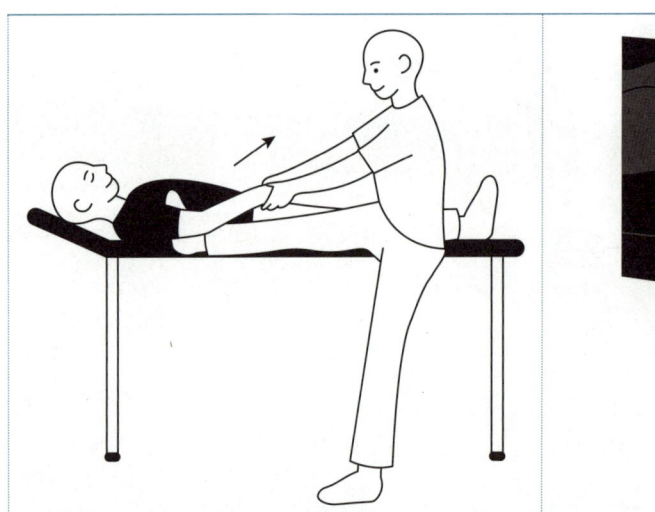	
Hippocratic법 : 누운상태로 환자의 액와에 발을 넣고 견인한다.	Stimson법 : 침대에 복위로 누워 3Kg 추를 수근관절 부위에 매달아 놓는다. 가장 많이 사용한다. 단, 팔이 긴 경우에는 제한됨.

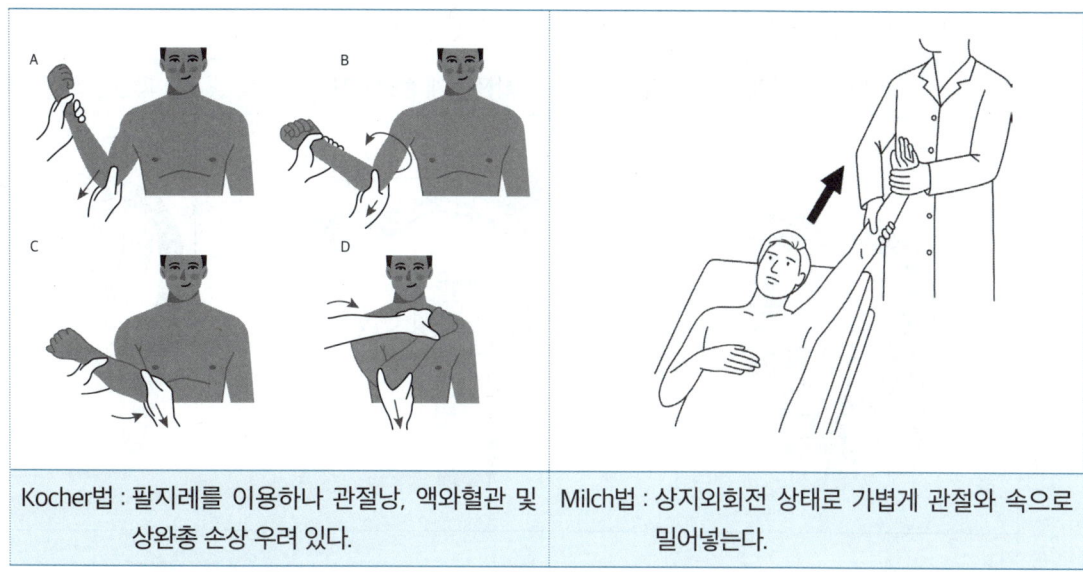

Kocher법 : 팔지레를 이용하나 관절낭, 액와혈관 및 상완총 손상 우려 있다.	Milch법 : 상지외회전 상태로 가볍게 관절와 속으로 밀어넣는다.

② 가장 안전하고 널리 사용되는 방법 : Stimson법은 환자를 엎드리게 한 후 팔에 추를 매달아 중력에 의해 근육을 이완시켜 정복하는 방법으로, 비교적 안전하게 사용됩니다.

2) 합병증 : 가장 흔한 합병증은 신경 손상이며, 특히 액와신경(Axillary nerve) 손상이 흔하게 동반됩니다.

(다) 회전근개 파열 (구성 근육, 호발 근육, 진단, 치료) 43회 기출

어깨를 감싸고 있는 4개의 힘줄(회전근개) 중 하나 이상이 파열된 상태입니다.

1) 회전근개를 이루는 근육
　① 극상근 (Supraspinatus)
　② 극하근 (Intraspinatus)
　③ 견갑하근 (Subscapularis)
　④ 소원근 (Teres minor)

전면	후면
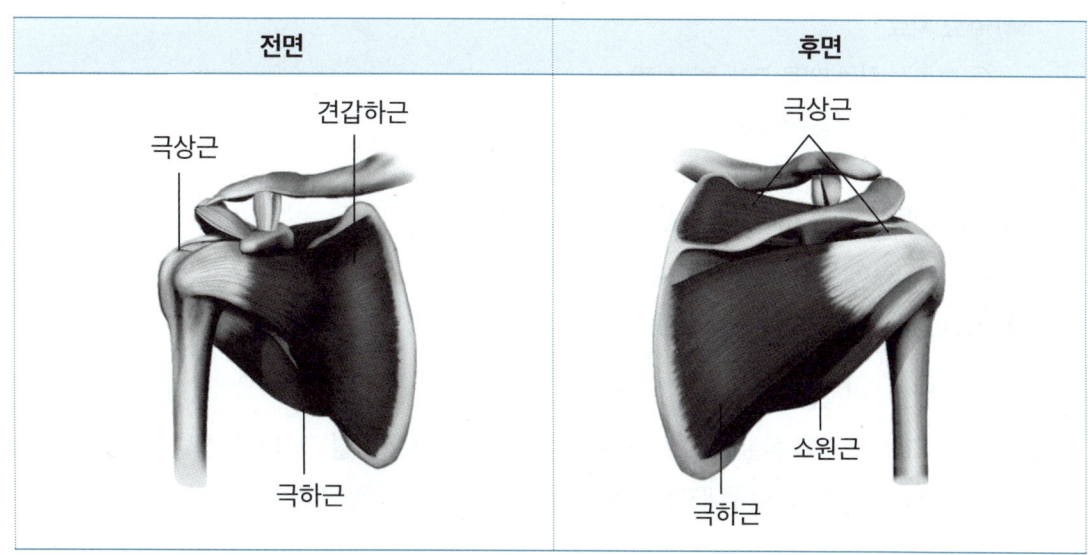	

2) 가장 손상이 많이 발생하는 근육 : 극상근(Supraspinatus) 입니다.

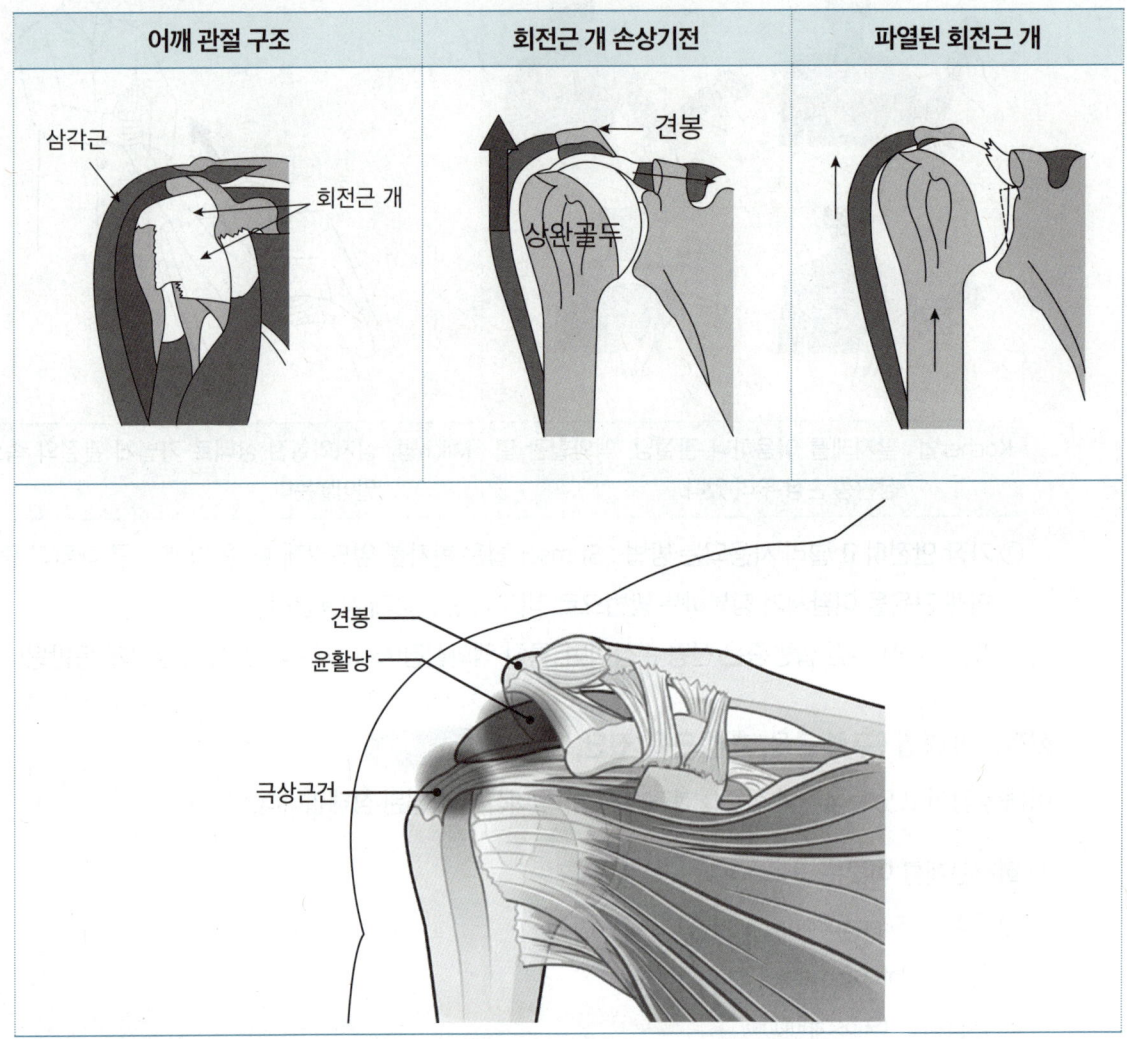

어깨 관절 구조	회전근 개 손상기전	파열된 회전근 개

3) 진단 : 파열 여부 및 정도를 확인하기 위해 가장 많이 사용하는 영상 검사는 초음파와 MRI 입니다.

4) 주요 치료

  ① 보존적 치료 (약물, 주사, 물리치료)

  ② 수술적 치료 (관절경하 봉합술)

(라) 상완골 근위부 골절 (노인 분쇄골절의 치료) 42회 기출

특히 골다공증이 있는 75세의 여자 환자가 자동차 사고로 인해 우측 상완골 근위부에 사분 골절 및 탈구
가 생긴 경우, 치료 방법과 그 이유는 다음과 같습니다.

1) 치료 방법 : 인공관절 치환술을 시행합니다.

2) 이유 : 고령 환자의 심한 분쇄 골절은 혈액 공급 장애로 무혈성 괴사가 발생할 위험이 매우 크고, 골다
   공증으로 인해 뼈가 약해 내고정술을 시행해도 안정적인 고정을 얻기 어렵기 때문입니다.

3 상완 및 주관절 (Arm & Elbow)

(가) 상완골 간부 골절과 요골신경 손상　41회, 47회 기출　★★

상완골의 몸통 부분인 간부가 골절되었을 때 흔히 동반되는 말초 신경 손상은 요골신경(Radial nerve) 손상입니다. 이 신경이 손상되면 손목과 손가락을 펴는 기능에 장애가 생겨 '손목 하수(wrist drop)' 증상이 나타납니다.

4 전완 및 수부 (Forearm & Hand)

(가) 요골 및 척골 골절 (합병증, 갈레아치/몬테지아 골절)　35회, 40회 기출　★★

1) 예상되는 합병증 : 전완부의 요골 및 척골에 분쇄 골절이 발생한 경우 다음과 같은 합병증이 예상될 수 있습니다.
   ① 구획증후군
   ② 부정유합 또는 불유합
   ③ 신경 및 혈관 손상
   ④ 운동 범위 제한

2) 특수 골절 : 갈레아치 골절(Galeazzi Fracture)은 요골 원위부의 골절과 원위 요척골 관절의 탈구가 동반된 손상입니다. 성인에서는 불안정성이 높아 대부분 수술적 치료(내고정술)가 필요합니다. 완관절의 후외면에 직접적인 타격을 받거나 이 부위로 손을 짚고 넘어져서 발생한다.

몬테지아 골절은 척골의 근위부 골절과 요골두의 탈구가 동반한 상태를 말한다. 전박부에 직접적인 타격에 의한 경우 과회내전, 과신전 등에 의해 발생하며 요골신경 손상된다.

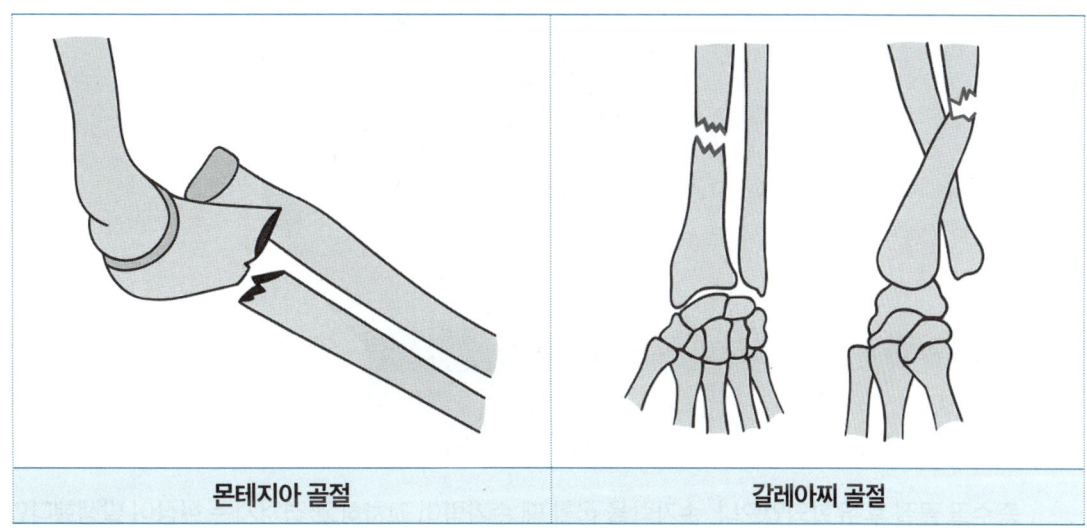

| 몬테지아 골절 | 갈레아찌 골절 |

의학용어기초의모든것

(나) 수근부 손상 (수근골 종류, 주상골 골절) 40회 기출

1) 수근골(손목뼈)의 종류 : 손목을 이루는 8개의 뼈는 <u>주상골, 월상골, 삼각골, 두상골, 대능형골, 소능형</u>
   <u>골, 유두골, 유구골</u>입니다.

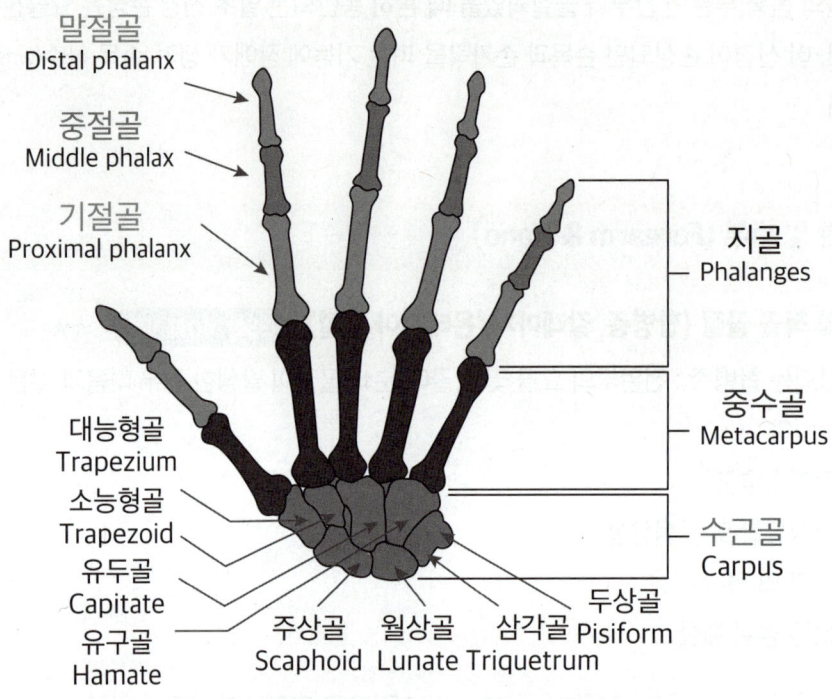

2) 가장 흔한 골절 : 8개의 수근골 중 주상골(Scaphoid)이 가장 흔하게 골절됩니다.

(다) 수부 손상 (중수골 골절의 회전 변형) 46회 기출

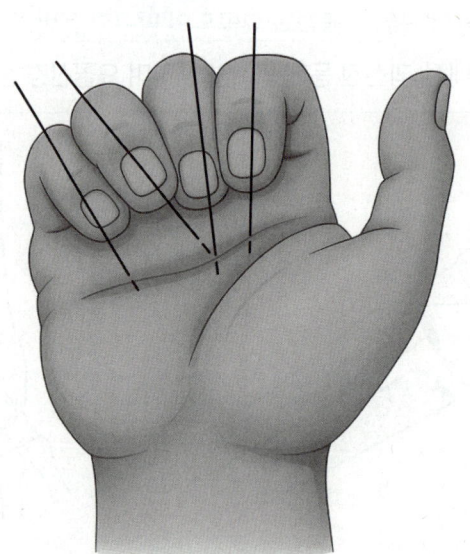

중수골 골절 후 유합되었으나, 손가락을 굽힐 때 손가락이 교차하고 겹쳐지는 현상이 발생했다면 그 원인
은 회전 변형 (Rotational malunion) 입니다. 이는 골절된 뼈가 회전된 상태로 잘못 붙어서 발생합니다.

(라) 삼각섬유연골 복합체(TFCC) 손상 ⬤ 44회 기출

삼각섬유연골 복합체 병변(TFCC lesion)은 손목 관절 중 원위 요척골 관절(Distal Radioulnar Joint) 부위에서
발생합니다.

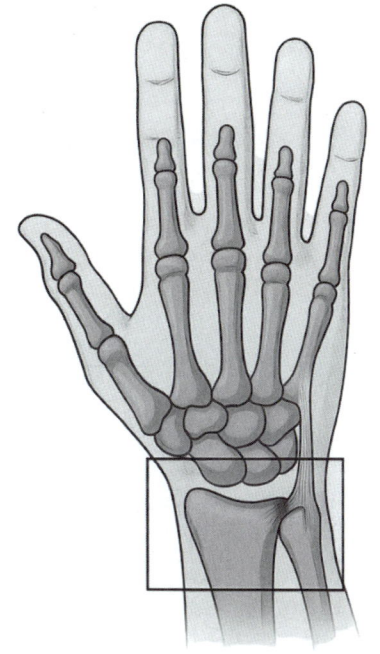 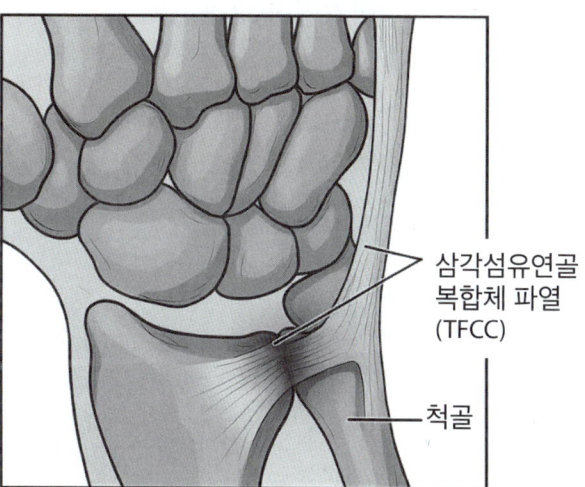

삼각섬유연골
복합체 파열
(TFCC)

척골

Ⅳ. 하지 (Lower Extremity)

하지는 골반부터 발끝까지를 포함하며, 체중을 지지하고 보행을 담당하는 중요한 역할을 합니다. 따라서 하지 손상은 보행 능력에 직접적인 영향을 미쳐 일상생활에 큰 불편을 초래할 수 있습니다.

1 골반 및 고관절 (Pelvis & Hip)

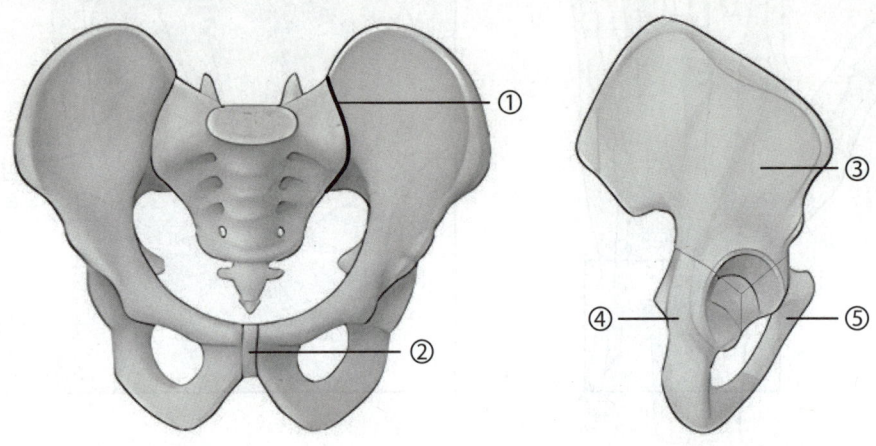

(가) 골반의 해부학적 구조 `45회 기출`

골반은 두 개의 무명골(innominate bone), 천골(sacrum), 그리고 미골(coccyx)로 이루어진 링 모양의 구조입니다.

(1) 무명골

③ 장골(ilium), ④ 좌골(ischium), ⑤ 치골(pubis) 세 개의 뼈가 융합하여 이루어집니다.

(2) 골반의 관절

① 후방에는 두 개의 무명골이 천골과 만나 ① 천장관절(Sacroiliac joint)을 형성합니다.
② 전방에는 양측의 무명골이 만나 ② 치골 결합(Pubic symphysis)을 형성합니다.

(나) 고관절 탈구 및 합병증 `39회, 41회 기출` ★★

고관절(엉덩이 관절)이 탈구될 때, 특히 후방 탈구의 경우 고관절 바로 뒤를 주행하는 좌골신경(Sciatic nerve) 손상이 흔하게 동반될 수 있습니다. 또한, 관절 내 골절이 동반된 비구부 골절 및 탈구의 경우 대퇴골두 무혈성 괴사, 외상 후 관절염 등의 합병증이 예상됩니다.

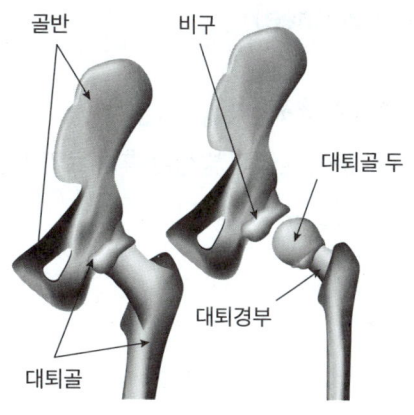

<고관절의 구조>

(다) **대퇴경부 골절 (노인 환자의 합병증 및 수술)** 38회 기출

특히 전신 상태가 좋지 않고 심한 골다공증이 있는 75세 남자 환자에게 대퇴경부 골절이 발생한 경우, 다음과 같은 합병증 및 수술적 방법을 고려할 수 있습니다.

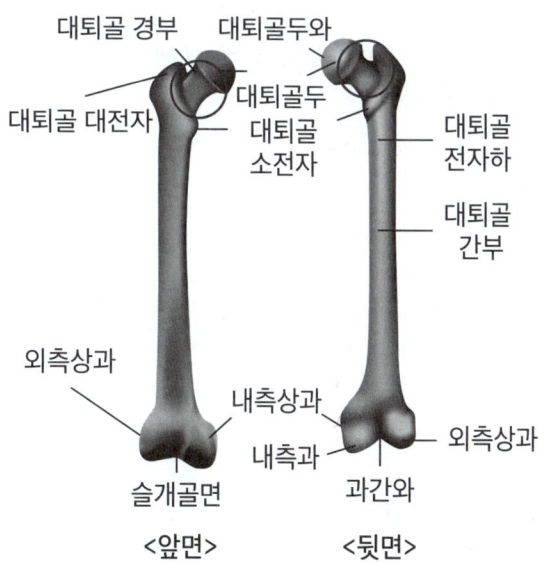

<앞면>   <뒷면>

(1) **예상되는 국소적 합병증**

① 불유합 (Nonunion)

② 부정유합 (Malunion)

③ 대퇴골두 무혈성 괴사 (Avascular necrosis)

④ 외상 후 관절염 (Post-traumatic arthritis)

(2) **합당한 수술적 방법**

인공관절 치환술 (Arthroplasty)

(가) 대퇴골 간부 분쇄골절의 부정유합 종류 `47회 기출`

교통사고로 우측 대퇴골 간부에 분쇄 골절이 발생한 후 치료가 적절하지 않아 골 변형(부정유합)이 생긴 경우, 다음과 같은 5가지 변형이 예상될 수 있습니다.

(1) **단축 (Shortening)**

(2) **각형성 (Angulation)**

(3) **회전 변형 (Rotational deformity)**

(4) **신연 (Distraction)**

(5) **만곡 (Bowing)**

※ 단축 (Shortening)
- **정의** : 골절된 뼈가 원래 길이보다 짧아진 상태로 유합된 것을 말합니다.
- **원인** : 주로 뼛조각이 여러 개로 부서지는 분쇄 골절에서 뼈의 결손이 생기거나, 골절된 뼈의 양 끝이 서로 겹친 상태(전위)로 붙었을 때 발생합니다.
- **결과** : 가장 큰 문제는 다리 길이의 차이(Limb Length Discrepancy)를 유발하여 골반 불균형, 허리 통증, 파행 (절뚝거림)의 원인이 됩니다.

※ 각형성 (Angulation)
- **정의** : 골절 부위를 중심으로 뼈가 특정 각도를 이루며 휘어진 상태로 유합된 것을 말합니다.
- **원인** : 골절을 맞출 때(정복) 부정확했거나, 고정한 장치가 불안정하여 뼈가 다시 어긋났을 때 발생합니다.
- **결과** : 다리의 정렬 축을 무너뜨려 무릎이나 고관절에 비정상적인 스트레스를 주게 되고, 이는 장기적으로 외상 후 관절염을 유발하는 원인이 됩니다.

※ 회전 변형 (Rotational Deformity)
- **정의** : 뼈의 장축을 중심으로, 골절편이 서로 뒤틀리거나 돌아간 상태로 유합된 것을 말합니다.
- **원인** : 수술이나 고정 시 뼈의 회전 각도를 정확히 맞추지 못했을 때 발생하며, 일반적인 X-ray에서는 발견하기 어려울 수 있습니다.
- **결과** : 겉보기에는 다리가 곧아 보여도 심각한 기능적 문제를 일으킵니다.
  - **하지(대퇴골)** : 걸을 때 발끝이 안쪽 또는 바깥쪽으로 향하는 안짱걸음(in-toeing)이나 팔자걸음(out-toeing)이 될 수 있습니다.
  - **상지(중수골)** : 주먹을 쥘 때 손가락이 서로 겹치거나 교차하는 현상이 나타나, 잡는 기능에 장애가 생깁니다.

※ 신연(Distraction) 부정유합이란, 골절된 뼈의 양 끝이 서로 맞닿지 않고, 과도하게 벌어진 상태로 유합된 것을 의미합니다.

쉽게 말해, 뼈 사이에 **'틈(Gap)'**이 있는 채로 뼈가 굳어버린 상태입니다.

1. 발생 원인

이러한 상태는 주로 다음과 같은 원인으로 발생합니다.

(1) 과도한 견인 치료 (Over-traction) : 과거에 많이 사용하던 치료법으로, 다리를 당겨 뼈를 맞추는 과정에서 너무 강한 힘으로 잡아당겨 뼈 사이가 벌어지는 경우입니다.

(2) 수술적 오류 (Surgical Error) : 골절 수술 중 골수강 내 금속정(intramedullary nail)을 삽입할 때, 골절면을 충분히 압박하지 않거나 부적절한 기구 사용으로 틈이 남는 경우입니다.

(3) 연부조직 개재 (Soft tissue interposition) : 근육과 같은 연부조직이 골절된 뼈 사이에 끼어들어 뼈들이 서로 맞닿는 것을 방해하는 경우입니다.

2. 문제점 및 결과

- **다리 길이의 변화** : 골절된 다리가 반대쪽 정상 다리보다 더 길어지는 결과를 초래합니다. (이는 뼈가 겹쳐 붙어 짧아지는 단축 변형과 반대입니다.)
- **불유합 위험 증가** : 뼈 사이의 틈이 너무 넓으면 정상적인 골진(가골) 형성이 어려워, 뼈가 아예 붙지 않는 **불유합(Nonunion)**으로 진행될 위험이 커집니다.

이는 대퇴골 간부 분쇄 골절 후 발생할 수 있는 주요 골 변형(부정유합) 중 하나입니다.

※ 만곡(Bowing)은 부정유합의 한 종류로, 골절된 긴 뼈가 유합된 후, 뼈의 전체 또는 일부가 활처럼 부드럽게 휘어진 상태를 의미합니다.

이는 골절 부위에서 날카로운 '각'을 이루는 **'각형성(Angulation)'**과 유사하지만, 만곡은 좀 더 긴 구간에 걸쳐 부드러운 곡선을 형성하는 변형을 지칭할 때 주로 사용됩니다.

1. 발생 원인

(1) 부적절한 고정 : 특히 대퇴골 간부와 같이 길고 분쇄된 골절에서, 금속 내고정물이 뼈를 지지하는 힘이 부족할 경우, 허벅지의 강력한 근육들이 뼈를 잡아당겨 서서히 휘게 만들 수 있습니다.

(2) 조기 체중 부하 : 골절이 완전히 유합되기 전에 너무 일찍 체중을 싣고 걷기 시작하면, 그 무게를 이기지 못하고 뼈가 휠 수 있습니다.

2. 문제점 및 결과

- **역학적 축의 변화** : 다리뼈가 휘면 체중이 고관절과 무릎 관절에 비정상적으로 전달되어, 장기적으로 외상 후 관절염을 유발할 수 있습니다.
- **기능적 단축 및 파행** : 뼈가 휘면서 다리의 실제 기능적 길이가 짧아져 걸음걸이가 이상해지는 파행이 나타날 수 있습니다.

만곡은 대퇴골 간부 분쇄 골절 후 발생할 수 있는 주요 골 변형(부정유합) 중 하나입니다.

(나) 대퇴골 원위부 관절 내 골절의 치료 원칙 `39회 기출`

관절 내 골절편을 견고하게 고정해야 하는 이유는, 해부학적으로 정확한 정복을 통해 관절면을 매끄럽게 복원하고, 수술 후 조기에 관절 운동을 시작하여 관절 강직을 예방하며, 궁극적으로 외상 후 관절염의 발생을 최소화하기 위함입니다.

(다) 슬관절 내 손상 (슬내장) `38회 기출`

무릎에 충격 후 골절 소견 없이 부종이 생긴 슬관절 내 손상(슬내장)의 경우, 다음과 같은 조직의 손상을 의심할 수 있습니다.

(1) 내측 및 외측 측부인대

(2) 전방 및 후방 십자인대

(3) 내측 및 외측 반월상 연골판

(4) 관절 연골

(라) 반월상 연골판의 기능 `46회 기출`

슬관절 내 구조물인 반월상 연골판은 다음과 같은 5가지 주요 기능을 합니다.

(1) 체중 부하의 전달

(2) 충격 흡수

(3) 관절의 안정성 기여

(4) 관절의 윤활 작용

(5) 고유 수용성 감각 기능

(마) 십자인대 손상 `37회, 40회, 43회 기출` ★★★

(1) 전방 십자인대 (ACL) 손상

① 손상 기전 : 축구 경기 중 점프 후 착지하며 무릎이 뒤틀릴 때 '뚝'하는 파열음과 함께 발생하는 경우가 많습니다.

② 신체 검진 : 라크만 검사(Lachman test), 전방 전위 검사(Anterior drawer test), 축 이동 검사(Pivot-shift test) 등이 대표적입니다.

③ 영상 진단 : 가장 대표적인 영상 진단 방법은 MRI 입니다.

④ 치료 : 젊고 활동적인 환자의 경우, 우선적으로 관절경하 전방십자인대 재건술을 선택합니다.

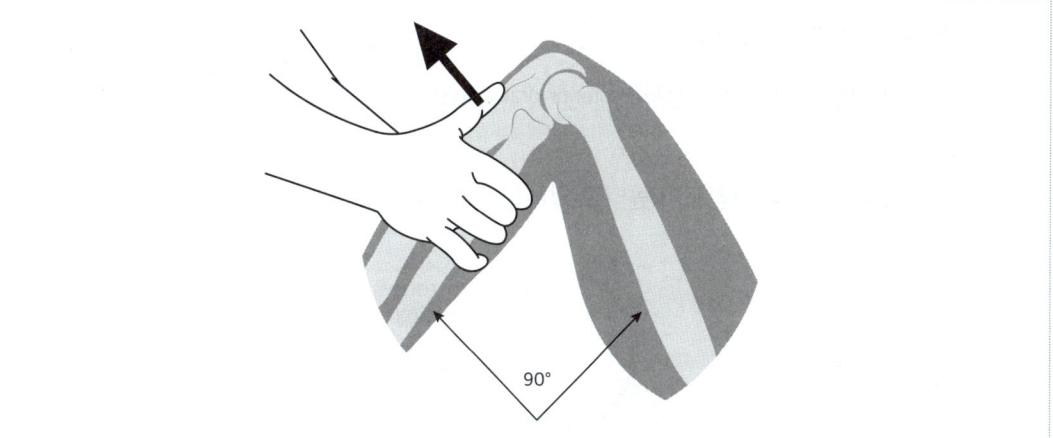

전방전위검사 : 눕거나 앉은 상태에서 엉덩이를 45도 굽히고 무릎을 90도로 굽힌 자세에서 위쪽 대퇴근 뒤에 손을 대고 몸쪽 경골을 가볍게 앞으로 당겨본다. 이때 과도한 움직임이 없어야 하고 통증도 사라져야 한다.

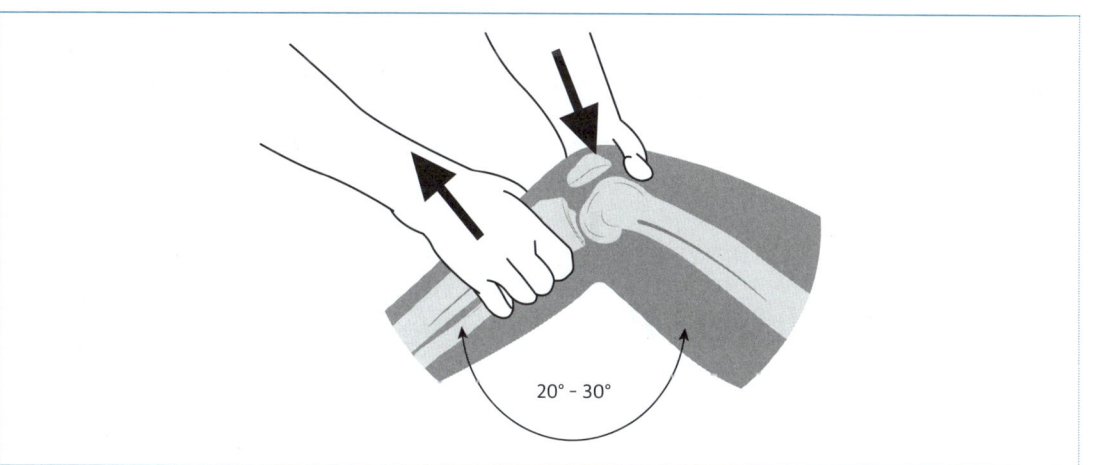

라크만검사 : 20~30도 굴곡에서 무릎을 펴거나 조금만 굽히고 검사를 하는 것을 말한다.

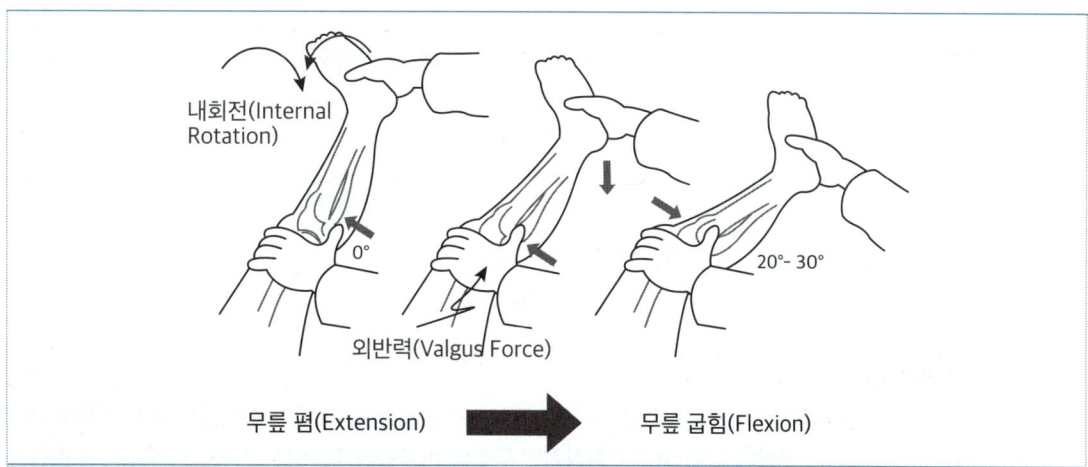

축이동검사 : 한 손으로 비골 머리를 잡고 다른 한 손은 발목을 잡는다. 하지를 내회전시킨 상태에서 무릎을 최대한 편다. 그리고 무릎을 30도 굴곡하면서 무릎에 외반력을 가한다. 경골 고원부분(산꼭대기)이 탈구되거나 clunk 음이 나면 양성이다.

(2) 후방 십자인대 (PCL) 손상

① 신체 검진 : 후방 전위 검사(Posterior drawer test), 후방 처짐 징후(Posterior sag sign)가 대표적인 진단 방법입니다.

② 영상 진단 : 가장 민감도가 높다고 알려진 영상 검사는 MRI입니다.

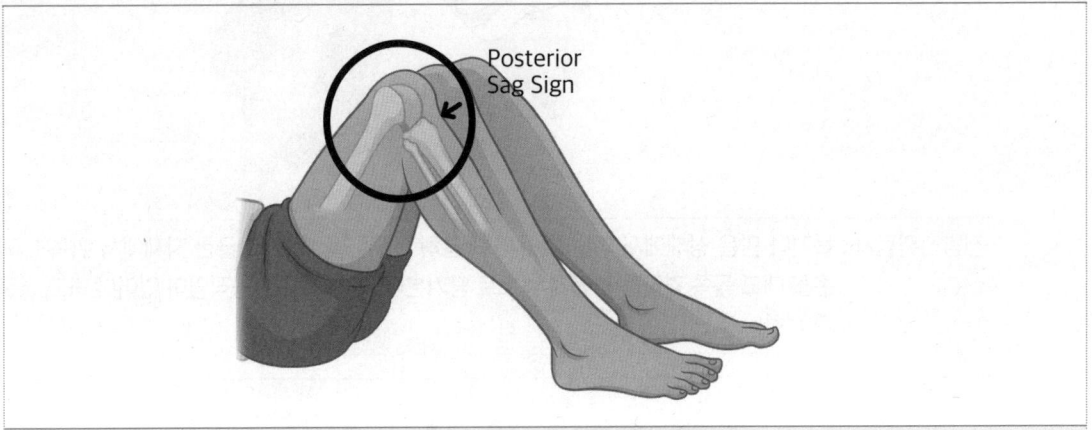

후방전위검사 : 전방전위 검사와 동일한 체위에서 경골을 후방으로 밀어넣는다.

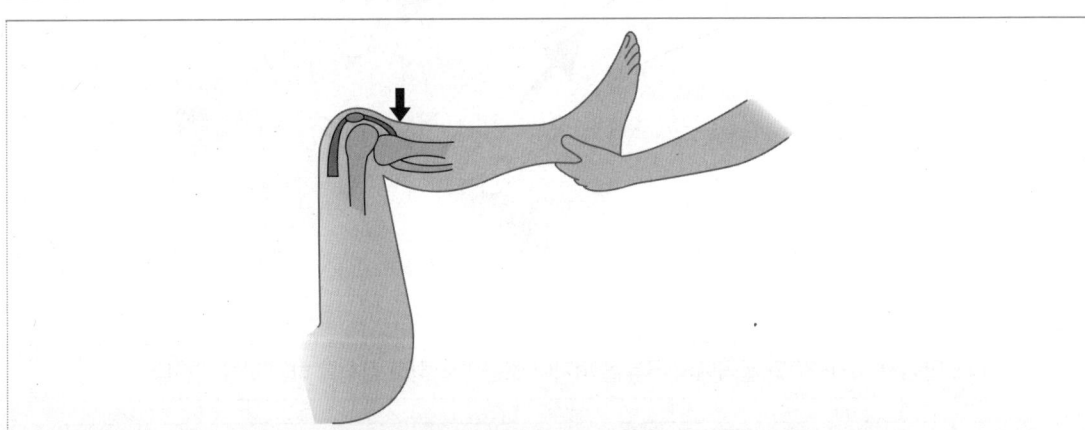

후방처짐징후 검사 : 후방 십자인대는 경골(정강이뼈)이 대퇴골(허벅지뼈)에 비해 뒤로 밀리지 않도록 잡아주는 중요한 인대입니다.

1. 검사 방법
  (1) 환자의 자세: 환자를 편안하게 눕힌 상태에서 검사하고자 하는 다리의 고관절과 무릎을 각각 90도로 구부립니다.
  (2) 검사자의 행동: 검사자는 환자의 발목이나 발뒤꿈치를 잡아 다리를 들어 올립니다.
  (3) 관찰: 이때, 무릎을 정면이 아닌 측면에서 바라봅니다.

2. 양성(Positive) 소견
  만약 후방 십자인대가 파열되었다면, 중력의 영향으로 경골(정강이뼈)이 대퇴골에 비해 아래로 쑥 꺼지거나 뒤로 처져 보이는 현상이 나타납니다. 정상적인 다리와 비교했을 때, 무릎 앞쪽의 튀어나온 부분(경골 조면)이 움푹 들어간 것처럼 보입니다.
  이 '처짐' 현상을 통해 의사는 수술이나 MRI 없이도 후방 십자인대의 심각한 손상을 예측할 수 있습니다.

3 하퇴 및 족관절 (Lower Leg & Ankle)

(가) 경골 간부 골절의 합병증 (구획증후군) 37회 기출

경골 간부 골절 후 부목 고정을 하였으나, 하퇴부에 극심한 통증과 발가락의 감각 저하, 움직임 장애, 발등 맥박 소실 등의 증상이 나타났다면 가장 가능성이 높은 진단은 구획증후군(Compartment syndrome)입니다.

(나) 족관절 삼과 골절 (Trimalleolar Fracture) 45회 기출

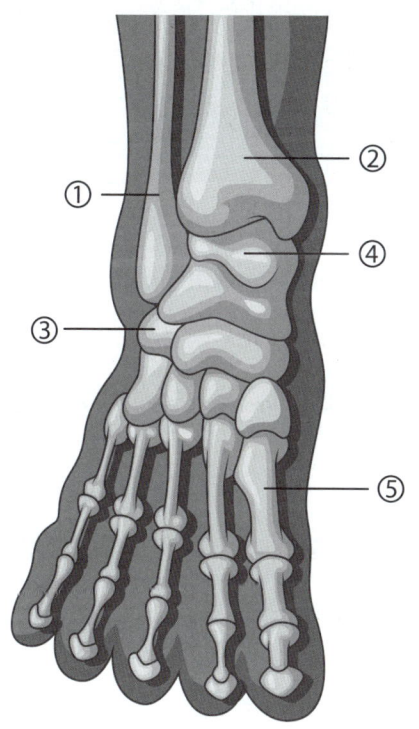

(1) 골절 부위

'삼과'는 발목을 이루는 ② 내과(경골의 일부), ① 외과(비골의 일부), 후과(경골의 일부) 세 군데를 의미합니다. 따라서 골절이 발생한 뼈는 경골(Tibia)과 비골(Fibula) 입니다.

(2) 치료

관절면을 포함하는 불안정한 골절이므로, 해부학적 정복을 위한 관혈적 정복 및 내고정술(수술적 치료)이 필요합니다.

(다) 족관절 외측 인대 손상 (손상 기전, 호발 인대) 44회 기출

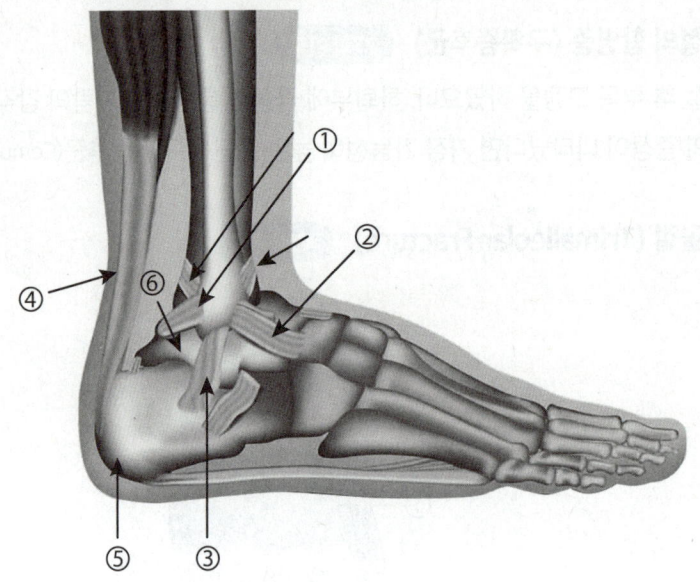

(1) 손상 기전

발목이 안쪽으로 심하게 꺾이는 내반(Inversion) 손상 시 가장 많이 발생합니다.

(2) 호발 인대

3개의 외측 인대(② 전거비인대, ③ 종비인대, ① 후거비인대) 중 전거비인대(Anterior Talofibular Ligament, ATFL)가 가장 흔하게 손상됩니다.

4 족부 (Foot)

(가) 종골 골절 (Calcaneus Fracture) (진단, 합병증, 후유증) 45회 기출

(1) 추가 영상 검사

관절면의 전위와 손상 정도, 골절의 형태를 명확하게 파악하기 위해 CT(전산화단층촬영)가 필요합니다.

(2) 급성 합병증

심한 부종으로 인한 구획증후군이나 연부조직 괴사가 발생할 수 있습니다.

(3) 후유증

관절 내 분쇄 골절이 심한 경우, ⑤ 종골과 ⑥ 거골(Talus)이 이루는 거골하 관절(Subtalar joint)에 외상성 관절염이 남게 되는 경우가 많습니다.

(4) **후유증 치료**

외상성 관절염으로 인한 증상이 심할 경우 거골하 관절 유합술(Subtalar arthrodesis)을 시행해 볼 수 있습니다.

(나) **중족부의 골 구조** 39회 기출

발은 크게 후족부, 중족부, 전족부로 나뉩니다. 해부학적으로 중족부를 이루는 뼈는 주상골, 입방골, 3개의 설상골로 이루어졌습니다.

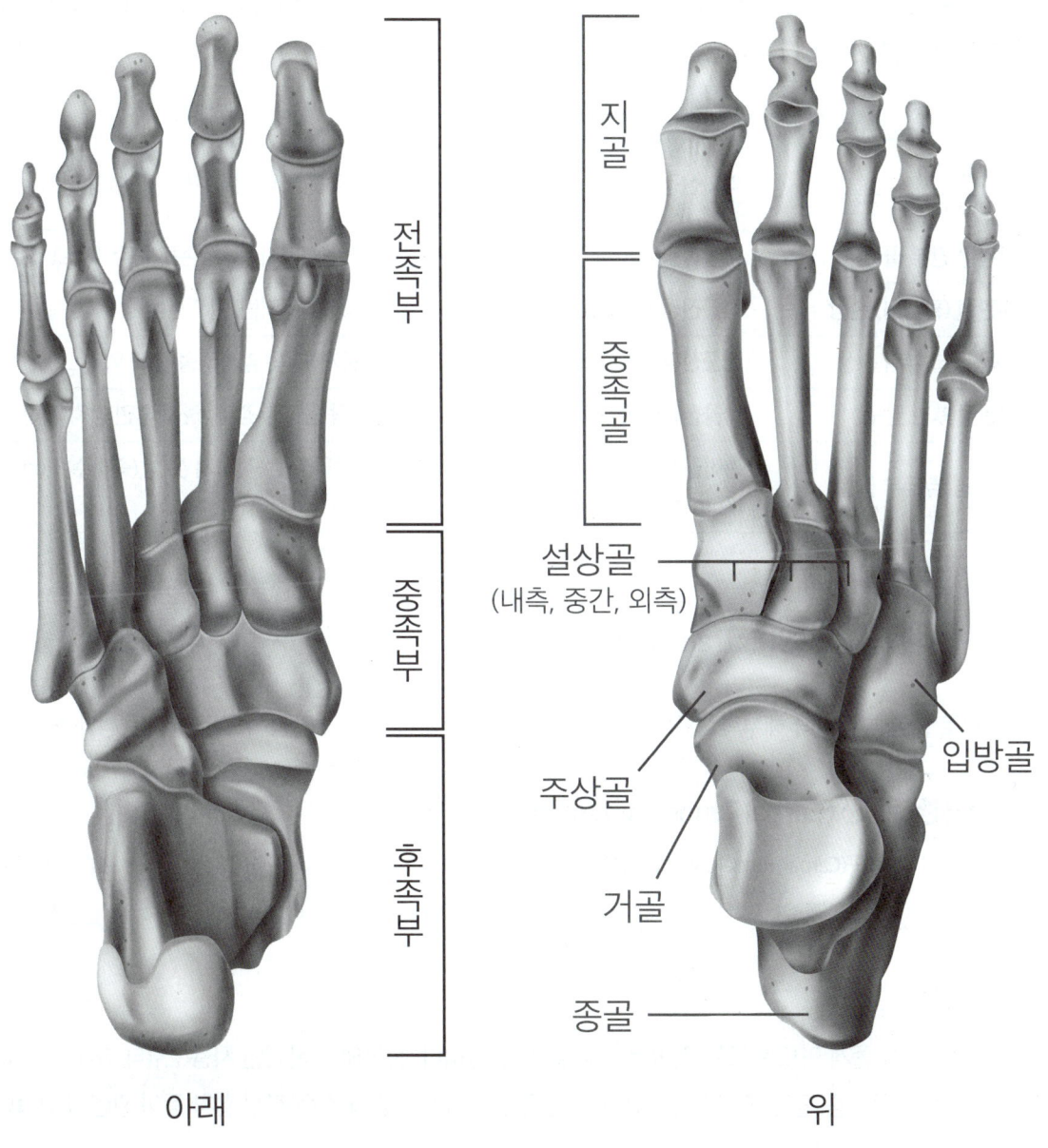

V. 말초신경 손상 및 보행 이상

외상은 뼈나 근육뿐만 아니라, 우리 몸의 각 부위로 뻗어 나가는 말초신경에도 손상을 줄 수 있습니다. 말초신경 손상은 감각 저하, 통증, 마비 등 심각한 후유증을 남길 수 있습니다.

1 부위별 주요 말초신경 손상 41회, 47회 기출 ★★

특정 부위의 골절이나 탈구가 발생했을 때, 해부학적 위치상 인접한 신경이 손상될 위험이 높습니다. 주요 손상 부위와 관련 신경은 다음과 같습니다.

손상 부위	손상되기 쉬운 신경	주요 증상
견관절 탈구 상완골 근위부 골절	액와신경(Axillary n.)	어깨 측면 삼각근 부위 감각 저하, 팔 벌림 장애
상완골 간부 골절	요골신경(Radial n.)	손목 및 손가락을 펴지 못함 (손목 하수, Wrist drop)
주관절 (팔꿈치) 손상	척골신경(Ulnar n.)	새끼손가락 및 약지 저림, 갈퀴손 변형
손목 터널 부위 손상	정중신경(Median n.)	엄지, 검지, 중지 저림, 엄지두덩 근육 위축
고관절 후방 탈구	좌골신경(Sciatic n.)	발목 및 발가락 움직임 장애, 하지 후면 감각 저하
비골 경부/두부 골절	총비골신경 (Common peroneal n.)	발목과 발가락을 위로 젖히지 못함 (족하수, Foot drop), 발등 감각 저하

2 압박성 신경병증 (Entrapment Neuropathy)

외상으로 인한 부종이나 해부학적 구조의 문제로 특정 부위에서 신경이 만성적으로 눌리는 상태를 말합니다.

(가) 수근관 증후군 (Carpal Tunnel Syndrome) 47회 기출

수근관 증후군(Carpal Tunnel Syndrome)은 손목 앞쪽의 작은 통로인 '수근관(Carpal Tunnel)'이 좁아지거나 내부 압력이 증가하여, 이 통로를 지나가는 정중신경(Median Nerve)이 눌려서 발생하는 질환입니다.

(1) 원인

수근관을 좁게 만드는 모든 것이 원인이 될 수 있습니다. 손목의 반복적인 사용(컴퓨터, 가사 노동 등), 골절 등 외상 후유증, 임신 중의 부종, 류마티스 관절염이나 당뇨병과 같은 전신 질환 등이 관련이 있습니다.

(2) 정중신경의 역할

정중신경은 엄지, 검지, 중지 그리고 약지(네 번째 손가락)의 절반에 대한 감각과, 엄지손가락 뿌리 부분의 두툼한 근육(무지구근)의 운동을 담당합니다.

(3) 특징적인 증상

정중신경이 눌리면서 그 지배 영역에 다음과 같은 증상이 나타납니다.

1) 감각 증상

① 엄지, 검지, 중지, 약지 절반 부위가 저리고 타는 듯한 통증, 무감각 등이 나타납니다.

② 특히 밤에 증상이 심해져 잠에서 깨는 경우가 많고, 손을 터는 행동을 하면 일시적으로 완화되기도 합니다.

2) 운동 증상

① 병이 진행되면 엄지손가락 근육의 힘이 약해져 물건을 자주 떨어뜨리거나, 젓가락질이나 단추를 채우는 등 정교한 손동작이 어려워집니다.

② 심한 경우 엄지 쪽 근육이 눈에 띄게 위축(살이 빠짐)될 수 있습니다.

(4) 진단

진단은 특징적인 증상과 함께, 손목을 두드리거나(티넬 징후) 꺾어서 증상을 유발하는 이학적 검사, 그리고 신경전도/근전도 검사를 통해 확진할 수 있습니다.

(나) 주관 증후군 (Cubital Tunnel Syndrome) `47회 기출`

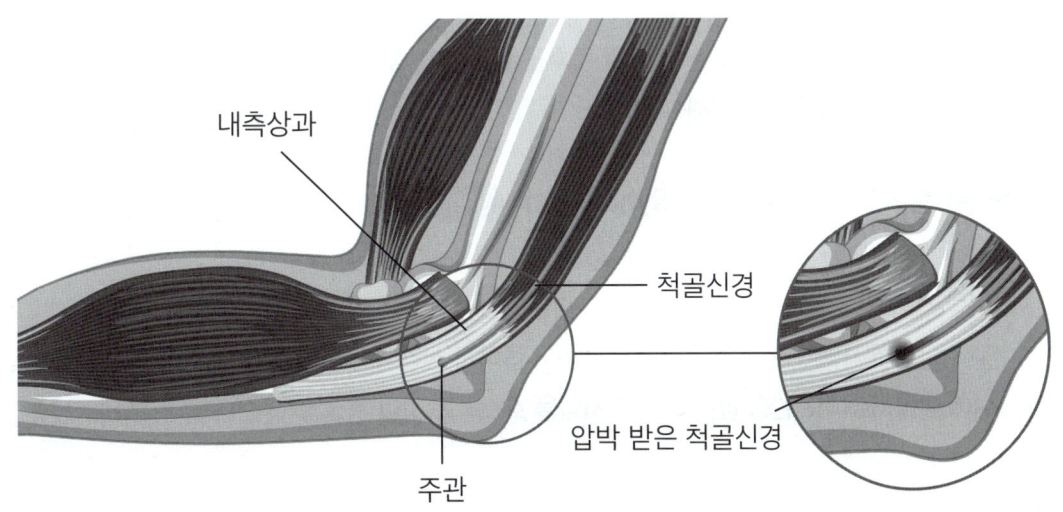

내측상과
척골신경
압박 받은 척골신경
주관

팔꿈치 안쪽의 '주관(Cubital Tunnel)'이라는 작은 터널을 지나가는 척골신경(Ulnar Nerve)이 눌려서 발생하는 질환입니다.

흔히 팔꿈치를 책상에 부딪혔을 때 팔이 '찌릿'하고 저리는 부위, 즉 'funny bone'이라고 부르는 곳이 바로 이 척골신경이 지나가는 자리입니다. 이로 인해 척골신경이 지배하는 영역에 이상 증상이 나타납니다.

(1) 원인

팔꿈치를 오랫동안 구부리고 있는 자세(전화 통화, 수면 자세 등), 팔꿈치를 책상에 기대는 습관, 과거의 팔꿈치 골절이나 관절염 등이 원인이 될 수 있습니다.

(2) 척골신경의 역할

척골신경은 새끼손가락과 약지(네 번째 손가락)의 절반에 대한 감각과, 손의 세밀한 움직임을 담당하는 대부분의 작은 근육(내재근)을 지배합니다.

(3) 특징적인 증상

척골신경이 눌리면서 그 지배 영역에 다음과 같은 증상이 나타납니다.

1) 감각 증상

① 새끼손가락과 약지 절반 부위가 저리고 찌릿한 통증, 무감각 등이 나타납니다.
② 특히 팔꿈치를 구부린 자세에서 증상이 악화하는 경향이 있습니다.

2) 운동 증상

① 병이 진행되면 손의 힘이 전반적으로 약해지고, 젓가락질이나 글씨 쓰기 등 정교한 동작이 부자연스러워집니다.
② 심한 경우 손의 살이 빠지고, 약지와 새끼손가락이 갈퀴처럼 구부러지는 '갈퀴손 변형(Claw hand)'이 나타날 수 있습니다.
이는 정중신경이 눌리는 수근관 증후군(엄지, 검지, 중지 저림)과는 증상이 나타나는 손가락 부위가 명확히 다르므로 감별해야 합니다.

(다) 족근관 증후군 (Tarsal Tunnel Syndrome) `38회 기출`

(1) 정의 및 증상

발목 안쪽 복사뼈 뒤편의 족근관(발목 터널)이 좁아져 신경이 압박되는 질환입니다. 발바닥 및 발가락 부위에 약물치료에도 반응 없는 통증과 저림을 호소하는 것이 특징입니다.

(2) 압박되는 신경

후경골신경 (Posterior tibial nerve)입니다.

(3) 진단법

신경 압박 부위를 가볍게 두드릴 때 통증이 유발되는지 확인(Tinel's sign), 근전도(EMG) 및 신경전도 검사(NCS) 등이 있습니다.

(4) 치료

보존적 치료에 반응이 없으면 눌린 신경을 풀어주는 수술적 감압술을 고려합니다.

(라) 지각이상대퇴신경통 (Meralgia Paresthetica) `47회 기출`

허벅지(대퇴)의 바깥쪽(외측) 피부 감각을 담당하는 '외측대퇴피신경(Lateral Femoral Cutaneous Nerve)'이 골반 부위에서 압박되어, 해당 부위에 통증, 저림, 감각 저하 등 이상 감각이 나타나는 질환입니다.
이 질환명 자체가 눌리는 신경과 증상을 설명해 주고 있습니다. 즉, 외측대퇴피신경의 압박이 원인입니다.

(1) 원인

이 신경은 골반을 빠져나와 허벅지로 내려가는 길목(주로 서혜인대 부근)이 해부학적으로 좁아 신경이 눌리기 쉽습니다. 다음과 같은 경우 신경 압박이 유발될 수 있습니다.

1) 꽉 끼는 옷이나 벨트 착용 (스키니진, 코르셋 등)
2) 비만 또는 급격한 체중 증가
3) 임신
4) 장시간 서 있거나 걷는 직업
5) 수술 후 유착 또는 해당 부위의 직접적인 외상

(2) 특징적인 증상

1) 위치 : 증상은 오직 허벅지의 앞쪽, 바깥쪽 부분에만 국한되어 나타납니다. 엉덩이나 다리 뒤쪽으로는 뻗치지 않습니다.
2) 양상 : 주로 '화끈거린다', '찌릿하다', '벌레가 기어가는 것 같다', '남의 살 같다'와 같은 감각 이상을 호소합니다.
3) 중요한 감별점 : 이 신경은 순수 감각 신경이므로, 다리의 근력 약화나 마비 증상은 동반되지 않습니다. 이는 허리 디스크(추간판 탈출증)로 인한 신경 압박과 감별하는 중요한 포인트입니다.

3 말초신경 회복의 예후 인자 `42회 기출`

말초신경 손상 후 회복이 잘 되는 경우는 다음과 같은 요인과 관련이 있습니다.

(1) 환자의 나이가 어릴수록 예후가 좋습니다.

(2) 손상 부위가 몸의 중심에서 멀수록(원위부 손상) 회복 거리가 짧아 예후가 좋습니다.

(3) 신경이 예리하게 절단된 경우가 으스러지거나 잡아당겨진 손상보다 예후가 좋습니다.

(4) 손상 후 신경 봉합까지의 시간이 짧을수록 좋습니다.

(5) 순수 운동신경이나 순수 감각신경이 혼합신경보다 회복이 잘 됩니다.

4 파행(Limping Gait)의 원인 `47회 기출`

파행이란 통증이나 구조적 이상으로 인해 정상적인 대칭 보행이 불가능하고, 비대칭적인 걸음걸이를 보이는 것을 말합니다. 그 원인은 매우 다양하며, 대표적인 5가지는 다음과 같습니다.

(1) 통증성 파행 (Antalgic gait)

가장 흔한 원인으로, 체중이 실릴 때 통증이 발생하여 아픈 쪽 다리로 땅을 딛는 시간을 최소화하려는 걸음걸이입니다.

(2) 근육 약화로 인한 파행

① 트렌델렌버그 파행 (Trendelenburg gait) : 고관절을 벌리는 근육(중둔근)이 약해져, 보행 시 반대쪽 골반이 아래로 처지는 걸음걸이입니다.

② 족하수로 인한 파행 (Steppage gait) : 총비골신경 마비 등으로 발목을 위로 들지 못해, 걸을 때 발끝이 끌리지 않도록 다리를 높이 들어 걷는 걸음걸이입니다.

(3) 다리 길이 차이 (Limb Length Discrepancy)

양쪽 다리 길이가 달라 몸을 좌우로 흔들며 걷게 됩니다.

(4) 관절 강직

고관절이나 슬관절 등이 굳어 정상적인 관절 운동이 불가능할 때 나타납니다.

(5) 신경계 이상

뇌졸중 후의 경직성 보행 등 중추신경계의 문제로도 파행이 발생할 수 있습니다.

근골격 및 결합조직 질환

질병 파트에서는 외상과는 구별되는, 인체 내부의 기능적 변화나 병리적 과정으로 인해 발생하는 다양한 상태를 다룹니다. 손해사정 실무에서는 상해뿐만 아니라 질병으로 인한 보험금 지급 사유도 빈번하게 발생하므로, 주요 질환에 대한 정확한 의학적 이해가 필수적입니다.

I. 관절 질환

1 퇴행성 관절염 (Osteoarthritis) 45회, 47회 기출 ★★

(가) 정의

퇴행성 관절염은 '관절을 보호하고 있는 연골의 점진적인 손상이나 퇴행성 변화로 인해 관절을 이루는 뼈와 인대 등에 손상이 일어나 통증과 변형, 기능 징애를 유발하는 질환'입니다. 주로 체중 부하가 많은 무릎(슬관절), 엉덩이(고관절) 등에 발생하며, 나이가 들수록 발병률이 증가합니다.

(나) 위험인자

(1) **고령 (가장 중요한 위험인자)**

(2) **비만**

(3) **관절의 외상력**

(4) **특정 관절의 과도하고 반복적인 사용**

(5) **유전적 요인**

(다) 단순 방사선 소견

퇴행성 관절염의 진단 시 X-ray에서 관찰되는 특징적인 소견은 다음과 같습니다.

(1) 관절 간격의 협소 (Joint space narrowing)

(2) 골극 형성 (Osteophyte formation, 뼈 돌기)

(3) 연골하골의 경화 (Subchondral sclerosis, 뼈가 하얗고 단단해짐)

(4) 연골하 낭종 형성 (Subchondral cyst formation)

(5) 관절면의 불규칙성 및 관절 변형

(라) 치료 (보존적/수술적)

증상이 심하지 않은 초기에는 보존적 치료를 시행하나, 통증이 지속되거나 기능 장애가 심할 경우 수술적 치료를 고려합니다.

(1) 보존적 치료

약물치료, 물리치료, 주사치료, 생활 습관 개선 등

(2) 수술적 치료

절골술(Osteotomy), 인공관절 치환술(Arthroplasty) 등이 있습니다.

2 류마티스 관절염 (Rheumatoid Arthritis) 47회 기출

(가) 정의

다발성 관절염을 특징으로 하는 원인 불명의 만성 염증성 질환입니다. 퇴행성 관절염과 달리, 면역체계의 이상으로 인해 자신의 관절(특히 활막)을 스스로 공격하여 발생합니다.

(나) 2010년 ACR/EULAR 진단 기준 (분류 항목, 점수)

1987년 기준과 달리 2010년에 개정된 진단 기준은 4가지 분류 항목의 점수를 합산하여 진단합니다.

(1) 4가지 분류 항목

① 침범된 관절 : 통증이나 부종이 있는 관절의 수와 크기 (큰 관절/작은 관절)

② 혈청 검사 : 류마티스 인자(RF) 또는 항CCP항체(anti-CCP Ab) 양성 여부

③ 급성기 반응물질 : ESR(적혈구 침강 속도) 또는 CRP(C반응성 단백) 수치 상승 여부

④ 증상 지속 기간 : 6주 이상 지속 여부

(2) 진단 점수

다른 질환으로 설명되지 않는 1개 이상의 명백한 관절 활막염이 있는 환자에서, 위 4가지 항목의 점수 합산이 6점 이상일 경우 류마티스 관절염으로 진단할 수 있습니다.

※ 적혈구 침강 속도(Erythrocyte Sedimentation Rate, ESR)는 혈액 내에 염증이 어느 정도 있는지를 간접적으로 측정하는 혈액 검사입니다.

조금 더 쉽게 설명해 드리겠습니다.

- **검사 원리** : 우리 몸에 염증이 생기면 혈액 속에 특정 단백질(피브리노겐 등)이 증가합니다. 이 단백질들은 적혈구들을 서로 뭉치게 만들어 무겁게 만듭니다. 이 혈액을 항응고제와 섞어 가느다란 시험관에 넣고 수직으로 세워두면, 무거워진 적혈구 덩어리가 중력에 의해 아래로 가라앉게 됩니다. 이 때 1시간 동안 적혈구가 가라앉는 속도(거리)를 측정하는 것이 바로 적혈구 침강 속도 검사입니다.
- **결과 해석** : 염증이 심할수록 적혈구가 더 잘 뭉쳐서 빨리 가라앉기 때문에, ESR 수치가 높을수록 몸에 염증 반응이 더 심하다는 것을 의미합니다.
- **검사의 목적** : ESR 검사는 특정 질병 하나를 짚어내는 진단 검사는 아닙니다. 하지만 몸에 염증이 있다는 단서를 제공하므로, 류마티스 관절염과 같은 자가면역질환, 각종 감염, 종양 등의 질환이 있는지 확인하거나, 진단된 질병의 활성도를 추적 관찰하고 치료 효과를 판정하는 데 보조적으로 널리 사용됩니다.

※ C-반응성 단백(C-Reactive Protein, CRP)은 우리 몸에 급성 염증이나 조직 손상이 있을 때 간에서 만들어져 혈액으로 분비되는 단백질입니다. 이 단백질은 염증 반응을 나타내는 대표적인 '급성기 반응물질(Acute-phase reactant)' 중 하나이며, 앞서 설명드린 류마티스 관절염 진단 기준에도 포함되어 있습니다.

CRP는 이전에 질문하신 적혈구 침강 속도(ESR)와 마찬가지로 염증 상태를 보여주지만, 몇 가지 중요한 차이점이 있습니다.

- **반응 속도** : CRP는 염증이 시작되면 수 시간 내에 매우 빠르게 증가했다가, 염증이 가라앉으면 빠르게 감소합니다. 반면 ESR은 반응 속도가 느려 며칠이 지나야 수치가 오르고, 염증이 없어져도 한동안 높게 유지될 수 있습니다.
- **민감도** : 이러한 빠른 반응 속도 때문에 CRP는 ESR보다 현재의 염증 상태를 더 민감하고 실시간으로 반영하는 지표로 여겨집니다.
- **기타 영향** : ESR은 빈혈, 임신, 노화 등 염증 외의 요인에도 영향을 많이 받지만, CRP는 상대적으로 다른 요인의 영향을 덜 받아 염증에 더 특이적인 경향이 있습니다.

아래 표로 두 검사의 차이점을 요약할 수 있습니다.

구분	CRP (C-반응성 단백)	ESR (적혈구 침강 속도)
생성 장소	간(Liver)	(직접 생성되지 않음, 혈액 내 단백질 변화로 측정)
반응 속도	빠름 (수 시간 내)	느림 (수일 소요)
주요 용도	급성 염증, 감염, 조직 손상의 실시간 지표	만성 염증 상태의 추적 관찰
장점	현재 염증 상태를 민감하게 반영	검사가 간단하고 저렴

3 베체트병 (Behcet's Disease) [40회 기출]

(가) 정의

구강 궤양, 음부 궤양, 안구 증상, 피부 병변 등이 반복적으로 나타나는 만성 염증성 질환입니다.

(나) 진단 기준

재발성 구강 궤양이 반드시 존재하면서, 다음 4가지 기준 중 2가지 이상을 만족할 때 진단할 수 있습니다.

(1) **재발성 성기부 궤양**

(2) **안구 병변 (포도막염 등)**

(3) **피부 병변 (결절성 홍반, 모낭염 등)**

(4) **페설지 반응(Pathergy test) 양성**

> ※ 페설지 반응(Pathergy test)은 피부에 가벼운 자극(외상)을 가했을 때, 그 부위에 과민 반응이 나타나는지를 확인하는 검사입니다. 주로 베체트병(Behcet's Disease)을 진단하는 데 보조적으로 사용되는 특징적인 소견입니다.
>
> **1. 검사 방법**
> 검사는 보통 전완(아래팔)의 피부를 깨끗한 주사침으로 가볍게 찌른 후, 24~48시간 뒤에 피부 반응을 관찰하는 방식으로 진행됩니다.
>
> **2. 결과 판정**
> - **양성(Positive) 반응** : 만약 주사침으로 찌른 부위에 붉은 **구진(丘疹, 솟아오른 병변)**이나 **농포(膿疱, 고름이 찬 물집)**가 형성되면 '페설지 반응 양성'으로 판정합니다.
> - **음성(Negative) 반응** : 특별한 반응 없이 바늘 자국만 남아있으면 음성입니다.
>
> **3. 임상적 의미**
> 이러한 양성 반응은 우리 몸의 면역 체계가 아주 작은 자극에도 과도하게 염증 반응을 일으킨다는 것을 의미하며, 베체트병 환자에게서 특징적으로 나타날 수 있습니다.
> 다만, 모든 베체트병 환자에게서 양성 반응이 나타나는 것은 아니며, 지역(인종)에 따라 양성률에 차이가 있는 것으로 알려져 있습니다.

II. 대사성 골질환

1 골다공증 (Osteoporosis)

(가) 정의

뼈의 양이 감소하고 질적인 변화로 인해 뼈의 강도가 약해져서, 일상적인 충격에도 쉽게 골절이 발생하는 골격계 질환입니다.

(나) 주 위험인자 [38회 기출]

(1) 고령

(2) 폐경 (여성호르몬 감소)

(3) 골다공증의 과거력 또는 가족력

(4) 저체중

(다) 골다공증성 골절 호발 부위 [39회, 46회 기출] ★★

작은 외상에도 골절이 흔히 발생하는 부위는 다음과 같습니다.

(1) 척추 (압박 골절)

(2) 대퇴골 (고관절 골절)

(3) 손목 (요골 원위부 골절)

(4) 상완골 근위부

(라) 예방 (최대 골량 형성 시기, 낙상 예방) [38회 기출]

(1) 최대 골량 형성

뼈가 가장 튼튼해지는 시기인 청소년기에서 30대 초반에 칼슘 섭취와 운동을 통해 최대 골량을 가능한 한 높여 놓는 것이 중요합니다.

(2) 낙상 예방

고령자에서는 낙상이 골절을 유발하는 가장 큰 요인이므로, 근력 강화 및 균형감각 운동을 통해 낙상을 예방하는 것이 매우 중요합니다.

2 비외상성 대퇴골두 무혈성 괴사 46회 기출

외상 없이 대퇴골두로 가는 혈류가 차단되어 뼈가 괴사하는 질환으로, 주요 위험인자는 다음과 같습니다.

(1) **과도한 음주**

(2) **부신피질호르몬(스테로이드) 사용**

(3) **전신성 홍반성 루푸스(SLE) 등 결체조직질환**

(4) **장기 이식**

(5) **잠수병 (케이슨병)**

종양 질환 (Oncology)

종양은 비정상적인 세포가 통제를 잃고 과도하게 증식하여 형성된 덩어리를 의미합니다. 종양은 생명에 지장이 없는 '양성 종양'과 생명을 위협할 수 있는 '악성 종양(암)'으로 나뉩니다. 암은 우리나라 사망원인 1위를 차지하는 질환으로, 손해사정 실무에서도 그 중요성이 매우 큽니다.

Ⅰ. 종양의 기본 개념

1 양성 종양과 악성 종양의 특성 비교 `43회 기출`

종양은 여러 특성에 따라 양성과 악성으로 구분할 수 있습니다.

구분	양성 종양 (Benign Tumor)	악성 종양 (Malignant Tumor, 암)
성장 속도	느리게 성장함	빠르게 성장함
성장 양상	팽창하며 성장하고, 피막이 있어 주변 조직과의 경계가 명확함	주변 조직을 파괴하며 침투하는(침윤성) 성장을 하고, 경계가 불분명함
분화도	정상 세포와 유사함 (분화도 좋음)	정상 세포와 다른 미분화 상태인 경우가 많음 (분화도 나쁨)
전이 (Metastasis)	전이하지 않음	림프관이나 혈관을 통해 다른 장기로 전이함
수술 후 재발	재발이 드묾	재발이 흔함
인체에 미치는 영향	국소적인 압박 외에 전신적 영향은 거의 없음	전신적인 쇠약(악액질), 출혈, 통증 등을 유발하며 생명을 위협함

2 암의 병기 설정 (Staging) 42회 기출

암의 병기(病期, stage) 결정은 암이 얼마나 진행되었는지를 평가하는 과정으로, 치료 방법을 결정하고 예후를 예측하는 데 매우 중요한 역할을 합니다.

(가) 임상적 병기와 병리학적 병기

(1) 임상적 병기 (Clinical Stage)

수술 전, 신체 검진, 영상 검사(CT, MRI, PET 등), 내시경 검사 등의 결과를 종합하여 결정하는 병기입니다.

(2) 병리학적 병기 (Pathological Stage)

수술을 통해 절제한 암 조직과 주변 림프절에 대한 현미경 검사 결과를 바탕으로 결정하는 병기입니다. 일반적으로 임상적 병기보다 더 정확합니다.

(나) TNM 분류 체계의 의미 (T/N/M)

가장 널리 사용되는 병기 분류 체계로, 다음 세 가지 요소를 조합하여 병기를 결정합니다.

(1) T (Tumor, 원발 종양)

원발 종양의 크기와 주변 조직 침범 정도를 나타냅니다. (T1-T4)

(2) N (Node, 주위 림프절)

암세포가 주변 림프절로 전이되었는지 여부와 전이된 정도를 나타냅니다. (N0-N3)

(3) M (Metastasis, 원격 전이)

암세포가 혈관 등을 통해 멀리 떨어진 다른 장기(간, 폐, 뇌, 뼈 등)로 전이되었는지 여부를 나타냅니다. (M0-M1)

3 국제 종양 분류(ICD-O) 행동양식 코드 45회 기출

종양의 조직학적 형태와 행동양식을 코드로 나타낸 분류체계입니다. 특히 사선 뒤의 5번째 자리 숫자인 행동양식 코드는 종양의 성격을 구분하는 중요한 기준이 됩니다.

행동양식 코드	의미	설명
/0	양성 (Benign)	생명에 지장을 주지 않는 종양
/1	경계성 (Uncertain or Borderline)	양성과 악성의 중간적 성격으로, 악성으로 변할 잠재력이 있는 종양
/2	상피내암 (Carcinoma in situ)	암세포가 상피층 내에 국한되어 기저막을 뚫고 나가지 않은 초기 상태의 암
/3	악성, 원발성 (Malignant, Primary site)	해당 부위에서 처음 발생한 악성 종양 (암)
/6	악성, 전이성 (Malignant, Metastatic site)	다른 부위의 암이 전이되어 온 이차성 악성 종양
/9	악성, 원발/전이 불명	악성임은 확실하나 원발성인지 전이성인지 불분명한 경우

II. 주요 암 질환

1 간암의 대표적인 위험인자 39회 기출

(1) **B형 간염 바이러스(HBV) 만성 감염**

(2) **C형 간염 바이러스(HCV) 만성 감염**

(3) **모든 원인의 간경변증 (특히 알코올성)**

※ B형 간염 바이러스(HBV) 만성 감염은 B형 간염 바이러스가 우리 몸의 면역체계에 의해 제거되지 않고 6개월 이상 지속적으로 간에 남아 염증을 일으키는 상태를 말합니다.

1. 만성 감염의 원인

성인이 B형 간염 바이러스에 감염되면 대부분 급성 간염을 앓고 면역력이 생겨 회복됩니다. 하지만 신생아나 영유아기에 감염될 경우(주로 어머니로부터 수직감염), 면역체계가 아직 미숙하여 바이러스를 적으로 제대로 인식하지 못하고, 이로 인해 90% 이상이 바이러스를 평생 몸에 지니고 사는 만성 보유자가 됩니다.

2. 간 손상 기전

만성 감염 상태에서는 바이러스가 간세포 내에서 계속 증식하면서, 우리 몸의 면역세포가 바이러스를 공격하기 위해 간세포를 지속적으로 파괴하게 됩니다. 이러한 만성적인 염증 반응이 수십 년에 걸쳐 반복되면, 간이 점차 딱딱하게 굳는 간경변증(Liver Cirrhosis)으로 진행할 수 있습니다.

3. 간암과의 관계

B형 간염 바이러스 만성 감염은 우리나라에서 간암(간세포암)을 유발하는 가장 중요한 원인입니다. 만성적인 염증과 이로 인한 간세포의 파괴, 재생 과정이 반복되면서 유전자 변이가 일어나 암세포가 발생할 위험이 매우 커지기 때문입니다.

질병의 진행 과정을 간단히 나타내면 다음과 같습니다.

B형 간염 바이러스 감염 → 만성 B형 간염 → (수십 년) → 간경변증 → 간암

따라서 만성 B형 간염 보유자는 증상이 없더라도 정기적인 혈액 검사와 간 초음파 검사를 통해 간경변증이나 간암으로의 진행 여부를 반드시 추적 관찰해야 합니다.

※ C형 간염 바이러스(HCV) 만성 감염은 C형 간염 바이러스가 우리 몸에 침투한 후, 면역체계에 의해 제거되지 않고 6개월 이상 간에 남아 지속적으로 염증을 일으키는 상태를 말합니다.

1. B형 간염과의 차이점

C형 간염은 B형 간염과 여러 면에서 중요한 차이점이 있습니다.

(1) **만성화 비율** : 가장 큰 차이점입니다. 성인이 C형 간염 바이러스에 감염되면, 약 70~80%가 특별한 증상 없이 만성 감염으로 진행합니다. (B형 간염은 성인 감염 시 대부분 급성으로 회복됩니다.)

(2) **전파 경로** : 주된 전파 경로는 오염된 주사기 공동 사용, 소독되지 않은 기구를 이용한 시술(문신, 피어싱 등), 과거의 수혈 등 혈액을 매개로 한 감염입니다.

(3) 예방 백신 : B형 간염과 달리, C형 간염은 아직 **예방 백신이 없습니다.**

2. 간 손상 기전 및 간암과의 관계

B형 간염과 마찬가지로, 만성적인 간의 염증 상태는 수십 년에 걸쳐 간을 딱딱하게 만드는 간경변증(Liver Cirrhosis)으로 이어질 수 있습니다.

C형 간염 바이러스 만성 감염 역시 간경변증을 거쳐 간암(간세포암)을 유발하는 매우 중요한 원인 중 하나입니다.

3. 치료 (중요한 차이점)

최근 C형 간염 치료에는 혁신적인 발전이 있었습니다. 매우 효과적인 경구용 항바이러스제(DAA, Direct-Acting Antivirals)가 개발되어, 8~12주 정도의 치료만으로 **95% 이상 완치가 가능**해졌습니다. 이는 완치가 어렵고 평생 관리가 필요한 만성 B형 간염과의 또 다른 중요한 차이점입니다.

---

2 대장암 : 선종성 용종의 악성화 위험인자 `44회 기출`

대장 선종성 용종(폴립)이 악성(대장암)으로 진행될 가능성이 높은 위험인자는 다음과 같습니다.

(1) **용종의 크기가 클수록 (특히 1cm 이상)**

(2) **조직학적으로 융모(Villous) 성분을 포함할수록**

(3) **이형성(Dysplasia)의 정도가 심할수록**

(4) **용종의 개수가 많을수록**

(5) **톱니모양 용종(Serrated polyp)인 경우**

---

3 유방암의 고위험군 `38회, 46회 기출` ★★

다음과 같은 경우 유방암 발생 위험이 높아집니다.

(1) **여성, 고령**

(2) **유방암 가족력 또는 과거력 (특히 BRCA1/2 유전자 변이)**

(3) **이른 초경(12세 이전) 또는 늦은 폐경(55세 이후)**

(4) **첫 출산 연령이 늦거나(30세 이후) 출산 경험이 없는 경우**

(5) **폐경 후 장기간의 호르몬 대체 요법**

(6) **비만, 음주**

4 갑상선암의 조직학적 분류 `47회 기출`

갑상선암은 조직학적 형태에 따라 다음과 같이 분류됩니다.

(1) 유두암 (Papillary carcinoma)

1) 핵심 특징 : 가장 흔한 갑상선암으로, 전체의 80~85%를 차지합니다. 암세포가 현미경으로 보았을 때 유두(젖꼭지) 모양처럼 생겼다고 해서 붙여진 이름입니다.

2) 성장 및 전이 : 일반적으로 성장 속도가 매우 느리고, 주로 갑상선 주변의 림프절을 통해 전이되는 경향이 있습니다. 림프절 전이가 있더라도 다른 암과 달리 예후에 큰 영향을 미치지 않는 경우가 많습니다.

3) 예후 : 전반적으로 예후가 매우 좋아 '착한 암', '거북이 암'으로 불리기도 합니다. 10년 생존율이 95% 이상으로 매우 높습니다.

(2) 여포암 (Follicular carcinoma)

1) 핵심 특징 : 유두암 다음으로 흔한 형태로, 약 10~15%를 차지합니다. 갑상선 호르몬을 만드는 여포세포에서 기원합니다.

2) 진단 : 세침흡인검사(FNA)만으로는 양성 종양(여포선종)과 구별이 어려운 경우가 많습니다. 수술 후 조직검사로 암세포가 종양을 둘러싼 피막이나 혈관을 침범했는지 확인해야 확진이 가능합니다.

3) 성장 및 전이 : 유두암과 달리 림프절 전이보다는 혈관을 타고 폐나 뼈 등 다른 장기로 원격 전이하는 경향이 있습니다.

(3) 수질암 (Medullary carcinoma)

1) 핵심 특징 : 갑상선 호르몬을 만드는 여포세포가 아닌, 혈중 칼슘 농도 조절에 관여하는 호르몬인 칼시토닌(Calcitonin)을 분비하는 C-세포에서 기원하는 드문 암입니다. (약 2~4%)

2) 진단 : 이 암세포는 칼시토닌을 생성하므로, 혈액 검사에서 칼시토닌 수치가 이 암을 진단하고 치료 후 재발을 추적하는 매우 중요한 종양 표지자로 사용됩니다.

3) 유전적 특징 : 약 25%는 유전적으로 발생하므로, 수질암으로 진단되면 환자 가족에 대한 유전자 검사가 필요할 수 있습니다.

4) 예후 : 유두암이나 여포암보다는 예후가 좋지 않습니다.

(4) 미분화암 (Anaplastic carcinoma)

1) 핵심 특징 : 가장 드물지만(1% 미만), 가장 공격적이고 예후가 나쁜 최악의 갑상선암입니다.

2) 성장 및 전이 : 암세포가 정상 갑상선 세포의 모양과 기능을 완전히 잃어버린 '미분화' 상태로, 성장 속도가 매우 빨라 진단 시 이미 주변 조직(식도, 기도 등)을 많이 침범했거나 원격 전이가 된 경우가 많습니다.

3) 예후 : 평균 생존 기간이 6개월 미만일 정도로 매우 치명적이며, 현재의 치료법으로는 반응이 거의 없어 예후가 극히 불량합니다.

구분	유두암	여포암	수질암	미분화암
빈도	매우 흔함 (80% 이상)	흔함 (10-15%)	드묾 (2-4%)	매우 드묾 (<1%)
기원 세포	여포세포	여포세포	C-세포	여포세포
성장 속도	매우 느림	느림	보통	매우 빠름
주요 전이	림프절	혈관 (폐, 뼈)	림프절, 혈관	국소 침범, 원격 전이
예후	매우 좋음	좋음	보통	매우 나쁨

(5) 림프종 (Lymphoma)

갑상선 호르몬을 만드는 여포세포에서 기원하는 대부분의 갑상선암(유두암, 여포암 등)과는 근본적으로 다릅니다. 갑상선 림프종은 갑상선 내에 존재하는 림프구(면역세포의 일종)가 암세포로 변하여 발생하는 혈액암의 일종입니다.

1) 주요 특징 및 위험인자 : 가장 큰 특징은 하시모토 갑상선염이라는 만성 자가면역질환과 깊은 연관성이 있다는 점입니다. 하시모토 갑상선염 환자는 갑상선 림프종 발생 위험이 일반인에 비해 수십 배 높습니다.

2) 증상 : 다른 갑상선암과 달리, 수 주에서 수 개월에 걸쳐 목의 혹이 갑자기 빠르게 커지는 것이 가장 특징적인 증상입니다. 이로 인해 쉰 목소리, 음식물 삼킴 곤란, 호흡 곤란 등 주변 조직을 누르는 압박 증상이 비교적 조기에 나타날 수 있습니다.

3) 치료 : 다른 갑상선암과 치료 방법이 완전히 다릅니다. 수술이 주된 치료인 다른 갑상선암과 달리, 갑상선 림프종은 전신 질환인 림프종의 일종이므로 항암화학요법(Chemotherapy)이나 방사선 치료가 주된 치료법이 됩니다.

5 자궁경부암의 원인(HPV) 및 위험인자 38회 기출

(1) 주요 원인

인유두종 바이러스(Human Papilloma Virus, HPV) 감염이 자궁경부암 발생의 가장 핵심적인 원인입니다.

(2) 위험인자

① 이른 나이의 첫 성경험   ③ 흡연
② 다수의 성 파트너   ④ 면역 저하 상태

III. 암의 진단 및 관리

1 종양 표지자 (Tumor Marker)의 종류와 임상적 의의 44회 기출

종양 표지자는 암 진단의 보조적 역할, 치료 반응 평가, 재발 여부 확인 등에 사용되는 혈액 검사입니다. 대표적인 종양과 관련 표지자는 다음과 같습니다.

암 종류	주요 종양 표지자
간세포암	AFP (알파태아단백)
갑상선 수질암	칼시토닌 (Calcitonin)
대장암, 폐암	CEA (암태아성항원)
전립선암	PSA (전립선특이항원)
난소암	CA-125

2 국가 암 검진 사업의 종류와 방법 43회 기출

우리나라에서 사망률이 높고 조기 진단으로 치료가 가능한 6대 암에 대해 국가 암 검진 사업을 시행하고 있습니다.

대상 암	검진 방법
위암	위내시경 검사
간암	간초음파 검사 + 혈청 알파태아단백검사(AFP)
대장암	분변잠혈검사 (이상 시 대장내시경)
유방암	유방촬영술
자궁경부암	자궁경부 세포검사 (Pap smear)
폐암	저선량 흉부 CT

3 이상적인 암 선별검사의 조건 [37회 기출]

특정 암을 조기에 발견하기 위한 선별검사가 이상적인 검사가 되기 위해서는 다음과 같은 조건들을 만족해야 합니다.

(1) **검사 방법이 간단하고 안전하며 비용이 저렴해야 함**

(2) **검사의 민감도(암이 있는 사람을 찾아내는 능력)와 특이도(암이 없는 사람을 정상으로 판별하는 능력)가 높아야 함**

(3) **해당 암의 유병률이 높아야 함**

(4) **조기 발견 시 효과적인 치료법이 존재해야 함**

(5) **일반 국민들이 검사를 받기 용이해야 함 (수용도)**

CHAPTER 03

내분비, 영양 및 대사 질환
(Endocrine, Nutritional &Metabolic Diseases)

> ✐ Check Point
>
> 내분비계는 호르몬을 생성하고 분비하여 우리 몸의 성장, 발달, 대사 등 다양한 기능을 조절하는 중요한 시스템입니다. 이 장에서는 내분비계의 이상으로 발생하는 대표적인 질환인 당뇨병, 대사증후군 등을 다룹니다.

I. 당뇨병 (Diabetes Mellitus)

1 진단 기준 및 당뇨병 전단계　37회, 43회 기출　★★

당뇨병은 인슐린의 분비량이 부족하거나 정상적인 기능이 이루어지지 않는 등의 대사질환의 일종으로, 혈중 포도당의 농도가 높아지는 고혈당을 특징으로 합니다. 다음 4가지 기준 중 1가지 이상을 만족하면 당뇨병으로 진단합니다.

(가) 당뇨병 진단 기준

(1) 당화혈색소(HbA1c)가 6.5% 이상인 경우

(2) 8시간 이상 공복 후 측정한 공복 혈당이 126mg/dL 이상인 경우

(3) 75g 경구 당부하 검사 후 2시간째 혈당이 200mg/dL 이상인 경우

(4) 당뇨병의 전형적인 증상(다뇨, 다음, 다식, 설명되지 않는 체중 감소)이 있으면서 무작위 혈당이 200mg/dL 이상인 경우

> ※ 당화혈색소(Hemoglobin A1c, HbA1c)는 혈액 내 산소를 운반하는 적혈구의 혈색소(헤모글로빈)에 포도당이 얼마나 달라붙어 있는지를 백분율(%)로 나타내는 수치입니다.
>
> **1. 기본 원리**
> 우리 몸의 혈액 속에 포도당(혈당)이 돌아다니는데, 혈당이 높을수록 더 많은 포도당이 혈색소에 달라붙게 됩니다. 한번 달라붙은 포도당은 그 적혈구가 죽을 때까지 떨어지지 않습니다.
> 적혈구의 평균 수명은 약 3개월이므로, 당화혈색소 수치를 측정하면 검사 시점으로부터 과거 2~3개월 동안의 평균적인 혈당 조절 상태를 알 수 있습니다.

2. '순간 혈당'과의 차이 (쉬운 비유)

- 순간 혈당 (손가락 채혈): '오늘의 날씨'와 같습니다. 식사, 운동, 스트레스 등 그날의 컨디션에 따라 수시로 변합니다.
- 당화혈색소 (정맥 채혈): '지난 한 계절(3개월)의 평균 날씨'와 같습니다. 하루하루의 날씨 변화가 아닌, 지난 계절이 전반적으로 더웠는지 혹은 추웠는지를 알려주는 장기적인 지표입니다.

3. 임상적 중요성

이러한 특성 때문에 당화혈색소는 다음과 같은 중요한 장점이 있습니다.

- 검사 전 금식이 필요 없습니다.
- 식사나 운동 등 단기적인 변수에 영향을 받지 않고 환자의 장기적인 혈당 관리 상태를 객관적으로 평가할 수 있습니다.

항목	설명
정의	포도당이 결합된 혈색소의 비율 (%)
반영 기간	최근 2~3개월의 평균 혈당 상태
장점	• 금식이 필요 없음 • 단기 변수(식사, 운동 등)에 영향이 적음 • 장기적인 혈당 조절 상태를 보여줌
임상적 용도	당뇨병 진단, 당뇨병 환자의 혈당 관리 목표 설정 및 추적 관찰

따라서, 당뇨병의 진단과 치료 효과를 추적하는 데 매우 중요한 지표로 사용됩니다.

※ 75g 경구 당부하 검사(Oral Glucose Tolerance Test, OGTT)**는 일정량의 포도당을 섭취한 후, 우리 몸이 포도당을 얼마나 잘 처리하는지(인슐린이 얼마나 잘 작용하는지)를 평가하는 검사입니다. 주로 당뇨병이나 당뇨병 전단계(내당능장애)를 진단하기 위해 사용됩니다.

1. 검사 과정

검사는 보통 다음과 같은 순서로 진행됩니다.

(1) 준비 : 검사 전날 저녁 식사 후, 최소 8시간 이상 금식한 상태에서 아침에 병원을 방문합니다.

(2) 공복 혈당 측정 : 먼저 금식 상태에서 혈액을 채취하여 '공복 혈당' 수치를 측정합니다.

(3) 포도당 용액 섭취 : 이후, 포도당 75g이 녹아있는 용액을 마십니다.

(4) 2시간 후 혈당 측정 : 용액을 마신 시점으로부터 정확히 2시간 뒤에 다시 혈액을 채취하여 혈당 수치를 측정합니다. 검사가 진행되는 동안에는 물을 제외한 다른 음식 섭취나 흡연, 심한 운동은 피해야 합니다.

2. 결과 해석

이 검사의 핵심은 포도당 섭취 2시간 후의 혈당 수치입니다. 이 수치를 통해 우리 몸의 포도당 처리 능력을 평가하며, 결과는 다음과 같이 해석됩니다.

2시간 후 혈당 수치	판정
140mg/dL 미만	정상
140 ~ 199mg/dL	내당능장애 (당뇨병 전단계)
200mg/dL 이상	당뇨병

(나) 당뇨병 전단계 (Prediabetes)

혈당 수치가 정상이지만 당뇨병의 진단 기준에도 해당하지 않는, 당뇨병으로 진행될 위험이 높은 상태를 말합니다.

(1) 공복혈당장애 (Impaired Fasting Glucose)

8시간 이상 공복 후 측정한 공복 혈당이 100~125 mg/dL인 경우

(2) 내당능장애 (Impaired Glucose Tolerance)

75g 경구 당부하 검사 후 2시간째 혈당이 140~199mg/dL인 경우

(3) 당화혈색소 수치가 5.7~6.4%에 해당하는 경우

2 만성 합병증

고혈당 상태가 오래 지속되면 혈관에 손상을 주어 다양한 만성 합병증이 발생합니다.

(가) 미세혈관 합병증 (망막병증, 신증, 신경병증) 45회 기출

작은 혈관에 문제가 생겨 발생하는 합병증으로, 대표적인 3가지 질환은 다음과 같습니다.

(1) 당뇨병성 망막병증 (Diabetic Retinopathy)

눈의 망막 혈관이 손상되어 시력 저하 및 실명을 유발함.

(2) 당뇨병성 신증 (Diabetic Nephropathy)

신장의 사구체 혈관이 손상되어 단백뇨가 발생하고, 심하면 말기 신부전으로 진행됨.

(3) 당뇨병성 신경병증 (Diabetic Neuropathy)

말초신경이 손상되어 주로 양쪽 발끝이나 손끝에 저림, 통증, 감각 저하 등이 발생함.

(나) 당뇨병성 망막병증의 분류 45회 기출

당뇨병성 망막병증은 신생혈관의 유무에 따라 크게 두 가지로 구분됩니다.

(1) 비증식성 망막병증 (Non-proliferative DR)

망막의 혈관이 약해져 출혈이나 삼출물 등이 나타나지만, 새로운 혈관(신생혈관)이 자라나지는 않은 비교적 초기 단계입니다.

(2) 증식성 망막병증 (Proliferative DR)

혈액순환 장애가 심해져 망막에 비정상적인 신생혈관이 자라나는 단계입니다. 이 신생혈관은 매우 약해 쉽게 터져 심각한 유리체 출혈이나 망막 박리를 일으켜 실명에 이를 수 있는 위험한 상태입니다.

II. 대사증후군 (Metabolic Syndrome)

1 진단 기준 (구성요소 및 수치) 46회 기출

대사증후군은 복부 비만, 고혈압, 고혈당, 지질 이상 등 심뇌혈관질환 및 당뇨병의 위험을 높이는 여러 위험인 자가 한 개인에게 동시다발적으로 나타나는 상태를 말합니다. 다음 5가지 구성요소 중 3가지 이상을 만족할 때 진단합니다.

구성요소	진단 기준 (우리나라 기준)
1. 복부 비만	허리둘레: 남자 ≥ 90cm, 여자 ≥ 85cm
2. 높은 중성지방혈증	혈중 중성지방(Triglyceride) ≥ 150mg/dL 또는 관련 약물 복용 중
3. 낮은 고밀도지단백(HDL) 콜레스테롤혈증	혈중 HDL 콜레스테롤: 남자 <40mg/dL, 여자 <50mg/dL 또는 관련 약물 복용 중
4. 높은 혈압	수축기 혈압 ≥ 130mmHg **또는** 이완기 혈압 ≥ 85mmHg 또는 고혈압 약물 복용 중
5. 공복혈당장애	공복 혈당 ≥ 100mg/dL 또는 당뇨병 약물 복용 중

III. 기타 내분비 질환

1 유즙 분비의 원인 및 뇌하수체 종양 [41회 기출]

(가) 비수유기 여성의 유즙분비의 원인

출산과 관련 없이 유즙이 분비되는 경우, 유방 자체의 문제 외에 다음과 같은 원인을 고려할 수 있습니다.

(1) **특정 약물 부작용 (위장약, 신경안정제 등)**

(2) **갑상선 기능 저하증**

(3) **뇌하수체의 프로락틴(유즙분비호르몬) 분비 종양**

(나) 동반 증상에 따른 의심 질환

만약 유즙분비와 더불어 시야 장애(터널처럼 시야가 좁아짐) 및 두통을 함께 호소한다면, 뇌하수체에 발생한 프로락틴선종(Prolactinoma)을 가장 먼저 의심해야 합니다. 종양이 커지면서 주변의 시신경 교차 부위를 압박하여 특징적인 증상을 유발하는 것입니다.

순환기 및 호흡기 질환
(Cardiovascular &Respiratory Diseases)

✂ *Check Point*

순환기계와 호흡기계는 혈액을 통해 산소와 영양분을 온몸에 공급하고 이산화탄소를 배출하는, 생명 유지에 필수적인 역할을 담당합니다. 이 장에서는 심장, 혈관, 폐 등과 관련된 주요 질환들을 다룹니다.

Ⅰ. 순환기 질환

1 허혈성 심질환 (Ischemic Heart Disease)

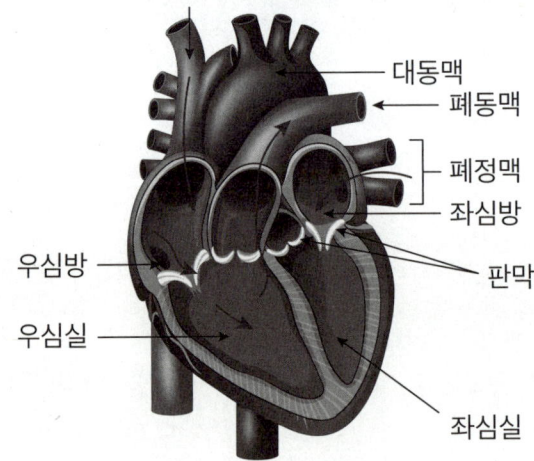

심장 근육에 혈액을 공급하는 관상동맥이 좁아지거나 막혀서 심근에 산소 공급이 부족해져 발생하는 질환을 총칭합니다.

(가) 동맥 죽상경화증의 위험인자 46회 기출

허혈성 심질환의 주된 원인은 관상동맥에 발생하는 동맥 죽상경화증입니다. 그 주요 위험인자는 다음과 같습니다.

(1) **고혈압**

(2) **고지혈증 (이상지질혈증)**

(3) **당뇨병**

(4) **흡연**

(5) **고령**

(6) **가족력**

(7) **비만 및 운동 부족**

※ 동맥 죽상경화증(Atherosclerosis)**은 혈관의 가장 안쪽 벽(내피)에 콜레스테롤과 같은 지방 성분이 쌓여 '죽상반(plaque)'이라는 덩어리를 형성하고, 이로 인해 혈관이 좁아지고 딱딱해지는 질환을 말합니다.

깨끗하던 수도관(혈관) 안쪽에 기름때(콜레스테롤 등)가 끼기 시작하고, 이 기름때가 점점 두꺼워져 수도관을 좁게 만드는 것과 비슷합니다. 이름의 '죽상(粥狀)'이란 '죽(porridge) 모양'이라는 뜻으로, 혈관에 쌓인 덩어리의 내용물이 부드러운 죽과 같다고 해서 붙여진 이름입니다.

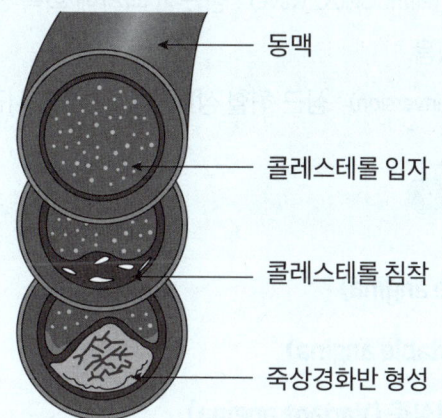

- 동맥
- 콜레스테롤 입자
- 콜레스테롤 침착
- 죽상경화반 형성

1. 문제점

동맥 죽상경화증은 두 가지 방식으로 심각한 문제를 일으킵니다.

(1) 혈관 협착(Stenosis) : 죽상반이 계속 커지면 혈관 통로가 좁아져 혈액 흐름이 원활하지 않게 됩니다. 이로 인해 심장에 혈액을 공급하는 관상동맥이 좁아지면 협심증이 발생할 수 있습니다.

(2) 혈전 형성(Thrombosis) : 더 위험한 것은 이 죽상반이 불안정해져 터지는 경우입니다. 우리 몸은 상처가 났다고 인식하고 그 부위에 피떡(혈전)을 만드는데, 이 혈전이 갑자기 혈관을 완전히 막아버릴 수 있습니다. 이것이 심장 혈관에서 발생하면 심근경색, 뇌혈관에서 발생하면 뇌경색(뇌졸중)이 됩니다.

2. 주요 위험인자

동맥 죽상경화증을 유발하고 악화시키는 주요 위험인자는 다음과 같습니다.

- 고혈압
- 고지혈증 (이상지질혈증)
- 당뇨병
- 흡연
- 가족력
- 고령, 비만 등

(나) 급성 관동맥 증후군 (Acute Coronary Syndrome)

관상동맥이 갑자기 막혀 발생하는 응급상황으로, 불안정형 협심증과 심근경색을 포함합니다.

(1) 불안정형 협심증의 특징적인 흉통

불안정형 협심증은 심근경색으로 진행될 위험이 매우 큰 상태로, 다음과 같은 특징적인 흉통이 나타납니다.

① 쉬고 있을 때도 발생하는 흉통 (안정 시 흉통)

② 최근에 새로 발생했거나, 이전보다 훨씬 약한 강도의 활동에도 유발되는 심한 흉통

③ 흉통의 빈도와 강도가 점차 심해지는 경우

(2) 전형적인 Q파 심근경색의 특징적인 심전도 소견

시간의 흐름에 따라 다음과 같은 순서로 특징적인 심전도(ECG) 변화가 나타납니다.

① ST 분절의 상승 (ST-segment elevation) : 심근 손상 초기에 나타나는 가장 특징적인 소견.

② 병적인 Q파의 형성 (Pathologic Q wave) : 심근이 괴사해 회복 불가능한 손상을 입었음을 시사하며, 영구적으로 남을 수 있음.

③ T파의 역전 (T-wave inversion) : 심근 허혈 상태를 반영하며, 시간이 지나면서 나타남.

(다) 협심증의 종류 `41회 기출`

(1) 안정형 협심증 (Stable angina)

(2) 불안정형 협심증 (Unstable angina)

(3) 변이형(혈관경련성) 협심증 (Variant angina)

※ 협심증의 종류

1. 안정형 협심증 (Stable Angina)

• **원인** : 동맥경화로 관상동맥이 만성적으로 좁아져 있는 상태입니다. 혈관이 좁아져 있지만, 죽상반이 터지지 않은 '안정적인' 상태입니다.

• **증상 특징** : 운동이나 계단 오르기 등 심장이 일을 많이 해야 할 때 예측 가능하게 발생합니다. 평소에는 좁아진 혈관으로도 혈액 공급이 충분하지만, 운동 시 늘어난 산소 요구량을 감당하지 못하기 때문입니다.

• **완화** : 휴식을 취하거나 니트로글리세린 설하정(혀 밑에 넣는 약)을 사용하면 수 분 내에 호전되는 것이 특징입니다.

2. 불안정형 협심증 (Unstable Angina)

• **원인** : 죽상반이 터지면서 생긴 혈전(피떡) 때문에 혈관이 갑자기 더 심하게 좁아지거나 막혔다 뚫렸다 하는 '불안정한' 상태입니다.

- **증상 특징** : 예측할 수 없이 발생하는 것이 핵심입니다.
  ① 쉬고 있을 때도 가슴 통증이 나타납니다.
  ② 이전에는 없었던 심한 흉통이 새로 발생하거나, 아주 약간의 활동에도 통증이 생깁니다.
  ③ 통증의 빈도나 강도가 점점 심해집니다.
- **중요성** : 급성 관동맥 증후군에 속하는 응급상황으로, 심근경색의 바로 전 단계일 수 있어 즉각적인 치료가 필요합니다.

3. 변이형 협심증 (Variant Angina / 이형 협심증)

- **원인** : 동맥경화와 상관없이, 관상동맥 혈관 자체에 경련(spasm)이 일어나 일시적으로 혈관이 급격히 수축하여 발생합니다.
- **증상 특징** : 주로 새벽이나 이른 아침, 휴식 중에 흉통이 발생하는 경향이 있습니다. 음주와 관련이 있는 경우가 많습니다.
- **완화** : 니트로글리세린에 잘 반응하여 완화됩니다.

구분	안정형 협심증	불안정형 협심증	변이형 협심증
원인	안정된 동맥경화 (고정된 협착)	파열된 동맥경화와 혈전	혈관의 경련(수축)
통증 유발	예측 가능 (운동, 스트레스 시)	예측 불가능 (휴식 시에도 발생)	예측 불가능 (주로 새벽, 휴식 시)
휴식/약물 반응	휴식이나 약물로 빠르게 호전	잘 호전되지 않음	약물로 호전
위험도	낮음 (만성 질환)	매우 높음 (응급상황)	중간

(라) 심근경색증의 진단 방법 `41회 기출`

심근경색증은 다음 세 가지를 종합하여 진단합니다.

(1) 임상 증상

특징적인 흉통

(2) 심전도(ECG) 변화

ST 분절 상승, Q파 형성 등

(3) 심근효소 수치 상승

혈액 검사에서 트로포닌(Troponin) 등 심장 근육세포가 파괴될 때 나오는 효소 수치가 상승한 것을 확인

가슴 통증을 유발하는 질환은 심근경색 외에도 매우 다양하므로 감별이 중요합니다.

(1) 심혈관계 원인

대동맥 박리(대동맥의 내벽(내막)이 찢어지면서, 그 틈으로 혈액이 파고들어 혈관 벽이 안쪽과 바깥쪽으로 분리되는(찢어지는) 질환), 급성 심낭염, 폐색전증

(2) 호흡기계 원인

기흉, 폐렴

(3) 소화기계 원인

위식도 역류질환(GERD), 식도 경련, 급성 췌장염

(4) 근골격계 원인

늑연골염, 근육통

※ 급성 심낭염

심장을 둘러싸고 있는 얇은 두 겹의 막인 '심낭(Pericardium)'에 급성으로 염증이 발생한 질환입니다.

심장을 '집'이라고 한다면, 심낭은 이 집을 감싸고 있는 '벽지'와 같습니다. 이 벽지에 염증이 생겨 서로 마찰을 일으키면서 통증을 유발하는 병입니다.

1. 특징적인 증상 (가슴 통증)

가장 주된 증상은 가슴 통증이지만, 심근경색의 통증과는 양상이 다릅니다.

(1) 통증의 양상 : 주로 '날카롭고 찌르는 듯한' 통증을 호소합니다.

(2) 자세에 따른 변화 (가장 큰 특징) : 통증이 상체를 앞으로 숙이면 완화되고, 똑바로 눕거나 숨을 깊게 들이쉴 때 악화되는 매우 특징적인 양상을 보입니다. 이는 염증이 생긴 심낭이 주변 조직과 마찰하는 정도가 자세에 따라 달라지기 때문입니다.

2. 기타 소견

• **심낭 마찰음** : 의사가 청진기로 들었을 때, 염증이 생긴 심낭 막들이 서로 비벼지면서 나는 소리인 '심낭 마찰음(Pericardial friction rub)'이 들릴 수 있습니다.

• **심전도 변화** : 심근경색과 유사하게 ST 분절 상승 소견이 나타날 수 있어 감별이 필요합니다.

3. 원인

원인은 바이러스 감염이 가장 흔하며, 그 외에 결핵, 신부전, 자가면역질환, 심장 수술 후 등 다양합니다.

급성 심낭염은 심근경색과 유사한 흉통을 유발할 수 있어, 급성 흉통의 중요한 감별진단 질환 중 하나입니다.

관상동맥 질환이나 판막질환 등 다른 원인 없이 심장 근육 자체에 문제가 생기는 질환을 원발성 심근병증이라고 하며, 대표적인 3가지 유형은 다음과 같습니다.

(1) 확장성 심근병증 (Dilated cardiomyopathy)

① 핵심 특징: 심장의 주된 펌프 역할을 하는 좌심실의 크기가 비정상적으로 커지고(확장되고) 얇아지는 병입니다.

② 기능 문제: 심장 근육이 늘어난 고무줄처럼 약해져서 혈액을 힘차게 짜내는 수축 기능(Systolic function)에 장애가 생깁니다. 이로 인해 심부전이 발생하기 쉽습니다.

③ 원인: 원인을 모르는 특발성인 경우가 가장 많으며, 바이러스 감염, 과도한 음주, 유전적 요인 등이 원인이 될 수 있습니다.

(2) 비후성 심근병증 (Hypertrophic cardiomyopathy)

① 핵심 특징 : 고혈압과 같은 특별한 원인 없이 심장 근육이 비정상적으로 두꺼워지는(비후되는) 병입니다.

② 기능 문제 : 근육이 너무 두껍고 뻣뻣해져서 혈액을 받아들이기 위해 충분히 이완하는 기능(Diastolic function)에 장애가 생깁니다. 또한, 두꺼워진 근육이 혈액이 나가는 길을 막아 급사를 유발할 수도 있어 젊은 운동선수 급사의 주요 원인 중 하나로 꼽힙니다.

③ 원인 : 대부분 유전적 요인에 의해 발생합니다.

(3) 제한성 심근병증 (Restrictive cardiomyopathy)

① 핵심 특징 : 심장 근육 자체는 두꺼워지지 않았지만, 유전분증(아밀로이드증) 등 다른 물질이 침착하여 근육이 뻣뻣하게 굳어지는 병입니다. 가장 드문 형태입니다.

② 기능 문제 : 뻣뻣해진 심장 근육이 제대로 늘어나지 못해 혈액을 충분히 채우지 못하는, 즉 이완 기능 (Diastolic function)에 심각한 장애가 발생합니다.

③ 원인 : 아밀로이드증, 사르코이드증과 같은 침윤성 질환이나 방사선 치료 후유증 등으로 발생할 수 있습니다.

구분	확장성(DCM)	비후성(HCM)	제한성(RCM)
심실 크기	확장됨 (커짐)	정상 또는 작아짐	정상
심근 두께	얇아짐	두꺼워짐	정상 (뻣뻣해짐)
주된 기능 장애	수축 기능 저하	이완 기능 저하	이완 기능 저하
핵심 병태	약해진 펌프	두껍고 뻣뻣한 근육	딱딱하게 굳은 근육

4 고혈압의 비약물적 치료 `37회 기출`

고혈압 치료 시 약물치료 외에 반드시 병행해야 할 생활 습관 개선 방법은 다음과 같습니다.

(1) **체중 감량**

(2) **DASH 식이요법 (과일, 채소 섭취, 저지방, 저염식)**

(3) **염분 섭취 제한 (나트륨 줄이기)**

(4) **규칙적인 유산소 운동**

(5) **절주 (알코올 섭취 제한)**

> ※ DASH 식이요법은 '고혈압을 막기 위한 식사 요법(Dietary Approaches to Stop Hypertension)'의 약자로, 미국 국립보건원(NIH)에서 고혈압 환자를 위해 특별히 개발한 식단 관리 프로그램입니다.
>
> 이름 그대로 혈압을 낮추는 것이 주된 목적이며, 약물치료와 함께 고혈압 관리의 매우 중요한 비약물적 치료 방법으로 인정받고 있습니다.
>
> **1. 핵심 원리**
>
> DASH 식단의 핵심은 단순히 '싱겁게 먹기'를 넘어, 특정 영양소 섭취를 조절하는 데 있습니다.
>
> **(1) 줄여야 할 것 :** 나트륨(소금), 포화지방, 트랜스지방, 콜레스테롤 섭취를 줄이는 것입니다. 특히 나트륨 섭취를 제한하는 것이 가장 중요합니다.
>
> **(2) 늘려야 할 것 :** 혈압을 낮추는 데 도움이 되는 칼륨, 칼슘, 마그네슘, 식이섬유, 단백질이 풍부한 식품 섭취를 늘리는 것입니다.
>
> **2. 주요 식단 구성**
>
> DASH 식단은 구체적으로 다음과 같은 식품 섭취를 권장하고 제한합니다.
>
> | 권장 식품 (섭취 늘리기) | 제한 식품 (섭취 줄이기) |
> |---|---|
> | • 채소와 과일 | • 나트륨(소금)이 많은 음식 (국, 찌개, 젓갈, 가공식품) |
> | • 전곡류 (현미, 통밀빵 등) | • 포화지방과 트랜스지방 (기름진 육류, 버터, 과자) |
> | • 저지방 유제품 (저지방 우유, 요거트) | • 붉은 육류 (소고기, 돼지고기) |
> | • 살코기, 가금류, 생선 | • 설탕이 많이 든 음료와 간식 |
> | • 견과류, 콩류 | |
>
> ※ 소금/비만/당뇨병이 고혈압을 유발하는 원리
>
> **1. 나트륨(소금)이 많은 음식이 고혈압을 유발하는 원리**에 대해 알기 쉽게 설명해 드리겠습니다.
>
> 핵심 원리는 **'물은 짠 곳(나트륨)을 따라간다'**는 삼투압 현상 때문입니다.
>
> 과정은 다음과 같습니다.

(1) 나트륨 섭취 및 혈중 농도 증가 : 짠 음식을 먹으면 나트륨이 우리 몸에 흡수되어 혈액 속으로 들어갑니다. 이로 인해 혈액의 나트륨 농도(염분 농도)가 높아집니다.

(2) 수분 재흡수 및 혈액량 증가 : 우리 몸은 항상 일정한 염분 농도를 유지하려고 합니다. 짠 혈액을 희석하기 위해, 몸은 세포와 조직에 있던 수분을 혈관 안으로 끌어들입니다. 동시에 신장(콩팥)에서는 소변으로 나가는 물의 양을 줄여 몸에 수분을 가두게 됩니다. 결과적으로, 혈관을 흐르는 전체 혈액의 양(혈액량)이 증가하게 됩니다.

(3) 혈압 상승 : 혈관이라는 한정된 공간에 더 많은 양의 혈액이 흐르게 되면 어떻게 될까요? 수도관에 평소보다 더 많은 물을 밀어 넣으면 수도관이 팽팽해지면서 압력이 높아지는 것과 같은 원리입니다. 즉, 늘어난 혈액량만큼 혈관 벽이 받는 압력이 높아지게 되고, 이것이 바로 고혈압입니다.

이러한 상태가 지속되면 혈관 벽에 계속해서 강한 압력이 가해져 혈관이 손상되고 딱딱해지며, 이는 결국 동맥경화, 심장병, 뇌졸중 등 더 심각한 질환으로 이어질 수 있습니다.

이러한 기전 때문에 고혈압 관리에서 염분 섭취를 제한하는 것이 매우 중요한 생활 습관 개선 방법으로 강조되는 것입니다.

2. 비만이 고혈압을 유발하는 이유

(1) 혈액량 증가 : 체중이 늘어나면, 늘어난 조직(특히 지방 조직)에 산소와 영양분을 공급하기 위해 더 많은 혈액이 필요하게 됩니다. 전체 혈액량이 증가하면 혈관이라는 한정된 공간을 지나는 유량이 많아져 혈관 벽이 받는 압력이 자연스럽게 높아집니다.

(2) 교감신경계 항진 : 지방세포에서는 렙틴(Leptin) 등 혈압을 높이는 여러 호르몬과 물질이 분비됩니다. 이 물질들이 우리 몸을 흥분 상태로 만드는 교감신경을 자극하여 혈관을 수축시키고 심박수를 높여 혈압을 상승시킵니다.

(3) 호르몬 시스템(RAAS) 활성화 : 비만은 혈압을 조절하는 '레닌-안지오텐신-알도스테론 시스템(RAAS)'을 비정상적으로 활성화합니다. 이 시스템이 활성화되면 혈관이 수축하고 신장에서 염분과 수분을 재흡수하여 몸에 쌓이게 하므로 혈압이 높아집니다.

3. 당뇨병이 고혈압을 유발하는 이유

(1) 인슐린 저항성 및 고인슐린혈증 : 제2형 당뇨병의 핵심인 인슐린 저항성 상태가 되면 혈관을 확장하는 인슐린의 기능이 저하되어 혈관이 딱딱해집니다. 또한, 우리 몸이 인슐린 저항성을 극복하기 위해 인슐린을 과도하게 분비(고인슐린혈증)하면, 이 높은 인슐린 농도가 신장에서 나트륨 배출을 억제하여 혈액량을 늘리고 혈압을 올립니다.

(2) 혈관 손상 및 동맥경화 : 높은 혈당(고혈당)은 혈관 내벽을 직접적으로 손상해 혈관의 탄력을 떨어뜨리고 딱딱하게 만듭니다. 이는 동맥 죽상경화증을 촉진하여 혈관을 좁게 만들고, 결국 혈압을 상승시킵니다.

(3) 당뇨병성 신증 (신장 손상) : 당뇨병은 신장의 미세 혈관을 손상할 수 있습니다. 신장 기능이 저하되면 체내 수분과 염분 조절 능력이 떨어져 혈압이 올라가고, 이는 다시 신장을 손상하는 악순환을 만듭니다.

II. 호흡기 질환

1 만성 폐쇄성 폐질환 (COPD) 46회 기출

유해한 입자나 가스의 흡입에 의해 폐에 비정상적인 염증 반응이 일어나면서 점차 기류 제한이 진행되는 질환입니다.

(가) 3대 주요 증상

(1) **만성 기침**

(2) **가래 (객담)**

(3) **운동 시 호흡곤란 (Dyspnea)**

(나) FEV1의 정의 및 임상적 의미

(1) **정의**

FEV1(Forced Expiratory Volume in 1 second)은 '노력성 호기량' 즉, 최대한 숨을 들이마신 상태에서 1초 동안 강하고 빠르게 내쉴 수 있는 공기의 양'을 의미합니다.

(2) **임상적 의미**

COPD와 같은 폐쇄성 폐질환에서는 기도가 좁아져 공기를 빨리 내뱉기 어려우므로 FEV1 수치가 감소합니다. 이 수치는 질병의 중증도를 평가하고 치료 경과를 판단하는 데 핵심적인 지표로 사용됩니다.

2 수면 무호흡증 (Sleep Apnea) `44회 기출`

수면 중 호흡이 반복적으로 멈추거나 얕아지는 질환입니다.

(가) 3가지 유형

(1) 폐쇄성 수면 무호흡증 (Obstructive)

목젖, 편도 등 상기도가 좁아지거나 막혀서 발생하며 가장 흔한 유형

(2) 중추성 수면 무호흡증 (Central)

뇌의 호흡 중추가 호흡 노력을 보내지 않아 발생

(3) 혼합형 수면 무호흡증 (Mixed)

폐쇄성과 중추성이 함께 나타나는 유형

(나) 진단 검사 (수면다원검사)

수면 중 뇌파, 호흡, 심전도, 산소포화도 등을 종합적으로 기록하고 분석하여 진단하는 검사의 의료 행위
명은 수면다원검사 (Polysomnography)입니다.

신경계 및 정신 질환
(Neurological &Psychiatric Diseases)

> ✎ *Check Point*
>
> 신경계는 인체의 모든 활동을 조절하고 통제하는 중추적인 시스템이며, 정신 활동은 우리의 생각, 감정, 행동을 관장합니다. 이 장에서는 뇌, 척수 등 신경계의 구조적, 기능적 이상으로 발생하는 질환과 주요 정신 질환에 대해 다룹니다.

Ⅰ. 신경계 질환

1 치매 (Dementia)

(가) 치매의 대표적 원인 질환 41회, 47회 기출 ★★

치매는 정상적으로 활동하던 사람이 후천적인 뇌의 기질적 장애로 인해 기억력, 언어능력 등 여러 인지 기능이 지속적으로 저하되어 일상생활에 상당한 지장을 초래하는 상태를 말합니다. 그 원인은 매우 다양하며, 대표적인 원인 질환은 다음과 같습니다.

(1) 알츠하이머병 (Alzheimer's disease)

치매의 가장 흔한 원인으로, 뇌에 비정상적인 단백질(아밀로이드 베타 등)이 쌓이면서 신경세포가 서서히 파괴되는 퇴행성 뇌질환입니다.

(2) 혈관성 치매 (Vascular dementia)

뇌경색이나 뇌출혈 등 뇌혈관 질환으로 인해 뇌 조직이 손상되어 발생합니다.

(3) 루이소체 치매 (Dementia with Lewy bodies)

뇌에 '루이소체'라는 비정상적인 단백질 덩어리가 쌓여 발생하며, 파킨슨 증상, 환시, 인지 기능의 심한 변동 등이 특징적으로 나타납니다.

(4) 전두측두엽 치매 (Frontotemporal dementia)

뇌의 전두엽(전두엽)과 측두엽(측두엽)이 위축되어 발생하며, 기억력 저하보다는 성격 변화, 이상 행동, 언어 장애 등이 초기에 두드러집니다.

(5) 파킨슨병 치매 (Parkinson's disease dementia)

파킨슨병이 진행되면서 인지 기능 저하가 동반되는 경우입니다.

(6) 기타 원인

알코올성 치매, 정상압 수두증, 두부 외상, 갑상선 기능 저하증 등

(나) 임상치매척도(CDR)의 6가지 평가 영역 `45회 기출`

임상치매척도(Clinical Dementia Rating)는 환자 및 보호자와의 면담을 통해 치매의 중증도를 평가하는 대표적인 검사입니다. 평가는 아래 6가지 세부 영역의 기능에 대해 이루어집니다.

(1) 기억력 (Memory)
(2) 지남력 (Orientation)
(3) 판단력과 문제 해결 능력 (Judgment & Problem Solving)
(4) 사회활동 (Community Affairs)
(5) 가정생활과 취미 (Home & Hobbies)
(6) 위생 및 몸치장 (Personal Care)

2 두통의 위험 신호 (Red Flag Signs) `37회 기출`

두통은 매우 흔한 증상이지만, 다음과 같은 '위험 신호'가 동반될 경우 뇌종양, 뇌출혈, 뇌수막염 등 심각한 이차성 두통을 시사하므로 즉시 정밀 검사가 필요합니다.

(1) 생애 처음 경험하는, 갑작스럽고 극심한 두통 (벼락두통, Thunderclap headache)

(2) 시간이 지날수록 점점 심해지거나 양상이 변하는 두통

(3) 50세 이후에 처음 시작된 새로운 형태의 두통

(4) 의식 소실, 마비, 경련 등 신경학적 증상을 동반하는 두통

(5) 발열, 목 경직(수막 자극 징후) 등을 동반하는 두통

(가) 내이(속귀)의 구조

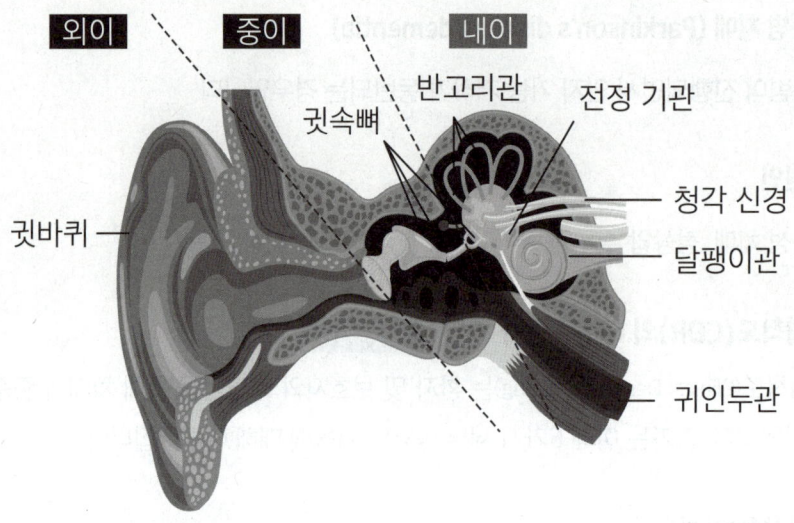

외이　중이　내이

귓속뼈
반고리관
전정 기관
청각 신경
달팽이관
귓바퀴
귀인두관

어지럼증(현훈)과 평형 기능에 중요한 역할을 하는 내이는 크게 다음 세 구조물로 이루어져 있습니다.

(1) 달팽이관 (Cochlea)

청력을 담당하는 기관

(2) 전정 (Vestibule)

선형 가속도와 중력을 감지하는 기관

(3) 반고리관 (Semicircular canals)

회전 운동을 감지하는 기관

(나) 말초성 현훈의 원인 질환

내이의 문제로 발생하는 말초성 현훈의 대표적인 원인 질환은 다음과 같습니다.

(1) 양성 돌발성 체위성 현훈 (BPPV)

특정 자세 변화 시 내이의 이석이 떨어져 나와 반고리관을 자극하여 발생하는 어지럼증.

(2) 메니에르병 (Meniere's disease)

반복적인 현훈과 함께 이명(귀울림), 청력 저하, 이충만감(귀가 꽉 찬 느낌)이 동반되는 질환

(3) 전정신경염 (Vestibular neuritis)

바이러스 감염 등으로 평형을 담당하는 전정신경에 염증이 생겨 갑작스럽고 심한 현훈이 지속되는 질환

※ 메니에르병(Meniere's disease)은 내이(속귀)의 압력 조절 이상으로 인해 발생하는 질환으로, 특징적인 증상들이 반복적으로 나타나는 것이 특징입니다.

우리 귀 가장 안쪽(내이)에는 '내림프액'이라는 액체가 차 있는데, 어떠한 원인으로 이 액체가 과도하게 많아져 압력이 높아지면(내림프수종) 평형 기능과 청력 기능에 문제가 생깁니다.

4대 특징적인 증상

메니에르병은 다음과 같은 4가지 특징적인 증상이 갑자기 발생했다가 사라지기를 반복하는 양상을 보입니다.

(1) 반복적인 현훈(어지럼증) : 아무런 유발 요인 없이, 세상이 빙빙 도는 듯한 심한 어지럼증이 수십 분에서 수 시간 동안 지속됩니다.

(2) 변동성 난청 : 주로 저주파수(낮은음)의 소리가 잘 안 들리는 난청이 나타나며, 증상이 좋아졌다가 나빠지기를 반복합니다. 병이 진행되면 청력 손실이 영구적으로 남을 수 있습니다.

(3) 이명(귀울림) : '윙-' 또는 '쏴-' 하는 소리가 귀에서 들립니다.

(4) 이충만감(귀가 먹먹한 느낌) : 귀가 꽉 막힌 듯한 답답하고 먹먹한 느낌이 듭니다.

이러한 증상들은 내이의 문제로 발생하므로, 메니에르병은 말초성 현훈을 일으키는 대표적인 원인 질환 중 하나입니다. 치료는 저염식, 이뇨제 등을 통해 내이의 압력을 조절하고, 급성 어지럼증 발작 시에는 증상을 완화하는 약물치료를 시행합니다.

II. 정신 및 행동 장애

1 자살의 고위험군 43회 기출

자살 위험이 특히 높은 고위험군은 다음과 같습니다.

(1) **과거 자살 시도 경력이 있는 사람 (가장 강력한 위험 요인)**

(2) **우울증, 조울증(양극성 장애), 조현병 등 주요 정신질환을 앓고 있는 사람**

(3) **알코올 또는 약물 남용 문제가 있는 사람**

(4) **만성적인 신체 질환이나 극심한 통증으로 고통받는 사람**

(5) **가족, 친구 등 중요한 사람을 상실한 경험이 있는 사람**

(6) **경제적 파탄이나 실직 등 심각한 생활 스트레스를 겪는 사람**

(7) **사회적으로 고립되어 있거나 지지 기반이 없는 사람**

(8) **자살에 대한 구체적인 계획을 가지고 있는 사람**

(9) **충동적이고 공격적인 성향을 가진 청소년**

(10) **가족 중에 자살한 사람이 있는 경우**

기타 주요 계통별 질환

Ⅰ. 소화기계 질환 (Gastrointestinal)

1 간경변증 (Liver Cirrhosis)

만성적인 간 손상으로 인해 정상적인 간 조직이 섬유 조직으로 대체되어 간 기능이 저하되는 상태입니다.

(가) 대표적 합병증 39회 기출

(1) **복수 (Ascites) 및 자발성 세균성 복막염**

(2) **식도 정맥류 (Esophageal varix) 및 출혈**

(3) **간성뇌증 (Hepatic encephalopathy)**

(나) 중증도 평가 : Child-Pugh 분류법의 평가 항목 44회 기출

간경변증의 중증도와 예후를 평가하기 위해 사용하는 분류법으로, 다음 5가지 항목을 점수화하여 합산합니다.

(1) **혈청 빌리루빈 (Total bilirubin)**

(2) **혈청 알부민 (Serum albumin)**

(3) **프로트롬빈 시간 (Prothrombin time) 또는 INR**

(4) **복수 (Ascites)의 정도**

(5) 간성뇌증 (Hepatic encephalopathy)의 정도

※ '차일드-퓨 분류법(Child-Pugh Classification)'의 평가 항목

(1) 혈청 빌리루빈 (Total bilirubin)
- **평가 내용** : 간의 독소 처리 및 배설 기능을 보는 지표입니다. 빌리루빈은 적혈구가 파괴될 때 생기는 노란색 색소로, 건강한 간은 이를 처리하여 담즙으로 배설합니다.
- **의미** : 간 기능이 저하되면 빌리루빈을 제대로 처리하지 못해 혈액 내 수치가 올라가고, 이로 인해 피부나 눈이 노랗게 변하는 황달이 생깁니다.

(2) 혈청 알부민 (Serum albumin)
- **평가 내용** : 간의 단백질 합성 기능을 보는 지표입니다. 알부민은 혈액의 삼투압을 유지하고 여러 물질을 운반하는 중요한 단백질로, 거의 간에서만 만들어집니다.
- **의미** : 간 기능이 나쁘면 알부민을 충분히 만들지 못해 혈중 수치가 떨어집니다.

(3) 프로트롬빈 시간 (Prothrombin time) 또는 INR
- **평가 내용** : 간의 혈액 응고인자 합성 기능을 보는 지표입니다. 혈액을 멎게 하는 응고인자들 역시 대부분 간에서 만들어집니다.
- **의미** : 간 기능이 나쁘면 응고인자 생성이 줄어들어 피가 멎는 데 걸리는 시간(프로트롬빈 시간)이 길어집니다. (INR 수치가 올라갑니다.)

(4) 복수 (Ascites)의 정도
- **평가 내용** : 간 기능 저하로 알부민이 부족해지고 간으로 가는 혈관의 압력이 높아져(문맥압 항진), 복강 내에 물이 차는 현상입니다. 복수가 없는지, 경미한지, 심한지를 평가합니다.
- **의미** : 복수가 심할수록 간 기능이 나쁨을 의미합니다.

(5) 간성뇌증 (Hepatic encephalopathy)의 정도
- **평가 내용** : 간이 해독하지 못한 독성 물질(암모니아 등)이 뇌에 영향을 미쳐 의식 상태나 정신 기능에 이상이 생기는 합병증입니다. 의식 상태가 명료한지, 아니면 혼수 상태에 가까운지를 평가합니다.
- **의미** : 간성뇌증이 심할수록 간 기능이 매우 나쁨을 의미합니다.

평가 항목	평가하는 간 기능	수치가 높을수록/상태가 심할수록 나쁨
혈청 빌리루빈	독소 배설 기능	▲ 높을수록
혈청 알부민	단백질 합성 기능	▼ 낮을수록
프로트롬빈 시간(INR)	혈액 응고인자 합성 기능	▲ 높을수록 (길어질수록)
복수	(합병증 유무)	O 심할수록
간성뇌증	독소 해독 기능 (합병증 유무)	O 심할수록

II. 비뇨생식기계 질환 (Genitourinary)

1 만성 콩팥병 (Chronic Kidney Disease) 40회기출

3개월 이상 콩팥 손상이 있거나, 콩팥 기능 감소가 지속되는 상태를 말합니다. 여기서 '콩팥 손상의 증거'에 해당하는 소견은 다음과 같습니다.

(1) **알부민뇨 (Albuminuria)**

(2) **소변검사 이상 소견 (요침전물 이상)**

(3) **콩팥 세뇨관 기능 이상으로 인한 전해질 이상**

(4) **영상 검사(초음파 등)에서 발견된 구조적 이상**

(5) **조직 검사에서 확인된 콩팥의 병리적 이상**

> ※ 알부민뇨(Albuminuria)는 원래 소변으로 빠져나와서는 안 되는 단백질의 일종인 '알부민(albumin)'이 신장(콩팥)의 손상으로 인해 소변으로 배출되는 상태를 말합니다.
>
> **1. 정상 신장의 역할 (필터 기능)**
> 건강한 신장의 사구체(glomerulus)는 마치 촘촘한 '필터'나 '거름망'과 같아서, 우리 몸에 필요한 단백질인 알부민은 혈액 속에 남기고 노폐물만 걸러서 소변으로 내보냅니다. 따라서 정상적인 소변에서는 알부민이 거의 검출되지 않습니다.
>
> **2. 알부민뇨의 발생 원리**
> 하지만 당뇨병이나 고혈압 등으로 인해 이 신장 필터(사구체)가 손상되면 구멍이 커지게 되고, 그 틈으로 알부민이 새어 나와 소변에 섞여 배출되는 것입니다.
> 따라서 소변에서 알부민이 검출된다는 것은 신장 필터가 손상되었다는 강력한 증거이며, 만성 콩팥병을 진단하는 '콩팥 손상의 증거'에 해당하는 매우 중요한 소견입니다.
>
> **3. 알부민뇨의 단계**
> 알부민이 소변으로 빠져나오는 양에 따라 크게 두 단계로 나눕니다.
> **(1) 미세알부민뇨 (Microalbuminuria)** : 소량의 알부민이 검출되는 초기 단계입니다. 특히 당뇨병성 신증의 가장 이른 임상적 징후로, 이 단계에서 발견하여 적극적으로 치료하면 신장 기능 악화를 늦추거나 예방할 수 있어 매우 중요합니다.
> **(2) 현성알부민뇨 (Macroalbuminuria)** : 많은 양의 알부민이 검출되는 단계로, 미세알부민뇨보다 더 진행된 신장 손상을 의미합니다. 흔히 '단백뇨'라고 부르는 단계입니다.
>
> 결론적으로 알부민뇨 검사는 신장 손상을 조기에 발견하고, 만성 콩팥병의 진행 위험도를 평가하는 데 필수적인 검사입니다.

1 **중증 재생불량성 빈혈 (Severe Aplastic Anemia)** `40회 기출`

골수의 조혈모세포 기능 장애로 인해 적혈구, 백혈구, 혈소판 모두가 감소하는 질환입니다. 중증의 진단 기준은 다음과 같습니다.

(가) 골수 세포충실도

골수검사에서 세포충실도가 25% 미만으로 저하되어 있고,

(나) 말초혈액검사 소견

다음 3가지 기준 중 2지 이상을 만족해야 합니다.

(1) 절대 호중구 수 < 500/mm^3

(2) 혈소판 수 < 20,000/mm^3

(3) 망상적혈구 수 < 20,000/mm^3

> ※ 재생불량성 빈혈은 혈액 세포를 만드는 공장인 골수가 망가져 모든 혈액 세포(백혈구, 혈소판, 적혈구)가 부족해지는 병입니다. '중증'으로 진단하기 위해서는 골수 세포충실도가 25% 미만으로 감소한 것과 더불어, 말초혈액에서 다음 3가지 기준 중 2가지 이상을 만족해야 합니다.
>
> 각 항목이 의미하는 바는 다음과 같습니다.
>
> **(1) 절대 호중구 수 < 500/㎣ (심각한 호중구 감소증)**
> - **호중구란?** 백혈구의 대부분을 차지하며, 우리 몸에 세균이 침입했을 때 가장 먼저 달려가 싸우는 '최전방 공격수' 역할을 하는 면역세포입니다.
> - **의미** : 이 수치가 500 미만으로 떨어지면 면역력이 극도로 저하되어, 가벼운 감염에도 패혈증 등 생명을 위협하는 심각한 감염으로 이어질 수 있습니다.
>
> **(2) 혈소판 수 < 20,000/㎣ (심각한 혈소판 감소증)**
> - **혈소판이란?** 상처가 나면 피를 멎게 하는 '지혈' 작용을 담당하는 혈액 성분입니다.
> - **의미** : 이 수치가 20,000 미만으로 떨어지면 특별한 외상 없이도 잇몸이나 코에서 출혈이 생기고, 멍이 잘 들며, 뇌출혈 등 심각한 내부 출혈의 위험이 매우 커집니다.
>
> **(3) 망상적혈구 수 < 20,000/㎣ (심각한 망상적혈구 감소증)**
> - **망상적혈구란?** 골수에서 막 만들어져 혈액으로 나온 '신생아 적혈구'입니다. 이 수치는 골수의 '적혈구 생산 능력'을 직접적으로 보여주는 지표입니다.
> - **의미** : 이 수치가 매우 낮다는 것은 골수 공장의 적혈구 생산 라인이 멈췄다는 것을 의미하며, 빈혈이 계속 심해질 것을 시사합니다.
>
> 결론적으로 이 세 가지 기준은 각각 면역(호중구), 지혈(혈소판), 조혈(망상적혈구) 기능이 모두 치명적인 수준으로 저하되었음을 보여주는 지표들입니다.

IV. 감염성 질환 (Infectious Diseases)

1 가을철 발열성 질환 3가지 [39회 기출]

가을철에 주로 발생하는 대표적인 제3군 법정 감염병은 다음과 같습니다.

(1) **쯔쯔가무시증 (Tsutsugamushi disease)**

(2) **렙토스피라증 (Leptospirosis)**

(3) **신증후군 출혈열 (Epidemic hemorrhagic fever)**

※ 가을철 발열성 질환 3가지

1. **쯔쯔가무시증 (Tsutsugamushi disease)**
   - **(1) 원인균** : 오리엔티아 쯔쯔가무시균 (Orientia tsutsugamushi)
   - **(2) 감염 경로** : 감염된 털진드기 유충(chigger)에 물려서 전파됩니다. 주로 풀숲이나 밭 등 야외에서 활동할 때 진드기에게 물려 감염됩니다.
   - **(3) 특징적 증상**
     - 고열, 두통, 근육통
     - 가피(Eschar) : 진드기 유충에 물린 자리에 생기는 검은색 딱지로, 쯔쯔가무시증 진단에 매우 특징적인 소견입니다.
     - 몸통에서 시작하여 팔다리로 퍼지는 피부 발진

2. **렙토스피라증 (Leptospirosis)**
   - **(1) 원인균** : 렙토스피라균 (Leptospira)
   - **(2) 감염 경로** : 감염된 동물(주로 쥐)의 소변에 오염된 물, 흙, 음식물 등이 사람의 상처 난 피부나 점막에 접촉하여 감염됩니다. 주로 홍수 후나 논과 같은 물에 잠긴 환경에서 작업하는 농부에게서 많이 발생합니다.
   - **(3) 특징적 증상**
     - 갑작스러운 고열, 두통, 오한
     - 결막 충혈(눈이 빨갛게 됨)
     - 심한 근육통 (특히 장딴지와 허리)

3. **신증후군 출혈열 (Epidemic Hemorrhagic Fever)**
   - **(1) 원인균** : 한타바이러스(Hantavirus)
   - **(2) 감염 경로** : 감염된 들쥐의 배설물(소변, 대변)이나 타액이 건조되면서 공기 중에 떠다니다가, 사람이 호흡기를 통해 들이마시면서 감염됩니다.
   - **(3) 특징적 증상** : 이름 그대로 발열, 출혈, 신장 기능 손상이 3대 특징입니다.
     - 발열기 : 고열, 두통, 근육통

- **저혈압기** : 혈압이 떨어지며 쇼크 발생 가능
- **핍뇨기** : 소변 양이 급격히 줄어들며 **급성 신부전** 발생
- **이뇨기** : 회복기로 접어들며 소변량이 다시 늘어남
- **출혈 경향** : 피부의 점상출혈, 결막 출혈 등

구분	쯔쯔가무시증	렙토스피라증	신증후군 출혈열
매개체/전파경로	털진드기 유충에 물림	감염된 쥐의 소변에 오염된 물/흙 접촉	감염된 쥐의 배설물 호흡기 흡입
핵심 증상	가피(검은 딱지), 발진	결막 충혈, 장딴지 통증	발열, 출혈, 신부전

2 결핵의 진단법 `39회 기출`

(1) **흉부 X선 검사 (Chest X-ray)**

(2) **객담(가래) 항산균 도말 및 배양 검사**

(3) **투베르쿨린 피부반응검사 (Tuberculin skin test) 또는 인터페론감마 분비검사(IGRA)**

※ 객담 항산균 검사는 환자의 폐나 기관지에서 나온 가래(객담)에 결핵균(항산균)이 있는지를 직접 확인하는 가장 기본적인 결핵 진단 검사입니다. 이 검사는 크게 '도말 검사'와 '배양 검사' 두 가지로 나뉩니다.

1. 객담 항산균 도말(塗抹) 검사 (Sputum AFB Smear)
   - **방법** : 가래를 슬라이드에 얇게 펴 바르고, 항산성 염색(붉은색으로 염색)을 한 뒤 현미경으로 결핵균을 직접 관찰합니다.
   - **장점** : 결과를 빨리(보통 당일) 알 수 있고 비용이 저렴하여, 전염성이 높은 결핵 환자를 신속하게 발견하는 데 유용합니다.
   - **단점** : 가래에 결핵균이 아주 많아야만(1mL당 5,000~10,000마리 이상) 관찰되므로 민감도가 낮습니다. 따라서 도말 검사에서 균이 보이지 않는다고 해서 결핵이 아니라고 단정할 수는 없습니다.

2. 객담 항산균 배양(培養) 검사 (Sputum AFB Culture)
   - **방법** : 가래를 결핵균이 자랄 수 있는 특수 배지(영양분)에 접종하여 균을 직접 키웁니다.
   - **장점** : 도말 검사보다 훨씬 민감도가 높아, 적은 수의 결핵균도 발견할 수 있는 **결핵 진단의 확진(Gold Standard) 검사**입니다. 또한, 키워진 균으로 약제 감수성 검사를 시행하여 어떤 항생제가 효과적인지 알 수 있습니다.
   - **단점** : 결핵균의 성장 속도가 매우 느리기 때문에 최종 결과를 얻기까지 수 주(고체 배지 4~8주, 액체 배지 1~3주)가 소요됩니다.

구분	도말 검사 (Smear)	배양 검사 (Culture)
목적	신속한 추정 진단	확진 (Gold Standard)
민감도	낮음	높음
소요 시간	빠름 (보통 당일)	느림 (수 주)
의의	전염성 높은 환자 조기 발견	정확한 진단, 약제 감수성 검사 가능

※ 두 검사는 모두 우리 몸이 결핵균에 노출된 적이 있는지(감염되었는지)를 확인하는 면역 반응 검사입니다. 가장 중요한 점은, 이 검사들이 현재 활동성 결핵을 진단하는 것이 아니라, 증상 없이 몸속에 결핵균을 가지고 있는 '잠복 결핵감염(Latent TB Infection)'을 선별하는 데 주로 사용된다는 것입니다.

1. 투베르쿨린 피부반응검사 (Tuberculin Skin Test, TST)

- **검사 방법** : 결핵균 단백질 추출물(투베르쿨린 용액)을 팔의 피부에 소량 주사한 후, 48~72시간 뒤에 주사 부위의 피부가 부풀어 오르는(경결) 정도를 자로 측정합니다.
- **원리** : 과거에 결핵균에 노출된 적이 있다면, 우리 몸의 면역세포가 이 단백질을 기억하고 반응하여 피부를 붓게 만드는 '지연 과민 반응'을 이용합니다.
- **한계점 (단점)** : 가장 큰 단점은 결핵 예방접종(BCG)을 맞은 사람에게서도 양성 반응이 나올 수 있다는 점입니다(위양성). 우리나라처럼 BCG 접종이 의무인 국가에서는 정확도가 떨어질 수 있습니다.

2. 인터페론감마 분비검사 (Interferon-Gamma Release Assay, IGRA)

- **검사 방법** : 팔에서 혈액을 채취하여, 혈액 속 면역세포를 결핵균 특이 항원으로 자극했을 때 분비되는 '인터페론감마'라는 물질의 양을 측정하는 검사입니다.
- **원리** : 결핵균에 감염된 사람의 면역세포는 이 특이 항원에 반응하여 인터페론감마를 분비하며, 이 반응을 통해 감염 여부를 확인합니다.
- **장점** : 가장 큰 장점은 BCG 예방접종의 영향을 받지 않아 TST보다 특이도가 높고 정확하다는 점입니다. 또한, 한 번의 채혈로 검사가 끝나고 결과 판독이 객관적입니다.

구분	투베르쿨린 피부반응검사 (TST)	인터페론감마 분비검사 (IGRA)
검체	피부 반응	혈액
방법	피부에 시약 주사 후 부푼 정도 측정	채혈 후 혈액 내 면역 반응 측정
방문 횟수	최소 2회 (주사, 판독)	1회
BCG 영향	영향 받음 (위양성 가능)	영향 받지 않음
장점	저렴함	정확도(특이도) 높음, 객관적 판독
단점	BCG 영향, 주관적 판독	비용이 비쌈

3 대상포진(Herpes Zoster)과 합병증 38회 기출

(가) 정의

어릴 때 앓았던 수두 바이러스가 신경절에 잠복해 있다가 면역력이 저하되면 다시 활성화되어, 신경을 따라 피부에 띠 모양의 수포와 심한 통증을 유발하는 질환입니다.

(나) 동반 가능한 합병증

(1) 대상포진 후 신경통 (Postherpetic neuralgia, PHN)

피부 병변이 호전된 후에도 수개월에서 수년까지 통증이 지속되는 가장 흔하고 고통스러운 합병증입니다.

(2) 안구 합병증

눈 주위 신경을 침범할 경우 각막염, 포도막염, 녹내장 등을 유발하여 실명에 이를 수 있습니다. (대상포진 안질환)

V. 안과 및 이비인후과 질환 (Eye & Ear)

1 백내장 (Cataract) 46회 기출

눈의 수정체가 혼탁해져 시력이 저하되는 질환입니다.

(가) 후천성 백내장의 종류

(1) 노년 백내장 (가장 흔함)

(2) 외상성 백내장

(3) 합병성 백내장 (포도막염, 당뇨병 등 다른 질환에 의해 발생)

(4) 약물 유발 백내장 (스테로이드 등)

(나) 대표적인 진단 검사 (세극등 현미경 검사)

세극등 현미경 검사 (Slit-lamp examination)를 통해 수정체 혼탁의 정도와 위치를 직접 관찰하여 진단합니다.

VI. 소아청소년과 질환 (Pediatrics)

1 가와사키병 (Kawasaki Disease) 45회 기출

주로 5세 이하의 영유아에게 발생하는 원인 불명의 급성 열성 혈관염입니다.

(가) 주요 임상 기준

5일 이상 지속되는 발열과 함께 다음 5가지 기준 중 4개 이상을 만족하면 진단합니다.

(1) **양측성 결막 충혈 (눈의 흰자위가 빨개짐)**

(2) **입술 및 구강의 변화 (딸기혀, 입술의 홍조 및 균열)**

(3) **부정형 발진**

(4) **손발의 변화 (급성기의 부종 및 홍조, 아급성기의 막양 낙설)**

(5) **비화농성 경부 림프절 비대**

(나) 심장 관련 합병증

가장 중요하고 위험한 합병증은 심장 근육에 혈액을 공급하는 관상동맥에 염증이 생겨 늘어나는 관상동맥류(Coronary artery aneurysm)입니다.

2 아프가 점수 (APGAR Score) 42회 기출

출생 직후 신생아의 상태를 평가하는 표준화된 점수 체계입니다. 다음 5가지 항목을 평가하여 합산합니다.

(1) **Appearance (피부색)**

(2) **Pulse (심박수)**

(3) **Grimace (자극에 대한 반응)**

(4) **Activity (근긴장도)**

(5) **Respiration (호흡)**

※ 출생 직후 신생아의 건강 상태를 평가하는 '아프가 점수(APGAR Score)'의 5가지 평가 항목들입니다.

이 점수는 신생아가 자궁 밖 환경에 얼마나 잘 적응하고 있는지를 출생 1분과 5분에 각각 평가하여, 응급 처치나 소생술이 필요한지를 신속하게 판단하기 위해 사용됩니다.

각 항목을 0, 1, 2점으로 채점하고, 5개 항목의 점수를 모두 합산하여 신생아의 상태를 평가합니다.

<아프가 점수 채점 기준>

평가 항목	2점 (가장 좋음)	1점	0점 (가장 나쁨)
(1) Appearance (피부색)	온몸이 분홍빛	몸통은 분홍빛, 손발은 푸른빛	온몸이 창백하거나 푸른빛
(2) Pulse (심박수)	100회/분 이상	100회/분 미만	없음
(3) Grimace (자극에 대한 반응)	자극 시 재채기, 기침, 힘껏 움	자극 시 얼굴만 찡그림	반응 없음
(4) Activity (근긴장도)	팔다리를 활발하게 움직임	팔다리를 약간 구부림	축 늘어져 움직임 없음
(5) Respiration (호흡)	호흡이 좋고 울음소리가 힘참	호흡이 느리고 불규칙, 울음소리가 약함	호흡 없음

총점 해석

각 항목의 점수를 합산하여 총 10점 만점으로 평가하며, 점수가 높을수록 신생아의 상태가 양호함을 의미합니다.

• **7~10점** : 정상 (Good condition)
• **4~6점** : 약간의 도움이 필요 (Mild to moderate depression)
• **0~3점** : 즉각적인 소생술 필요 (Severe depression)

아프가 점수는 신생아의 '첫 성적표'와 같으며, 출생 직후의 상태를 표준화된 방법으로 평가하고 의료진 간의 의사소통을 돕는 중요한 도구입니다.

---

3 소아 고관절 질환의 원인 41회 기출

유아 및 소아에서 고관절 이상을 유발하는 대표적인 질병적 원인은 다음과 같습니다.

(1) **발달성 고관절 이형성증 (Developmental Dysplasia of the Hip, DDH)**

(2) **레그-칼베-페르테스병 (Legg-Calvé-Perthes Disease)**

(3) **대퇴골두 골단 분리증 (Slipped Capital Femoral Epiphysis, SCFE)**

(4) **일과성 고관절 활액막염**

※ 유아 및 소아에서 고관절(엉덩이 관절) 통증이나 파행(절뚝거림)을 유발하는 대표적인 원인 질환들입니다.

이 질환들은 각각 호발하는 나이대가 뚜렷하게 달라, 아이의 나이를 고려하는 것이 감별진단에 매우 중요합니다.

1. 발달성 고관절 이형성증 (DDH)

(1) 호발 연령 : 신생아 및 영아기 (0~1세)

(2) 핵심 병태 : 고관절을 이루는 비구(관골구, 소켓)의 발달이 미숙하여 대퇴골두(공)가 불안정하게 빠져 있거나 (아탈구), 완전히 빠져있는(탈구) 상태입니다. 즉, '불안정한 엉덩이 관절'이 문제입니다.

(3) 주요 특징 : 출생 직후 신체검진으로 발견되는 경우가 많으며, 기저귀를 갈 때 다리가 잘 벌어지지 않거나 양쪽 다리 피부 주름이 비대칭인 소견을 보일 수 있습니다. 조기 발견 시 보조기 착용만으로 치료가 가능합니다.

2. 레그-칼베-페르테스병 (LCPD)

(1) 호발 연령 : 학동 전기 아동 (주로 4~8세 남아)

(2) 핵심 병태 : 소아에서 발생하는 대퇴골두 무혈성 괴사입니다. 어떠한 원인으로 대퇴골두로 가는 혈액 공급이 일시적으로 차단되어, 뼈가 괴사하고 함몰되었다가 다시 재생되는 과정을 거칩니다.

(3) 주요 특징 : 특별한 외상 없이 아이가 다리를 절기 시작하며, 통증이 없거나 경미한 경우가 많습니다. 통증은 주로 사타구니나 허벅지, 심지어 무릎에서 나타나기도 합니다.

3. 대퇴골두 골단 분리증 (SCFE)

(1) 호발 연령 : 사춘기 전후 청소년 (주로 10~16세)

(2) 핵심 병태 : 성장판(골단) 부위에서 대퇴골두가 대퇴 경부로부터 미끄러져 분리되는 질환입니다. 마치 '아이스크림이 콘에서 미끄러져 떨어지는' 모습과 같습니다.

(3) 주요 특징 : 비만과 관련이 깊습니다. 고관절 통증이나 무릎 통증을 호소하며 다리를 저는 증상을 보입니다. 급성으로 발생한 불안정한 형태는 응급 수술이 필요합니다.

4. 일과성 고관절 활액막염 (Transient Synovitis)

(1) 호발 연령 : 학동기 아동 (주로 3~8세)

(2) 핵심 병태 : 고관절을 감싸는 활액막에 일시적으로 염증이 생기는 상태입니다. 소아 고관절 통증의 가장 흔한 원인입니다.

(3) 주요 특징 : 감기 등 바이러스성 질환을 앓고 난 후에 갑자기 다리를 절고 아파하는 경우가 많습니다. 이름 그대로 '일과성'이므로, 보통 1~2주 정도 안정을 취하면 특별한 후유증 없이 저절로 호전됩니다.

질환명	호발 연령	핵심 병태	주요 특징
DDH	신생아/영아	관절의 구조적 불안정성, 탈구	기저귀 갈 때 다리 벌어짐 제한, 피부 주름 비대칭
LCPD	4~8세 남아	대퇴골두의 무혈성 괴사	통증 없는 파행, 무릎 통증 호소 가능
SCFE	10~16세 청소년	성장판에서의 미끄러짐	비만과 연관, 고관절/무릎 통증
일과성 활액막염	3~8세 아동	일시적인 관절 내 염증	가장 흔한 원인, 감기 후 발생, 저절로 호전

의학용어 정리

📌 Check Point

본문에 자주 등장했거나 손해사정 실무에서 필수적인 주요 의학용어들을 가나다순으로 정리했습니다. 정확한 용어의 이해는 의무기록을 판독하고 상해 및 질병을 평가하는 데 가장 기초가 됩니다.

[ㄱ]

- 가골 (Callus) : 골절된 뼈가 치유되는 과정에서 골절 부위를 연결하기 위해 생성되는 미성숙한 뼈조직. '골진 (骨津)'이라고도 함.
- 간성뇌증 (Hepatic encephalopathy) : 심한 간 기능 저하로 인해 독성 물질이 뇌에 영향을 미쳐 의식 변화나 행동 장애를 유발하는 상태.
- 관절 강직 (Joint Stiffness) : 외상이나 질병 후 관절이 굳어 정상적인 운동 범위가 감소한 상태.
- 관절 유합술 (Arthrodesis) : 손상된 관절의 통증을 없애기 위해, 관절을 이루는 뼈를 수술적으로 유합시켜 움직이지 않도록 고정하는 수술.
- 관혈적 정복 및 내고정술 (ORIF, Open Reduction and Internal Fixation) : 피부를 절개하여(관혈적) 어긋난 뼈를 직접 눈으로 보면서 맞추고(정복), 금속판이나 나사 등으로 뼈를 고정하는(내고정) 수술.
- 구획증후군 (Compartment Syndrome) : 골절 등으로 인한 심한 부종이 근막으로 둘러싸인 구획 내의 압력을 높여 신경과 혈관을 압박하는 응급상황.
- 골극 (Osteophyte) : 퇴행성 관절염 등에서 관절 가장자리에 가시처럼 덧자라나는 뼈.

[ㄴ]

- 내당능장애 (Impaired Glucose Tolerance, IGT) : 혈당 수치가 정상이지만 당뇨병으로 진행될 위험이 큰 당뇨병 전단계. 경구 당부하 검사 2시간 후 혈당이 140~199mg/dL인 상태.
- 내반 (Inversion) : 발바닥이 안쪽을 향하도록 발목이 꺾이는 움직임. 발목 염좌의 주된 손상 기전.

[ㄷ]

- 당화혈색소 (HbA1c) : 최근 2~3개월간의 평균 혈당 수치를 반영하는 혈액 검사 지표.
- 도수 근력 검사 (MMT, Manual Muscle Test) : 검사자가 환자의 근력을 0~5등급으로 평가하는 검사.

[ㅁ]

- 마미 증후군 (Cauda Equina Syndrome) : 척수 아래쪽의 신경 다발인 '마미'가 압박되어 양측 하지 마비, 대소변 장애 등을 유발하는 응급상황.
- 무혈성 괴사 (Avascular Necrosis, AVN) : 특정 부위의 뼈로 가는 혈액 공급이 차단되어 뼈조직이 죽는 질환.

[ㅂ]

- 변연절제술 (Debridement) : 오염되거나 괴사한 조직을 수술적으로 제거하여 감염을 막고 상처 치유를 돕는 처치.
- 병적 골절 (Pathologic Fracture) : 종양이나 골다공증 등으로 약해진 뼈에 가벼운 충격만으로도 발생하는 골절.
- 부정유합 (Malunion) : 골절된 뼈가 해부학적으로 잘못된 위치나 각도로 변형되어 붙은 상태.
- 불유합 (Nonunion) : 골절된 뼈가 정상적인 치유 기간이 지나도 완전히 붙지 않는 상태.
- 비후 (Hypertrophy) : 조직이나 장기를 구성하는 세포의 크기가 커져 전체적으로 두꺼워지거나 커지는 것 (예 비후성 심근병증).

[ㅅ]

- 세극등 현미경 검사 (Slit-lamp examination) : 안과에서 눈을 확대하여 관찰하는 가장 기본적인 정밀 검사. 백내장, 각막 질환 등을 진단.
- 수면다원검사 (Polysomnography) : 수면 중 뇌파, 호흡, 심전도 등을 종합적으로 측정하여 수면 관련 질환을 진단하는 표준검사.

[ㅇ]

- 외반 (Eversion) : 발바닥이 바깥쪽을 향하도록 발목이 꺾이는 움직임.
- 원발성 (Primary) : 질병이 다른 원인 없이 해당 장기 자체에서 처음 발생한 경우 (예 원발성 심근병증).
- 이형성 (Dysplasia) : 세포의 크기, 모양, 배열이 비정상적으로 변형된 상태. 암의 전 단계 병변으로 간주할 수 있음.

[ㅈ]

- 절골술 (Osteotomy) : 변형된 뼈를 잘라 각도를 교정하고 다시 고정하는 수술.
- 전이 (Metastasis) : 암세포가 원래 발생한 위치를 떠나 혈관이나 림프관을 통해 다른 장기로 퍼져나가는 것.
- 지남력 (Orientation) : 현재 자신이 있는 시간, 장소, 그리고 사람을 알아보는 능력. 치매 평가의 중요 항목.
- 족하수 (Foot drop) : 총비골신경 마비 등으로 발목을 위로 들어 올리지 못해 발이 아래로 처지는 증상.

[ㅊ]

- 침윤 (Invasion) : 악성 종양이 주변의 정상 조직을 파고들며 자라는 것.

[ㅌ]

- 파행 (Gait disturbance / Limping) : 통증이나 근력 약화 등으로 인해 비정상적인 걸음걸이를 보이는 것.

[ㅍ]

- 피로 골절 (Fatigue Fracture) : 건강한 뼈에 반복적인 스트레스가 누적되어 발생하는 미세 골절.

[ㅎ]

- 허혈 (Ischemia) : 혈관이 좁아지거나 막혀 특정 조직이나 장기로의 혈액 공급이 감소한 상태.
- 활액 (Synovial fluid) : 활막 관절 내에서 분비되어 관절 운동을 부드럽게 하고 연골에 영양을 공급하는 액체.

2013(제36회) 손해사정사 의학이론(3종) 기출문제

01 골에서 전단력과 인장강도를 담당하는 성분은?

① 교원질   ② 골세포

③ 칼슘   ④ 단백다당

02 대뇌피질 중 시각기능과 가장 관련이 높은 부위는?

① 후두엽(occipital lobe)   ② 두정엽(parietal lobe)

③ 측두엽(temporal lobe)   ④ 전두엽(frontal lobe)

03 하위 운동신경원 (lower motor neuron) 손상 시 보일 수 있는 이학적 소견은?

① 이완성 마비 증상이 없다.

② 족부의 바빈스키 징후(Babinski sign)는 양성이다.

③ 심부 건반사(deep tendon reflex)가 저하된다.

④ 근위축은 동반되지 않는다.

04 60세 환자에서 콜레스골절 (Colles fracture) 진단 하고, 석고 고정으로 치료한 후 약 6개월 만에 무지 신전이 되지 않아 내원하였다. 다른 질환이나 추가 외상이 없었을 때 가장 가능성이 많은 원인은?

① 정중 신경 마비   ② 요골 신경 마비

③ 척골 신경 마비   ④ 장 무지 신전건의 파열

05 다음 슬관절 주위의 근육 중 가장 후방에서 기시하는 근육은?

① 대퇴직근(rectus femoris)

② 내측광근(Vastus medialis)

③ 반막양근(Semimembranosus)

④ 대퇴사두근(rectus Quadriceps)

06 다음 중 Hangman's fracture는 어느 경추의 골절을 의미하는가?

① C1 ② C2

③ C3 ④ C4

07 경부통 및 우측 상지 방사통을 주소로 내원한 환자로, 우측 제 1, 2 수지 감각 저하, 이두근 반사와 상완요근 반사 저하, 상완이두근 및 장요수근신근(extensor carpi radialis longus)의 근력 감소가 있을 때 예상되는 추간판 탈출 부위는?

① C3-4 ② C4-5

③ C5-6 ④ C6-7

08 소아 상완골 과상부 골절의 합병증으로, 동맥 혈관의 경축이나 심한 종창으로 인하여 근육에 필요한 혈액공급이 부족하여 근육의 괴사가 일어나는 현상은?

① 외상성 화골성 근염 ② Volkmann 허혈성 구축

③ Holstein-Lewis 증후군 ④ 석회화 건염

09 테니스 주관절(tennis elbow)에 대한 설명으로 옳은 것은?

① 저사용 증후군의 일종이다.

② 주관절 내측에 동통을 호소하며 수근 관절 및 수지 굴곡력 약화 등이 자각 증상이다.

③ 수술 치료는 하지 않는다.

④ 스테로이드 국소 주사는 동통에 효과적이다.

10 제 4-5 요추간 극외측 추간판 탈출증시에 눌리는 신경근은?

① 제 2 요추   ② 제 3 요추

③ 제 4 요추   ④ 제 5 요추

11 다음의 압박성 신경병증 및 원인이 되는 신경의 조합 중 틀린 것은?

① 수근 관 증후군(carpal tunnel syndrome) - 정중 신경(median nerve)

② 회내 근 증후군(pronator syndrome) - 정중 신경(median nerve)

③ 주 관 증후군(cubital tunnel syndrome) - 척골 신경(ulnar nerve)

④ 후 골간 증후군(posterior interosseous nerve syndrome) - 척골 신경(ulnar nerve)

12 제 11 흉추와 제 2 요추 사이의 손상에 의해 발생하며 회음부의 이완성 마비와 방광 및 항문 주위 근육 조절 기능 소실을 야기하지만, 제 1 요추와 제 4 요추 신경근 사이의 하지 운동기능이 유지될 수 있는 손상은?

① 척수 원추 증후군(conus medullaris syndrome)

② 마미 증후군(cauda equina syndrome)

③ 브라운-시쿼드 증후군(Brown-Sequard syndrome)

④ 전방 척수 증후군(anterior cord syndrome)

13 척추의 압박성 골절의 원인으로 가장 관련이 적은 것은?

① 외상   ② 전이암

③ 골다공증   ④ 선천성기형

14 관절면의 형태에 따른 분류중 경첩관절에 해당하는 부위는?

① 손목관절   ② 수지관절

③ 견봉쇄골관절   ④ 제 1 수근중수관절

15 다음 중 MRI 검사의 일반적인 특징으로 옳은 것은?

① 방사선 피폭의 우려가 있다.　　② 석회화 병변의 구분이 뛰어나다.

③ 수소원자핵의 신호를 이용한다.　　④ 99mTc 등의 동위원소를 사용한다.

16 다음 중 안면신경의 마비와 가장 관련이 낮은 증상은?

① 각막반사 저하　　② 구역반사 저하

③ 청각과민　　④ 미각저하

17 주로 척추관 협착증이 있는 환자에게 경추부 과신전 손상시 발생하며, 상지의 마비가 하지에 비해 심한 척수손상은?

① 전방 척수 증후군　　② 중심 척수 증후군

③ 후방 척수 증후군　　④ 측방 척수 증후군

18 이학적 검사상 갈퀴손(claw hand) 및 Froment 징후가 보인다면 손상 가능성이 가장 높은 것은?

① 액와신경　　② 정중신경

③ 요골신경　　④ 척골신경

19 작업 중 프레스 기계에 손이 끼는 압궤손상을 당한 뒤 수개월이 지났으나 피부에 냉기가 돌고 차며 가볍게 스치기만 해도 극심한 통증을 느낀다면 가장 합당한 진단은?

① 만성 피로 증후군　　② 근막 동통 증후군

③ 흉곽 유출 증후군　　④ 복합부위 통증 증후군

20 다음 중 심부정맥혈전증의 위험인자가 아닌 것은?

① 폐색전증　　② 골반골절

③ 항응고제　　④ 반복수술

21 다음 중 무혈성괴사의 가능성이 가장 낮을 것으로 예상되는 상황은?

① 주상골 골절 후 골편이 전위된 경우

② 거골 골절로 관절낭이 파열된 경우

③ 요추 압박골절 후 후만각 변형된 경우

④ 대퇴골 골절로 고관절이 탈구된 경우

22 다음 중 골절의 치유에 유리하게 작용하는 인자는?

① 국소감염

② 관절외골절

③ 말초신경마비

④ 전신소모성질환

23 다음 중 수지굴건에 결절이 생기거나 중수골 경부의 전방에 있는 A1활차가 비후되어 발생하는 질환은?

① 망치수지

② 방아쇠수지

③ 백조목변형

④ 단추구멍변형

24 두개강내압 상승을 치료하는 원칙으로 적절한 것은?

① 고혈당유지

② 삼투성제제

③ 고체온요법

④ 저호흡요법

25 오토바이 사고로 응급실에 내원한 환자의 왼쪽 귀에서 피가 섞인 맑은 액체가 흘러나오며, 같은 쪽 안면신경마비가 동반되었다면 골절되었을 가능성이 가장 높은 부위는?

① 전두골

② 측두골

③ 후두골

④ 하악골

26 다음 중 쇄골 골절에 관한 설명으로 옳은 것은?

① 상완신경총 손상이 동반되는 경우가 흔하다.

② 쇄골의 외측 1/3 부위에 가장 많이 발생한다.

③ 불유합이 흔해 대개 일차적으로 수술을 요한다.

④ 신생아에서는 산모의 골반협착과 연관이 있다.

27 다음 중 뇌사의 판정기준에 해당하지 않는 것은?

① 뇌간반사가 완전히 소실되어 있을 것

② 무호흡검사상 자발호흡이 유발되지 않을 것

③ 자극에 전혀 반응이 없는 깊은 혼수상태일 것

④ 뇌파검사상 불규칙 뇌파가 30분 이상 지속될 것

28 동통 자극이나 진동 등의 고유감각을 감지하는 능력이 상실되고 관절 운동을 조절하는 정상적인 근육 반사가 감소되어 관절들이 반복적인 외상에 노출되고 연골 및 골 손상이 초래되는 동시에 관절 주변에 골 형성과 석회 침착이 과도하게 증가하는 진행성의 관절염은 무엇인가?

① 골 관절염

② 류마티스 관절염

③ 통풍성 관절염

④ Charcot 관절

29 척추분리증에 대한 설명으로 옳은 것은?

① 경추보다는 요추에서 호발한다.

② 발생원인중 외상성이 가장 많다.

③ 척수손상을 동반하는 경우가 많다.

④ 대부분 후방전위증으로 진행된다.

30 척수손상 후 발생하는 쇼크의 급성기 징후 및 증상으로 가장 합당한 것은?

① 빈맥성 저혈압

② 건반사의 항진

③ 배뇨 및 배변장애

④ 근육의 강직성마비

31 하지의 역학적 축은 어느 부위를 연결한 것인가?

① 고관절의 중심 - 족근 관절의 중심

② 대퇴골간 축 - 경골간 축

③ 고관절의 중심 - 족부 입방골의 중심

④ 대퇴골간 축 - 비골간 축

32 척추 손상 환자에게 있어 운동 신경 검사 시 근력을 평가하는 근육 중 제 1 천추신경이 지배하는 근육은?

① 대퇴사두근　　　　　　　　　　② 전경골근

③ 무지신근　　　　　　　　　　　④ 비복근

33 견관절 탈구시 정복 방법이 아닌 것은?

① Kocher 방법　　　　　　　　　② Hippocrates 방법

③ Milch 방법　　　　　　　　　　④ Bigelow 방법

34 건강했던 젊은 남자가 경골 간부 분쇄 골절로 부목 고정 5시간 후 병변 부위 종창 및 견딜 수 없는 지속적 통증을 호소한다. 가장 먼저 의심해야 하는 질환은?

① 지방 색전증　　　　　　　　　　② 구획 증후군

③ 봉와직염　　　　　　　　　　　④ 가스 괴저

35 전방 십자 인대 파열을 의심할 만한 이학적 소견이 아닌 것은?

① 전방 전위 검사 : 양성　　　　　　② Lachman 검사 : 양성

③ pivot shift 검사 : 양성　　　　　④ reverse pivot shift 검사 : 양성

36 일반적인 하지 길이 측정 방법은?

① 전상장골극 – 경골 내과
② 전상장골극 – 비골 외과
③ 전상장골극 – 족관절 중심
④ 전상장골극 – 제 5 중족골 기저부

37 개방성 골절에 관한 설명으로 옳지 않은 것은?

① 창상을 너무 서둘러 봉합하면 오히려 감염의 위험성이 증가 할 수 있다.

② 응급실에서 개방창에 대한 평가를 마친 후 환자의 활력 징후를 확인한다.

③ 창상의 상태, 골절의 양상에 따라 골 견인, 내 고정 혹은 외고정술 등을 고려한다.

④ 오염 및 골절이 심하지 않은 경우 1세대 혹은 2세대 세팔로스포린계 항생제를 우선 고려한다.

38 견관절 질환에서 습관성 탈구와 같은 외상으로 인해 전하방 관절와순이 관절와로부터 분리되는 질환은?

① 회전근개 파열
② 상완이두건 파열
③ 상완이두근 장두건 탈구
④ Bankart 손상

39 수부의 질환 중 피하의 수장 건막의 섬유 모세포에 이상증식이 일어나 수지관절의 구축으로 진행하는 질환은?

① 급성 화농성 건막염
② 볼크만 허혈성 구축
③ 키엔백 병
④ 듀피트렌 구축

40 족근관절의 안정성에 기여하는 구조물로서, 거골의 전방 전위와 내회전을 제약하는 기능을 담당하며, 족근관절의 염좌 시에 손상 빈도가 가장 많은 것은?

① 전 거비 인대
② 종비 인대
③ 후 거비 인대
④ 삼각 인대

2013(제36회) 손해사정사 의학이론(3종) 해설

01 뼈의 강도 담당 성분

Q : 골(뼈)에서 전단력(비트는 힘)과 인장강도(당기는 힘)를 담당하는 성분은?

답 ① 교원질

해 뼈를 '철근 콘크리트' 건물에 비유하면 이해하기 쉽습니다.

① 교원질 (정답) : 뼛속의 '철근' 역할을 합니다. 교원질은 콜라겐이라는 단백질 섬유로, 뼈에 탄력성을 주어 잡아당기거나(인장력) 비트는 힘(전단력)에 저항하게 해줍니다.

② 골세포 : 건물을 짓고 보수하는 '인부'들입니다. 뼈를 만들고 유지하는 역할을 하지만, 직접적인 강도를 담당하는 성분은 아닙니다.

③ 칼슘 : 건물의 '시멘트'와 같습니다. 뼈를 단단하게 만들어 누르는 힘(압축강도)에 강하게 만들어 줍니다.

④ 단백다당 : 주로 연골에 많이 들어있는 성분으로, 수분을 머금어 충격을 흡수하는 쿠션 역할을 합니다.

02 대뇌피질과 시각 기능

Q : 대뇌피질 중 시각기능과 가장 관련이 높은 부위는?

답 ① 후두엽(occipital lobe)

해 우리 뇌는 구역별로 담당하는 역할이 다릅니다.

① 후두엽 (정답) : 머리의 뒤통수 부분에 있으며, 눈으로 들어온 시각 정보를 최종적으로 처리하고 '보는 것'으로 인식하게 하는 '뇌의 스크린'과 같은 곳입니다.

② 두정엽 : 정수리 부분에 있으며, 촉각, 통증, 온도 같은 감각을 느끼고 공간을 파악하는 '뇌의 내비게이션' 역할을 합니다.

③ 측두엽 : 귀 옆 관자놀이 부분에 있으며, 청각, 언어 이해, 기억을 담당하는 '뇌의 귀와 메모장'입니다.

④ 전두엽 : 이마 부분에 있으며, 생각하고, 계획하고, 판단하는 '뇌의 CEO' 역할을 합니다.

03 하부 운동신경원 손상 소견

Q : 하 운동신경원 (lower motor neuron) 손상 시 보일 수 있는 이학적 소견은?

답 ③ 심부 건반사(deep tendon reflex)가 저하된다.

해 운동신경은 뇌에서 척수로 내려오는 '상부 운동신경원'과, 척수에서 근육으로 직접 연결되는 '하부 운동신경원'으로 나뉩니다.

③ 심부 건반사 저하 (정답) : 하부 운동신경원은 척수에서 근육으로 가는 최종 명령 전달 라인입니다. 이 라인이 끊기면 근육으로 신호가 아예 가지 않아, 무릎을 쳤을 때 다리가 올라가는 것과 같은 반사(심부 건반사)가 약해지거나 사라집니다.

① 이완성 마비 증상이 없다 : 하부 운동신경원이 손상되면 근육이 축 늘어지고 힘이 빠지는 '이완성 마비'가 나타납니다. 따라서 이 설명은 틀렸습니다.

② 바빈스키 징후 양성 : 발바닥을 긁었을 때 엄지발가락이 위로 젖혀지는 바빈스키 징후는 '상부' 운동신경원 손상 시 나타나는 비정상적인 반사입니다.

④ 근위축은 동반되지 않는다 : 신경의 지배를 받지 못하는 근육은 영양을 공급받지 못해 점점 가늘어지고 줄어드는 '근위축'이 발생합니다. 따라서 이 설명은 틀렸습니다.

04 콜레스 골절 후 무지 신전 불가

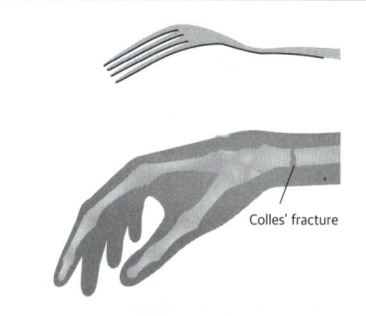
Colles' fracture

- 요골 원위부의 후방전위 골절로 요골 골절의 90%이다.
- 상지의 신전, 외전 상태에서 손바닥을 짚고 넘어질 때 일어난다.
- 디너 포크 골절 변형을 초래한다.
- 골절의 전위가 적으면 석고붕대를 하여 고정하고 심하면 핀에 의한 수술적 고정 방법을 사용한다.

Q : 60세 환자가 콜레스골절(Colles fracture) 치료 후 약 6개월 만에 엄지손가락이 펴지지 않았다. 다른 질환이나 추가 외상이 없었을 때 가장 가능성 있는 원인은?

답 ④ 장 무지 신전건의 파열

해 콜레스 골절은 손목뼈(요골) 끝부분이 부러지는 흔한 골절입니다.

④ 장 무지 신전건 파열 (정답) : '장무지신전건'은 엄지손가락을 쫙 펴게 해주는 힘줄입니다. 이 힘줄은 콜레스 골절 부위 근처를 지나가는데, 골절된 뼈가 아물면서 생긴 뼛조각이나 변형된 뼈에 의해 힘줄이 오랜 기간(수개월) 마찰되다가 닳아서 끊어질 수 있습니다. 이를 '지연성 파열'이라고 하며, 문제의 상황에 가장 적합합니다.

①, ②, ③ 신경 마비 : 정중, 요골, 척골 신경 마비가 왔다면 엄지손가락의 움직임뿐만 아니라 다른 손가락의 움직임 장애나 손바닥, 손등의 감각 이상이 동반되었을 가능성이 높습니다. 문제에서는 오직 '엄지 신전 불가'만 언급되었으므로 힘줄 파열을 가장 먼저 의심할 수 있습니다.

05 슬관절 주위 근육의 위치

Q : 다음 슬관절 주위의 근육 중 가장 후방에서 기시하는 근육은?

답 ③ 반막양근(Semimembranosus)

해 '기시한다'는 것은 근육이 시작되는 지점을 의미합니다. 무릎 주변 근육은 크게 앞쪽과 뒤쪽으로 나뉩니다.

③ 반막양근 (정답) : 이 근육은 '햄스트링'이라고 허벅지 뒤쪽 근육 그룹의 일부입니다. 햄스트링 근육들은 모두 골반의 뒤쪽 아랫부분(좌골)에서 시작하여 무릎 뒤쪽으로 내려옵니다. 따라서 가장 뒤쪽에서 시작됩니다.

① 대퇴직근, ② 내측광근, ④ 대퇴사두근 : 이 근육들은 모두 허벅지 앞쪽에서 무릎을 펴는 역할을 하는 '대퇴사두근'의 일부입니다. 이름 그대로 허벅지(대퇴)의 앞쪽이나 중간에서 시작하므로, 반막양근보다 앞에 위치합니다.

06 Hangman's Fracture (교수형 골절)

Q : 다음 중 Hangman's fracture는 어느 경추의 골절을 의미하는가?

답 ② C2

해 Hangman's fracture(교수형 골절)는 이름 그대로 과거 교수형을 당할 때 목이 뒤로 확 꺾이면서 발생하는 골절과 유사하여 붙여진 이름입니다.

이 골절은 머리 회전을 담당하는 중요한 뼈인 제2 경추(C2)의 특정 부위(양측 관절간부)가 부러지는 것을 말합니다. 주로 교통사고 시 이마를 부딪치거나 다이빙 사고처럼 머리가 뒤로 심하게 젖혀지는 외상으로 발생합니다.

07 목 디스크와 신경 증상

Q : 경부통 및 우측 상지 방사통이 있는 환자로, 우측 제 1, 2 수지 감각 저하, 이두근 반사 및 상완요근 반사 저하, 상완이두근 및 장요수근신근의 근력 감소가 있을 때 예상되는 추간판 탈출 부위는?

답 ③ C5-6

해 목뼈 사이의 디스크가 튀어나오면 특정 신경을 누르게 되고, 각 신경은 담당하는 감각 구역과 근육이 정해져 있습니다. 문제의 증상들은 제6 경추 신경(C6 nerve root)이 눌렸을 때 나타나는 전형적인 증상들입니다.

감각 : 엄지(제1수지)와 검지(제2수지) 감각 저하

근력 : 팔을 구부리는 상완이두근과 손목을 위로 젖히는 근육의 약화

반사 : 이두근 반사 저하

제6 경추 신경은 제5 경추와 제6 경추 사이(C5-6)의 디스크가 탈출할 때 가장 잘 눌립니다.

08 소아 상완골 과상부 골절의 합병증

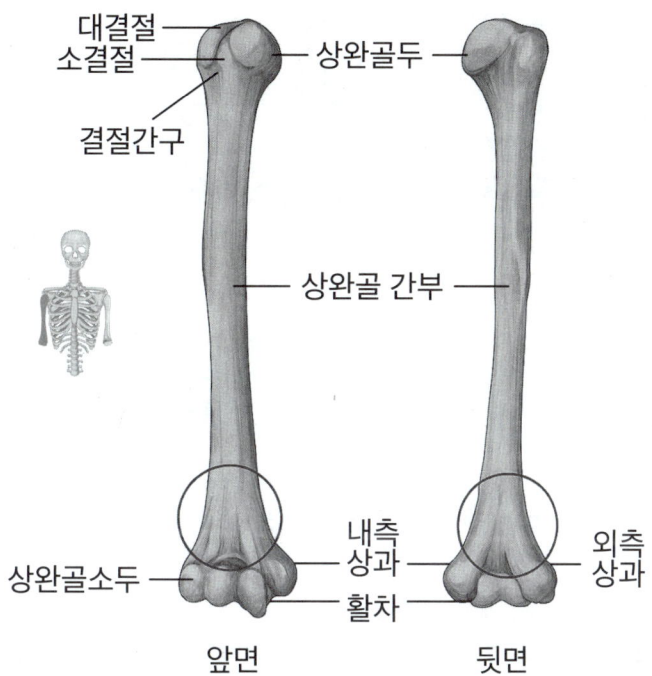

대결절
소결절
결절간구
상완골두
상완골 간부
상완골소두
내측 상과
활차
외측 상과
앞면
뒷면

Q : 소아 상완골 과상부 골절의 합병증으로, 동맥 혈관의 경축이나 심한 종창으로 인하여 근육에 필요한 혈액공급이 부족하여 근육의 괴사가 일어나는 현상은?

답 ② Volkmann 허혈성 구축

해 ② 볼크만 허혈성 구축 (정답) : 팔꿈치 위쪽 뼈가 부러진 후 팔이 심하게 부으면, 팔 내부 압력이 높아져 동맥을 누릅니다. 이에 따라 팔 아래로 피가 통하지 않게 되고(허혈), 근육과 신경이 산소 부족으로 죽게(괴사) 됩니다. 죽은 근육이 딱딱하게 굳고 오그라들어 손목과 손가락이 갈퀴 모양으로 변형되는 심각한 합병증입니다.

① 외상성 화골성 근염 : 다친 근육 조직 내에 비정상적으로 뼈가 자라나는 현상입니다.

③ 홀스타인-루이스 증후군 : 상완골 중간이 부러지면서 요골 신경이 마비되는 것을 말합니다.

④ 석회화 건염 : 힘줄에 석회가 쌓여 염증과 통증을 유발하는 질환입니다.

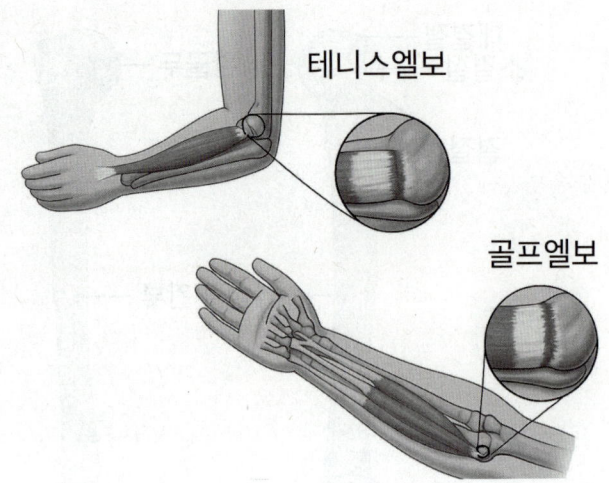

테니스엘보

골프엘보

Q : 테니스 주관절(tennis elbow)에 대한 설명으로 옳은 것은?

답 ④ 스테로이드 국소 주사는 동통에 효과적이다.

해 테니스 엘보는 손목을 위로 젖히는 동작을 반복할 때 팔꿈치 바깥쪽 힘줄에 염증이 생기는 질환입니다.

④ 스테로이드 주사 (정답) : 스테로이드는 강력한 소염 작용으로 염증을 가라앉혀 단기적인 통증 완화에 효과적입니다.

① 저사용 증후군 : 아닙니다. 과도한 사용(overuse)이 원인인 질환입니다.

② 내측 통증 : 통증은 팔꿈치 바깥쪽(외측)에 나타납니다. 팔꿈치 안쪽(내측) 통증은 '골프 엘보'라고 합니다.

③ 수술은 안 한다 : 대부분 비수술 치료를 하지만, 증상이 심하고 6개월 이상 지속되면 수술하기도 합니다.

10 극외측 추간판 탈출증과 신경근

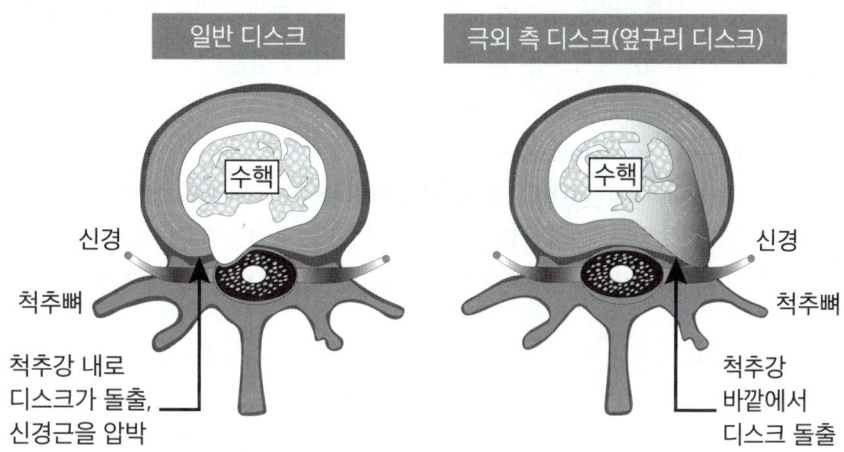

일반 디스크 / 극외 측 디스크(옆구리 디스크)

수핵 / 수핵

신경 / 신경
척추뼈 / 척추뼈
척추강 내로 디스크가 돌출, 신경근을 압박 / 척추강 바깥에서 디스크 돌출

Q : 제 4-5 요추간 극외측 추간판 탈출증시에 눌리는 신경근은?

답 ③ 제4 요추

해 허리 디스크는 튀어나온 위치에 따라 눌리는 신경이 다릅니다.

일반적인 경우 (후외측 탈출) : 디스크가 약간 뒤쪽-옆으로 튀어나오면, 한 단계 아래 번호의 신경이 눌립니다.

(예 4-5번 디스크 → 제5 요추 신경 압박)

극외측 탈출 (Far Lateral) : 디스크가 신경이 빠져나가는 구멍(신경공) 쪽으로, 아주 바깥으로 튀어나온 경우입니다. 이 경우엔 그 레벨에서 바로 빠져나가는 위쪽 번호의 신경이 눌립니다. 따라서 제4-5 요추간 극외측 탈출 시에는 제4 요추 신경이 눌리게 됩니다.

11 압박성 신경병증 조합

Q : 다음의 압박성 신경병증 및 원인이 되는 신경의 조합 중 틀린 것은?

답 ④ 후 골간 증후군(posterior interosseous nerve syndrome) - 척골 신경(ulnar nerve)

해 ④ 후 골간 증후군 - 척골 신경 (오답) : 후 골간 증후군은 팔꿈치 근처에서 요골 신경의 깊은 가지인 '후골간 신경'이 눌리는 질환입니다. 주로 손가락을 펴는 기능에 장애가 생깁니다. 따라서 척골 신경과 연결한 것이 틀렸습니다.

① 수근관 증후군 - 정중 신경 : 손목 터널(수근관)에서 정중 신경이 눌려 손이 저린 대표적인 질환입니다.

② 회내근 증후군 - 정중 신경 : 팔꿈치 아래쪽 근육(원회내근) 사이에서 정중 신경이 눌리는 질환입니다.

③ 주관 증후군 - 척골 신경 : 팔꿈치 안쪽 터널(주관)에서 척골 신경이 눌려 4, 5번째 손가락이 저린 질환입니다.

12 흉요추부 손상과 증후군

Q : 제 11 흉추와 제2 요추 사이의 손상에 의해 발생하며 회음부의 이완성 마비와 방광 및 항문 주위 근육 조절 기능 소실을 야기하지만, 하지 운동기능이 유지될 수 있는 손상은?

- -

답 ① 척수 원추 증후군(conus medullaris syndrome)

해 척수(신경 다발)는 허리 1-2번 레벨에서 원뿔 모양(원추)으로 끝나고, 그 아래로는 말총처럼 신경 가닥(마미)만 내려갑니다.

① 척수 원추 증후군 (정답) : 척수의 가장 끝부분인 '척수 원추'가 손상된 경우입니다. 이 부위는 대소변 및 성기능을 조절하는 중추이므로, 손상 시 대소변 장애와 회음부 마비가 특징적으로 나타납니다. 다리로 가는 신경은 일부 살아있을 수 있습니다.

② 마미 증후군 : 척수 원추 아래의 '신경 가닥(마미)'이 손상된 경우입니다. 증상은 비슷하지만, 주로 다리 마비와 통증이 더 심하고 비대칭적으로 나타납니다.

③ 브라운-시쿼드 증후군 : 척수의 좌우 절반만 손상된 경우로, 손상된 쪽은 운동 마비, 반대쪽은 감각 마비가 나타납니다.

④ 전방 척수 증후군 : 척수의 앞쪽 2/3가 손상된 경우로, 운동 기능과 통증/온도 감각이 마비됩니다.

13 척추 압박 골절 원인

Q : 척추의 압박성 골절의 원인으로 가장 관련이 적은 것은?

- -

답 ④ 선천성기형

해 압박 골절은 척추뼈가 위아래 압력을 받아 찌그러지듯이 부러지는 것입니다.

① 외상, ③ 골다공증, ② 전이암 : 이 세 가지가 압박 골절의 3대 원인입니다. 강한 충격(외상), 뼈가 약해진 상태(골다공증), 암세포가 뼈를 파괴한 상태(전이암)에서는 척추뼈가 쉽게 찌그러질 수 있습니다.

④ 선천성 기형 (정답) : 척추뼈의 모양이 태어날 때부터 비정상적인 것으로, 그 자체만으로 압박 골절을 직접 유발하는 경우는 드뭅니다. 척추 불안정성을 높일 수는 있지만, 다른 원인에 비해 직접적인 관련성은 훨씬 적습니다.

14 관절의 종류 (경첩관절)

Q : 관절면의 형태에 따른 분류중 경첩관절에 해당하는 부위는?

- -

답 ② 수지관절

해 관절은 모양에 따라 움직임의 종류가 결정됩니다.

② 수지관절 (정답) : 손가락 관절은 문에 달린 '경첩'처럼 한 방향으로만 구부리고 펴는 움직임이 가능합니다. 팔꿈치 관절도 대표적인 경첩관절입니다.

① 손목관절 : 타원형 관절로, 상하좌우 여러 방향으로 움직일 수 있습니다.

③ 견봉쇄골관절 : 어깨의 쇄골과 견봉이 만나는 평면 관절로, 미끄러지는 움직임이 일어납니다.

④ 제1수근중수관절 : 엄지손가락 뿌리 부분의 관절로, 말안장처럼 생긴 '안장관절'이어서 매우 자유로운 움직임이 가능합니다.

15 MRI 검사의 특징

Q : 다음 중 MRI 검사의 일반적인 특징으로 옳은 것은?

답 ③ 수소원자핵의 신호를 이용한다.

해 ③ 수소원자핵 신호 이용 (정답) : MRI는 강력한 자기장을 이용해 우리 몸에 가장 많은 '수소원자핵'(물의 주성분)을 공명
시킨 후, 되돌아올 때 나오는 신호를 영상으로 만드는 원리입니다.

① 방사선 피폭 우려 : MRI는 X-ray나 CT와 달리 방사선을 전혀 사용하지 않아 인체에 무해합니다.

② 석회화 병변 구분 : 석회화(돌처럼 딱딱해진 것)는 수분이 없어 신호가 잘 잡히지 않으므로 MRI보다 CT에서 훨씬 잘
보입니다. MRI는 근육, 인대, 디스크 같은 연부조직을 보는 데 뛰어납니다.

④ 동위원소 사용 : 99mTc 같은 방사성 동위원소를 사용하는 검사는 핵의학 검사(뼈 스캔 등)입니다.

16 안면신경 마비와 관련 없는 증상

Q : 다음 중 안면신경의 마비와 가장 관련이 낮은 증상은?

답 ② 구역반사 저하

해 안면신경(제7 뇌신경)은 얼굴 표정 외에도 다양한 기능을 합니다.

② 구역반사 저하 (정답) : 목구멍을 건드렸을 때 '웩'하는 구역반사는 주로 설인신경(9번)과 미주신경(10번)이 담당합니
다. 안면신경과는 관련이 적습니다.

① 각막반사 저하 : 눈에 무언가 닿을 때 눈을 감게 하는 반사로, '감는 근육'을 안면신경이 지배하므로 마비 시 반사가 저
하됩니다.

③ 청각과민 : 안면신경은 고막을 보호하는 작은 근육을 조절합니다. 마비 시 이 기능이 사라져 소리가 크게 울리는 청각
과민이 생길 수 있습니다.

④ 미각저하 : 혀의 앞쪽 2/3의 맛을 느끼는 기능이 있어, 마비 시 미각이 저하될 수 있습니다.

17 중심 척수 증후군

Q : 주로 척추관 협착증이 있는 환자에게 경추부 과신전 손상시 발생하며, 상지의 마비가 하지에 비해 심한 척수
손상은?

답 ② 중심 척수 증후군

해 척수 손상은 손상 부위에 따라 특징적인 증상을 보입니다.

② 중심 척수 증후군 (정답) : 척수의 단면을 보면 중심부에 팔(상지)로 가는 신경이, 바깥쪽에 다리(하지)로 가는 신경이
배열되어 있습니다. 따라서 척수 중심부가 손상되면 팔의 마비가 다리의 마비보다 훨씬 심하게 나타나는 특징이 있습
니다. 주로 목 협착증이 있는 노인이 뒤로 넘어지면서 목이 꺾일 때 잘 발생합니다.

① 전방 척수 증후군 : 척수 앞부분 손상으로 운동 기능과 통증/온도 감각이 마비됩니다.

③ 후방 척수 증후군 : 척수 뒷부분 손상으로 위치 감각, 진동 감각 등이 소실됩니다. (매우 드묾)

④ 측방 척수 증후군 (브라운-시쿼드 증후군) : 척수의 절반 손상입니다.

18 갈퀴손(Claw Hand)과 Froment 징후

Q : 이학적 검사상 갈퀴손(claw hand) 및 Froment 징후가 보인다면 손상 가능성이 가장 높은 것은?

답 ④ 척골신경

해 ④ 척골신경 (정답) : 척골신경은 주로 4, 5번째 손가락과 손의 작은 근육들을 지배합니다. 이 신경이 마비되면 이 근육들이 약해져 손가락이 독수리 발톱처럼 구부러지는 갈퀴손 변형이 생깁니다. 또한, 엄지와 검지로 종이를 꽉 잡게 했을 때 엄지 내전근 마비로 인해 엄지 마지막 마디가 구부러지는 프로망 징후(Froment's sign)가 나타납니다. 이 두 가지는 척골신경 마비의 대표적인 징후입니다.

① 액와신경 : 어깨의 삼각근을 지배하여 팔을 옆으로 들어 올리는 역할을 합니다.

② 정중신경 : 엄지, 검지, 중지 쪽 감각과 손목/손가락 굴곡을 담당합니다. 손상 시 '원숭이손 변형'이 나타날 수 있습니다.

③ 요골신경 : 손목과 손가락을 펴는 역할을 합니다. 손상 시 손목이 아래로 처지는 '손목하수'가 나타납니다.

19 압궤손상 후 만성 통증

Q : 작업 중 프레스 기계에 손이 끼는 압궤손상을 당한 뒤 수개월이 지났으나 피부에 냉기가 돌고 차며 가볍게 스치기만 해도 극심한 통증을 느낀다면 가장 합당한 진단은?

답 ④ 복합부위 통증 증후군

해 ④ 복합부위 통증 증후군 (CRPS) (정답) : 외상 후 발생하는 매우 고통스러운 만성 신경병성 통증 질환입니다. 특징은 ① 손상 정도에 비해 극심하고 타는 듯한 통증, ② 옷깃만 스쳐도 아픈 '이질통', ③ 피부색/체온 변화, 부종, 땀 분비 이상과 같은 자율신경계 증상입니다. 문제의 증상은 CRPS의 전형적인 모습입니다.

① 만성 피로 증후군 : 극심한 피로감이 주 증상인 질환입니다.

② 근막 동통 증후군 : 근육에 '통증유발점'이 생겨 주변으로 통증이 뻗치는, 흔히 '담 결렸다'고 하는 상태입니다.

③ 흉곽 유출 증후군 : 목과 가슴 사이(흉곽 출구)에서 팔로 가는 신경이나 혈관이 눌려 팔의 통증, 저림, 부종 등이 나타나는 질환입니다.

20 심부정맥혈전증 위험인자

Q : 다음 중 심부정맥혈전증의 위험인자가 아닌 것은?

답 ③ 항응고제

해 심부정맥혈전증(DVT)은 주로 다리의 깊은 정맥에 피떡(혈전)이 생기는 병입니다.

③ 항응고제 (정답) : 항응고제는 혈액이 굳는 것을 '막는' 약, 즉 피를 묽게 하는 약입니다. 따라서 심부정맥혈전증을 예방하고 치료하는 데 사용되는 약물이므로, 위험인자가 아닙니다.

① 폐색전증 : 다리에 생긴 혈전이 떨어져 나가 폐혈관을 막는 것이 폐색전증입니다. 폐색전증 병력이 있다는 것은 혈전이 잘 생긴다는 의미이므로 DVT의 강력한 위험인자입니다.

② 골반 골절, ④ 반복 수술 : 골절이나 수술 같은 외상은 혈관 벽에 손상을 주고, 수술 후 장시간 누워있으면 혈액이 정체되어 혈전이 생기기 쉬운 환경을 만듭니다. 모두 중요한 위험인자입니다.

21 무혈성괴사 가능성이 가장 낮은 경우

Q : 다음 중 무혈성괴사의 가능성이 가장 낮을 것으로 예상되는 상황은?

....

답 ③ 요추 압박골절 후 후만각 변형된 경우

해 무혈성괴사는 뼈로 가는 혈액 공급이 끊겨 뼈가 죽는 병입니다. 특정 뼈들은 혈액 공급 구조가 취약해서 골절 시 무혈성괴사가 잘 생깁니다.

③ 요추 압박골절 (정답) : 척추뼈 몸통(추체)은 혈액 공급이 비교적 풍부한 해면골로 이루어져 있어, 찌그러지는 압박 골절이 발생해도 뼈 전체의 혈액 공급이 완전히 차단될 가능성은 다른 부위에 비해 훨씬 낮습니다.

① 주상골 골절 : 손목의 주상골은 혈액 공급이 한쪽 끝에서만 들어와서 허리가 부러지면 혈액 공급이 쉽게 끊겨 무혈성괴사 위험이 높습니다.

② 거골 골절 : 발목의 거골 역시 대부분의 혈액 공급을 관절낭에 의존해, 골절이나 탈구 시 혈관 손상 위험이 매우 큽니다.

④ 대퇴골 골절로 고관절 탈구 : 대퇴골두(허벅지뼈 머리)는 매우 가느다란 혈관 몇 개에 의존하므로, 골절이나 탈구 시 혈관이 쉽게 손상되어 무혈성괴사가 잘 생기는 부위 중 하나입니다.

22 골절 치유에 유리한 인자

Q : 다음 중 골절의 치유에 유리하게 작용하는 인자는?

....

답 ② 관절외골절

해 골절된 뼈가 잘 붙으려면 여러 조건이 맞아야 합니다.

② 관절외골절 (정답) : 골절선이 관절면을 침범하지 않은 경우입니다. 관절 안으로 골절되면 치유를 방해하는 관절액이 스며들고 혈액 공급도 상대적으로 나빠 치유에 불리합니다. 따라서 관절 바깥쪽 골절이 상대적으로 치유에 유리합니다.

① 국소 감염 : 세균 감염은 뼈의 치유 과정을 방해하고 골수염 같은 심각한 합병증을 유발합니다.

③ 말초 신경 마비 : 신경 손상은 혈류 조절과 근육 기능에 영향을 주어 골절 치유에 악영향을 줍니다.

④ 전신 소모성 질환 : 당뇨, 영양실조, 고령 등 전신 상태가 나쁘면 우리 몸의 회복 능력이 떨어져 뼈가 붙는 속도가 느려집니다.

23 방아쇠 수지

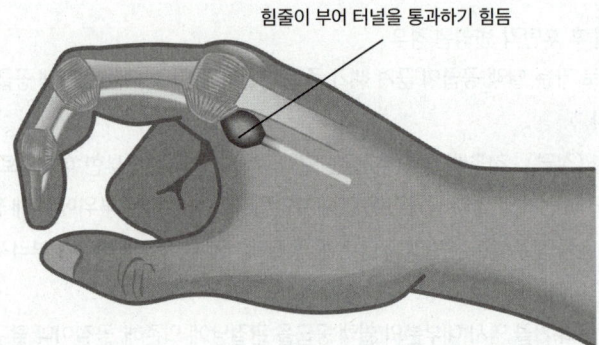

<방아쇠 수지>

힘줄이 부어 터널을 통과하기 힘듬

Q : 다음 중 수지굴건(손가락 굽힘 힘줄)에 결절이 생기거나 중수골 경부의 전방에 있는 A1활차가 비후되어 발생하는 질환은?

답 ② 방아쇠수지

해 손가락을 구부리는 힘줄(수지굴건)은 '활차'라는 터널을 지나갑니다.

② 방아쇠수지 (정답) : 손을 많이 쓰면 힘줄이나 활차(주로 A1 활차)가 부어서 두꺼워집니다. 두꺼워진 힘줄이 좁아진 활차 터널을 통과할 때 '딸깍'하고 걸리는 느낌이 드는데, 이것이 마치 총의 방아쇠를 당기는 것 같다고 해서 붙여진 이름입니다.

① 망치수지 : 손가락 끝 마디를 펴는 힘줄이 끊어져 손가락 끝이 망치처럼 구부러지는 상태입니다.

③ 백조목변형, ④ 단추구멍변형 : 주로 류마티스 관절염 등에서 발생하는 복잡한 손가락 변형입니다.

24 두개강내압 상승 치료 원칙

Q : 두개강내압 상승을 치료하는 원칙으로 적절한 것은?

답 ② 삼투성제제

해 머리뼈 안의 압력(두개강내압)이 높아지면 뇌가 눌려 위험해지므로 압력을 낮춰야 합니다.

② 삼투성제제 (정답) : 만니톨과 같은 삼투성 이뇨제를 주사하면 혈액의 농도가 높아져, 부어있는 뇌 조직의 물을 혈관으로 끌어내 소변으로 배출시킵니다. 이를 통해 뇌의 부피를 줄여 압력을 낮춥니다.

① 고혈당유지 : 고혈당은 뇌부종을 악화시킬 수 있어 피해야 합니다.

③ 고체온요법 : 체온이 오르면 뇌 대사가 활발해져 뇌압이 더 상승할 수 있습니다. 오히려 뇌 보호를 위해 '저체온 요법'을 사용하기도 합니다.

④ 저호흡요법 : 호흡을 빠르게 하는 '과호흡 요법'을 통해 혈중 이산화탄소 농도를 낮추면 뇌혈관이 수축하여 일시적으로 뇌압을 낮출 수 있습니다. 저호흡은 반대 효과를 냅니다.

25 귀에서 액체, 안면신경 마비 시 의심 골절

Q : 오토바이 사고 후 왼쪽 귀에서 피가 섞인 맑은 액체(뇌척수액)가 흘러나오며, 같은쪽 안면신경마비가 동반되었다면 골절되었을 가능성이 가장 높은 부위는?

답 ② 측두골

해 ② 측두골 (정답) : 측두골은 머리의 양쪽 옆, 귀 주변에 있는 뼈입니다. 이 뼈 안에는 귀(청각기관)와 안면신경이 지나가는 통로가 있습니다. 따라서 측두골 골절이 발생하면 뇌를 싸고 있는 막이 찢어져 뇌척수액이 귀로 흘러나올 수 있고 (뇌척수액 이루), 안면신경이 손상되어 안면마비가 발생할 수 있습니다.

① 전두골(이마뼈), ③ 후두골(뒤통수뼈), ④ 하악골(아래턱뼈) : 이 뼈들의 골절로는 귀에서 뇌척수액이 흐르거나 안면신경 마비가 동시에 발생하는 전형적인 증상이 나타나기 어렵습니다.

26 쇄골 골절

Q : 다음 중 쇄골 골절에 관한 설명으로 옳은 것은?

답 ④ 신생아에서는 산모의 골반협착과 연관이 있다.

해 쇄골은 어깨와 가슴을 연결하는 빗장뼈입니다.

④ 신생아 골절 (정답) : 아기가 태어날 때 산모의 골반이 좁으면(골반 협착), 출산 과정에서 아기의 어깨가 걸리면서 쇄골이 부러지는 경우가 종종 있습니다. 이는 분만 손상 중 가장 흔한 골절입니다.

① 상완신경총 손상 : 쇄골 아래에는 팔로 가는 신경 다발이 지나가지만, 골절 시 신경 손상이 동반되는 경우는 '흔하지 않고' 드뭅니다.

② 발생 부위 : 쇄골 골절은 가장 약한 부분인 중간 1/3 부위에서 가장 많이 발생합니다.

③ 불유합과 수술 : 쇄골 골절은 혈액 공급이 좋아 대부분 잘 붙으므로 불유합(뼈가 안 붙는 것)은 드뭅니다. 따라서 대부분 팔걸이 같은 보존적 치료를 우선합니다.

27 뇌사 판정 기준

Q : 다음 중 뇌사의 판정기준에 해당하지 않는 것은?

답 ④ 뇌파 검사상 불규칙 뇌파가 30분 이상 지속될 것

해 뇌사는 뇌의 모든 기능이 회복 불가능하게 정지한 상태입니다.

④ 불규칙 뇌파 (오답/정답) : 뇌사 판정을 위한 뇌파검사에서는 뇌의 전기적 활동이 전혀 없는 평탄 뇌파(flat EEG)가 30분 이상 지속되어야 합니다. '불규칙 뇌파'는 뇌 활동이 아직 남아있다는 의미이므로 뇌사 판정 기준에 해당하지 않습니다.

① 뇌간반사 소실, ② 무호흡, ③ 깊은 혼수상태 : 이 세 가지는 뇌사 판정의 핵심적인 선행 조건입니다. 어떤 자극에도 반응이 없고(혼수), 동공반사 등 모든 뇌간 기능이 소실되었으며, 인공호흡기를 떼어도 스스로 숨 쉬지 못하는(무호흡) 상태여야 합니다.

28 샤르코 관절 (Charcot 관절)

Q : 통증, 진동 등 고유감각이 상실되어 반복적인 외상에 노출되고, 관절 파괴와 함께 주변에 과도한 골 형성이 동반되는 진행성 관절염은 무엇인가?

답 ④ Charcot 관절

해 ④ 샤르코 관절 (정답) : 당뇨, 척수 손상 등으로 인해 관절의 통증 및 위치 감각(고유감각)이 소실되어 발생하는 신경병성 관절 병증입니다. 통증을 못 느끼니 관절을 무리하게 사용해도 모르고, 반복적인 손상이 쌓여 관절이 심하게 파괴되고 변형됩니다. 관절이 파괴되면서도 주변에는 비정상적인 뼈가 과도하게 자라나는 특징이 있습니다.

① 골관절염 : 나이, 과사용으로 연골이 닳는 퇴행성 질환입니다.

② 류마티스 관절염 : 면역체계가 자기 관절을 공격하는 자가면역 질환입니다.

③ 통풍성 관절염 : 요산 결정이 관절에 쌓여 염증을 일으키는 대사성 질환입니다.

29 척추분리증

Q : 척추분리증에 대한 설명으로 옳은 것은?

답 ① 경추보다는 요추에서 호발한다.

해 척추분리증은 척추뼈의 뒤쪽 연결고리(협부)에 금이 가거나 결손이 생긴 상태입니다.

① 요추 호발 (정답) : 허리를 숙이고 펴는 등 움직임과 스트레스가 많은 요추(허리뼈), 특히 제5 요추에서 가장 흔하게 발생합니다. 목뼈(경추)에서는 드뭅니다.

② 발생 원인 : 외상보다는, 반복적인 스트레스로 인한 피로 골절이 가장 흔한 원인으로 여겨집니다.

③ 척수 손상 : 척추분리증 자체만으로는 신경관을 직접 압박하지 않으므로, 척수 손상을 동반하는 경우는 거의 없습니다.

④ 진행 방향 : 척추분리증으로 척추가 불안정해지면, 위 척추뼈가 아래 척추뼈보다 앞으로(전방으로) 미끄러지는 '척추전방전위증'으로 진행될 수 있습니다.

30 척수 쇼크

Q : 척수손상 후 발생하는 쇼크의 급성기 징후 및 증상으로 가장 합당한 것은?

답 ③ 배뇨 및 배변장애

해 척수를 다치면 손상 부위 이하의 모든 신경 기능이 일시적으로 완전히 마비되는 '척수 쇼크' 상태에 빠집니다.

③ 배뇨 및 배변 장애 (정답) : 척수 쇼크 시기에는 방광이나 항문을 조절하는 신경 기능도 마비되어 소변이나 대변을 보지 못하는 '요정체', '변비' 등이 발생합니다.

① 빈맥성 저혈압 : 척수 쇼크 시에는 교감신경 기능이 차단되어 혈관이 확장되고 심장이 느려지는 '서맥성' 저혈압이 나타납니다. 빈맥(빠른 맥박)은 일반적인 쇼크의 특징입니다.

② 건반사 항진, ④ 근육의 강직성 마비 : 이 두 가지는 척수 쇼크 시기가 지나고 수 주에서 수개월 후, 상위운동신경원 손상의 특징으로 나타나는 만성기 증상입니다. 급성기에는 반사가 소실되고 근육이 축 늘어지는 이완성 마비가 옵니다.

31 하지의 역학적 축

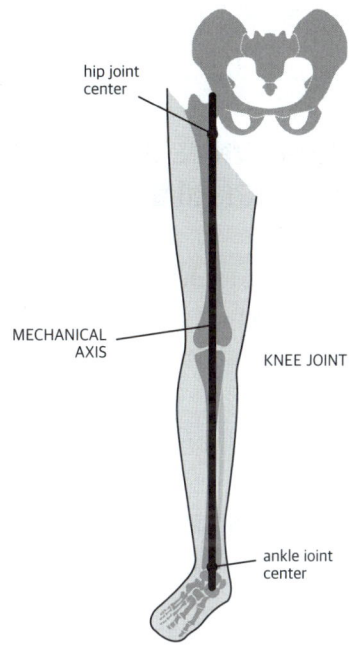

hip joint center

MECHANICAL AXIS

KNEE JOINT

ankle ioint center

Q : 하지의 역학적 축은 어느 부위를 연결한 것인가?

답 ① 고관절의 중심 - 족근 관절의 중심
해 '역학적 축'은 체중이 실릴 때 힘이 전달되는 가상의 선을 말합니다. 이는 다리뼈의 모양(해부학적 축)과는 다릅니다.

① 고관절 중심 - 족근 관절 중심 (정답) : 다리의 역학적 축은 체중이 시작되는 고관절(엉덩관절)의 중심에서부터 체중이 최종적으로 전달되는 족근 관절(발목관절)의 중심을 일직선으로 연결한 선을 말합니다. 이 축이 무릎 중심을 지나가는 것이 이상적입니다.

②, ④ 대퇴골간 축/경골간 축 : 이는 뼈 자체의 기울기를 나타내는 '해부학적 축'에 해당합니다.

③ 족부 입방골 중심 : 입방골은 발의 외측에 있는 뼈로, 체중 부하의 중심축과는 거리가 있습니다.

32 제1 천추신경 지배 근육

Q : 척추 손상환자에 있어 운동 신경 검사 시 근력을 평가하는 근육들 중 제1 천추신경이 지배하는 근육은?

답 ④ 비복근
해 각 척추 신경은 특정 근육을 지배합니다. 근력 검사를 통해 어느 신경이 손상되었는지 알 수 있습니다.

④ 비복근 (정답) : 제1 천추신경(S1)은 주로 발목을 아래로 굽히는(까치발 하고 서기) 근육들을 지배합니다. 비복근(장딴지 근육)이 대표적인 근육으로, S1 신경 기능을 평가할 때 검사합니다.

① 대퇴사두근 : L2, L3, L4 신경이 지배하며, 무릎을 펴는 역할을 합니다.

② 전경골근 : L4 신경이 주로 지배하며, 발목을 위로 들어 올리는 역할을 합니다.

③ 무지신근 : L5 신경이 주로 지배하며, 엄지발가락을 위로 들어 올리는 역할을 합니다.

33 견관절 탈구 정복 방법

Q : 견관절 탈구시 정복 방법이 아닌 것은?

답 ④ Bigelow 방법

해 어깨(견관절)가 빠졌을 때 다시 제자리로 맞춰 넣는 것을 '정복'이라고 하며, 여러 가지 방법이 있습니다.

④ Bigelow 방법 (정답) : 이 방법은 어깨(견관절) 탈구가 아닌 고관절(엉덩관절) 탈구를 정복할 때 사용하는 대표적인 방법입니다.

① Kocher 방법, ② Hippocrates 방법, ③ Milch 방법 : 이 세 가지는 모두 어깨 관절(견관절) 탈구를 정복하는 데 사용되는 고전적이고 잘 알려진 방법들입니다.

34 골절 후 심한 통증과 부기

Q : 건강했던 젊은 남자가 경골 간부 분쇄 골절로 부목 고정 5시간 후 병변 부위 종창 및 견딜 수 없는 지속적 통증을 호소한다. 가장 먼저 의심해야 하는 질환은?

답 ② 구획증후군

해 ② 구획증후군 (정답): 골절이나 심한 타박상 후 다리나 팔이 심하게 부으면, 근육을 감싸는 단단한 근막 안의 압력(구획 내 압력)이 급격히 올라갑니다. 이 압력이 혈관과 신경을 눌러 극심한 통증과 조직 괴사를 유발하는 응급상황입니다. 골절 자체의 통증과는 비교할 수 없는 극심한 통증, 그리고 수동적으로 발가락을 움직일 때 통증이 악화하는 것이 특징입니다. 문제의 상황과 정확히 일치합니다.

① 지방 색전증 : 주로 긴 뼈 골절 후 24~72시간 후에 골수 내 지방이 혈관을 타고 폐나 뇌로 날아가 발생하며, 호흡곤란, 의식 저하가 주 증상입니다.

③ 봉와직염 : 피부의 세균 감염으로, 보통 수일 후에 발적, 열감 등이 나타납니다.

④ 가스 괴저 : 상처를 통해 특정 세균이 감염되어 가스를 생성하며 조직을 썩게 하는 심각한 감염으로, 보통 수일 후에 발생합니다.

35 전방 십자인대 파열 검사

Q : 전방 십자 인대 파열을 의심할 만한 이학적 소견이 아닌 것은?

답 ④ reverse pivot shift 검사 : 양성

해 십자인대는 무릎의 안정성을 담당하는 중요한 인대입니다.

④ reverse pivot shift 검사 (정답) : 이 검사는 이름 그대로 '역(reverse)' 검사로, 후방 십자인대의 불안정성을 평가하는 데 사용됩니다.

① 전방 전위 검사, ② Lachman 검사, ③ pivot shift 검사 : 이 세 가지는 모두 전방 십자인대(ACL) 파열을 진단하는 대표적인 이학적 검사법입니다. 전방 십자인대가 끊어지면 정강이뼈(경골)가 허벅지뼈(대퇴골)에 대해 앞으로 밀려 나오는 현상이 발생하는데, 이 검사들은 그 현상을 유발하여 인대 파열 여부를 확인하는 방법들입니다.

36 하지 길이 측정 방법

Q : 일반적인 하지 길이 측정 방법은?

답 ① 전상장골극 – 경골 내과
해 다리 길이를 정확하게 재기 위해서는 고정된 지표(landmark) 사이의 거리를 측정해야 합니다.

① 전상장골극 – 경골 내과 (정답) : '전상장골극'은 골반 앞쪽에서 만져지는 튀어나온 뼈이고, '경골 내과'는 안쪽 복숭아
뼈입니다. 이 두 지점 사이의 거리를 재는 것이 다리의 실제 길이를 측정하는 가장 표준적인 방법입니다.

② 비골 외과 : 바깥쪽 복숭아뼈로, 측정에 사용될 수는 있으나 안쪽 복숭아뼈가 더 표준적입니다.

③ 족관절 중심, ④ 제 5중족골 기저부 : 발목 중심이나 발등의 뼈는 측정 지점으로 정확성이 떨어져 표준적인 방법으로 사
용되지 않습니다.

37 개방성 골절 설명

Q : 개방성 골절에 관한 설명으로 옳지 않은 것은?

답 ② 응급실에서 개방창에 대한 평가를 마친 후 환자의 활력 징후를 확인한다.
해 개방성 골절은 뼈가 부러지면서 피부를 뚫고 밖으로 노출된 상태로, 감염 위험이 매우 높은 응급상황입니다.

② 활력징후 확인 순서 (오답/정답) : 심한 외상 환자가 응급실에 오면 가장 먼저 해야 할 일은 ABC(기도-호흡-순환)를
확인하고 활력 징후(혈압, 맥박 등)를 안정시키는 것입니다. 골절 부위 평가는 그 이후에 이루어집니다. 따라서 "개방
창 평가를 마친 후 활력 징후를 확인한다"라는 설명은 순서가 틀렸습니다.

① 창상 봉합 : 개방성 골절 상처는 오염 가능성이 높아, 내부를 깨끗이 세처(변연절제술)하기 전에 서둘러 봉합하면 안
에 세균을 가두는 셈이 되어 감염 위험을 높입니다. (옳은 설명)

③ 치료 방법 : 상처와 골절의 상태에 따라 뼈를 당겨 맞추는 '골 견인'이나, 금속판/나사로 고정하는 '내고정술', 또는 외
부에서 고정하는 '외고정술' 등을 시행할 수 있습니다. (옳은 설명)

④ 항생제 사용 : 개방성 골절은 감염 예방을 위해 즉시 항생제를 투여해야 합니다. 오염이 심하지 않은 초기에는 그람
양성균에 효과적인 1세대 세팔로스포린계 항생제를 우선적으로 고려합니다. (옳은 설명)

38 어깨 관절와순 손상

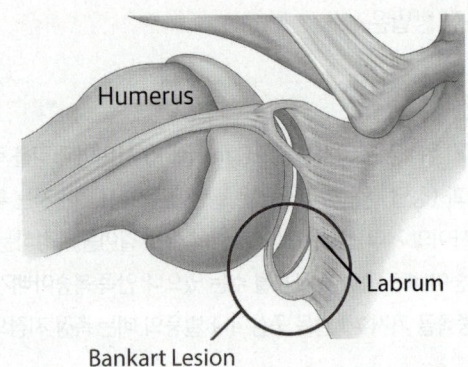

Humerus

Labrum

Bankart Lesion

Q : 견관절 질환에서 습관성 탈구와 같은 외상으로 인해 전하방 관절와순이 관절와로부터 분리되는 질환은?

답 ④ Bankart 손상

해 어깨뼈(견갑골)의 관절면 가장자리에는 '관절와순'이라는 연골 조직이 둑처럼 둘러싸여 안정성을 더해줍니다.

④ Bankart 손상 (정답) : 어깨가 앞으로 빠지는 탈구가 반복되면, 이 관절와순의 앞쪽 아랫부분(전하방)이 뼈에서 찢어져 떨어져 나갑니다. 이를 '방카르트 병변'이라고 하며, 습관성 탈구의 주된 원인이 됩니다.

① 회전근개 파열 : 어깨를 움직이는 4개의 힘줄(회전근개)이 찢어지는 것입니다.

②, ③ 상완이두건 파열/탈구 : 팔의 알통을 만드는 상완이두근의 긴 힘줄(장두건)이 끊어지거나 제자리에서 벗어나는 것입니다.

39 손바닥 구축 질환

Q : 수부의 질환 중 피하의 수장 건막의 섬유 모세포에 이상증식이 일어나 수지관절의 구축으로 진행하는 질환은?

답 ④ 듀피트렌 구축

해 ④ 듀피트렌 구축 (정답) : 특별한 원인 없이 손바닥 피부밑에 있는 두꺼운 막(수장 건막)이 비정상적으로 두꺼워지고 짧아지는 병입니다. 이 막이 수축하면서 주로 4, 5번째 손가락을 잡아당겨, 손가락이 펴지지 않고 구부러지는 구축이 발생합니다.

① 급성 화농성 건막염 : 힘줄을 싸고 있는 막에 세균이 감염되어 고름이 차는 급성 감염 질환입니다.

② 볼크만 허혈성 구축 : 팔의 구획증후군 후유증으로, 근육이 괴사하여 섬유화되면서 손목과 손가락이 갈퀴 모양으로 굳는 것입니다.

③ 키엔백 병 : 손목뼈 중 하나인 월상골에 혈액 공급이 차단되어 뼈가 죽는 무혈성괴사입니다.

40 발목 염좌 시 가장 흔한 인대 손상

Q : 족근관절의 안정성에 기여하는 구조물로서, 거골의 전방 전위와 내회전을 제약하는 기능을 담당하며, 족근관절의 염좌 시에 손상빈도가 가장 많은 것은?

답 ① 전 거비 인대

해 발목을 삐는 염좌는 대부분 발바닥이 안쪽으로 향하게 꺾이면서 발생하며, 이때 발목 바깥쪽 인대들이 손상됩니다.

① 전 거비 인대 (정답) : 발목 바깥쪽에는 3개의 주요 인대가 있는데, 그중 '전거비인대(Anterior Talofibular Ligament, ATFL)'는 가장 앞에 위치하며 가장 약합니다. 이 인대는 발목뼈(거골)가 앞으로 빠지거나 안쪽으로 돌아가는 것을 막아주는 역할을 하는데, 발목이 꺾일 때 가장 먼저, 그리고 가장 흔하게 손상됩니다.

② 종비 인대, ③ 후 거비 인대 : 전거비인대보다 뒤쪽에 있고 더 강한 인대들로, 심한 염좌 시에 전거비인대와 함께 손상되는 경우가 많습니다.

④ 삼각 인대 : 발목 안쪽에 있는 매우 튼튼한 인대입니다. 바깥쪽 인대보다 훨씬 드물게 손상됩니다.

01 뇌허혈에 의해 국소적인 신경장애 발생 후 24시간 내에 완전히 회복되는 것을 말하는 뇌혈관질환은?

① 가역성 허혈성 신경학적 결손 ② 일과성 허혈성 발작

③ 진행성 뇌졸중 ④ 완전 뇌졸중

02 조혈모세포이식수술의 치료대상이 되는 질환을 모두 고른 것은?

가. 백혈병	나. 중증 재생불량성 빈혈
다. 악성 림프종	라. 다발성 골수종

① 가 ② 가, 나

③ 가, 나, 다 ④ 가, 나, 다, 라

03 2형 당뇨병의 위험인자로 옳지 않은 것은?

① 45세 이상의 연령 ② 불포화지방과 섬유소가 풍부한 음식 섭취

③ 부모나 형제중에 당뇨병 환자가 있는 경우 ④ 임신성 당뇨병

04 쿠싱증후군에 대한 설명으로 옳지 않은 것은?

① 쿠싱증후군은 부신피질에서 당질코르티코이드가 만성적으로 과다하게 분비되어 일어나는 질환이다.

② 부신피질 자극 호르몬의 과다분비는 뇌하수체 종양에 의한 경우가 많다.

③ 혈압의 상승과 혈당의 상승, 골다공증 등이 동반된다.

④ 외인성 쿠싱증후군의 경우 스테로이드를 증량하여 치료한다.

05 간경화의 원인 중 우리나라에서 가장 많은 것은?

① 과다한 음주   ② 간독성 약물

③ 만성 바이러스성 간염   ④ 간흡충과 같은 기생충 감염

06 다음 중 대장암 발생의 위험인자가 아닌 것은?

① 궤양성 대장염(ulcerative colitis)   ② 크론병(Crohn's disease)

③ 과형성 용종(hyperplastic polyp)   ④ 50세 이상의 연령

07 다음 중 폐암과 관련된 설명 중 옳지 않은 것은?

① 폐암의 원인으로 가장 잘 알려진 것은 흡연으로, 폐암의 약 85%는 흡연에 의한 것으로 보고되고 있다.

② 폐암은 조직형에 따라 크게 소세포 폐암(small cell lung cancer)과 비소세포 폐암(non-small cell lung cancer)으로 구분한다.

③ 같은 정도로 흡연에 노출되었다면 남자와 여자가 폐암이 발생할 확률은 동일하다.

④ 담배를 피운 적이 없는 사람에게 생긴 폐암의 대다수는 여성에서 발생한다.

08 다음 중 수면무호흡 증후군의 합병증을 모두 고른 것은?

가. 고혈압	나. 허혈성심질환
다. 호흡부전	라. 발기부전

① 가, 다   ② 나, 라

③ 가, 나, 다   ④ 가, 나, 다, 라

09 병리와 생리 기전이 완전히 밝혀지지는 않았지만, 내림프액의 흡수 장애로 내림프 수종이 생겨 발병하기도 하고, 알레르기가 원인이 되어 발병하기도 하는 질환으로 심한 현기증, 난청, 귀 충만감 등이 동반되는 질환은?

① 메니에르병   ② 양성자세현훈

③ 급성 중이염   ④ 만성 중이염

10 음식, 약물, 곤충 등 원인 항원에 노출된 후 짧은 시간 내에 피부나 점막에 두드러기 혹은 혈관 부종이 발생하고, 호흡 곤란 등의 호흡기 증상이나 저혈압 등의 순환기 증상을 동반하는 심한 전신 반응은 무엇인가?

① 아나필락시스   ② 아토피

③ 독성쇼크증후군   ④ 급성 심근경색

11 잘 낫지 않는 구강궤양, 성기부궤양으로 여러 번 치료받은 적이 있는 35세 여성 환자가 두통, 시력 저하로 안과에 방문하였다. 안과 검사에서 포도막염으로 진단받았다면 이 환자에게 가장 의심되는 진단은 다음 중 무엇인가?

① 베체트병   ② 루게릭병

③ 매독   ④ 망막박리

12 최근 당뇨병 치료의 새로운 대안으로 등장한 신약으로서 위장관에서 유래된 호르몬인 인크레틴의 분해를 막아서 당뇨병 치료 효과를 나타내는 약제는 무엇인가?

① Sulfonylurea   ② 메트포르민

③ 알파글루코시다제 억제제   ④ DPP-4 억제제

13 관상동맥질환을 치료하기 위해 약물용출스텐트를 시술하였다. 시술 후에 반드시 일정 기간 이상 사용해야 하는 약제로서 가장 적당한 것은 다음 중 무엇인가?

① 클로피도그렐   ② 칼슘길항제

③ 경구용 혈당강하제   ④ 질산염 제제

14 생후 3주 소아가 보름 전부터 사출성(projectile) 구토를 시작하였다. 비담즙성 구토물이었고 점점 심해졌다. 토한 후에는 배고파하며 다시 먹으려 하였다. 상복부 오른쪽 늑골연 하부에 딱딱한 도토리 모양의 종괴가 만져졌다. 가장 가능성 높은 진단명은 무엇인가?

① 비후성 유문협착   ② 장중첩증

③ 식도폐쇄증   ④ 선천성 거대결장증

15 15년 전부터 당뇨병을 앓아온 50대 남성이 간헐적 파행(절뚝거림)으로 병원에 내원하였다. 그는 150m 정도 걸으면 오른쪽 종아리 부위에 통증이 있었다. 통증은 3~5분간 쉬면 좋아지고 다시 걸으면 나타난다고 한다. 담배는 전혀 피우지 않는다고 한다. 가장 가능성 높은 진단명은 무엇인가?

① 레이노 증후군　　　　　　　　　　② 동맥경화성 만성 동맥폐색질환

③ 버거씨병　　　　　　　　　　　　④ 심부정맥혈전증

16 다음 중 자살에 관한 설명 중 가장 옳지 않은 것은 무엇인가?

① 과거 자살 시도, 과거 정신 병력은 자살의 위험인자가 된다.

② 자살 기도의 빈도는 일반적으로 남자보다 여자에게서 더 높다.

③ 일반적으로 사회경제적 수준이 높을수록 자살률이 더 높다.

④ 대개 자살 의도가 있는 사람은 자기 생각을 타인에게 알리지 않는 경향이 대부분이다.

17 소아에서 급성화농성 중이염의 가장 흔한 감염경로는 무엇인가?

① 고막천공 통한 직접 감염　　　　　② 상기도 감염이 이관 통해 감염

③ 혈행성 전파　　　　　　　　　　④ 외이도염의 확장

18 폐경전 여성에서 유방암으로 유방절제 수술을 받은 후 조직검사에서 에스트로겐 수용체 양성인 경우라면 유방암 재발을 감소시키기 위해 일반적으로 투여하는 약제는 무엇인가?

① 타목시펜　　　　　　　　　　　　② 인터페론

③ 허셉틴　　　　　　　　　　　　　④ 레티노이드

19 일반적으로 말기신장질환의 가장 흔한 원인은 무엇인가?

① 당뇨병　　　　　　　　　　　　　② 다낭성신장질환

③ 사구체신염　　　　　　　　　　　④ 요로계감염

20 다음 중 하지 불안 증후군(restless leg syndrome)에 대한 설명을 모두 고른 것은?

> a. 강박적으로 다리를 움직이려는 좌불안석(akathisia)을 보이는 경우가 많다.
>
> b. 낮시간 보다 저녁이나 이른 밤에 이런 좌불안석이 더 심해진다.
>
> c. 이런 증상은 쉴 때 나타나고 걷거나 다리를 움직이면 증상이 없어진다.
>
> d. 어느 연령층이나 발생할 수 있지만 중년이나 노년에 가장 심하게 나타난다.

① a, b, c   ② c, d

③ d   ④ a, b, c, d

21 비만도 측정에 사용하는 체질량 지수 (BMI, body mass index)의 측정 방법은?

① BMI= 체중(kg)/ 키^2(m^2)   ② BMI= 체중(kg)/ 키^2(cm^2)

③ BMI= [키(m)-100] X 0.9   ④ BMI= [키(cm)-100] X 0.9

22 노인 영양불량을 진단하는데 도움이 되는 Biomarker에 대한 설명으로 틀린 것은?

① 혈청 알부민 수치가 낮게 나올 수 있으며 흔하게 사용되는 biomarker 이다. 만성적인 영양평가에 도움이 된다.

② absolute total lymphocyte count(절대 림프구 총수)가 낮게 나올 수 있으며 낮은 경우 면역 기능 저하로 인한 질병 발생 가능성이 높다.

③ 철, 엽산, 비타민 B12 결핍과 관련이 있는 빈혈이 나타날 수 있다.

④ 총콜레스테롤은 반대로 수치가 높게 나올 수 있다.

23 다음은 노인 약물 처방에 대한 일반 원칙이다. 잘못된 것은 어느 것인가?

① 비처방 약물(일반의약품), 한약을 포함한 환자의 모든 복용 약물을 파악한다.

② 반드시 필요한 경우에만 약물을 사용한다. 증상이 미미하거나 특이성이 없어 정확한 진단을 할 수 없거나 약물 치료로 인한 이득이 의심스러운 경우에는 약물 처방을 피한다.

③ 처방하는 약의 약리학적 특성, 잠재적 유해 반응과 독성을 파악하고 있어야 한다.

④ 치료를 위해서 최대 용량을 처음부터 사용하고 충분한 기간을 사용해서 치료할 수 있는 질병을 남겨두어서는 안 된다. 소량 사용해서 증량하는 방법은 내성을 키울 수 있어서 하지 말아야 한다.

24 담낭에 발생하는 용종 중에 가장 흔한 것은?

① 콜레스테롤 용종　　　　　　　　② 염증성 용종

③ 선종성 용종　　　　　　　　　　④ 선근종(Adenomyoma)

25 청력 검사의 한 종류인 린네씨 검사는 공기성 전도와 골전도 검사를 비교하는 검사이다. 진동하는 음차 손잡이를 골전도를 측정하기 위해 유양돌기에 접촉 시키고, 공기전도를 측정하기 위해 음차를 귀에 가까이 위치하면서 골 전도와 공기성 전도를 비교 검사한다. 린네씨 검사 결과에 대한 다음 설명 중 맞는 것은 어느 것인가?

① 정상적으로는 공기전도(air conduction)와 골전도(bone conduction)는 차이가 없어야 한다.

② 정상적으로는 공기전도가 골전도에 비해서 크게 들린다.

③ 전도성 난청일때는 공기전도가 골전도에 비해서 크게 들리지만 둘다 매우 약하게 들린다.

④ 감각신경성 난청일때는 골전도가 공기전도에 비해서 크게 들린다.

26 테니스 주관절(tennis elbow)에 대한 설명으로 옳은 것은?

① 저사용 증후군의 일종이다.

② 주관절 내측에 동통을 호소하며 수근 관절 및 수지 굴곡력 약화 등이 자각 증상이다.

③ 수술 치료는 하지 않는다.

④ 스테로이드 국소 주사는 동통에 효과적이다.

27 제 4-5 요추간 극외측 추간판 탈출증시에 눌리는 신경근은?

① 제 2 요추　　　　　　　　　　　② 제 3 요추

③ 제 4 요추　　　　　　　　　　　④ 제 5 요추

28 다음의 압박성 신경병증 및 원인이 되는 신경의 조합 중 틀린 것은?

① 수근 관 증후군(carpal tunnel syndrome) - 정중 신경(median nerve)

② 회내 근 증후군(pronator syndrome) - 정중 신경(median nerve)

③ 주 관 증후군(cubital tunnel syndrome) - 척골 신경(ulnar nerve)

④ 후 골간 증후군(posterior interosseous nerve syndrome) - 척골 신경(ulnar nerve)

29 제 11 흉추와 제 2 요추 사이의 손상에 의해 발생하며 회음부의 이완성 마비와 방광 및 항문 주위 근육 조절 기능 소실을 야기하지만, 제 1 요추와 제 4 요추 신경근 사이의 하지 운동기능이 유지될 수 있는 손상은?

① 척수 원추 증후군(conus medullaris syndrome)

② 마미 증후군(cauda equina syndrome)

③ 브라운-시쿼드 증후군(Brown-Sequard syndrome)

④ 전방 척수 증후군(anterior cord syndrome)

30 척추의 압박성 골절의 원인으로 가장 관련이 적은 것은?

① 외상   ② 전이암

③ 골다공증   ④ 선천성기형

31 관절면의 형태에 따른 분류중 경첩관절에 해당하는 부위는?

① 손목관절   ② 수지관절

③ 견봉쇄골관절   ④ 제 1 수근중수관절

32 다음 중 MRI 검사의 일반적인 특징으로 옳은 것은?

① 방사선 피폭의 우려가 있다.   ② 석회화 병변의 구분이 뛰어나다.

③ 수소원자핵의 신호를 이용한다.   ④ 99mTc 등의 동위원소를 사용한다.

33 다음 중 안면신경의 마비와 가장 관련이 낮은 증상은?

① 각막반사 저하   ② 구역반사 저하

③ 청각과민   ④ 미각저하

34 주로 척추관 협착증이 있는 환자에게 경추부 과신전 손상 시 발생하며, 상지의 마비가 하지에 비해 심한 척수손상은?

① 전방 척수 증후군   ② 중심 척수 증후군

③ 후방 척수 증후군   ④ 측방 척수 증후군

35 이학적 검사상 갈퀴손(claw hand) 및 Froment 징후가 보인다면 손상 가능성이 가장 높은 것은?

① 액와신경   ② 정중신경

③ 요골신경   ④ 척골신경

36 작업 중 프레스 기계에 손이 끼는 압궤손상을 당한 뒤 수개월이 지났으나 피부에 냉기가 돌고 차며 가볍게 스치기만 해도 극심한 통증을 느낀다면 가장 합당한 진단은?

① 만성 피로 증후군   ② 근막 동통 증후군

③ 흉곽 유출 증후군   ④ 복합부위 통증 증후군

37 다음 중 심부정맥혈전증의 위험인자가 아닌 것은?

① 폐색전증   ② 골반골절

③ 항응고제   ④ 반복수술

38 다음 중 무혈성괴사의 가능성이 가장 낮을 것으로 예상되는 상황은?

① 주상골 골절 후 골편이 전위된 경우

② 거골 골절로 관절낭이 파열된 경우

③ 요추 압박골절 후 후만각 변형된 경우

④ 대퇴골 골절로 고관절이 탈구된 경우

39 다음 중 골절의 치유에 유리하게 작용하는 인자는?

① 국소감염

② 관절외골절

③ 말초신경마비

④ 전신소모성질환

40 다음 중 수지굴건에 결절이 생기거나 중수골 경부의 전방에 있는 A1활차가 비후되어 발생하는 질환은?

① 망치수지

② 방아쇠수지

③ 백조목변형

④ 단추구멍변형

2013(제36회) 손해사정사 의학이론(4종) 해설

01 일과성 뇌허혈 발작

Q : 뇌허혈에 의해 국소적인 신경장애 발생 후 24시간 이내에 완전히 회복되는 것을 말하는 뇌혈관 질환은?

답 ② 일과성 허혈성 발작

해 뇌혈관이 잠시 막혔다가 다시 뚫리면서, 마비나 언어장애 같은 뇌졸중 증상이 잠깐 나타났다가 사라지는 것을 말합니다.

② 일과성 허혈성 발작 (정답) : '일과성'이라는 말처럼 일시적으로 증상이 나타났다가 24시간 이내에 완전히 정상으로 회복되는 경우입니다. '미니 뇌졸중'이라고도 불리며, 향후 실제 뇌졸중이 발생할 수 있다는 강력한 경고 신호입니다.

① 가역성 허혈성 신경학적 결손 : 증상이 24시간 이상 지속되지만 결국 완전히 회복되는 경우를 말하는 예전 용어입니다. 지금은 경미한 뇌졸중으로 봅니다.

③ 진행성 뇌졸중 : 뇌졸중 증상이 시간이 지나면서 점점 더 나빠지는 경우입니다.

④ 완전 뇌졸중 : 신경학적 손상이 영구적으로 남아 증상이 회복되지 않는 경우입니다.

02 조혈모세포이식수술 치료 대상

Q : 조혈모세포 이식수술의 치료 대상이 되는 질환을 모두 고른 것은?

답 ④ 가, 나, 다, 라

해 조혈모세포이식(골수 이식)은 건강한 사람의 피를 만드는 씨앗 세포(조혈모세포)를 환자에게 이식하여, 병든 혈액세포를 만들던 환자의 골수를 대체하는 치료법입니다. 주로 혈액암이나 혈액질환 치료에 사용됩니다.

가. 백혈병 : 대표적인 혈액암으로, 조혈모세포이식의 주요 치료 대상입니다.

나. 중증 재생불량성 빈혈 : 골수에서 혈액세포를 제대로 만들지 못하는 병으로, 이식술로 치료할 수 있습니다.

다. 악성 림프종 : 면역세포인 림프구에 생기는 암으로, 항암치료 후 재발 방지 등을 위해 이식술을 시행합니다.

라. 다발성 골수종 : 혈액세포 중 형질세포가 암세포로 변하는 병으로, 조혈모세포이식은 중요한 치료 방법 중 하나입니다.

따라서 보기의 네 가지 질환 모두 조혈모세포이식의 치료 대상이 됩니다.

03 2형 당뇨병 위험인자

Q : 2형 당뇨병의 위험인자로 옳지 않은 것은?

답 ② 불포화지방과 섬유소가 풍부한 음식 섭취

해 2형 당뇨병은 주로 생활 습관과 관련이 깊습니다.

② 불포화지방과 섬유소가 풍부한 음식 섭취 (오답) : 불포화지방(견과류, 등푸른생선 등)과 섬유소(채소, 통곡물 등)가 풍부한 식단은 오히려 혈당 조절에 도움이 되고 당뇨병을 예방하는 건강한 식습관입니다. 따라서 위험인자가 아닙니다.

① 45세 이상의 연령 : 나이가 들수록 췌장의 기능이 떨어져 당뇨병 위험이 커집니다.

③ 가족력 : 부모나 형제 중 당뇨병 환자가 있으면 유전적 요인으로 인해 발병 위험이 커집니다.

④ 임신성 당뇨병 : 임신 중에 당뇨병을 앓았던 여성은 출산 후에도 장차 2형 당뇨병이 발생할 위험이 큽니다.

04 쿠싱증후군

Q : 쿠싱증후군에 대한 설명으로 옳지 않은 것은?

답 ④ 외인성 쿠싱증후군의 경우 스테로이드를 증량하여 치료한다.

해 쿠싱증후군은 우리 몸의 스트레스 호르몬인 '코르티솔(당질 코르티코이드)'이 과다하게 분비되어 생기는 병입니다.

④ 스테로이드 증량 치료 (오답) : '외인성'이란 약물 등 외부 요인에 의해 발생했다는 뜻으로, 가장 흔한 원인은 스테로이드 약물의 장기 복용입니다. 따라서 치료는 원인인 스테로이드의 양을 '줄이거나 끊는 것'이지, '증량'하는 것이 아닙니다. 증량하면 증상이 더 심해집니다.

① 정의 : 부신피질에서 코르티솔이 만성적으로 과다 분비되는 질환이라는 설명은 맞습니다.

② 뇌하수체 종양 : 몸 내부의 원인(내인성) 중 가장 흔한 것은 뇌하수체에 생긴 종양이 부신피질을 자극하는 호르몬(ACTH)을 너무 많이 만들어내는 경우입니다.

③ 동반 증상 : 코르티솔은 혈압과 혈당을 높이고 뼈를 약하게 만들기 때문에 고혈압, 고혈당, 골다공증 등이 동반됩니다.

05 간경화의 가장 흔한 원인 (한국)

Q : 간경화의 원인 중 우리나라에서 가장 많은 것은?

답 ③ 만성 바이러스성 간염

해 간경화는 간이 오랜 기간 손상되어 딱딱하게 굳어버리는 병입니다.

③ 만성 바이러스성 간염 (정답) : 우리나라에서는 B형, C형 간염 바이러스에 의한 만성 간염이 간경화로 진행되는 경우가 가장 흔합니다.

① 과다한 음주 : 서양에서는 음주가 가장 흔한 원인이지만, 우리나라에서는 바이러스성 간염 다음으로 흔한 원인입니다.

② 간독성 약물, ④ 기생충 감염 : 약물이나 기생충도 간경화를 유발할 수 있지만, 바이러스성 간염이나 음주에 비해서는 드문 원인입니다.

06 대장암 발생 위험인자

Q : 다음 중 대장암 발생의 위험인자가 아닌 것은?

답 ③ 과형성 용종(hyperplastic polyp)

해 대장암은 대장에 생기는 악성 종양입니다.

　③ 과형성 용종 (오답) : 용종은 대장 점막에 생긴 작은 혹입니다. 대부분의 '과형성 용종'은 암으로 발전할 가능성이 거의
　　없는 양성 종양입니다. 반면, '선종성 용종'은 암으로 발전할 수 있는 암의 전 단계로 여겨져 반드시 제거해야 합니다.

　① 궤양성 대장염, ② 크론병 : 이 둘은 장에 만성적인 염증을 일으키는 질환으로, 오랜 기간 앓을 경우 염증이 반복되면서
　　대장암 발생 위험이 커집니다.

　④ 50세 이상의 연령 : 나이가 들수록 대장암 발생률이 증가하므로, 50세 이상은 고위험군에 속합니다.

07 폐암 관련 설명

Q : 다음 중 폐암과 관련된 설명 중 옳지 않은 것은?

답 ③ 같은 정도로 흡연에 노출되었다면 남자와 여자가 폐암이 발생할 확률은 동일하다.

해 ③ 남녀 발생 확률 동일 (오답) : 연구에 따르면 같은 양의 담배를 피웠을 때, 여성이 남성보다 폐암에 걸릴 확률이 더 높
　　다고 알려져 있습니다. 여성호르몬 등이 영향을 미치는 것으로 추정됩니다.

　① 흡연이 주원인 : 흡연은 폐암의 가장 확실하고 중요한 원인으로, 폐암 환자의 약 85%가 흡연과 관련이 있습니다.

　② 조직형 구분 : 폐암은 현미경으로 본 세포 모양에 따라 크게 '소세포 폐암'과 '비소세포 폐암'으로 나눕니다. 이는 치료
　　방법과 예후가 다르므로 중요한 구분입니다.

　④ 비흡연 여성 폐암 : 담배를 피운 적 없는 사람에게서 발생하는 폐암은 남성보다 여성에게서 더 많이 발생하는 경향이
　　있습니다.

08 수면무호흡 증후군 합병증

Q : 다음 중 수면무호흡 증후군의 합병증을 모두 고른 것은?

답 ④ 가, 나, 다, 라

해 수면무호흡증은 자는 동안 숨을 반복적으로 멈추는 질환입니다. 숨을 멈추면 우리 몸에 산소 공급이 부족해지고, 이는 전신
에 걸쳐 다양한 합병증을 유발합니다.

　가. 고혈압 : 수면 중 반복적인 저산소 상태는 교감신경을 흥분시켜 혈압을 높입니다.

　나. 허혈성심질환 : 심장으로 가는 산소 공급이 부족해져 협심증, 심근경색 등의 위험을 높입니다

　다. 호흡부전 : 폐 기능 자체에 문제가 생겨 만성적인 호흡곤란 상태에 이를 수 있습니다.

　라. 발기부전 : 야간의 저산소증과 수면의 질 저하가 남성 호르몬 및 혈관 기능에 영향을 미쳐 발기부전을 유발할 수 있습
　　니다.

　따라서 보기의 네 가지 모두 수면무호흡 증후군의 합병증에 해당합니다.

09 현기증, 난청, 이충만감 동반 질환

Q : 내림프액의 흡수 장애로 내림프 수종이 생겨 발병하기도 하고, 알레르기가 원인이 되기도 하는 질환으로 심한 현기증, 난청, 귀 충만감 등이 동반되는 질환은?

답 ① 메니에르병

해 귀 안쪽(내이)에는 균형을 담당하는 전정기관과 소리를 듣는 달팽이관이 있고, 그 안은 '내림프액'이라는 액체로 차 있습니다.

① 메니에르병 (정답) : 어떤 원인으로 인해 이 내림프액이 비정상적으로 많아져 압력이 높아지는 병입니다(내림프수종). 이 압력 때문에 갑자기 세상이 빙빙 도는 듯한 심한 어지럼증(현기증), 청력 저하(난청), 귀가 먹먹한 느낌(귀 충만감)이 반복적으로 나타납니다.

② 양성자세현훈 : 머리를 특정 위치로 움직일 때 균형을 잡는 돌(이석)이 제 위치를 벗어나 어지럼증을 유발하는, 가장 흔한 어지럼증 질환입니다. 난청은 동반되지 않습니다.

③, ④ 급성/만성 중이염 : 귀의 가운데 부분(중이)에 염증이 생기는 병으로, 주로 귀통증, 고름, 청력 저하가 나타납니다. 회전성 현기증은 주된 증상이 아닙니다.

10 심한 전신 알레르기 반응

Q : 음식, 약물, 곤충 등 원인 항원에 노출된 후 짧은 시간 내에 피부 두드러기, 호흡 곤란, 저혈압 등을 동반하는 심한 전신 반응은 무엇인가?

답 ① 아나필락시스

해 ① 아나필락시스 (정답) : 특정 원인 물질(항원)에 대해 우리 몸의 면역계가 너무 과민하게 반응하여, 전신에 걸쳐 급격하게 나타나는 심각한 알레르기 반응입니다. 두드러기 같은 피부 증상과 함께 기도가 부어 숨쉬기 어렵고(호흡곤란), 혈압이 떨어져 쇼크 상태에 빠질 수 있는 응급상황입니다.

② 아토피 : 주로 피부에 발생하는 만성적인 알레르기성 염증 질환입니다.

③ 독성쇼크증후군 : 세균이 만들어내는 독소에 의해 발생하는 쇼크입니다.

④ 급성 심근경색 : 심장 혈관이 막혀 심장 근육이 죽는 병입니다.

11 반복적 구강/성기부 궤양, 포도막염

Q : 잘 낫지 않는 구강궤양, 성기부궤양으로 여러 번 치료받은 35세 여성 환자가 두통, 시력 저하로 안과에 방문하여 포도막염으로 진단받았다면 가장 의심되는 진단은?

답 ① 베체트병

해 ① 베체트병 (정답) : 베체트병은 원인 불명의 만성 염증성 질환으로, 여러 장기를 침범합니다. 가장 특징적인 증상이 바로 반복적인 구강 궤양, 성기부 궤양, 그리고 눈의 염증(포도막염)입니다. 문제의 환자는 이 세 가지 특징을 모두 가지고 있어 베체트병을 가장 먼저 의심할 수 있습니다.

② 루게릭병 : 운동 신경세포가 파괴되어 전신 근육이 마비되는 병입니다.

③ 매독 : 성병의 일종으로, 궤양을 일으킬 수 있지만 베체트병의 전형적인 증상 조합과는 다릅니다.

④ 망막박리 : 눈의 망막이 떨어져 나가는 병으로, 시력 저하의 원인이지만 구강/성기부 궤양과는 관련이 없습니다.

12 새로운 당뇨병 치료제 (인크레틴)

Q : 위장관에서 유래된 호르몬인 인크레틴의 분해를 막아서 당뇨병 치료 효과를 나타내는 약제는 무엇인가?

답 ④ DPP-4 억제제

해 '인크레틴'은 우리가 음식을 먹으면 장에서 분비되는 호르몬으로, 췌장을 자극해 인슐린 분비를 촉진하고 혈당을 낮추는 착한 호르몬입니다.

④ DPP-4 억제제 (정답) : 'DPP-4'는 인크레틴을 분해하는 효소입니다. 따라서 이 약은 DPP-4의 활동을 억제하여, 우리 몸의 인크레틴이 더 오래, 더 활발하게 작용하도록 도와 혈당을 조절합니다.

① Sulfonylurea : 췌장을 직접 쥐어짜서 인슐린 분비를 강제로 늘리는 오래된 약제입니다.

② 메트포르민 : 간에서 포도당이 생성되는 것을 억제하고 인슐린 저항성을 개선하는, 가장 기본적인 1차 치료제입니다.

③ 알파글루코시다제 억제제 : 장에서 탄수화물의 흡수를 억제하여 식후 혈당이 급격히 오르는 것을 막아줍니다.

13 약물용출스텐트 시술 후 필수 약제

Q : 관상동맥질환 치료를 위해 약물용출스텐트를 시술하였다. 시술 후에 반드시 일정 기간 이상 사용해야 하는 약제는?

답 ① 클로피도그렐

해 '스텐트'는 좁아진 심장 혈관(관상동맥)을 넓히기 위해 삽입하는 작은 금속 그물망입니다. 특히 '약물용출스텐트'는 스텐트 표면에 혈관이 다시 좁아지는 것을 막는 약물이 코팅되어 있습니다.

① 클로피도그렐 (정답) : 스텐트는 우리 몸에서 이물질로 인식되어 혈전(피떡)이 쉽게 달라붙을 수 있습니다. 이 혈전이 혈관을 막으면 치명적인 심근경색이 재발할 수 있습니다. 클로피도그렐은 아스피린과 함께 혈소판이 엉겨 붙는 것을 막는 '항혈소판제'로, 스텐트 시술 후 혈전 생성을 예방하기 위해 반드시 일정 기간(보통 1년 이상) 복용해야 합니다.

②, ③, ④ : 칼슘길항제, 혈당강하제, 질산염 제제 등은 환자의 상태에 따라 필요할 수 있지만, 스텐트 시술 후 혈전 예방을 위해 '반드시' 복용해야 하는 약제는 항혈소판제입니다.

14 소아의 사출성 구토

Q : 생후 3주 소아가 보름 전부터 사출성(projectile) 구토를 시작하였다. 토한 후에는 배고파하며 다시 먹으려 하고, 상복부에 도토리 모양의 종괴가 만져졌다. 가장 가능성 높은 진단명은?

답 ① 비후성 유문협착

해 '유문'은 위와 십이이장을 연결하는 출구입니다.

① 비후성 유문협착 (정답) : 이 병은 유문을 둘러싼 근육이 비정상적으로 두꺼워져(비후) 위에서 장으로 가는 길이 좁아지는(협착) 병입니다. 음식이 내려가지 못하고 위에 고여 있다가 압력이 높아지면, 마치 분수처럼 멀리 뿜어져 나오는 '사출성 구토'를 하게 됩니다. 토한 후에는 위가 비었으니, 아기는 다시 배고파하며 먹으려 합니다. 배를 만졌을 때 두꺼워진 유문 근육이 올리브(또는 도토리) 모양의 덩어리(종괴)로 만져지는 것이 특징입니다.

② 장중첩증 : 장의 일부가 안쪽으로 말려 들어가는 병으로, 주로 심한 복통과 혈변이 나타납니다.

③ 식도폐쇄증 : 식도가 막혀 있어 음식을 삼킬 수조차 없는 선천 기형입니다.

④ 선천성 거대결장증 : 대장의 신경세포가 없어 변을 보지 못하는 병입니다.

15 당뇨병 환자의 간헐적 파행

Q : 15년 된 당뇨병 환자가 150m 정도 걸으면 오른쪽 종아리에 통증이 생기고, 쉬면 좋아지는 증상(간헐적 파행)을 보인다. 담배는 피우지 않는다. 가장 가능성 높은 진단명은?

답 ② 동맥경화성 만성 동맥폐색질환

해 '간헐적 파행'은 걷거나 운동할 때 다리 근육에 피가 부족해져 통증이 생기고, 쉬면 통증이 사라지는 증상을 말합니다.

② 동맥경화성 만성 동맥폐색질환 (정답) : 당뇨병은 동맥경화의 강력한 위험인자입니다. 오랜 기간 당뇨를 앓으면 다리로 가는 동맥에 동맥경화가 진행되어 혈관이 서서히 좁아집니다. 평소에는 괜찮다가 걸을 때처럼 근육이 더 많은 피가 필요할 때 좁아진 혈관으로는 충분한 공급이 안 되어 통증(간헐적 파행)이 발생하는 것입니다.

① 레이노 증후군 : 추위나 스트레스에 노출될 때 손가락, 발가락 혈관이 과도하게 수축하여 색이 하얗게 변하는 질환입니다.

③ 버거씨병 : 주로 젊은 남성 흡연자에게 발생하는 혈관 질환입니다. 환자는 비흡연자이므로 가능성이 작습니다.

④ 심부정맥혈전증 : 다리의 동맥이 아닌 '정맥'에 피떡이 생기는 병으로, 주로 다리가 붓고 아픈 증상이 나타납니다.

16 자살에 대한 설명

Q : 다음 중 자살에 관한 설명 중 가장 옳지 않은 것은 무엇인가?

답 ④ 대개 자살 의도가 있는 사람은 자기 생각을 타인에게 알리지 않는 경향이 대부분이다.

해 ④ 생각을 알리지 않는다 (오답) : 이는 매우 위험한 오해입니다. 자살을 생각하는 사람들의 상당수는 직접적이든 간접적이든 주변에 자기 생각이나 힘든 심경을 표현하며 도움의 신호를 보냅니다. '죽고 싶다'라고 말하는 것을 그냥 하는 소리로 넘기면 안 되는 이유입니다.

① 위험인자 : 과거에 자살을 시도했거나, 우울증 등 정신질환을 앓았던 병력은 자살의 매우 중요한 위험인자입니다.

② 자살 기도 빈도 : 실제 사망에 이르는 '자살 성공률'은 남성이 높지만, 자살을 '시도하는 빈도'는 여성이 남성보다 더 높은 것으로 알려져 있습니다.

③ 사회경제적 수준 : 일반적으로 사회경제적 수준이 '낮을수록' 자살률이 높다고 알려져 있습니다. 따라서 "높을수록 자살률이 더 높다"라는 설명은 통념과 다릅니다. 하지만, 이 문제에서 ④번이 명백하게 틀린 설명이므로 가장 옳지 않은 것을 고르는 문제에서는 ④번이 정답이 됩니다.

17 소아 급성 중이염의 감염 경로

Q : 소아에서 급성화농성 중이염의 가장 흔한 감염경로는 무엇인가?

답 ② 상기도 감염이 이관 통해 감염

해 '이관(유스타키오관)'은 코의 뒷부분과 귀의 가운데 부분(중이)을 연결하는 작은 관입니다.

② 이관을 통한 감염 (정답) : 소아는 성인보다 이관이 더 짧고, 넓으며, 수평에 가깝습니다. 그래서 감기나 비염 같은 상기도 감염이 생기면 코나 목에 있던 세균이나 바이러스가 이관을 타고 귀(중이)로 쉽게 넘어가 중이염을 일으킵니다. 이것이 가장 흔한 감염 경로입니다.

① 고막천공, ④ 외이도염 확장 : 고막이 찢어지거나 외이도에 염증이 생겨 중이로 퍼질 수도 있지만, 이관을 통한 감염보다 훨씬 드뭅니다.

③ 혈행성 전파 : 피를 통해 감염균이 중이로 가는 경우는 매우 드뭅니다.

18 에스트로겐 수용체 양성 유방암 치료

Q : 폐경 전 여성이 유방암 수술 후 조직검사에서 에스트로겐 수용체 양성인 경우, 재발 감소를 위해 일반적으로 투여하는 약제는?

답 ① 타목시펜

해 '에스트로겐 수용체 양성'이라는 것은 유방암 세포가 여성호르몬인 에스트로겐을 먹고 자란다는 뜻입니다.

① 타목시펜 (정답) : 타목시펜은 암세포가 에스트로겐을 이용하지 못하도록 방해하는 '항호르몬제'입니다. 암세포의 먹이를 차단하여 암의 성장과 재발을 막는 역할을 합니다. 특히 폐경 전 여성에게 표준적으로 사용되는 약제입니다.

② 인터페론 : 면역체계를 조절하는 약물로, 주로 C형 간염이나 일부 암 치료에 사용됩니다.

③ 허셉틴 : 'HER2'라는 특정 유전자가 양성인 유방암에 사용하는 표적치료제입니다.

④ 레티노이드 : 비타민 A 유도체로, 일부 혈액암이나 피부질환 치료에 사용됩니다.

19 말기 신장질환의 가장 흔한 원인

Q : 일반적으로 말기신장질환의 가장 흔한 원인은 무엇인가?

답 ① 당뇨병

해 말기 신장질환은 신장(콩팥) 기능이 거의 없어져 투석이나 이식이 필요한 상태를 말합니다.

① 당뇨병 (정답) : 당뇨병으로 인해 높은 혈당이 장기간 지속되면, 콩팥의 미세혈관들이 손상되어 걸러내는 기능을 점차 잃게 됩니다. 현재 우리나라를 포함한 전 세계적으로 말기 신장질환의 가장 흔하고 중요한 원인은 당뇨병성 신증입니다.

② 다낭성신장질환, ③ 사구체신염, ④ 요로계감염 : 이들도 모두 신장 기능을 망가뜨릴 수 있는 원인이지만, 당뇨병만큼 흔하지는 않습니다. 사구체신염은 과거에 가장 흔한 원인이었습니다.

20 하지 불안 증후군 설명

Q : 다음 중 하지 불안 증후군(restless leg syndrome)에 대한 설명을 모두 고른 것은?

답 ④ a, b, c, d

해 하지 불안 증후군은 주로 잠들기 전 가만히 있을 때 다리에 벌레가 기어가는 듯한 불쾌한 감각과 함께 다리를 움직이고 싶은 충동이 드는 질환입니다.

a. 강박적으로 다리를 움직이려는 좌불안석 : 다리를 가만히 두기 힘들어 계속 움직이려는 충동을 느낍니다. (옳음)

b. 저녁이나 밤에 심해짐 : 증상은 활동하는 낮 시간보다 쉬는 저녁이나 밤에 더 심해지는 경향이 있습니다. (옳음)

c. 쉴 때 나타나고 움직이면 완화 : 가만히 앉아 있거나 누워있을 때 증상이 나타나고, 걷거나 다리를 움직여 주면, 일시적으로 증상이 사라지는 것이 특징입니다. (옳음)

d. 중년이나 노년에 가장 심함 : 어느 연령에서나 발생할 수 있지만, 나이가 들면서 더 흔해지고 증상도 심해지는 경향이 있습니다. (옳음)

따라서 보기의 모든 설명이 하지 불안 증후군의 특징에 해당합니다.

21 체질량 지수 (BMI) 측정 방법

Q : 비만도 측정에 사용하는 체질량 지수 (BMI, body mass index)의 측정 방법은?

답 ① BMI= 체중(kg)/ 키²(m²)

해 체질량지수(BMI)는 키와 몸무게를 이용하여 지방의 양을 추정하는 비만 측정법입니다.

① 체중(kg) / 키(m)의 제곱 (정답) : BMI를 계산하는 공식은 자신의 몸무게(킬로그램 단위)를 키(미터 단위)의 제곱으로 나누는 것입니다. 예를 들어 키 1.7m, 몸무게 70kg인 사람의 BMI는 70 / (1.7 x 1.7) = 24.2입니다.

②, ③, ④ : 모두 BMI를 계산하는 올바른 공식이 아닙니다.

22 노인 영양불량 진단 Biomarker

Q : 노인 영양불량을 진단하는 데 도움이 되는 Biomarker에 대한 설명으로 틀린 것은?

답 ④ 총 콜레스테롤은 반대로 수치가 높게 나올 수 있다.

해 Biomarker(생체표지자)는 몸의 상태를 알려주는 혈액 검사 수치 등을 말합니다.

④ 총콜레스테롤 (오답) : 영양불량 상태에서는 몸을 구성하는 재료(단백질, 지방 등)가 부족하므로, 혈중 총콜레스테롤 수치는 오히려 낮게 나오는 경향이 있습니다. 따라서 수치가 높게 나올 수 있다는 설명은 틀렸습니다.

① 혈청 알부민 : 알부민은 간에서 만들어지는 단백질로, 만성적인 영양 상태를 반영합니다. 영양불량 시 수치가 낮아집니다.

② 림프구 총수 : 림프구는 면역세포입니다. 영양불량은 면역력 저하를 유발하므로 림프구 수가 감소할 수 있습니다.

③ 빈혈 : 철, 엽산, 비타민 B12와 같은 영양소 섭취가 부족하면 혈액세포를 제대로 만들지 못해 빈혈이 나타날 수 있습니다.

23 노인 약물 처방 원칙

Q : 다음은 노인 약물 처방에 대한 일반 원칙이다. 잘못된 것은 어느 것인가?

답 ④ 치료를 위해서 최대 용량을 처음부터 사용하고 충분한 기간을 사용해서 치료할 수 있는 질병을 남겨두어서는 안 된다. 소량 사용해서 증량하는 방법은 내성을 키울 수 있어서 하지 말아야 한다.

해 노인은 간이나 신장 기능이 저하되어 있어 약물 부작용 위험이 크므로, 약물 처방 시 매우 신중해야 합니다.

④ 최대 용량부터 사용 (오답) : 이는 매우 위험한 방법입니다. 노인에게는 **"Start Low, Go Slow (낮은 용량으로 시작해서, 천천히 증량하라)"**가 기본 원칙입니다. 부작용을 최소화하는 데 필요한 최소 용량으로 시작하여 경과를 보면서 조심스럽게 용량을 조절해야 합니다.

① 모든 복용 약물 파악 : 처방 약뿐만 아니라 일반의약품, 건강기능식품, 한약 등 환자가 먹는 모든 것을 파악해야 약물 상호작용을 예방할 수 있습니다.

② 필요시에만 사용 : 꼭 필요한 경우가 아니라면 약물 처방을 피하는 것이 좋습니다.

③ 약리학적 특성 파악 : 의사는 처방하는 약의 효과와 부작용(유해 반응)에 대해 잘 알고 있어야 합니다.

24 가장 흔한 담낭 용종

Q : 담낭에 발생하는 용종 중에 가장 흔한 것은?

답 ① 콜레스테롤 용종

해 담낭(쓸개) 용종은 담낭 벽에 생긴 혹을 말합니다.
   ① 콜레스테롤 용종 (정답) : 담즙의 콜레스테롤 성분이 담낭 벽에 달라붙어 생긴 것으로, 암으로 발전할 가능성이 없는 양성 용종입니다. 담낭 용종의 대부분을 차지하는 가장 흔한 종류입니다.
   ② 염증성 용종, ③ 선종성 용종, ④ 선근종 : 모두 담낭에 생길 수 있는 다른 종류의 용종들입니다. 이 중 선종성 용종은 암으로 발전할 수 있어 주의가 필요합니다.

25 린네씨 검사

Q : 린네씨 검사 결과에 대한 다음 설명 중 맞는 것은 어느 것인가?

답 ② 정상적으로는 공기전도가 골전도에 비해서 크게 들린다.

해 린네씨 검사는 소리굽쇠를 이용해 공기를 통해 소리가 전달되는 '공기전도'와 뼈를 통해 전달되는 '골전도'를 비교하여 난청의 종류를 파악하는 검사입니다.
   ② 정상 (정답) : 정상적인 귀는 뼈를 통해 듣는 것보다 공기를 통해 듣는 것이 훨씬 효율적이므로, 공기전도가 골전도보다 더 크고 길게 들립니다. (AC > BC).
   ① 차이가 없어야 한다 : 틀렸습니다. 정상에서는 공기전도가 더 큽니다.
   ③ 전도성 난청 : 외이나 중이에 문제가 생겨 공기를 통한 소리 전달이 막히는 경우입니다. 이때는 오히려 골전도가 공기전도보다 더 크게 들립니다. (BC > AC).
   ④ 감각신경성 난청 : 달팽이관이나 청신경에 문제가 생긴 경우입니다. 이때는 공기전도와 골전도 모두 감소하지만, 정상과 마찬가지로 공기전도가 골전도보다 크게 들립니다. (AC > BC).

26 테니스 주관절 (Tennis Elbow)

Q : 테니스 주관절(tennis elbow)에 대한 설명으로 옳은 것은?

답 ④ 스테로이드 국소 주사는 동통에 효과적이다.

해 테니스 엘보는 손목을 위로 젖히는 동작을 반복할 때 팔꿈치 바깥쪽 힘줄에 염증이 생기는 질환입니다.
   ④ 스테로이드 주사 (정답) : 스테로이드는 강력한 소염 작용으로 염증을 가라앉혀 단기적인 통증 완화에 효과적입니다.
   ① 저사용 증후군 : 아닙니다. 과도한 사용(overuse)이 원인인 질환입니다.
   ② 내측 통증 : 통증은 팔꿈치 **바깥쪽(외측)**에 나타납니다. 팔꿈치 안쪽(내측) 통증은 '골프 엘보'라고 합니다.
   ③ 수술은 안 한다 : 대부분 비수술 치료를 하지만, 증상이 심하고 6개월 이상 지속되면 수술하기도 합니다.

27 극외측 추간판 탈출증과 신경근

Q : 제 4-5 요추간 극외측 추간판 탈출증시에 눌리는 신경근은?

......

[답] ③ 제4 요추
[해] 허리 디스크는 튀어나온 위치에 따라 눌리는 신경이 다릅니다.

일반적인 경우 (후외측 탈출) : 디스크가 약간 뒤쪽-옆으로 튀어나오면, 한 단계 아래 번호의 신경이 눌립니다. ([예] 4-5번 디스크 → 제5 요추 신경 압박)

극외측 탈출 (Far Lateral) : 디스크가 신경이 빠져나가는 구멍(신경공) 쪽으로 아주 바깥으로 튀어나온 경우입니다. 이 경우엔 그 레벨에서 바로 빠져나가는 위쪽 번호의 신경이 눌립니다. 따라서 제4-5 요추간 극외측 탈출 시에는 제4 요추 신경이 눌리게 됩니다.

28 압박성 신경병증 조합

Q : 다음의 압박성 신경병증 및 원인이 되는 신경의 조합 중 틀린 것은?

......

[답] ④ 후 골간 증후군(posterior interosseous nerve syndrome) - 척골 신경(ulnar nerve)
[해] ④ 후 골간 증후군 - 척골 신경 (오답) : 후 골간 증후군은 팔꿈치 근처에서 요골 신경의 깊은 가지인 '후골간 신경'이 눌리는 질환입니다. 주로 손가락을 펴는 기능에 장애가 생깁니다. 따라서 척골 신경과 연결한 것이 틀렸습니다.

① 수근관 증후군 - 정중 신경 : 손목 터널(수근관)에서 정중 신경이 눌려 손이 저린 대표적인 질환입니다. (옳음)
② 회내근 증후군 - 정중 신경 : 팔꿈치 아래쪽 근육(원회내근) 사이에서 정중 신경이 눌리는 질환입니다. (옳음)
③ 주관 증후군 - 척골 신경 : 팔꿈치 안쪽 터널(주관)에서 척골 신경이 눌려 4, 5번째 손가락이 저린 질환입니다. (옳음)

29 흉요추부 손상과 증후군

Q : 제 11 흉추와 제2 요추 사이의 손상에 의해 발생하며 회음부의 이완성 마비와 방광 및 항문 주위 근육 조절 기능 소실을 야기하지만, 하지 운동기능이 유지될 수 있는 손상은?

......

[답] ① 척수 원추 증후군(conus medullaris syndrome)
[해] 척수(신경 다발)는 허리 1-2번 레벨에서 원뿔 모양(원추)으로 끝나고, 그 아래로는 말총처럼 신경 가닥(마미)만 내려갑니다.

① 척수 원추 증후군 (정답) : 척수의 가장 끝부분인 '척수 원추'가 손상된 경우입니다. 이 부위는 대소변 및 성기능을 조절하는 중추이므로, 손상 시 대소변 장애와 회음부 마비가 특징적으로 나타납니다. 다리로 가는 신경은 일부 살아있을 수 있습니다.
② 마미 증후군 : 척수 원추 아래의 '신경 가닥(마미)'이 손상된 경우입니다. 증상은 비슷하지만, 주로 다리 마비와 통증이 더 심하고 비대칭적으로 나타납니다.
③ 브라운-시쿼드 증후군 : 척수의 좌우 절반만 손상된 경우로, 손상된 쪽은 운동 마비, 반대쪽은 감각 마비가 나타납니다.
④ 전방 척수 증후군 : 척수의 앞쪽 2/3가 손상된 경우로, 운동 기능과 통증/온도 감각이 마비됩니다.

30 척추 압박 골절 원인

Q : 척추의 압박성 골절의 원인으로 가장 관련이 적은 것은?

답 ④ 선천성기형

해 압박 골절은 척추뼈가 위아래 압력을 받아 찌그러지듯이 부러지는 것입니다.

① 외상, ② 전이암, ③ 골다공증 : 이 세 가지가 압박 골절의 3대 원인입니다. 강한 충격(외상), 뼈가 약해진 상태(골다공증), 암세포가 뼈를 파괴한 상태(전이암)에서는 척추뼈가 쉽게 찌그러질 수 있습니다.

④ 선천성 기형 (정답) : 척추뼈의 모양이 태어날 때부터 비정상적인 것으로, 그 자체만으로 압박 골절을 직접 유발하는 경우는 드뭅니다. 척추 불안정성을 높일 수는 있지만, 다른 원인에 비해 직접적인 관련성은 훨씬 적습니다.

31 관절의 종류 (경첩관절)

Q : 관절면의 형태에 따른 분류중 경첩관절에 해당하는 부위는?

답 ② 수지관절

해 관절은 모양에 따라 움직임의 종류가 결정됩니다.

② 수지관절 (정답) : 손가락 관절은 문에 달린 '경첩'처럼 한 방향으로만 구부리고 펴는 움직임이 가능합니다. 팔꿈치 관절도 대표적인 경첩관절입니다.

① 손목관절 : 타원형 관절로, 상하좌우 여러 방향으로 움직일 수 있습니다.

③ 견봉쇄골관절 : 어깨의 쇄골과 견봉이 만나는 평면 관절로, 미끄러지는 움직임이 일어납니다.

④ 제1수근중수관절 : 엄지손가락 뿌리 부분의 관절로, 말안장처럼 생긴 '안장관절'이어서 매우 자유로운 움직임이 가능합니다.

32 MRI 검사의 특징

Q : 다음 중 MRI 검사의 일반적인 특징으로 옳은 것은?

답 ③ 수소원자핵의 신호를 이용한다.

해 ③ 수소원자핵 신호 이용 (정답) : MRI는 강력한 자기장을 이용해 우리 몸에 가장 많은 '수소원자핵'(물의 주성분)을 공명시킨 후, 되돌아올 때 나오는 신호를 영상으로 만드는 원리입니다.

① 방사선 피폭 우려 : MRI는 X-ray나 CT와 달리 방사선을 전혀 사용하지 않아 인체에 무해합니다.

② 석회화 병변 구분 : 석회화(돌처럼 딱딱해진 것)는 수분이 없어 신호가 잘 잡히지 않으므로 MRI보다 CT에서 훨씬 잘 보입니다. MRI는 근육, 인대, 디스크 같은 연부조직을 보는 데 뛰어납니다.

④ 동위원소 사용 : 99mTc 같은 방사성 동위원소를 사용하는 검사는 핵의학 검사(뼈 스캔 등)입니다.

33 안면신경 마비와 관련 없는 증상

Q : 다음 중 안면신경의 마비와 가장 관련이 낮은 증상은?

답 ② 구역반사 저하

해 안면신경(제7 뇌신경)은 얼굴 표정 외에도 다양한 기능을 합니다.

② 구역반사 저하 (정답) : 목구멍을 건드렸을 때 '웩'하는 구역반사는 주로 설인신경(9번)과 미주신경(10번)이 담당합니다. 안면신경과는 관련이 적습니다.

① 각막반사 저하 : 눈에 무언가 닿을 때 눈을 감게 하는 반사로, '감는 근육'을 안면신경이 지배하므로 마비 시 반사가 저하됩니다.

③ 청각과민 : 안면신경은 고막을 보호하는 작은 근육을 조절합니다. 마비 시 이 기능이 사라져 소리가 크게 울리는 청각과민이 생길 수 있습니다.

④ 미각저하 : 혀의 앞쪽 2/3의 맛을 느끼는 기능이 있어, 마비 시 미각이 저하될 수 있습니다.

34 중심 척수 증후군

Q : 주로 척추관 협착증이 있는 환자에게 경추부 과신전 손상 시 발생하며, 상지의 마비가 하지에 비해 심한 척수손상은?

답 ② 중심 척수 증후군

해 척수 손상은 손상 부위에 따라 특징적인 증상을 보입니다.

② 중심 척수 증후군 (정답) : 척수의 단면을 보면 중심부에 팔(상지)로 가는 신경이, 바깥쪽에 다리(하지)로 가는 신경이 배열되어 있습니다. 따라서 척수 중심부가 손상되면 팔의 마비가 다리의 마비보다 훨씬 심하게 나타나는 특징이 있습니다. 주로 목 협착증이 있는 노인이 뒤로 넘어지면서 목이 꺾일 때 잘 발생합니다.

① 전방 척수 증후군 : 척수 앞부분 손상으로 운동 기능과 통증/온도 감각이 마비됩니다.

③ 후방 척수 증후군 : 척수 뒷부분 손상으로 위치 감각, 진동 감각 등이 소실됩니다. (매우 드묾)

④ 측방 척수 증후군 (브라운-시쿼드 증후군) : 척수의 절반 손상입니다.

35 갈퀴손(Claw Hand)과 Froment 징후

Q : 이학적 검사상 갈퀴손(claw hand) 및 Froment 징후가 보인다면 손상 가능성이 가장 높은 것은?

답 ④ 척골신경

해 ④ 척골신경 (정답) : 척골신경은 주로 4, 5번째 손가락과 손의 작은 근육들을 지배합니다. 이 신경이 마비되면 이 근육들이 약해져 손가락이 독수리 발톱처럼 구부러지는 갈퀴손 변형이 생깁니다. 또한, 엄지와 검지로 종이를 꽉 잡게 했을 때 엄지 내전근 마비로 인해 엄지 마지막 마디가 구부러지는 **프로망 징후(Froment's sign)**가 나타납니다. 이 두 가지는 척골신경 마비의 대표적인 징후입니다.
① 액와신경 : 어깨의 삼각근을 지배하여 팔을 옆으로 들어 올리는 역할을 합니다.
② 정중신경 : 엄지, 검지, 중지 쪽 감각과 손목/손가락 굴곡을 담당합니다. 손상 시 '원숭이손 변형'이 나타날 수 있습니다.
③ 요골신경: 손목과 손가락을 펴는 역할을 합니다. 손상 시 손목이 아래로 처지는 '손목하수'가 나타납니다.

36 압궤손상 후 만성 통증

Q : 작업 중 프레스 기계에 손이 끼는 압궤손상을 당한 뒤 수개월이 지났으나 피부에 냉기가 돌고 차며 가볍게 스치기만 해도 극심한 통증을 느낀다면 가장 합당한 진단은?

답 ④ 복합부위 통증 증후군

해 ④ 복합부위 통증 증후군 (CRPS) (정답) : 외상 후 발생하는 매우 고통스러운 만성 신경병성 통증 질환입니다. 특징은 ① 손상 정도에 비해 극심하고 타는 듯한 통증, ② 옷깃만 스쳐도 아픈 '이질통', ③ 피부색/체온 변화, 부종, 땀 분비 이상과 같은 자율신경계 증상입니다. 문제의 증상은 CRPS의 전형적인 모습입니다.
① 만성 피로 증후군 : 극심한 피로감이 주 증상인 질환입니다.
② 근막 동통 증후군 : 근육에 '통증유발점'이 생겨 주변으로 통증이 뻗치는, 흔히 '담 결렸다'라고 하는 상태입니다.
③ 흉곽 유출 증후군 : 목과 가슴 사이(흉곽 출구)에서 팔로 가는 신경이나 혈관이 눌려 팔의 통증, 저림, 부종 등이 나타나는 질환입니다.

37 심부정맥혈전증 위험인자

Q : 다음 중 심부정맥혈전증의 위험인자가 아닌 것은?

답 ③ 항응고제

해 심부정맥혈전증(DVT)은 주로 다리의 깊은 정맥에 피떡(혈전)이 생기는 병입니다.
③ 항응고제 (정답) : 항응고제는 혈액이 굳는 것을 '막는' 약, 즉 피를 묽게 하는 약입니다. 따라서 심부정맥혈전증을 예방하고 치료하는 데 사용되는 약물이므로, 위험인자가 아닙니다.
① 폐색전증 : 다리에 생긴 혈전이 떨어져 나가 폐혈관을 막는 것이 폐색전증입니다. 폐색전증 병력이 있다는 것은 혈전이 잘 생긴다는 의미이므로 DVT의 강력한 위험인자입니다.
② 골반골절, ④ 반복수술 : 골절이나 수술 같은 외상은 혈관 벽에 손상을 주고, 수술 후 장시간 누워있으면 혈액이 정체되어 혈전이 생기기 쉬운 환경을 만듭니다. 모두 중요한 위험인자입니다.

38 무혈성괴사 가능성이 가장 낮은 경우

Q : 다음 중 무혈성괴사의 가능성이 가장 낮을 것으로 예상되는 상황은?

답 ③ 요추 압박골절 후 후만각 변형된 경우

해 무혈성괴사는 뼈로 가는 혈액 공급이 끊겨 뼈가 죽는 병입니다. 특정 뼈들은 혈액 공급 구조가 취약해서 골절 시 무혈성괴사가 잘 생깁니다.

　③ 요추 압박골절 (정답) : 척추뼈 몸통(추체)은 혈액 공급이 비교적 풍부한 해면골로 이루어져 있어, 찌그러지는 압박 골절이 발생해도 뼈 전체의 혈액 공급이 완전히 차단될 가능성은 다른 부위에 비해 훨씬 낮습니다.

　① 주상골 골절 : 손목의 주상골은 혈액 공급이 한쪽 끝에서만 들어와서 허리가 부러지면 혈액 공급이 쉽게 끊겨 무혈성괴사 위험이 큽니다.

　② 거골 골절 : 발목의 거골 역시 대부분의 혈액 공급을 관절낭에 의존해, 골절이나 탈구 시 혈관 손상 위험이 매우 큽니다.

　④ 대퇴골 골절로 고관절 탈구 : 대퇴골두(허벅지뼈 머리)는 매우 가느다란 혈관 몇 개에 의존하므로, 골절이나 탈구 시 혈관이 쉽게 손상되어 무혈성괴사가 잘 생기는 부위 중 하나입니다.

39 골절 치유에 유리한 인자

Q : 다음 중 골절의 치유에 유리하게 작용하는 인자는?

답 ② 관절외골절

해 골절된 뼈가 잘 붙으려면 여러 조건이 맞아야 합니다.

　② 관절외골절 (정답) : 골절선이 관절면을 침범하지 않은 경우입니다. 관절 안으로 골절되면 치유를 방해하는 관절액이 스며들고 혈액 공급도 상대적으로 나빠 치유에 불리합니다. 따라서 관절 바깥쪽 골절이 상대적으로 치유에 유리합니다.

　① 국소 감염 : 세균 감염은 뼈의 치유 과정을 방해하고 골수염 같은 심각한 합병증을 유발합니다. (불리)

　③ 말초 신경 마비 : 신경 손상은 혈류 조절과 근육 기능에 영향을 주어 골절 치유에 악영향을 줍니다. (불리)

　④ 전신 소모성 질환 : 당뇨, 영양실조, 고령 등 전신 상태가 나쁘면 우리 몸의 회복 능력이 떨어져 뼈가 붙는 속도가 느려집니다. (불리)

40 방아쇠 수지

Q : 다음 중 수지굴건에 결절이 생기거나 중수골 경부의 전방에 있는 A1활차가 비후되어 발생하는 질환은?

답 ② 방아쇠수지

해 손가락을 구부리는 힘줄(수지굴건)은 '활차'라는 터널을 지나갑니다.

　② 방아쇠수지 (정답) : 손을 많이 쓰면 힘줄이나 활차(주로 A1 활차)가 부어서 두꺼워집니다. 두꺼워진 힘줄이 좁아진 활차 터널을 통과할 때 '딸깍'하고 걸리는 느낌이 드는데, 이것이 마치 총의 방아쇠를 당기는 것 같다고 해서 붙여진 이름입니다.

　① 망치수지 : 손가락 끝마디를 펴는 힘줄이 끊겨져 손가락 끝이 망치처럼 구부러지는 상태입니다.

　③ 백조목변형, ④ 단추구멍변형 : 주로 류마티스 관절염 등에서 발생하는 복잡한 손가락 변형입니다.

의학이론 기초의 모든 것

조 윤 (바른손사)

| 학력

- 경영학사 / 법학사

| 전문 자격

- 신체손해사정사 / 행정사 / 공인중개사

| 약력 및 경력

- 제42회 신체손해사정사 시험 합격
- 제5회 행정사 시험 합격
- 제27회 공인중개사 시험 합격
- 현 손해사정사 · 행정사 조윤 사무소
- 현 정관 복덕방 공인중개사사무소
- 유튜버 '바른손사' 채널 운영(수험전략 · 기출해설)
- 다수 전문자격 초단기합격, 기출 기반 단권화 학습법 연구 및 강의

| 저서

- 『2025 유튜버 바른손사의 전체 무료강의 제공되는 손해사정사 1차 7개년 기출문제집』

2026 유튜버 바른손사 신체손해사정사 2차 의학이론 동차반+정규반 빅데이터 적용한 통합이론서+12개년 기출문제집

입문강의 무료제공 – 답안작성까지 한번에 해결 –

발행일 (초판) 2026년 1월 2일   **발행인** 조순자

편저자 조윤(바른손사)   **디자인** 장영은

발행처 인성재단(지식오름)

정 가 32,000   **ISBN** 979-11-7491-056-1